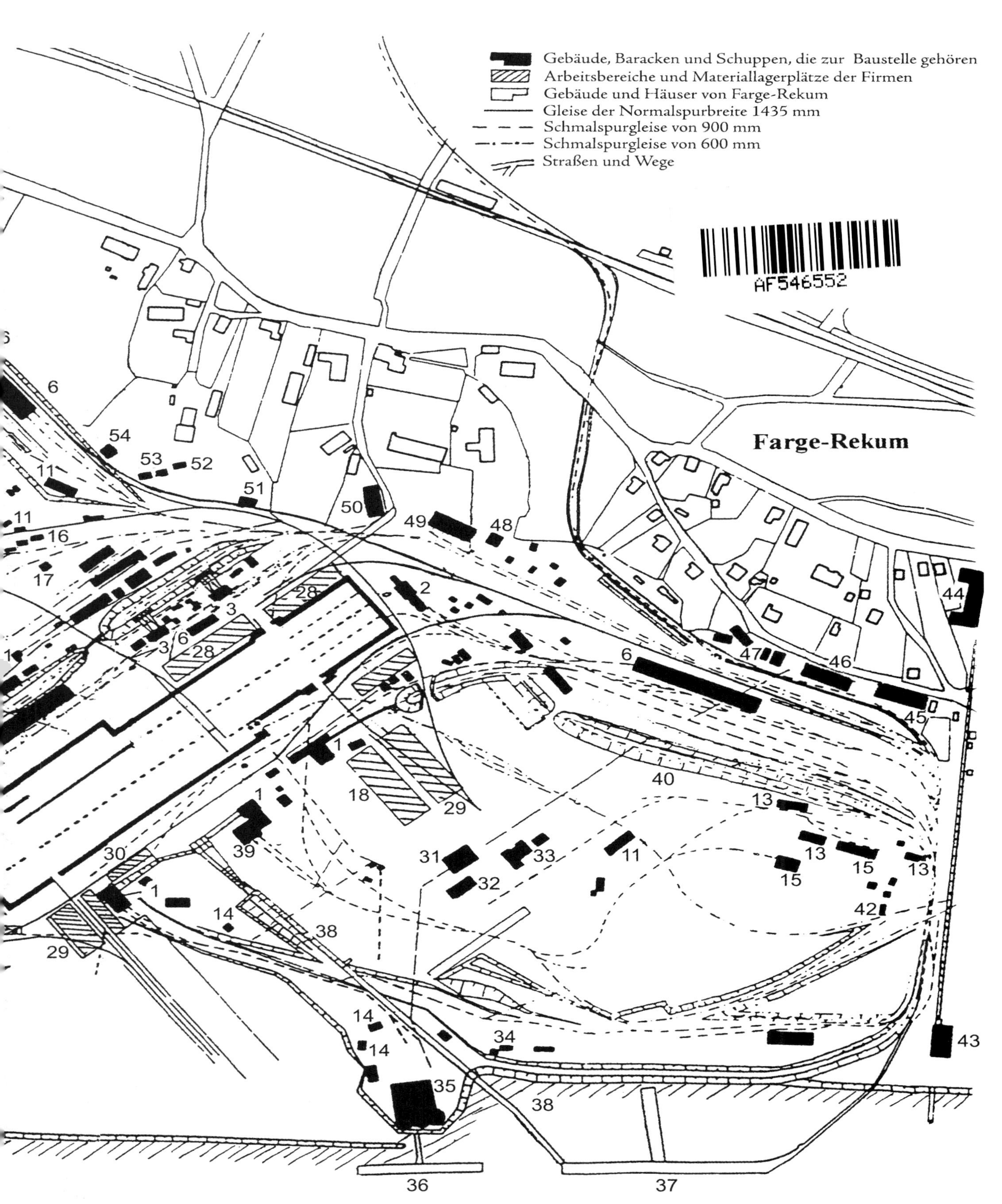
Gebäude, Baracken und Schuppen, die zur Baustelle gehören
Arbeitsbereiche und Materiallagerplätze der Firmen
Gebäude und Häuser von Farge-Rekum
Gleise der Normalspurbreite 1435 mm
Schmalspurgleise von 900 mm
Schmalspurgleise von 600 mm
Straßen und Wege
Farge-Rekum

Marc Buggeln
Der U-Boot-Bunker »Valentin«:
Marinerüstung, Zwangsarbeit
und Erinnerung

Die Baustelle »U-Boot-Bunker ›Valentin‹« Juli 1944

Marc Buggeln

Der U-Boot-Bunker »Valentin«

Marinerüstung, Zwangsarbeit und Erinnerung

Herausgegeben von der
Landeszentrale für politische Bildung Bremen

Mit 160 Abbildungen

EDITION TEMMEN

Die Deutsche Nationalbibliothek verzeichnet diese Publikation in der Deutschen Nationalbibliografie;
detaillierte bibliografische Daten sind im Internet über www.dnb.de abrufbar.

Gewidmet
André Migdal † und Rainer Habel †

Landeszentrale für politische Bildung
Denkort Bunker Valentin
Rekumer Siel — 28777 Bremen
Tel.: +49-421-69673670
www.denkort-bunker-valentin.de
mail@bunkervalentin.de

4. Auflage 2026

Hohenlohestr. 21 — D-28209 Bremen
Tel.: +49-421-34843-0

info@edition-temmen.de
www.edition-temmen.de

Printed in Shanghai

ISBN 978-3-8378-4004-9

Inhaltsverzeichnis

Einführung

Im Norden Bremens erstreckt sich eine idyllische Flusslandschaft. Fährt man im Sommer mit dem Rad durch die grünen Wiesen und Wälder an der Weser nach Norden, so steht man plötzlich und unvermittelt vor einer riesigen Betonwand: Es handelt sich um die Südseite des U-Boot-Bunkers ›Valentin‹, einer der größten Rüstungsruinen, die der Nationalsozialismus hinterlassen hat. Die Kriegsmarine hatte den Bunker 1942 in Auftrag gegeben, um darin U-Boote geschützt vor alliierten Bombenangriffen bauen zu können. Der Bunker ist 426 Meter lang, bis zu 97 Meter breit und bis zu 33 Meter hoch. Seine Grundfläche beträgt 35.375 Quadratmeter und der gesicherte umbaute Raum beläuft sich auf 520.000 Kubikmeter.

Der Koloss ist monströs, wirkt unzerstörbar, wie gebaut für die Ewigkeit. Unübersehbar für Ausflügler und Bootsfahrer, ist er doch für sie oft nicht zu enträtseln. Die Anwohner aber gaben und geben in der Regel nur ungern Auskünfte. Den Kindern raunt man im besten Fall etwas über Nationalsozialismus und Krieg zu, »alles schrecklich«, aber wie und unter welchen Umständen der Bau entstand, kommt nur bedingt zur Sprache. Viele Anwohner erwähnen in ihren Erzählungen weder Krieg noch Nationalsozialismus, sondern nur die Bundeswehr als aktuelle Nutzerin des Gebäudes. Andere betonen, dass die Nazis mit dem Bunker den Ort verschandelt hätten. Zudem wären ihnen Grundstücke enteignet worden und sie mithin auch Opfer des Nationalsozialismus.

1944 war die idyllische Flusslandschaft zerstört. Am Ufer standen Kräne, mit denen die über die Weser herbeigebrachten Baumaterialien entladen wurden. Der nähere Umkreis der Baustelle glich einer riesigen Sanddünenlandschaft. Bauernhöfe und satte Graswiesen hatten dem Bau zu weichen. Zwischen den Dünen befanden sich große Materiallager, kleine Transportzüge verkehrten zwischen ihnen. In der Mitte des Bauplatzes waren erste riesige Betonwände zu sehen, umgeben von einer Anzahl großer Kräne.

Ein 1944 zum Teil in Farbe gedrehter Film vermittelt das Bild eines geschäftigen Treibens. Tausende von Menschen tragen Eisenstangen und Betonsäcke, mischen und rühren Beton oder schaufeln Sand. Alles wirkt auf den ersten Blick wie eine durchschnittliche moderne Großbaustelle.

Doch bei genauerem Hinsehen fallen die gestreifte KZ-Häftlingskleidung, die von Unterernährung geschwächten Körper, die Hoffnungslosigkeit und Resignation in den Gesichtern der Arbeiter auf. Denn die Mehrzahl der etwa 8.000 bis 10.000 Menschen, die täglich am Bunker arbeiteten, waren Zwangsarbeiter – zivile Zwangsarbeiter, Kriegsgefangene, Häftlinge eines Arbeitserziehungslagers und KZ-Häftlinge. Für viele endete der Einsatz beim U-Boot-Bunker tödlich. Mehr als tausend Zwangsarbeiter starben in der Umgebung der Baustelle. Hunderte wurden in anonymen Massengräbern beigesetzt. Auch heute sind trotz umfangreicher Bemühungen nicht alle Verstorbenen identifiziert; in vielen Fällen wird dies wohl auch nicht mehr möglich sein.

Ein zentrales Anliegen dieses Buches ist es, das Schicksal der Zwangsarbeiter sichtbar zu machen. Zum einen soll anhand ausgewählter Biografien gezeigt werden, wer die Menschen waren, die von den deutschen Behörden zur Arbeit am U-Boot-Bunker nach Bremen-Nord verschleppt wurden, und wie stark die traumatischen Erfahrungen auch ihr weiteres Leben prägten. Zum anderen soll die generelle Situation auf der Baustelle und in den verschiedenen Lagern beschrieben werden. Zu den neuen Erkenntnissen gehört, dass ein Massensterben von Zwangsarbeitern nicht erst mit dem Bau des U-Boot-Bunkers 1943 einsetzte, sondern dass schon vorher, im Winter 1941/42, mehr als 150 sowjetische Kriegsgefangene, die beim Bau zweier großer Tanklager arbeiten mussten, innerhalb von drei Monaten ums Leben kamen und auf dem Gelände in Massengräbern beerdigt wurden.

Das Buch stellt auch die Frage, wer die Verantwortlichen für das Leid der Menschen waren. Neben denen auf höchster Ebene, dem Reichskanzler Adolf Hitler, Rüstungsminister Albert Speer und dem Oberbefehlshaber der Kriegsmarine, Admiral Karl Dönitz, gab es auch Verantwortliche vor Ort, die erhebliche Handlungsoptionen beim Umgang mit den Zwangsarbeitern besaßen. Es wird zu zeigen sein, wie sie diese Optionen nutzten und welche Motive ihrem Handeln zugrunde lagen. Im Besonderen wird untersucht, wie stark die Marine in die verbrecherischen Geschehnisse beim Bau involviert war. Ihr war es nach dem Krieg deutlich besser als dem Heer und der Luftwaffe gelungen zu behaupten, dass sie den Krieg mit den gleichen Mitteln geführt hätte wie die alliierten Streitkräfte. Dies kann am Beispiel ihres Handelns in Farge eindeutig widerlegt werden.

Meine Darstellung endet jedoch nicht mit dem 8. Mai 1945, denn die Geschichte des U-Boot-Bunkers war mit der deutschen Kapitulation nicht zu Ende. Die von den Alliierten geplante Sprengung erwies sich als unmöglich. Der Bunker steht noch heute an der Weser und ist damit der Hansestadt Bremen als sichtbares architektonisches Zeichen des Nationalsozialismus erhalten geblieben. Damit stand auch die Frage im Raum, wie man mit diesem Schauplatz der größten Verbrechen, die es in der NS-Zeit in Bremen gegeben hatte, umgehen wollte. Die Antworten der Stadt und der Bremer Bevölkerung waren, soviel sei vorweggenommen, vielschichtig und im Wandel der Zeit äußerst wechselhaft.

Besuch von Großadmiral Karl Dönitz (links) am 22. April 1944 auf der Bunkerbaustelle, rechts neben ihm Marineoberbaurat Edo Meiners. Das Gebäude hinten links beherbergte die Marinebauleitung

Postkarte aus dem Jahr 1937

I. Die Militarisierung der Region

Die Industrialisierung

Der nördliche Teil des heutigen Bremen-Nord war am Ende des 19. und zu Beginn des 20. Jahrhunderts mehrfach von Grenzveränderungen betroffen. Am 1. April 1885 wurde der Landkreis Blumenthal als Teil der preußischen Provinz Hannover geschaffen. Kreisstadt war Blumenthal; dazu kamen als Orte Aumund, Lüssum-Bockhorn, Rönnebeck, Rekum und Schwanewede.

1932 wurde der Kreis mit dem Landkreis Osterholz zusammengeschlossen und Teil des Regierungsbezirks Stade, der wiederum zu Preußen gehörte. 1939 wurde der vormalige Landkreis Blumenthal mit Ausnahme der Gemeinde Schwanewede, die beim Landkreis Osterholz blieb, Teil des Bremer Land- und Stadtgebietes.

Bis Mitte des 19. Jahrhunderts war die Gegend agrarisch geprägt. Erst danach setzte eine langsame Industrialisierung der Region ein, die sich nach der Gründung des Deutschen Reiches 1871 beschleunigte. Vor allem die Bremer Kaufmannschaft nutzte sie als industrielles Hinterland. So entstanden mit Kaufmannskapital beispielsweise die Vulkan-Werft oder die Bremer Wollkämmerei. Der Strukturwandel sorgte für ein rasches Bevölkerungswachstum. Die Einwohnerzahl verdoppelte sich innerhalb von 35 Jahren von 22.547 im

Jahr 1890 auf 43.104 im Jahr 1925 – dies vor allem durch den Zuzug arbeitssuchender Familien aus den deutschen Ostgebieten, von denen viele polnischer Herkunft waren.

Der Ortsteil Farge-Rekum, auf dessen Gebiet sich sowohl der Bunker wie ein Teil der Lager befanden, umfasste 1932 2.778 Einwohner. Im 19. Jahrhundert hatte es sich bei der Bevölkerung der Gemeinde vorwiegend um Bauern und Handwerker gehandelt, doch ab dem Ende des Jahrhunderts begann auch hier der Anteil der Arbeiter an der Gesamtbevölkerung rapide zu steigen. 1936 arbeiteten nur noch 8 Prozent der Farger Bevölkerung in der Landwirtschaft; 52 Prozent waren Arbeiter und 27% Angestellte, Beamte und Handwerker.

In den umliegenden Gemeinden Schwanewede und Neuenkirchen behielt dagegen die landwirtschaftliche Arbeit einen höheren Stellenwert (etwa 20% aller Beschäftigten). Trotz der zunehmenden Industrialisierung bewahrten gerade Farge-Rekum, Schwanewede und Neuenkirchen bis zu Beginn der 1930er Jahre äußerlich noch einen ländlichen Charakter. Deswegen waren die Wald- und Heideflächen an der Weser beliebte Ausflugsziele.

In der Weltwirtschaftskrise wurde auch die Industrie im heutigen Bremen-Nord schwer getroffen. Viele Betriebe mussten Arbeiter entlassen und auf Kurzarbeit umstellen. Besonders betroffen war der wichtigste Arbeitgeber der Region, der Bremer Vulkan, der etwa drei Viertel aller Arbeiter entlassen musste. Die Arbeitslosigkeit stieg im Februar 1932 auf 16,8%. In der Gemeinde Farge waren 1932 schließlich 31% der Bevölkerung Empfänger staatlicher Unterstützungsleistungen.[1]

Der hohe Anteil von Arbeitern an der Wohnbevölkerung in Farge-Rekum schlug sich auch politisch nieder. In der Weimarer Republik war die SPD die stärkste Partei, oftmals gefolgt von der KPD. Die NSDAP konnte erst mit dem Einsetzen der Weltwirtschaftskrise ab 1930 Wahlerfolge erzielen. Ihr bestes Ergebnis vor der Ernennung Hitlers zum Reichskanzler erreichte sie bei der Landtagswahl 1932, in der sie 29,8% der Stimmen bekam. Die SPD erhielt 37,1% und die KPD 19,1%.[2]

Postkarte aus dem Jahr 1924

1933 wurden auch in Bremen-Nord alle Parteien außer der NSDAP verboten. Einzelne Ge-

Kriegerfest in Farge-Rekum 1927

werkschafts-, SPD und KPD-Mitglieder wurden verhaftet, aber in der Regel nach kurzer Zeit wieder freigelassen. Als die Gestapo illegale Tätigkeiten der verbotenen Gruppen bemerkte, kam es erneut zu Verhaftungen. 1934 wurden 31 SPD- und Reichsbanner-Mitglieder aus Bremen-Nord zu Haftstrafen verurteilt. Danach ebbte die Widerstandstätigkeit deutlich ab. Bei späteren Aktionen wurden drei KPD-Mitglieder aus Bremen-Nord hingerichtet.[3]

Noch schlimmer als die Arbeiterbewegung traf die Machtergreifung die jüdischen Bewohner in Bremen-Nord. Viele jüdische Geschäftsinhaber entschieden sich nach Boykotten, Drohungen und gewalttätigen Übergriffen, ihre Läden zu schließen. Während der Pogromnacht 1938 wurden drei Juden in Bremen-Nord ermordet. Am Morgen des 18. November 1941 wurden 38 Jüdinnen und Juden aus Bremen-Nord per Bahn von Vegesack nach Bremen transportiert. Noch am selben Tag fuhr ein Zug mit weiteren Jüdinnen und Juden aus Bremen und dem Umland ins Ghetto Minsk weiter. Von den 450 Deportierten dieses Transportes erlebten nur sechs das Kriegsende.[4]

Die Militarisierung der Region beginnt: Das Wifo-Tanklager

»Das Lager war in einer Umgebung errichtet worden, die früher zu den reizvollsten Landstrichen in der näheren Umgebung Bremens gehörte. (…) Die großen Kriegsbauten (…) und die vielen OT- und Konzentrationslager (…) haben die Heide nahezu völlig vernichtet, und gerade die nähere Umgebung des Lagers Farge machte grau in grau den Eindruck, als ob auf dem Lande ein Fluch liege. Es war die Landschaft am Eingang zu einer Danteschen Hölle.«

Wilhelm Nolting-Hauff (1946), S. 30

Mit der Prophezeiung: »Wer Hitler wählt, wählt den Krieg!« behielt die Arbeiterbewegung recht. Sofort nach der Machtergreifung sorgte die neue Regierung unter Hitler für eine zunehmende Aufrüstung Deutschlands. Spätestens 1934 setzte eine Rüstungskonjunktur ein, von der auch die Industrie in Bremen-Nord profitierte. Dies sorgte auch für eine Verringerung der Arbeitslosigkeit. Eine weitergehende Militarisierung der Region erfolgte Mitte der dreißiger Jahre durch neue Rüstungsprojekte. Ab 1937 begann die Wirtschaftliche Forschungsgesellschaft (Wifo) im Heide- und Waldgebiet zwischen Farge und Blumenthal ein großes unterirdisches Treibstofflager zu errichten.

Die Wifo war am 24. August 1934 auf Veranlassung des Reichswirtschaftsministeriums gegründet worden.[5] Anteile an der Gesellschaft hielten zunächst die reichseigene Gesellschaft für öffentliche Arbeiten (Öffa) (80%) sowie der deutsche Chemie-Gigant I.G. Farben (20%). Die I.G. Farben verkauften ihren Gesellschaftsanteil jedoch schon 1935 an die staatliche Deutsche Bau- und Bodenbank. 1942/43 wurde das Reichswirtschaftsministerium Alleingesellschafter. Allerdings ist umstritten, ob

Postkarte von der Bertholdshöhe, die ein Teil des ab 1938 von der Wifo genutzten Waldgebietes war (Datum unbekannt)

die I. G. Farben durch die Abgabe ihrer Anteile tatsächlich ihren Einfluss bei der Wifo verlor. Wahrscheinlich ist, dass das Reichswirtschaftsministerium 1935 die I. G. aus der Gesellschaft zu drängen versuchte, weil es zu dieser Zeit eine entgegengesetzte Politik betrieb: Reichswirtschaftsminister Hjalmar Schacht setzte auf die Einfuhr von Öl, während die I. G. für ihre Syntheseprodukte warb und dabei vor allem aus der Wehrmacht und später aus dem Göring'schen Vierjahresplanapparat unterstützt wurde. 1936 versuchte Hermann Göring die Leitung der Wifo in seine Hände zu bekommen, scheiterte aber am Widerstand des Wirtschaftsministeriums.[6]

Wie der Machtkampf bis Kriegsende weiterging, ist bisher noch nicht aufgearbeitet. Gegen eine Einflusslosigkeit der I. G. spricht aber, dass der Konzern zunehmend eigene Leute an den zentralen Stellen in der Öl-Abteilung des Reichswirtschaftsministeriums platzieren konnte, die dann in den Aufsichtsrat der Gesellschaft berufen wurden. Zudem mutmaßten nach Kriegsende sowohl die alliierten Ermittler wie auch wichtige Verantwortungsträger, dass der Konzern maßgeblichen Einfluss auf die Entwicklung der Wifo behalten hatte.

Zentrale Aufgaben der Gesellschaft waren der Bau und die Leitung von Groß- und Zwischentanklagern. Hauptauftraggeber und -nutzer war die Wehrmacht, z. T. arbeitete die Wifo aber auch für Privatfirmen. Bis Kriegsbeginn war sie vor allem mit dem Bau von Tanklagern beschäftigt. Bereits Mitte 1935 hatte Reichskriegsminister Werner von Blomberg an Reichswirtschaftsminister Schacht geschrieben, dass »die Aufrüstung der Wehrmacht in den nächsten Jahren eine ganz außerordentliche Steigerung des Kriegsbedarfes an Mineralöl aller Art zur Folge« haben werde.[7] Deswegen forderte er von Schacht auch den Auf- und Ausbau von Tanklagern, womit dieser die Wifo beauftragte.

Baustelle der Wifo-Tanklager, vor 1942

Mit Kriegsbeginn weitete sich der Arbeitsbereich aus. Die Wifo übernahm zunehmend den Transport und die Lieferung von Öl aus den besetzten Gebieten. Gegenüber der Vorkriegszeit wurde dadurch die Einnahmenseite erheblich gestärkt. Während die Ölverkäufe von 1934 bis zum März 1939 35 Millionen Reichsmark einbrachten, waren dies im Geschäftsjahr 1940/41 593 Millionen. Gleichzeitig stieg die Zahl der Beschäftigten von etwa 2.000 (1938) auf über 6.000 (1942).[8]

Die größte Bedeutung innerhalb der drei Wehrmachtsteile hatte die Wifo für die im rapiden Ausbau befindliche Luftwaffe. Die Gesellschaft lieferte im Krieg etwa 90% von deren Kraftstoffbedarf. Deswegen hatte Göring als Reichsluftfahrtminister auch höchstes Interesse an ihr. Das Heer und die Marine verfügten hingegen selbst über eine Anzahl eigener Tanklager, sodass die Wifo beim Heer nur etwa 10% des Bedarfes deckte.

Sofort nach der Gründung begann die Wifo die Planung für mehrere Großtanklager aufzunehmen. Eins davon war ab 1937 in den Heide- und Waldflächen zwischen Blumenthal und Farge geplant. Das betreffende Gelände war bis zum Ende des 19. Jahrhunderts eine reine Heidefläche gewesen. 1901 schlossen sich mehrere Grundbesitzer zur »Waldgenossenschaft der Schwaneweder Heide« zusammen. Ihr Ziel war es, das weitgehend unfruchtbare Gebiet aufzuforsten. Ab 1902 brachten sie auf fünf qkm Kiefernsaat aus und legten damit die Grundlage für den noch heute bestehenden Wald.

Wifo-Tanklager, die vor 1942 aus Gründen der Tarnung zugeschüttet wurden

1937 begann die Wifo mit der Suche nach einem geeigneten Platz für ein Großtanklager in Norddeutschland. In einem Schreiben vom Mai des Jahres heißt es: »Als geeignetes Gebiet für von der Wifo zu bauende Öllager wird daher das Gelände an der Unterweser bezeichnet. Dabei wird an Farge nördlich Vegesack oder an Blexen gedacht. Die genauere Bestimmung kann der Wifo überlassen bleiben, wenn die Forderungen, dass auch große Tankdampfer Öl übernehmen und löschen können, also eine Ölübergabe am tiefen Wasser (10 m) möglich sein muss, erfüllt wird.«[9] Die Wifo kaufte das Gebiet 1937/38 für etwa drei Millionen Reichsmark.[10] Die zu nutzende Fläche umfasste ursprünglich zehn qkm, mit Reserven für spätere Ausweitungen. Sie reduzierte sich nach einer Flächenabgabe an die Marine im Frühjahr 1939 auf sechs qkm.

Der Baubeginn erfolgte im Oktober 1938.[11] Am 11. November 1938 wurde das Waldgelände durch einen Zaun endgültig für die Öffentlichkeit gesperrt. Der äußere Zaun umfasste das gesamte Waldgebiet, ein innerer, der noch heute besteht, sicherte das engere Gebiet des Tanklagers. Damit war ein großer Teil des wichtigsten Naherholungsgebietes der Region für die Bevölkerung unzugänglich geworden. Nördlich davon befand sich ein Biotop um den Farger Heidetümpel im Besitz des Kreiskommunalverbandes. Ende 1938 war es als schützenswertes Biotop in das Reichsnaturschutzbuch aufgenommen worden. Drei Jahre später wurde der Eintrag auf Wunsch der Wifo wie-

Baustelle der Wifo-Tanklager, rechts Stahltanks noch ohne Betonschutz

der gelöscht. In der Begründung der zuständigen Bremer Behörde heißt es, dass »die Inanspruchnahme des hier fraglichen Gebietes für vordringliche wehrwirtschaftliche Zwecke dem Naturschutz vorgehen muß«.[12] Am Ende des Krieges gab es schließlich keinen Farger Heidetümpel mehr.

Am 1. November 1938 wurde auf einer Sitzung beschlossen, für den Bau den Tarnnamen »Wasserberg« zu benutzen.[13] Die hauptverantwortliche Baufirma war die Berliner Gottlieb Tesch GmbH. Insgesamt war eine Vielzahl von Firmen am Bau eingesetzt, darunter die beiden Elektrokonzerne AEG und Siemens-Schuckert AG, der Lastwagenhersteller Büssing und die Baufirma Grün & Bilfinger. Neben diesen überregional agierenden Konzernen waren mehrere Bremer Firmen beteiligt, wie z. B. das Bauunternehmen August Reiners oder Beton- und Monierbau Carl Brandt.

1939 sah die Planung für Farge einen Tankraum von 225.000 t Kraftstoff und 13.950 t Öle vor. Damit gehörte es von zwölf geplanten Wifo-Tanklagern im Reichsgebiet zu den vier größten Komplexen. Im Frühjahr 1940 änderte sich jedoch die Sachlage. Aufgrund von Schwierigkeiten wurde ein Bau in München eingestellt; dafür sollte Farge um 2 Blocks erweitert werden. Somit wurde es zum größten Tanklager der Wifo mit einer Einlagerungskapazität von insgesamt etwa 300.000 m^3.[14] Die Baukosten wurden 1941 auf 32 Millionen Reichsmark veranschlagt.[15] Mitte 1943 hatten sich die erwarteten Baukosten dann mehr als verdoppelt und die Wifo ging von Gesamtbaukosten von mehr als 75 Millionen Reichsmark aus.[16]

Seit dem Beginn der Hauptbauphase war man mit dem Problem knapper Arbeitskräfte konfrontiert – im Reich herrschte nahezu Vollbeschäftigung. Die Wifo setzte deswegen auch auf die Anwerbung ausländischer Arbeiter. Schon 1938 waren in Farge Tschechen aus dem gerade erst besetzten Sudetenland beschäftigt. Der bereits bestehende Arbeitskräftemangel wurde zudem immer wieder durch den Abzug von Bauarbeitern zur Wehrmacht verschärft. Erneut reagierte die Wifo darauf mit Versuchen, ausländische Arbeitskräfte zu erhalten. Im Frühjahr 1941 machten sich die Einberufungen für den Feldzug auf dem Balkan negativ bemerkbar. In einem Protokoll aus dem Februar 1941 heißt es: »Die eingeleiteten Tank-

Wohnbaracken des Lagers Tesch

bauten auf den Bauvorhaben Farge, Derben, Hitzacker, Unterhausen und München sind mit Rücksicht auf weitere Einberufungen von Bauarbeitern zur Wehrmacht mit Hilfe von ausländischen Arbeitskräften so weiterzutreiben, dass das umfangreiche eingesetzte Gerät ausgenutzt wird. Das Arbeitsprogramm ist von 2 Monaten auf 3-4 Monatsturnus zu strecken.«[17]

Die Wifo setzte zunehmend auf die Beschäftigung ausländischer Zwangsarbeiter, da inzwischen nur noch bedingt ausländische Arbeiter auf freiwilliger Basis angeworben werden konnten. Sie wurden im Lager Tesch untergebracht und von SS-Wachmannschaften bewacht (s. dazu Kapitel: Zwangsarbeit). In Farge waren zu diesem Zeitpunkt 40% der Oberbauarbeiten erledigt. Die Gefolgschaftsstärke in Farge entwickelte sich 1939 bis 1941 wie folgt[18]:

	Jan.	April	Juli	Sept.	Dez.
1939	612	1.050	1.080	1.084	1.001
1940	1.318	1.959	2.182	1.760	1.956
1941	1.586	1.288	1.292	1.442	unbekannt

Vermutlich ab Ende Oktober 1941 kam eine größere Anzahl von sowjetischen Kriegsgefangenen nach Farge, die beim Bau des Wifo-Tanklagers Zwangsarbeit leisten sollten. Es dürfte sich um mehrere Hundert Personen gehandelt haben.

Allein in den drei Monaten von Anfang November 1941 bis Ende Januar 1942 starben mindestens 154 sowjetische Kriegsgefangene, die zum Teil auch für das Marine-Tanklager gearbeitet hatten. Sie wurden auf dem Gelände der Wifo in Massengräbern verscharrt.[19] Nach dem Frühjahr 1942 sank die Sterblichkeit unter den sowjetischen Kriegsgefangenen. Vermutlich wurde aber auch ein Teil von ihnen aus Farge abgezogen.

Insgesamt dürfte sich die Zahl der Arbeitskräfte 1942 im Rahmen von 1.500 bis 2.000 Mann bewegt und ab 1943 abgenommen haben. Nach

Überschwemmung auf der Wifo-Baustelle

dem Ende der Bauarbeiten waren für den technischen Betrieb der Anlage 49 Arbeiter vorgesehen, von denen nur 12 Mann Stammpersonal und der Rest Hilfskräfte sein sollten. Hinzu kam das Personal in der Betriebsleitung, Verwaltung, Kantine etc., sodass insgesamt das Lager von weniger als 100 Personen geführt werden sollte.[20] Anfang 1942 umfassten die Listen der für die Wifo in der Dienststelle Farge eingesetzten Betriebsmitglieder 61 Männer, die als für die Wehrmacht unabkömmlich eingestuft worden waren.[21] Mehrfach wurde auch Personal zum Einsatz in den besetzten Gebieten abgeordnet.[22]

Die letzten Bauarbeiten wurden Ende 1943 abgeschlossen. Die fertige Anlage umfasste fünfzehn Behälterblocks zu jeweils fünf liegenden 50 m langen Stahlzylindern mit 10 m Durchmesser und 4.000 m³ Fassungsvermögen. Die Tanks umschloss massiver Beton, der zusätzlich mit vier bis sechs Metern Erde überdeckt wurde. Dazu kamen ein umfangreiches Rohrleitungsnetz mit Pumpstationen, eine Feuerlöschanlage und eine eigene Stromversorgung, weitere Gebäude für Verwaltung, Betrieb und Belegschaft und zwei Verladebahnhöfe. Das Treibstofflager wurde ans Eisenbahnnetz angeschlossen.

An der Weser ließ die Wifo eine Öllöschanlage errichten, von der zwei unterirdische Rohrleitungen ins 3 km entfernte Lager führten. Dies war von besonderer Bedeutung, weil der Großteil des Kraftstofftransportes auf dem Wasserweg durch Binnenschiffe, vor allem sogenannte Ölleichter, abgefertigt wurde. Während der Bauarbeiten bestand eine weitere Löschanlage für Baumaterialien an der Weser.

Neben diesen technischen Anlagen errichtete die Wifo für ihre Mitarbeiter in Blumenthal eine größere Siedlung mit roten Klinkerhäusern, die noch heute im Volksmund »Wifo-Siedlung« heißt. Die in der Siedlung gelegene Kneipe nennt sich nach wie vor »Wifo-Grund«.

Das erste Öl wurde in Farge im Jahr 1940 eingelagert. Die Wifo bezeichnete als Datum der Inbetriebnahme den 16. August 1940.[23] Ende 1940 betrug der Ölstand 8.474 t, also nur etwa 3% des endgültigen Fassungsvermögens.[24] Weil die Wehrmacht das neu gewonnene Öl in der Regel schnell verbrauchte, sank die Einlagerung im Kriegsverlauf sogar noch weiter. Mitte 1943 lagerten noch 3.482 m³ in Farge.[25] Letztlich wurden also riesige Mengen an Geld, Material und Arbeitskraft in den Bau des Tanklagers investiert – vor allem auch mehr als tausend Zwangsarbeiter eingesetzt –, ohne dass das Lager den ihm zugedachten Zweck für den deutschen Krieg auch nur ansatzweise erfüllte. Bei den Bombenangriffen im März 1945 auf den U-Boot-Bunker wurde auch das Wifo-Tanklager attackiert. Dabei wurden jedoch nur zwei Tanks der Mischanlage beschädigt, was allerdings zu einem weithin sichtbaren Feuer führte. Kurz vor dem Eintreffen der alliierten Truppen in Bremen-Nord setzte die Kriegsmarine noch Ölleichter ein, um die letzten Treibstoffbestände des Wifo-Tanklagers zu retten.[26]

Das Kriegsmarine-Tanklager

War schon das Wifo-Tanklager für den deutschen Krieg von geringer Bedeutung, so war der geplante Bau einer noch gigantischeren Anlage in Schwanewede eine vollständige Fehlkalkulation. Erste Überlegungen der Marine, ein eigenes Tanklager in Bremen-Nord/Schwanewede zu bauen, setzten Mitte 1938 ein. Die Planungen nahmen schnell ein so gewaltiges Ausmaß an, dass Diskussionen aufkamen, ob das Wifo-Tanklager dann nicht überflüssig sein könnte. Die Wifo und das OKW verneinten dies jedoch und setzten sich durch. Ebenso widersetzte sich die Wifo dem Vorschlag der Marine, einen Teil ihres Gebietes für das Marine-Tanklager zu nutzen.[27] Aber hier unterlag die Gesellschaft und die Marine erhielt am 17. Februar 1939 ein 4 qkm großes Gelände zugesprochen, das den nördlichsten Teil des Geländes

Die Wifo-Siedlung in Blumenthal

umfasste und zur Gemeinde Schwanewede gehörte.

Der Bau des Lagers war vom Oberkommando der Kriegsmarine (OKM) im Oktober 1938 angeordnet worden. Generell bauten alle drei Wehrmachtsteile auch eigenständig Tanklager und verließen sich nicht ausschließlich auf die Wifo. Kriegsminister von Blomberg hatte 1936 festgelegt, dass der Ausbau von Tanklagern kriegswichtig sei und alle Neubauten der drei Wehrmachtsteile ihm persönlich zur Entscheidung vorgelegt werden müssten.[28]

Die Planungen der Marine für den Tanklagerbau erhielten ab 1938 einen Schub, weil sie einen schnellen Flottenausbau wünschte. Seit 1937 hatte sich die Marineführung zunehmend deutlicher gegen England gewandt. Als Großbritannien während der »Sudetenkrise« 1938 andeutete, gegebenenfalls gegen Deutschland zu kämpfen, verstärkte sich die antibritische Stoßrichtung. Ab Herbst 1938 legte die Marineführung Pläne für einen erheblichen Flottenausbau vor, der eine Seekriegsführung gegen Großbritannien ermöglichen sollte. Der sogenannte »Z-Plan« wurde schließlich im Januar 1939 von Hitler genehmigt und damit Planungsgrundlage, wenn er auch nie in die Tat umgesetzt werden konnte.[29] Die Abteilung Wehrwirtschaft im Wehrwirtschaftsstab berechnete daraufhin den Heizölbedarf der Kriegsmarine auf 3 Millionen t 1940/41 und 6 Millionen t 1947/48. Admiral Raeder legte einen Bevorratungsplan fest, der bis 1945 einen Tanklagerraum von 10 Millionen m^3 vorsah.[30]

Eine zentrale Rolle in diesen Plänen war dem Tanklager in Farge zugedacht. Im Januar 1939 wurde ein Tankraum von 600.000 cbm genehmigt. Allein mit diesem Volumen war die Anlage fast doppelt so groß geplant wie die beiden nächstgrößten Marine-Tanklager in Achim und Bleckede, die ein Fassungsvermögen von jeweils knapp über 300.000 cbm erreichen sollten.[31] Ein erster Voranschlag ging von Baukosten in Höhe von mehr als 35 Millionen Reichsmark aus.[32] Für die Verbindung des Lagers mit den Löschanlagen an der Weser war von Beginn an eine enge Zusammenarbeit mit der Wifo vorgesehen.[33]

Wegen des Baues in Farge wurde das Marinebauamt »Öllager« von Bleckede bei Lüneburg nach Achim bei Bremen verlegt. Die Verhandlungen über Grundstückskäufe und Baupläne leitete von Achim aus Marineoberbaurat Edo Meiners. Die wichtigsten eingesetzten Firmen beim Marine-Tanklager waren: Firma Carl Brandt (Bremen) und Firma Beton- und Monierbau (Hamburg) für die Aufstellung der Tankbehälter, die Firma H. Baetge (Hannover) für die Isolierungsarbeiten an den Tanks, die Siemens-Schuckert AG für die Erstellung der elektrischen Anlage und Firma Heinke (Bad Wilsnack) für die Erdarbeiten.

Im Herbst 1940 wurde die Planung noch gigantischer: Es war nun ein Lager mit einer Kapazität von 1,5 Millionen m^3 geplant.[34] Zudem projektierte die Stadt Bremen im Frühjahr 1941 neben den Anlagen der Wifo und der Marine noch ein eigenes städtisches Tanklager.[35] Die Kriegsereignisse überholten jedoch die Ausbau- wie die Neubauplanungen schnell. Es zeigte sich, dass Deutschland in naher Zukunft keine so großen Ölvorräte besitzen würde, die den Bau neuer Tanklager rechtfertigten. Außerdem legte die Marine Lager im besetzten Frankreich an, die näher an den Einsatzorten der Schiffe und insbesondere denen der U-Boote lagen. Die Arbeiten für das Marine-Tanklager wurden im April 1941 eingestellt. Anschließend wurde aufgrund von Protesten des Luftgaukommandos in Hamburg die bestehende Anlage noch getarnt und überschüttet.[36]

Laut einem Bericht der Marinebauleitung waren im April 1941 zwölf Ölbehälter, eine Pumpe, 6.600 Meter Rohrkanäle, 23.000 Meter Ölrohrleitung zur Gänze und 25 Behälter teilweise fertiggestellt.[37] Die Tanks waren dabei im Marine-Tanklager anders gebaut als die im Lager der Wifo, weil diese hauptsächlich leichte Öle für die Luftwaffe und das Heer bevorraten sollte, während die Marine schwere Öle lagern wollte. Sie baute deswegen stehende Tanks, die mit Bitumen und einer Fliesenabdeckung verkleidet waren. Der Vorteil war, dass die Rundbunker dadurch auch zur Einlagerung anderer Gegenstände nutzbar wurden. Die Marine begann darum im März 1942 elf der fertigen Behälter für die Einlagerung von Nachrichtenmittel- und Schiffsausrüstungsgerät auszubauen. Ab August 1942 wurden die ersten Materialien eingelagert und im Dezember 1942 nahm die neue Nachrichtenmittelverwaltung ihren Betrieb in Farge voll auf.

Des Weiteren erhielt die Marinebauleitung vom OKM im August 1942 den Auftrag, die Ein-

Rundbunker des Marine-Tanklagers im August 1944, im Vordergrund Bunker 4

lagerung von Nebelsäure in einem Ölbehälter von 20.000 m³ Fassungsvermögen vorzubereiten. Die Umbauarbeiten waren bis Ende 1942 zu 30% ausgeführt und die Anlage sollte im März 1943 fertig sein. Im Herbst 1943 stellte die Marine schließlich einen der halb fertigen Rundbunker für die Unterbringung von KZ-Häftlingen zur Verfügung.

Auch für die Marine war die Beschaffung von Arbeitskräften seit Beginn der Bauarbeiten ein großes Problem. In einem Bericht der Marinebauleitung wird mit Stolz die Errichtung eines von der »DAF anerkannten ›Musterlagers‹« im Sommer 1939 erwähnt. Es handelte sich um das Marinegemeinschaftslager II, in dem später auch eine Zeit lang das Arbeiterziehungslager der Gestapo untergebracht war.

In einem ersten Bericht der Kriegsmarinewerft Wilhelmshaven für das OKM über die Baustelle Farge heißt es: »Die Abgelegenheit des Baugebietes erfordert die Errichtung eines Barackenlagers für etwa 500 Bauarbeiter. Mit Rücksicht auf die mehrjährige Bauzeit, die bestehende Holzknappheit und die Fertigstellungsfristen wird das Lager in einfacher Steinbauweise hergestellt.«[38] Im Kostenvoranschlag waren acht Wohngebäude und ein Wirtschaftsgebäude vorgesehen. Dafür waren knapp eine halbe Million Reichsmark einkalkuliert. Hinzu kam der Bau von einem Bürogebäude und fünf Doppelwohnhäusern als Dienstwohnungen für zusammen etwa 200.000

Reichsmark.[39] Die Marine vergrößerte durch die steigenden Anforderungen das Lager jedoch im Laufe der Zeit. Bei Kriegsende bestand es aus 23 größeren und zehn kleineren Steinbaracken.

Die ersten Bauarbeiten für das Marine-Tanklager begannen Anfang 1939. Bereits im Februar 1939 hatte die Bauleitung beim Arbeitsamt Bremen um die Zuweisung von Arbeitskräften gebeten. Als sich dies als nur bedingt erfolgreich erwies, verlangte sie die zwangsweise Zuführung von Arbeitskräften durch das Instrument der Dienstverpflichtung.[40] Im Bericht der Marinebauleitung heißt es, dass es sowohl nach dem Kriegsbeginn im Herbst 1939 wie zu Beginn des Westfeldzuges im Frühjahr 1940 zum Rückgang der Bauarbeiten kam, weil Arbeiter zur Wehrmacht eingezogen wurden und zudem Arbeitskräfte für wichtigere Bauvorhaben abgegeben werden mussten.

Ab Herbst 1940 verbesserte sich dem Bericht zufolge jedoch die Lage durch den »Einsatz von italienischen und holländischen Bauarbeitern«.[41] Im Frühjahr 1941 waren zudem mehrere französische und belgische Kriegsgefangene als Elektrofacharbeiter in Farge eingesetzt.[42] Ein Bauleiter schrieb 1982 hierzu: »Auf den Baustellen waren Fremdarbeiter aller Nationen eingesetzt. Mit Russen haben wir kaum zu tun gehabt. Die waren nur kurz in Farge und wurden nach Bremen verlegt. [...] Beim Bau der Ölbunker waren etwa 2000 Mann beschäftigt (Deutsche, Italiener, Holländer, Dänen, Franzosen, Belgier, Österreicher).«[43] Seine Behauptung über die sowjetischen Kriegsgefangenen könnte zutreffend sein, weil die Marine im Frühjahr 1942 104 sowjetische Kriegsgefangene zur Munitionsproduktion der Francke-Werke in Bremen-Hemelingen abgeben musste, die als vordringlich eingestuft wurde.[44] Die ersten sowjetischen Kriegsgefangenen transportierte die Wehrmacht bereits Ende August 1941 nach Bremen-Farge. Weil der Bau des Marine-Tanklagers schon eingestellt war, wurden sie nur noch für Tarnarbeiten eingesetzt und nach etwas mehr als einem halben Jahr abtransportiert. Auch unter den Kriegsgefangenen der Marine gab es eine größere Zahl von Todesfällen. Die Leichen wurden vermutlich auch auf dem Wifo-Gelände beerdigt.

Da mit dem Ende der Bauarbeiten in Farge eine größere Zahl von Bauarbeitern und auch westeuropäischen Kriegsgefangenen zu dringenderen Bauarbeiten abgezogen wurde, stand die Marine schon im Sommer 1941 vor der Frage, mit welchen Arbeitskräften sie die Tarnungsarbeiten ausführen könnte. Sie war dabei schon früh bereit, gegebenenfalls auch auf die Ausbeutung der Arbeitskraft von KZ-Häftlingen zurückzugreifen. In einem Schreiben der Kriegsmarinewerft Wilhelmshaven an das OKM heißt es: »Da es ausgeschlossen ist Zivilarbeiter oder Kriegsgefangene [...] zu erhalten, hat die Werft die Zurverfügungstellung von 300 Konzentrationslager-Gefangenen beantragt, und glaubt diese auch zu erhalten.«[45]

Die Kriegsmarinewerft Wilhelmshaven war damit im Sommer 1941 eine der ganz wenigen Institutionen/Firmen, die auf die Idee gekommen ist, KZ-Häftlinge als Zwangsarbeiter einzusetzen. Aus bisher unbekannten Gründen kam die Zusammenarbeit von Kriegsmarine und SS 1941 jedoch nicht zustande. Erst zwei Jahre später konnte Marinebaurat Meiners die Zusammenarbeit mit der SS beim Bau des U-Boot-Bunkers realisieren. Im Sommer 1941 fand sich schnell Ersatz für die KZ-Häftlinge: »Als Arbeitskräfte stehen Häftlinge eines inzwischen in Farge eingerichteten Erziehungslagers der Staatspolizei und Kriegsgefangene in genügender Anzahl zur Verfügung.«[46]

Zusammengefasst zeigt die Analyse der beiden

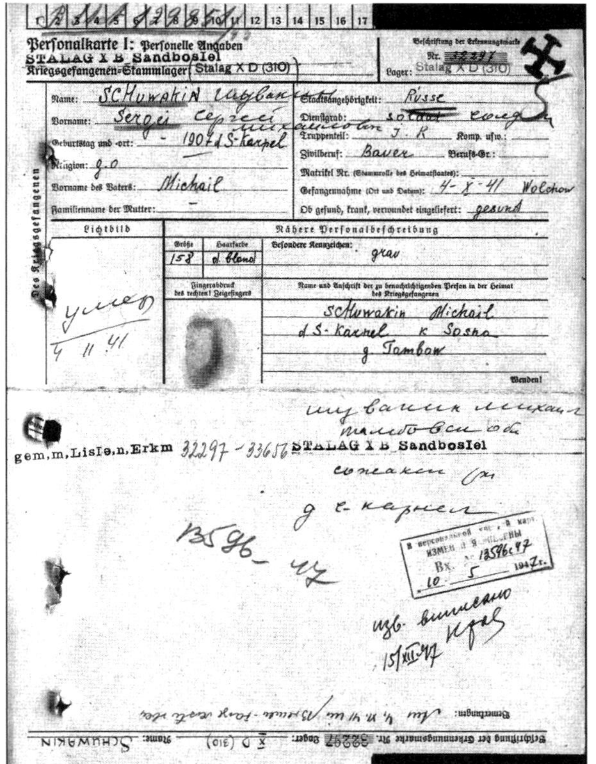

Personalkarte I: Personelle Angaben
STALAG X B Sandbostel
Kriegsgefangenen-Stammlager: Stalag X D (310)

Beschriftung der Erkennungsmarke Nr. 32297
Lager: Stalag X D (310)

Name: SCHUWAKIN
Vorname: Sergej
Geburtstag und -ort: 1907 / S-Karpel
Religion: g.o.
Vorname des Vaters: Michail
Familienname der Mutter: –
Staatsangehörigkeit: Russe
Dienstgrad: soldat
Truppenteil: I. R. Komp. usw.:
Zivilberuf: Bauer Berufs-Gr.:
Matrikel Nr. (Stammrolle des Heimatstaates):
Gefangennahme (Ort und Datum): 4-X-41 Wolchow
Ob gesund, krank, verwundet eingeliefert: gesund

Lichtbild
Nähere Personalbeschreibung
Größe: 158 Haarfarbe: d. blond Besondere Kennzeichen: grau
Fingerabdruck des rechten! Zeigefingers
Name und Anschrift der zu benachrichtigenden Person in der Heimat des Kriegsgefangenen: Schuwakin Michail, d. S-Karpel k Sosna, g Tambow
4 11 41
Wenden!

gem. m. Liste n. Erkm 32297 - 33656 STALAG X B Sandbostel
1359b – 47

Bemerkungen:
Beschriftung der Erkennungsmarke Nr. 32297 Lager: X D (310) Name: SCHUWAKIN

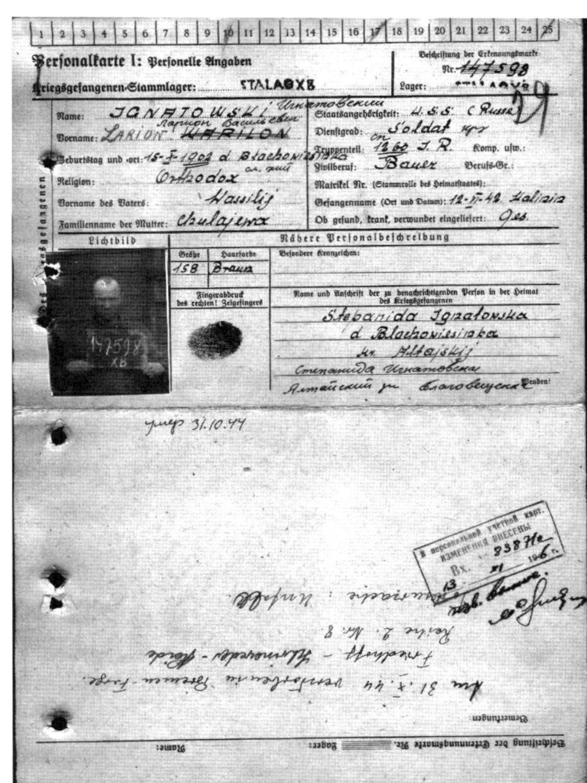

Personalkarte I: Personelle Angaben
Kriegsgefangenen-Stammlager: STALAG XB

Beschriftung der Erkennungsmarke Nr. 147598
Lager:

Name: JGNATOWSKI
Vorname: LARION WARILON
Geburtstag und -ort: 15-X-1902 d. Blachowizkaja
Religion: Orthodox
Vorname des Vaters: Wassilij
Familienname der Mutter: Chulajewa
Staatsangehörigkeit: U.S.S. (Russe)
Dienstgrad: Soldat
Truppenteil: 1260 I. R. Komp. usw.:
Zivilberuf: Bauer Berufs-Gr.:
Matrikel Nr. (Stammrolle des Heimatstaates):
Gefangennahme (Ort und Datum): 12-V-42 Halizia
Ob gesund, krank, verwundet eingeliefert: Ges.

Lichtbild
Nähere Personalbeschreibung
Größe: 158 Haarfarbe: Braun Besondere Kennzeichen:
Fingerabdruck des rechten! Zeigefingers
Name und Anschrift der zu benachrichtigenden Person in der Heimat des Kriegsgefangenen: Stebanida Jgnatowska, d. Blachowissinska, kr. Altajskij
Wenden!

31.10.44

Bemerkungen: Am 31.X.44 verstorben in Bremen-Farge. Friedhof - Schwanewede - Heide Reihe 2. Nr. 8
Beschriftung der Erkennungsmarke Nr. Lager: Name:

Vom OKW ausgestellte Personalkarten für sowjetische Kriegsgefangene, die in Bremen-Farge eingesetzt waren und dort ums Leben kamen

Tanklagerprojekte, dass sich schon vor Baubeginn des U-Boot-Bunkers zeitweise bis zu etwa 4.000 Arbeiter für Rüstungsprojekte in der Farger Heide befanden, von denen der Großteil Fremd- bzw. Zwangsarbeiter waren. Auch zeigt sich, dass ein Massensterben von Zwangsarbeitern in der Region nicht erst mit dem Bau des »Valentin« begann, sondern bereits im Winter 1941/42 mehr als 150 sowjetische Kriegsgefangene innerhalb weniger Monate in Farge ums Leben kamen.

Halbfertige U-Boote des Typs XXI kurz nach Kriegsende auf dem Gelände der AG »Weser«

II. Der U-Boot-Bunker »Valentin«: Das bedeutendste Rüstungsprojekt der deutschen Kriegsmarine

Das nächste Großprojekt

Noch während die Umbauarbeiten am Marine-Tanklager liefen, begann die Kriegsmarine ein nächstes, noch gigantischeres Projekt in Bremen-Nord zu planen: Die Errichtung einer unter meterdicken Betonwänden verbunkerten U-Boot-Fabrik. Die Planungen für die Errichtung des U-Boot-Bunkers setzten 1942 ein, erste Bauarbeiten begannen Mitte 1943. Teile der von der Marine eingesetzten Arbeiter wurden nun vom Tanklager zum U-Boot-Bunker umdirigiert. So erinnert sich etwa ein Lokführer, der seit Ende 1940 beim Bau des Tanklagers arbeitete, wie er die ersten beiden Dampfloks zur neuen Baustelle an die Weser brachte.

Er war jedoch keineswegs der Einzige mit diesem Arbeitsplatzwechsel, denn »der Ölbunkerbau [sei] größtenteils abgebrochen worden und die Arbeiter wären nun in ein Gebiet in Rekum nahe der Weser gekommen, das vorerst noch keinen Namen gehabt hätte«.[47]

Bevor jedoch das Voranschreiten der Baustelle beschrieben werden soll, gilt es zu untersuchen, warum die Marine einen U-Boot-Bunker in Bremen-Nord errichten wollte.

Gründe für den Bau des U-Boot-Bunkers

Den wichtigsten Grund für die Absicht der Kriegsmarine, U-Boot-Bunker in Deutschland zu bauen, bildete die zunehmende alliierte Lufthoheit, die zu immer zielgenaueren Angriffen auch auf die deutsche Werftindustrie führte. Nachdem 1942 bereits kleinere Bunker bei den Werften in Kiel und Hamburg entstanden waren, setzten Ende 1942 Überlegungen ein, auch in der Nähe der Bremer Werften U-Boot-Bunker zu schaffen.[48] Vorgesehen für das Vorhaben waren die zum Krupp-Konzern gehörende Werft der Deschimag AG Weser und die zum Thyssen-Konzern gehörende Bremer Vulkan-Werft. Während der Bunker der Deschimag (Tarnname: »Hornisse«) direkt am Werftgelände entstehen sollte,[49] entschied man sich bei dem für den Vulkan geplanten Bunker für eine Errichtung des Baus 10 km weserabwärts von der Werft mitten im Ortsteil Rekum.[50]

Marineoberbaurat Edo Meiners, Leiter der OT-Oberbauleitung Unterweser

Für den Bau der beiden Bunker richtete das OKM gemeinsam mit dem Reichsministerium für Bewaffnung und Munition (RMBuM)[51] die »Oberbauleitung U-Weser« (Unterweser) ein. Mit der Leitung wurde Marineoberbaurat Edo Meiners beauftragt. In einer Besprechung beim OKM wurde er am 18. Dezember 1942 über seine neue Funktion und seine Aufgaben unterrichtet.[52] Der Großteil des Personals wurde von der Marine gestellt. Die zentrale Steuerung unterstand aber dem RMBuM, Abteilung Rüstungsausbau, weil die U-Boot-Bunker mit in das gleichzeitig anlaufende Truppenbunker-Programm aufgenommen wurde, das als Sondermaßnahme dem Ministerium zugeordnet war.

Im April 1943 begann die Frankfurter Firma Johann Keller mit Bodenuntersuchungen in Farge, die zum Ergebnis hatten, dass auf dem anvisierten Gelände die Bodenverhältnisse für den riesigen Bunker ausreichend geeignet wären.[53] Am 28. April 1943 fand bei der Deschimag eine Sitzung über das weitere Vorgehen beim Bau der beiden für Bremen vorgesehenen U-Boot-Bunker statt. Anwesend waren bei diesem Treffen die Vertreter der Marineoberbauämter Bremen und Hamburg, der OT (Organisation Todt)-Einsatzgruppe

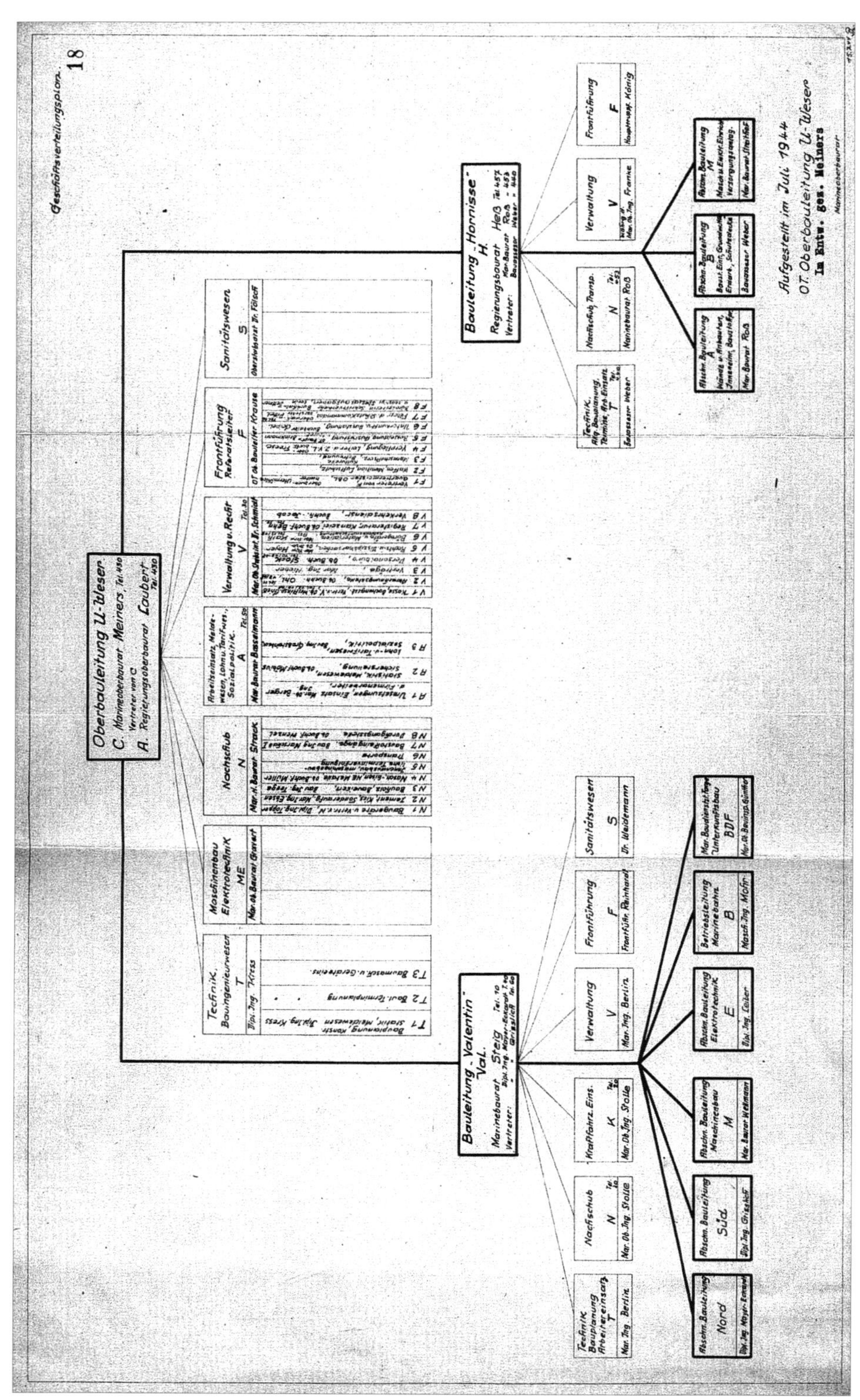

Geschäftsverteilungsplan der OT-Oberbauleitung Unterweser vom Juli 1944

West, der beiden Werften Deschimag und Vulkan und ein Vertreter des Technischen Büros des Krupp-Konzerns. Dort setzten das Marineoberbauamt Bremen und die beiden Firmen gegenüber dem Marineoberbauamt Hamburg durch, dass die gesamte Inneneinrichtung der Bunker vom Technischen Büro des Krupp-Konzerns durchgeführt werden sollte. Noch am selben Abend erteilte der Krupp-Konzernleiter Alfried Krupp von Bohlen und Halbach seine Zustimmung zu der vorgesehenen Regelung.[54]

Bei einer Sitzung im Bremer Rathaus mit Vertretern der Kriegsmarine und des Rüstungsministeriums im Mai 1943 verlangten die Vertreter des Bremer Senats die Verlegung der Bunkerbauten, weil in beiden Fällen erhebliche Gefahren für die Zivilbevölkerung durch mögliche Luftangriffe entstünden. Im Protokoll heißt es daraufhin: »Dieser Forderung konnte nicht stattgegeben werden, da die Vorbereitungen für die Bauten bereits weit vorgeschritten sind und weitere Zeit nicht verloren werden darf. Generalleutnant Waeger [RMBuM] schlug vor, im verstärkten Masse überall, wo es notwendig ist, Splitterschutzgräben für die Bevölkerung herzustellen, da diese sich an der Front allerbestens bewährt haben.«[55]

Während der Planungsphase für den Bunker ergaben sich aber durch den Kriegsverlauf und Machtverschiebungen innerhalb der Ministerien neue Situationen, die auf das weitere Geschehen in Bremen-Farge Einfluss nahmen.

Erstens verlor die deutsche U-Boot-Flotte im Mai 1943 42 von 110 verfügbaren U-Booten, weil die Alliierten ihre Ortungssysteme erheblich verbessern konnten und ihnen zudem die Entschlüsselung der deutschen U-Boot-Codes gelungen war. Diese Entwicklung führte zum kurzzeitigen Abbruch des U-Boot-Einsatzes im Atlantik und zur Einsicht beim OKM, dass eine Weiterführung des U-Boot-Krieges nur noch mit neuen Booten möglich wäre, die länger unter Wasser bleiben und sich dort schneller bewegen konnten.

Großadmiral Karl Dönitz

Zudem besaß der U-Bootbau in der Marineführung seit Januar 1943 höchste Priorität, weil Großadmiral Karl Dönitz, zuvor Befehlshaber der U-Boot-Flotte und entschiedenster Befürworter einer Konzentration der Kriegsmarine auf den Einsatz von U-Booten, als Nachfolger von Großadmiral Erich Raeder zum Oberbefehlshaber der Kriegsmarine berufen wurde. Dönitz präzisierte kurz nach seiner Berufung seine Prioritäten in einer Ansprache vor den Amtschefs und Abteilungsleitern des OKM:

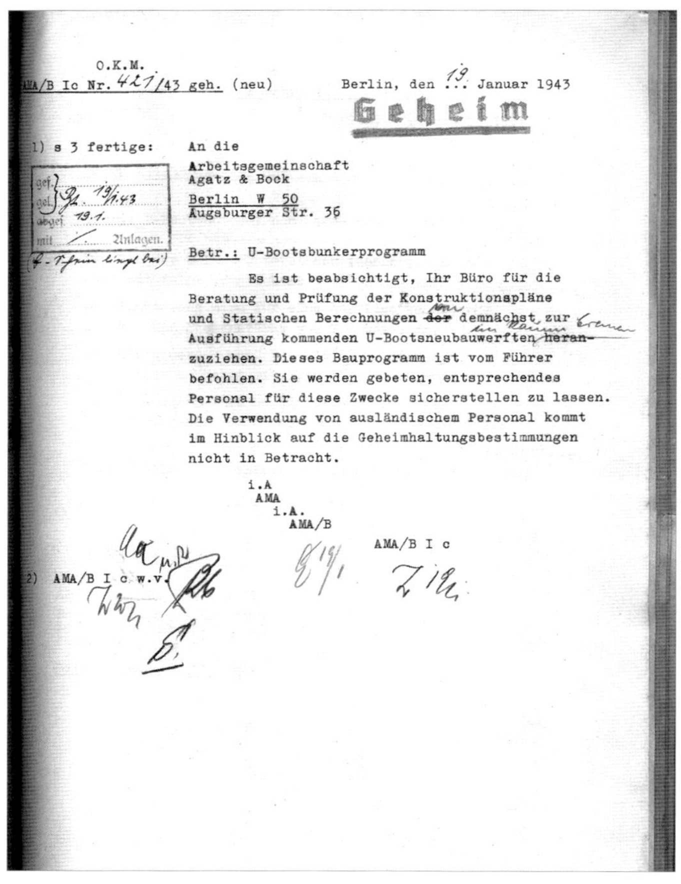

O.K.M.
AMA/B Ic Nr. 421/43 geh. (neu) Berlin, den 19. Januar 1943

Geheim

1) s 3 fertige:

An die
Arbeitsgemeinschaft
Agatz & Bock
Berlin W 50
Augsburger Str. 36

gef. / gel. / abgef. 19.1. / mit 1 Anlagen.

Betr.: U-Bootsbunkerprogramm

Es ist beabsichtigt, Ihr Büro für die Beratung und Prüfung der Konstruktionspläne und Statischen Berechnungen ~~der~~ demnächst zur Ausführung kommenden U-Bootsneubauwerften ~~heranzuziehen~~. Dieses Bauprogramm ist vom Führer befohlen. Sie werden gebeten, entsprechendes Personal für diese Zwecke sicherstellen zu lassen. Die Verwendung von ausländischem Personal kommt im Hinblick auf die Geheimhaltungsbestimmungen nicht in Betracht.

i.A
AMA
i.A.
AMA/B

AMA/B I c

2) AMA/B I c w.v.

Schreiben des OKM an die Arbeitsgemeinschaft Agatz & Bock vom 13. Januar 1943

»Der Seekrieg ist U-Boot-Krieg. Den Forderungen, die dieser stellt, ist rücksichtslos alles andere nachzuordnen. Es handelt sich darum, für U-Bootbau und Reparaturen Werft- und Arbeitskapazität zu schaffen, den U-Booten bessere Waffen und die besten Besatzungen zu geben. Mit der U-Bootswaffe allein wird die Marine ihren entscheidenden Sieg beisteuern können. Diesem Ziel muß jedes Opfer gebracht werden.«[56]

Zweitens hatte das Speer-Ministerium im Januar 1943 den Generaldirektor der Magirus-Werke, Otto Merker, beauftragt, ein rationelleres Fertigungssystem für die U-Boot-Produktion zu entwickeln. Parallel mit der Fertigstellung von Merkers Bericht im Juni/Juli 1943 wurde die gesamte Marinerüstung reorganisiert.

Aufgrund der großen Verluste einerseits und des langsamen Voranschreitens der Neubauten andererseits überzeugte Speer am 26. Juni 1943 Hitler und Dönitz, dass es sinnvoll wäre, die Marinerüstung in die Kompetenz seines Ministeriums zu geben. Am 22. Juli 1943 gaben Speer und Dönitz einen Gemeinschaftserlass heraus, der die zuvor getroffenen Abmachungen verbindlich regelte. Im Rahmen dieser Neuorganisation entließ Speer den Leiter des Hauptausschusses Schiffbau seines Ministeriums, Rudolf Blohm, weil dieser sich weigerte, neue amerikanische Produktionsmethoden in den Schiffbau einzuführen. Sein Nachfolger wurde Merker, der ein entschiedener Vertreter der neuen Techniken war. Zudem wurde noch eine eigene Entwicklungskommission für den Schiffbau (Schiffbaukommission) eingerichtet, geleitet von Vizeadmiral Karl Topp.[57]

Das Prestigeobjekt der neuen Marinerüstung unter Leitung von Merker wurde die entstehende U-Boot-Bunkerwerft in Farge. Hier sollte die erste und zudem verbunkerte Montagewerft für den Zusammenbau des neuen U-Boottyps XXI entstehen, von dem eine Wende im U-Bootkrieg erwartet wurde. Das neue Boot zeichnete sich durch größere Akkus (236 t) und einen eingebauten Schnorchel aus, wodurch es schneller und länger unter Wasser sein konnte. Die Akkus erlaubten eine Spitzengeschwindigkeit von 17 Knoten für 1 ½ Stunden und eine durchschnittliche Geschwindigkeit von zehn bis zwölf Knoten für etwa zehn Stunden.

Zur Erstellung genauer Pläne für den neuen Typ wurde im September 1943 das »Ingenieurbü-

Sommer 1944: Im Hintergrund entstehen die ersten Stützwände des Bunkers. Im Vordergrund wird noch an den Fundamenten gearbeitet

ro Glückauf« am Harz eingerichtet. Im November 1943 vergab die Marine die ersten Aufträge für 170 neue U-Boote.[58]

Die Planung sah vor, den Typ XXI in neun Sektionen zu unterteilen, die auf drei Werften hergestellt wurden. Vorgesehen waren die Deschimag AG Weser (Bremen), Blohm & Voss (Hamburg) und die Schichau-Werft (Danzig). Die einzelnen Sektionen wollte man in die Bunkerwerft nach Farge verbringen, wo sie auf Fließbändern im Taktverfahren zusammengesetzt werden sollten. Die veränderten Planungen liefen darauf hinaus, in Farge das hochtechnische und bestgesicherte Werk der deutschen Marinerüstung entstehen zu lassen.[59]

Insbesondere für Merker dürfte die Fertigstellung dieser ersten Anlage mit dem von ihm angeregten Verfahren besonders wichtig gewesen sein.[60]

Die Planung bekam noch einen höheren Stellenwert, als Minister Speer im September 1943 festlegte, dass aufgrund der geringen verfügbaren Baukapazität »nur noch ein Bauvorhaben für betongeschützten U-Bootsbau durchgeführt wird und zwar das für den Bedarf einer geschützten Montage verkleinerte Bauvorhaben Valentin«.[61]

KZ-Häftlinge bei Arbeiten auf dem Bunkerdach

Politisch-militärische Entscheidungen

Im Mai und Juni 1943 begann man mit der Einrichtung der Baustelle in Farge und im Juli mit den Erdarbeiten. Für die Bauplanung wurde die Ingenieurgemeinschaft Agatz-Bock-Maier verpflichtet. Leiter des Planungsbüros für den Bau des Bunkers »Valentin« wurde der erst 30-jährige Erich Lackner, ein Schüler des Firmengründers Arnold Agatz.[62]

Die für das Projekt verpflichteten Baufirmen wurden in zwei Arbeitsgemeinschaften aufgeteilt, die Arge Nord und die Arge Süd. Die Arge Nord bestand aus den Firmen: Wayss & Freitag (Frankfurt am Main), Hochtief AG (Essen), Lenz-Bau AG (Berlin) und Gottlieb Tesch GmbH (Berlin); die Arge-Süd bildeten die Firmen Hermann Möller (Wilhelmshaven), Dyckerhoff & Widmann (München), Rheinische Hoch & Tief AG, Robert Kögel (Köln) und August Reiners (Bremen).

Auch das für die Inneneinrichtung zuständige Technische Büro des Krupp-Konzerns und der für die elektrischen Anlagen zuständige Siemens-Konzern richteten auf der Baustelle eigene Büros ein. Weitere wichtige Firmen waren die Luchterhand AG, welche die Schalungen des Bunkers herstellte, und Franke-Schenk, die für die Stahlbauträger verantwortlich waren.

Im Jahr 1944 schritt der Bau zügig voran. Möglich war dies, weil das Großprojekt absolute Priorität besaß und bei der Zuteilung von Arbeitskräften und Rohstoffen bevorzugt behandelt wurde. Darunter hatte insbesondere auch das zivile Luftschutzbauprogramm in Bremen zu leiden. So heißt es im ersten Vierteljahresbericht der Abteilung kriegswichtiger Einsatz des Bremer Bausenators über die eingesetzten Arbeitskräfte im Luftschutzbau: »Mit weiteren sehr erheblichen Abzügen zugunsten des Jägerbauprogramms und des Bauvorhabens Valentin (U-Bootbunker) muß zu Beginn des zweiten Vierteljahrs gerechnet werden, sodaß sich im April der Arbeitseinsatz um weitere 1000 Kräfte verringern wird.«[63]

Bezüglich der Rohstoffsituation stellte das Luftschutzbauamt am 3. April 1944 fest: »Die zementerzeugende Industrie ist dabei auf der Höhe des Vorjahres verblieben, wogegen die Anforderungen insbesondere durch Kriegsmarine (U-Bootbunkerprogramm) und Luftwaffe (Jägerprogramm) erheblich angestiegen sind und auch weiter ansteigen werden. Da aber die Zementerzeugung infolge mangelnder Ersatzschaffungsmöglichkeiten der Industrieanlagen keinesfalls gesteigert werden kann, muss der Mehrverbrauch auf Kosten der übrigen Bedarfsträger, u.a. auch des LS [Luftschutz; M.B.]-Führerprogramms, gedeckt werden.«[64]

Diese Prioritätensetzung zugunsten des U-Boot-Bunkers in Farge steigerte sich gegen Kriegsende noch. Am 10. November 1944 räumte Speer in einem Schreiben an den Leiter der OT dem Bau von U-Boot-Bunkern oberste Priorität auch vor dem Jägerbauprogramm ein.[65] Ebenfalls im November arbeitete die Marine in Absprache mit Speer den Plan für einen zweiten U-Boot-Bunker in Farge (»Valentin II«) aus. Dort sollten vierzehn bombengeschützte Nassliegeplätze entstehen, um etwaige Reparatur- oder Ausrüstungsarbeiten durchzuführen.[66] Die kaum begonnenen Arbeiten für Valentin II wurden jedoch spätestens Anfang März 1945 wieder eingestellt.[67]

Zudem plante man noch eine Lagerhalle von 270 mal 32 Metern, um die angelieferten U-Boot-Sektionen besser lagern zu können. Dies geschah, obwohl sich bereits die Arbeiten bei »Valentin I« im Herbst 1944 erheblich verzögert hatten und die Aufnahme der U-Boot-Produktion inzwischen von Oktober 1944 auf April 1945 verschoben werden musste. Der Bau wurde aber bis zum letzten Moment mit allen Mitteln vorangetrieben. Noch Mitte Februar 1945 schrieb Speer, während sich alliierte Truppen Nordwestdeutschland unaufhaltsam näherten: »Beim letzten Luftangriff auf Hamburg sind wiederum schwere U-Boot-Verluste eingetreten. Es müssen deswegen die vor baldiger Fertigstellung stehenden U-Boot-Bauwerke ›Valentin‹ und ›Hornisse‹ mit allen Mitteln beschleunigt werden.«[68] Die eingeforderte Tempoverschärfung sorgte bei den auf der Baustelle eingesetzten Arbeitskräften für eine weitere Verschlechterung ihrer Situation. Zudem führte Speers Weisung dazu, dass am 24. Februar 1945 390 Häftlinge aus dem KZ Bergen-Belsen ins KZ-Außenlager Farge transportiert wurden.[69]

Gefördert wurde Speers kompromisslose Haltung vor allem durch die Kriegsmarine, die bei den Lagebesprechungen mit Hitler bis zuletzt glauben machte, dass der anlaufende Bau des U-Boots XXI eine Kriegswende bringen würde.[70]

Bei der »Führerlage« am 30. März 1945 musste Dönitz allerdings Hitler melden, dass zwei schwere Sprengbomben die Decke des Bunkers »Valentin« durchschlagen hatten.[71] Der von ihm geschilderte Angriff eines Spezialverbandes der Royal Air Force vom 27. März und ein weiterer Angriff der US-Luftwaffe wenige Tage darauf bedeuteten einen schweren Rückschlag für die Planer. Doch auch jetzt wurde das Vorhaben noch nicht aufgegeben. Fotos zeigen, dass die Bauarbeiten noch im April 1945 fortgesetzt wurden. Dies änderte aber nichts daran, dass in dem Bunker bis zum Kriegsende nicht ein einziges U-Boot produziert werden konnte. Er war jedoch unter den Qualen Tausender Zwangsarbeiter zu mehr als 90% fertiggestellt worden.

Bilder des Grauens? Filme und Fotos vom Bau

Die Verantwortlichen für die Errichtung des U-Boot-Bunkers »Valentin« in Bremen-Farge ließen die Bauarbeiten umfassend visuell dokumentieren. Da das Material das Kriegsende überstand und später von den Besitzern an Archive übergeben wurde, gehört der Bunkerbau zu den bildlich am besten dokumentierten Rüstungsgroßbaustellen im nationalsozialistischen Deutschland.

Die Erforschung von Fotografien und Filmen und ihre Nutzung als Quellen hat in der Geschichtswissenschaft noch keine lange Tradition. Während die Kultur- und Kunstwissenschaft der Frage nach den Aussagegehalten und -möglichkeiten von Bildern seit Langem nachgeht, gibt es in der Geschichtswissenschaft erst in den letzten zehn Jahren ein methodisches Bemühen um visuelle Quellen.[72] Bis heute dominiert hier allerdings die Tendenz, Fotos als nicht erklärungsbedürftiges Anschauungsmaterial abzudrucken, ohne deren Aussagegehalt im Text zu interpretieren oder zu problematisieren.

Dabei ist in der Bildforschung heute unumstritten, dass Fotos keine simplen Abbildungen von etwas Bestehendem sind. Fotografen treffen immer eine Auswahl und lenken die Blicke des Betrachters. Allerdings hat der auch die Möglichkeit, sich dieser Vorgaben zumindest zum Teil zu entziehen. Ein wichtiges Element der Distanzierung ist es, sich bewusst zu machen, mit welchen Bildkonventionen und -mitteln der Fotograf arbeitete und, so weit dies möglich ist, welche Absichten er verfolgte.

Im besonderen Maße gilt dies für Fotos und Filme, die Gewalt und Krieg zeigen und häufig eine Mischung aus Faszination und Erschrecken beim Betrachter auslösen. Georges Didi-Hubermann hat gezeigt, wie bei den wenigen Fotos, die von Häftlingen in Auschwitz aufgenommen wurden, allein durch das Wegschneiden eines Teiles des Bildes, der nur schwarze Fläche zeigt, die Interpretation erheblich verändert wurde.[73] Darum wird in diesem Buch ganz auf das Beschneiden von Fotos verzichtet.

Während Didi-Hubermann sich insbesondere den wenigen erhaltenen Aufnahmen widmet, die von KZ-Opfern gemacht wurden, ist die Mehrzahl von Fotos, die Opfer des Dritten Reiches zeigen, nicht von Opfern, sondern von Tätern oder Mitläufern gemacht worden. Solche Bilder sind immer auch Ausdruck einer Beziehung mit einem erheblichen Machtgefälle zwischen Fotografen und Fotografierten. Für die Opfer bestand im Regelfall keine Möglichkeit, sich gegen das Foto und den Fotografen zu wehren. Cornelia Brink hat jüngst in einem Beitrag gefordert, dass Historiker sich deswegen genau überlegen sollten, wann und wie sie Bilder von gepeinigten, verstümmelten oder getöteten Menschen zeigen, die sie als »Fotografien-wider-Willen« bezeichnet. Das Argument »bislang nie gezeigte Bilder« bezeichnet sie als eines für den Fernseh- und Buchmarkt, das sich Historiker nicht zu eigen machen sollten.[74]

Die in diesem Buch abgedruckten Fotos sind nur zu einem kleinen Teil bisher nie gezeigt worden. Viele der Bilder sind bereits in früheren Publikationen über den U-Boot-Bunker verwendet worden. In keiner Veröffentlichung wurden die Leser jedoch umfassend über ihre Entstehungsgeschichte und den vom Fotografen eingenommenen Blickwinkel informiert. Dies soll hier nachgeholt werden. Des Weiteren sind in den Bildern oft auch Details enthalten, die der Fotograf vielleicht gar nicht zeigen wollte und die dadurch eine Differenz zwischen dem Blick des Fotografen und unserem Blick auf das Foto ermöglichen können.[75]

An visuellen Quellen zum Bau des U-Boot-Bunkers »Valentin« liegen aus der Zeit bis Kriegsende vor:

1. 873 Meter Film auf sechs Rollen, die im Bundesarchiv-Filmarchiv Berlin unter der Signatur 3739 abgelegt sind.
2. 34 Negativ-Filmstreifen, die insgesamt 968 Fotos umfassen und die sich im Bundesarchiv-Fotoarchiv Koblenz unter der Signatur 185 befinden.
3. 4 Fotoserien mit insgesamt etwa 200 Fotos, die Dieter Schmidt aufbewahrt hat und die inzwischen der Landeszentrale für politische Bildung in Bremen übergeben wurden. Diese werden zurzeit im Staatsarchiv Bremen verzeichnet.
4. Eine Serie von fünfzehn Fotos, die beim Besuch von Großadmiral Dönitz auf der Baustelle am 22. April 1944 aufgenommen wurde und im Archiv des Heimatvereins Farge archiviert ist.
5. Eine Mappe des Hafenbauamtes Bremen, die 21 Fotos aus den unter 2.) und 3.) genannten Serien enthält und sich im Staatsarchiv Bremen befindet (Signatur: 10,B-A1-963).

Links: Rückseite des Abzugs einer Fotografie von Johann Seubert. Genannt werden Auftraggeber, Bauvorhaben, Fotograf, Aufnahmedatum und Aufnahmenummer. Der »Geheim«-Stempel zeigt an, dass die Bilder nur für interne Zwecke und nicht für eine breite Öffentlichkeit vorgesehen waren; Mitte und rechts: Hierbei handelt es sich um die ersten Bilder, die Seubert am 26. Mai 1944 von der Baustelle aufnahm. Es ist eine Serie von insgesamt 16 Bildern, die vor allem die Anlieferung und den Weitertransport verschiedener Materialien zeigt. Beide Bilder zeigen ein Laufband für den Kiestransport

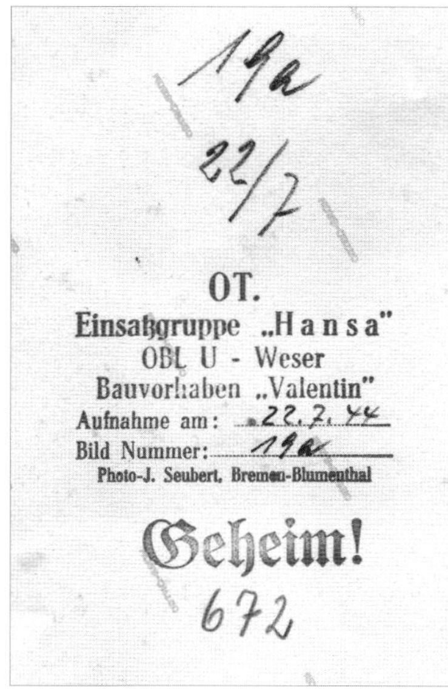

6. Alliierte Luftaufnahmen von der Baustelle und den Lagern, die im Archiv der University of Keele verwahrt werden.

In der folgenden Analyse konzentriere ich mich vor allem auf die ersten drei Bestände. Die 873 Meter Film und die 968 Fotos sind vermutlich vom Fotografen Johann Seubert produziert worden. Seubert wurde im Jahr 1900 in Bremen-Blumenthal geboren. Er besaß in Blumenthal ein Drogerie- und Fotogeschäft und war während des Dritten Reiches Kreisfilmberichterstatter. Seit 1940 war er im Polizeidienst tätig. Von diesem wurde er nach eigenen Angaben Anfang 1944 freigestellt, um für die Marine und die OT den Bunkerbau zu dokumentieren.[76] Sowohl der Film wie die Fotos befanden sich nach Kriegsende im Besitz von Marinebaurat Hans-Joachim Steig, dessen Familie die Fotos und Filme 1982 an das Bundesarchiv-Militärarchiv Freiburg übergab.

Der Film wurde vermutlich vom August bis Oktober 1944 auf der Baustelle aufgenommen. Er hat eine Länge von etwa einer Stunde und 42 Minuten. Die erste der sechs Filmrollen besteht aus einem Farbfilm: Das zeigt, wie wichtig die Dokumentation den Verantwortlichen war. Schließlich lief der erste deutsche Farbfilm erst 1940 im Kino und gegen Kriegsende waren Filme allgemein schon Mangelware und Farbfilme extrem schwer zu bekommen. Bei den Filmrollen handelt es sich nicht um Rohmaterial, sondern um eine bereits geschnittene Fassung.

Der Film folgt der Ästhetik des Industriefilms, die sich spätestens zur Zeit der Weimarer Republik entwickelt hat. Ein ganz wesentliches Element der Film-Narration ist die Verbindung zwischen Natur/Landschaft und Bunker/Baustelle. Der Bunker wird in den Aufnahmen in die Landschaft eingepasst. Dadurch wird eine enge Verbindung von Landschaft und Architektur hergestellt, durch die der Bunker als ein Teil »deutscher Heimat« erscheinen soll. Die Bauarbeiten werden als organischer, gleichsam natürlicher Ablauf dargestellt. Die Bilder zeigen ein gut funktionierendes Ineinandergreifen von Material, Maschine und Mensch in fließenden Bewegungen.

Entscheidend für den Film ist der erfolgreiche Gesamtprozess, in dem der Mensch ebenso ein funktionierendes Rädchen ist wie das Fließband, das den Kies transportiert. Erreicht wird dieser Eindruck durch viele Panorama-Einstellungen und langsame, stetige Kamerabewegungen. Nahaufnahmen existieren kaum, sondern vor allem Blicke aus der Totalen oder Halb-Totalen. Einzig den Architekten und Technikern gesteht der Filmende Individualität und Macht zu. Die Zwangsarbeiter sind hingegen als funktionierende Masse ohne Individualität aufgenommen. Die realen Gewaltverhältnisse auf der Baustelle bleiben unsichtbar, weil weder Anweisungen noch Bestrafungen ins Bild kommen.[77]

Grundsätzlich sind auch die Fotografen der beiden großen Fotoserien vom Bunkerbau vor allem an einer Darstellung der Technik interessiert. Dies lag auch an den Auftraggebern OT/Marine und Deschimag AG Weser, die im Wesentlichen an einer Technik-Dokumentation interessiert waren. Der Ablauf der Technik kann zwar nicht wie in bewegten Bildern gezeigt werden, aber

Nächste Seite: Zwei Bilder aus einer weiteren umfassenden Fotoserie, die das Entladen von Spannbetonträgern für das Bunkerdach zeigen; oben: Anheben des Spannbetonträgers durch einen Kran; unten: Vorbereitung des Trägers durch sowjetische Kriegsgefangene

SU

durch Fotoserien hat sich der Fotograf häufig bemüht, längere Arbeits- oder Transportprozesse darzustellen.

Im Vergleich zum geschnittenen Film, der stark inszeniert ist und eine Idealisierung des Baues betreibt, sind die Fotos aber heterogener. Sie zeigen auch Arbeitsunfälle, Missgeschicke und das Nicht-Funktionieren von Technik. Zudem lässt sich auf den Fotos mitunter erkennen, dass die Wachmänner mit Gewehren und Knüppeln bewaffnet sind, was die herrschenden Gewaltverhältnisse auf der Baustelle erahnen lässt.

Die Fotos decken auch einen breiteren zeitlichen Rahmen der Bauarbeiten ab. Seubert hat sie von Mai bis Dezember 1944 aufgenommen. Einige der Bilder im Album der Deschimag AG Weser stammen auch aus den Jahren 1943 und 1945.

Trotz der Heterogenität der Fotos lassen sich aber auch bei ihnen vorherrschende Bildmotive und Aufnahmetechniken herausarbeiten. Insgesamt ist festzustellen, dass sie von professio-

Linke Seite: Die Träger für die Dachkonstruktion werden angeliefert; oben: Im Vordergrund ein mit einem Gewehr bewaffneter Wachmann
Rechte Seite oben und Mitte: Vermutlich durch Überlastung umgestürzter Kran am 30. September 1944; unten: Mitglieder der Bauleitung beim Planungsgespräch auf der Baustelle, in der Mitte Marinebaurat Steig

Links: Ein deutscher Ingenieur mit Parteiabzeichen; Mitte: Ein polnischer Zwangsarbeiter; rechts: Ein italienischer ›Militärinternierter‹

neller Bildqualität sind und der Fotograf sich über Ausschnitt und Perspektiven Gedanken gemacht hat. Ausschuss durch Unschärfe findet sich kaum. Bei der Repräsentation der Technik und des Baues fällt besonders ins Auge, dass Wert auf die Darstellung von Masse und Größe gelegt wurde. Seubert hat bereits beim Bauprozess besonders darauf geachtet, die Größe und Mächtigkeit des Baues ins rechte Licht zu rücken. Evoziert werden Gefühle der eigenen Kleinheit und Geringheit des Menschen und gleichzeitig die Erhabenheit der Technik. Dies führt dazu, dass die Arbeiter häufig hinter der Arbeit und der Technik verschwinden.

Allerdings gilt es zu differenzieren: Den Architekten und Bauleitern werden auf der Baustelle vom Fotografen durchaus Subjektivität und Handlungsmacht zugestanden. Diskussionen über Plänen oder raumgreifende Gesten mit den Armen zeigen, dass einige Menschen auch die Technik dirigieren können. Machtposition zeigt sich auch darin, dass sie mit dem Fotografen in Kontakt treten, mit der Kamera interagieren und sich in Pose werfen. Die Zwangsarbeiter schauen hingegen so gut wie nie in die Kamera, wenn sie fotografiert werden. Dies passt zur Perspektive des Fotografen, denn dieser zeigt die Zwangsarbeiter nicht als arbeitende Individuen, sondern als Teile der großen Maschine, die den Bau voranzutreiben scheint. Die Zwangsarbeiter existieren nur in ihrer Funktion für die Arbeit.

Eine Besonderheit stellen einige Porträtfotos aus dem Seubert-Bestand dar. Der Fotograf machte Einzelaufnahmen von insgesamt 16 Militärs, 16 zivilen Angestellten, darunter sechs Frauen und vier Zwangsarbeiter. Die Mehrzahl der Porträts erfolgte vor dem neutralen Hintergrund einer Holz- oder Betonwand. Ob die Darstellung egalisierend wirkt und Zwangsarbeiter als Individuen ernst nimmt, mögen die Leser beim Betrachten der Abbildungen selbst entscheiden. Mein Eindruck ist, dass sich auf den Gesichtern der Zwangsarbeiter eher der Zwangscharakter der Situation als eine Freude am Bild abzeichnet, während Militärs und Zivilarbeiter freudig mit dem Fotografen verbunden scheinen.

Eine noch größere Besonderheit als die Porträtfotos stellen etwa vierzig Bilder dar, die Seubert am 10. und 11. August 1944 im KZ-Außenlager aufnehmen durfte. Bereits seit dem Sommer 1933 waren Fotografien in Konzentrationslagern nur noch nach »ausdrücklicher schriftlicher Genehmigung« erlaubt. Ausgenommen waren nur Fotos zu »dienstlichen Zwecken«.[78] Durch diese Vorgaben entstanden bis zur Befreiung vor allem aus zwei Motiven Fotos in den Konzentrationslagern: Entweder wurden Bilder zur Außendarstellung der Konzentrationslager in der Presse hergestellt oder für interne Zwecke der SS zur Dokumentation der eigenen Leistung und des Arbeitseinsatzes

Bilder aus dem KZ-Außenlager. Oben: Das einzige Bild aus dem Lager, auf dem gleichzeitig Häftlinge und ein Bewacher zu sehen sind. Das Gewaltverhältnis bleibt aber unsichtbar, weil beim Wachmann weder Schlagstock noch Pistole zu erkennen sind. Mitte und unten: KZ-Häftlinge bei der Errichtung einer Baracke aus vorgefertigten Holzteilen im Außenlager

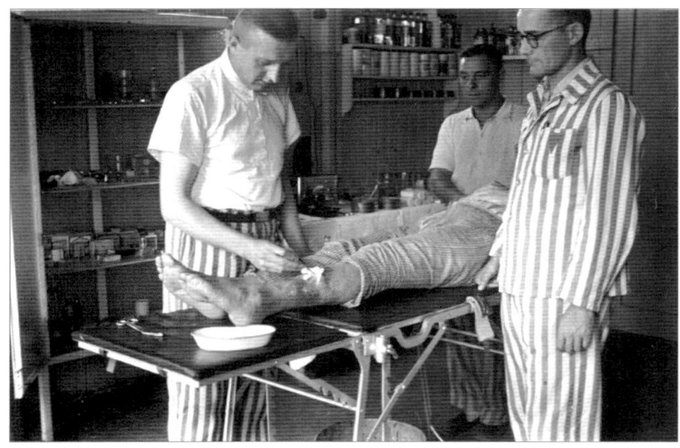

Ein besonders gestellt wirkendes Bild aus dem Krankenrevier des Außenlagers

der Häftlinge. Die Bilder Seuberts dürften eher für den internen Gebrauch als für die Presse entstanden sein, aber generell gab es zwischen beiden Zwecken erhebliche Übereinstimmungen. In beiden Fällen stellten sich die Fotografen auf die Seite der Täter und präsentierten eine Sicht auf das Lager, die von diesen erwünscht war.

Vor allem drei Bildmotive wurden ausgewählt: Häftlinge bei der Arbeit, die Einrichtungen des Lagers und das leitende Personal und die Wachmannschaften bei Posen, Appell oder Arbeit. Das grundsätzliche Merkmal der Fotos ist, dass die Interaktion zwischen SS und Häftlingen nicht zu sehen ist. Von Seuberts Aufenthalt im Außenlager gibt es tatsächlich nur ein Bild, an dem am Rande bei Häftlingsarbeiten ein Wachmann zu sehen ist. Die Welt der Häftlinge ist ansonsten von der Welt der SS völlig abgetrennt; Gewalt oder auch nur Arbeitsanweisungen bleiben ausgeblendet.

Die Häftlinge werden bevorzugt bei dynamischen Arbeitssituationen gezeigt. Hier standen die Fotos in der Tradition der in der Presse veröffentlichten Bilder, in denen behauptet wurde, dass im KZ »Faulenzer und Arbeiterfürsten« [als Ausdruck für Gewerkschafter oder Vertreter von Arbeiterparteien; M. B.] zur körperlichen Arbeit erzogen würden. So waren beispielsweise die Bilder und Bildunterschriften eines Artikels mit dem Titel »Arbeit macht frei« über ein nicht näher benanntes Konzentrationslager geprägt, der am 31. August 1939 in der Münchner Illustrierten Zeitung erschien.[79] Im KZ Auschwitz wurde in einem für die Bauleitung des KZ erstellten Album sogar der Vernichtungsalltag der Häftlinge zu einem alltäglichen Arbeitsalltag ohne Gewalt umkodiert.[80]

Das Ziel der Täter und der Fotografen war es, durch eine Konzentration auf Arbeit, Ordnung und Effizienz und durch die Exklusion von Zwang und Gewalt das Konzentrationslager als eine hervorragend organisierte Institution zu präsentieren, die ähnliche Aufgaben wie ein Gefängnis auf produktivere Art löste. Alle so entstandenen Bilder sind explizit Täterbilder und es verwundert nicht, dass ehemalige KZ-Häftlinge diese nur als gestellt und Verhöhnung des wirklichen Geschehens verstehen können.

Für die Sicht heutiger Betrachter von Fotos aus den Konzentrationslagern oder von KZ-Häftlingen bei der Arbeit ist von zentraler Bedeutung, dass die Bilder, die unser Gedächtnis prägen, nur zu einem geringen Teil diese Täter-Fotos sind. Hauptsächlich sind es jene, welche die Alliierten bei der Befreiung der Lager aufnahmen. Hierbei handelt es sich auch nicht um Aufnahmen durch Opfer, sondern um Fotos, die Opfer zeigen. Die Intention war jener der Täter entgegengesetzt: Gewalt, Elend und Tod sollten in ihren ganzen Ausmaß gezeigt werden und für die künftige Erziehung folgender Generationen dokumentiert werden.[81]

Vor diesem Hintergrund ist die Reaktion von Betrachtern der Aufnahmen von KZ-Häftlingen in Bremen-Farge nicht selten die, dass es dort »wohl nicht so schlimm war« oder es eher ein »Arbeitslager« als ein KZ war. Ehemalige KZ-Häftlinge bezeichnen die Fotos hingegen als gestellt und betonen, dass sie nie so gut genährt gewesen wären wie die abgebildeten Häftlinge. Hier gilt es zu differenzieren. Ein Großteil der Bilder, auf denen wenige Häftlinge, z.B. in der Krankenstation des Außenlagers, zu sehen sind, war ohne Zweifel gestellt. Die Arbeitssituationen hingegen wirken nicht künstlich, sondern dürften sich ohne Zutun des Kameramannes ereignet haben. Allerdings beeinflusste der vom Kameramann gewählte Ausschnitt die Aussage der Fotos maßgeblich. Der sichtbare Arbeitsfleiß der Häftlinge hätte eine deutlich andere Bedeutung, wenn ein Kapo oder Soldat mit einem Knüppel hinter ihnen zu sehen wäre, doch eben dieser wird fast nie abgebildet.

Hinsichtlich des körperlichen Zustandes ist zu betonen, dass die Mehrzahl der Fotos im Sommer 1944 aufgenommen wurde. Viele Häftlinge waren erst Anfang August 1944 in das Außenlager Farge gekommen, sodass es nicht verwundern muss, dass ihre Körper noch vergleichsweise wenig von der KZ-Situation gezeichnet waren. Es ist aber auch zu betonen, dass die Sterblichkeit im KZ-Außenlager Farge im Sommer 1944 vergleichsweise niedrig lag, weil das warme Wetter den Krankenstand senkte. Dramatischere Ausmaße nahmen Hunger und Sterblichkeit wieder ab November 1944 an, einer Zeit, aus der nur wenige Fotos mit KZ-Häftlingen erhalten sind.

Überlieferungen, die den Fotos der Täter gegenübergestellt werden können und häufig dort nicht Thematisiertes zeigen, sind Zeichnungen ehemaliger Häftlinge. Für das Außenlager Bremen-Farge sind bisher allerdings keine Bilder von Überlebenden bekannt. Damit aber die Täter-Bilder nicht nur durch Aussagen ehemaliger Häftlinge kontextualisiert werden, sollen im Folgenden auch Zeichnungen von Überlebenden aus anderen Außenlagern des KZ Neuengamme genutzt werden, um ein Bild von den Lebensbedingungen in diesen Lagern zu gewinnen.

Montage der Kesselanlagen für das bunkereigene Kraftwerk im Werkstättenteil des U-Boot-Bunkers

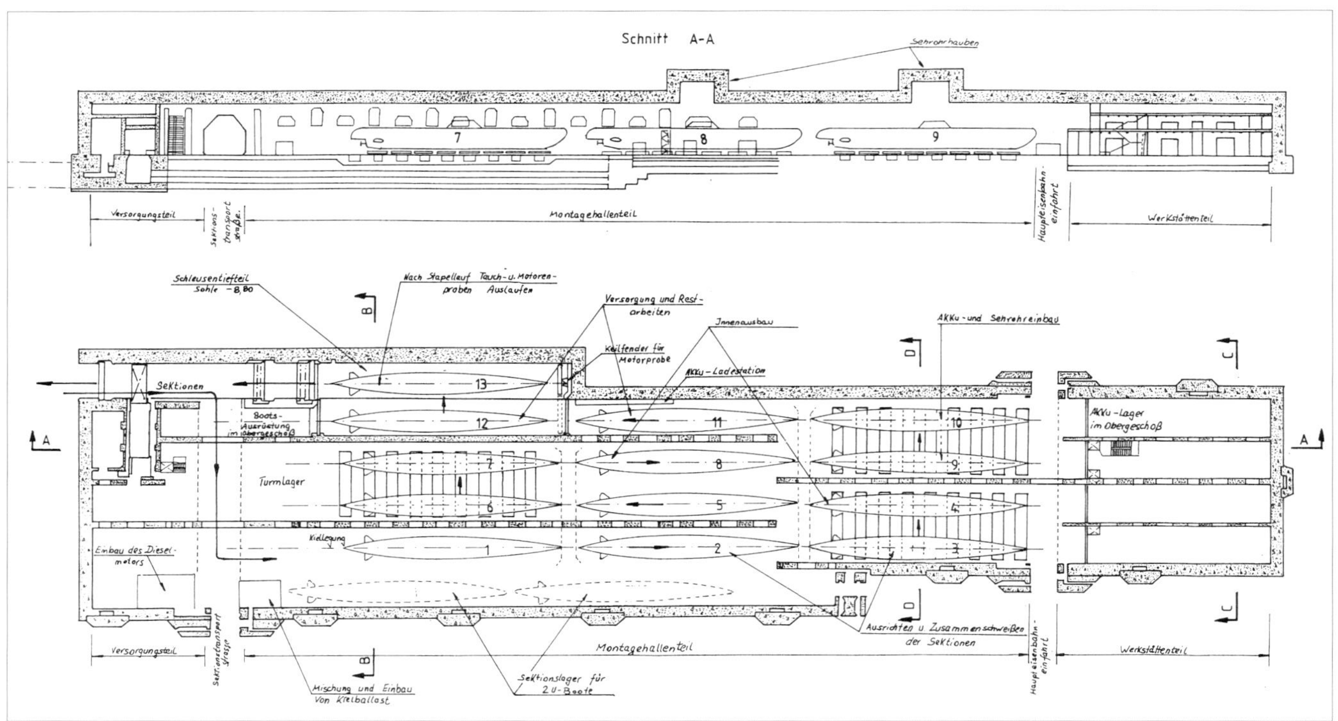

Grundrisszeichnung mit den Taktstraßen, oben ein Längsschnitt

Die Planung für die U-Boot-Montage im Bunker

Da die Funktion als U-Bootwerft letztlich die Baugestalt vorgab, erscheint es sinnvoll, zuerst die Planungen für die Inneneinrichtung des Bunkers zu beschreiben, bevor anschließend der Bau der äußeren Hülle betrachtet wird. Von den 420 Metern Länge des Bunkers sollten 350 Meter als Montagehalle genutzt werden.[82] In den verbliebenen 70 Metern sollten sich Werkstätten, Lagerräume und Büros befinden.

Der Werkstättenteil war dreistöckig. Im Erdgeschoss sollten die Werkzeugmacherei, Schiffbauwerkstatt, Verzinkerei, Schmiede und die Heizungsanlage untergebracht werden. Im 1. Stock waren Klempnerei, Schlosserei, Tischlerei, Blech- und Elektrowerkstatt, Rohrleitungsbau und ein Akkumulatorenlagerraum geplant. Aus dem 1. Stock waren Lauf- und Arbeitsstege in die Montagehalle vorgesehen. Im Dachgeschoss sollten sich die Lagerräume und Büros befinden. Der Ostteil des Bunkers war unterkellert und wurde im Krieg als Luftschutzraum genutzt.

Die Montagehalle war so angelegt, dass die bereits voll ausgerüsteten U-Boot-Sektionen über den Wasserweg nach Farge gebracht werden konnten. Die Anlieferung sollte anfangs über das Tauchbecken erfolgen, aus dem auch die fertigen Boote den Bunker verlassen sollten. Später plante man am südlichen Bunkerende auf der Weser-Seite einen verbunkerten Hafen und eine verbunkerte Sektionslagerhalle. Dafür wurde im Gebäude eine der Aussparungen belassen, deren Anzahl aufgrund des Bombenschutzes auf vier Öffnungen beschränkt blieb.

Nach der Ankunft der acht Sektionen, aus denen ein U-Boot jeweils bestand, war noch vor Taktplatz 1 in zwei vorgelagerten Ständen der Einbau des Dieselmotors und die Einfüllung der Kiellast geplant. Anschließend sollten die Sektionen von einem Deckenkran auf je einen Transportwagen gehoben werden und hintereinander an Taktplatz 1 aufgereiht werden.

Insgesamt durchlief das U-Boot bis zur Fertigstellung zwölf Taktplätze. In vier geraden Linien befanden sich jeweils drei Taktplätze hintereinander. Durch drei Querverschiebungen in der Montagehalle sollte das Boot bis Taktplatz 12 gelangen. Auf den Taktplätzen 1 bis 3 sah die Planung die Kiellegung und die Ausrichtung der acht Sektionen sowie die Durchführung der Hauptschweißarbeiten an den Druckkörpernähten und den Außennähten vor. An Taktplatz 3 war die erste Taktstraße beendet und das Boot wurde auf Taktplatz 4 verschoben, der zur zweiten Taktstraße gehörte. Für die Taktplätze 4 bis 8 waren Schweißarbeiten im Bootsinneren, das Verbinden der Leitungen und weitere Arbeiten an der Außenhaut vorgesehen. Letztere wurden von Hängegerüsten aus mit modernster Elektroschweißtechnik durchgeführt.

Über der dritten Querverschiebung, zwischen den Taktplätzen 9 und 10, hatten die Architekten eine Deckenerhöhung bauen lassen. Die dadurch erreichte Höhe von 25 Metern ermöglichte den Einbau des Schnorchels und des Sehrohrs. An Taktplatz 10 sollten zudem die Akkumulatoren durch Schwenkkräne im Boot installiert werden. Taktplatz 11 war für den Einbau der Antennenanlage und das Aufladen der Akkumulatoren bestimmt worden. Mit Taktplatz 12 endete die vierte Taktstraße. Dort sollten die Restarbeiten am Boot durchgeführt werden. Die letzte Station war das Tauchbecken innerhalb des Bunkers, in dem Probetauchungen des Bootes durchgeführt werden sollten. Von hier aus verließ es auch den Bunker.

Verschalung für den Drehscheibeneinbau der Sektionen vor Taktplatz 1. Rechts ist die Öffnung im Bunker zu sehen, die für die Anlieferung der Sektionen gedacht war

Da das ausgerüstete Boot zu schwer war, um von Kränen gehoben zu werden, musste es anders verschoben werden. Deswegen hatten die Architekten Taktplatz 12 und das Tauchbecken als kombinierte Dock- und Schleusenkammer entworfen. Nachdem die Kammer durch drei Tore nach innen und außen verschlossen war, hätten sechs Pumpen ihre Arbeit aufgenommen. Nach etwas mehr als einer Stunde wäre der Wasserstand in der Kammer um etwa 12 Meter gestiegen. Dadurch hätte das U-Boot von seinen Transportwagen aufschwimmen und vorsichtig ins Tauchbecken hinübergezogen werden können. Nach den Proben hätte das fertige Boot den Bunker per Durchbruch zur Weser verlassen.

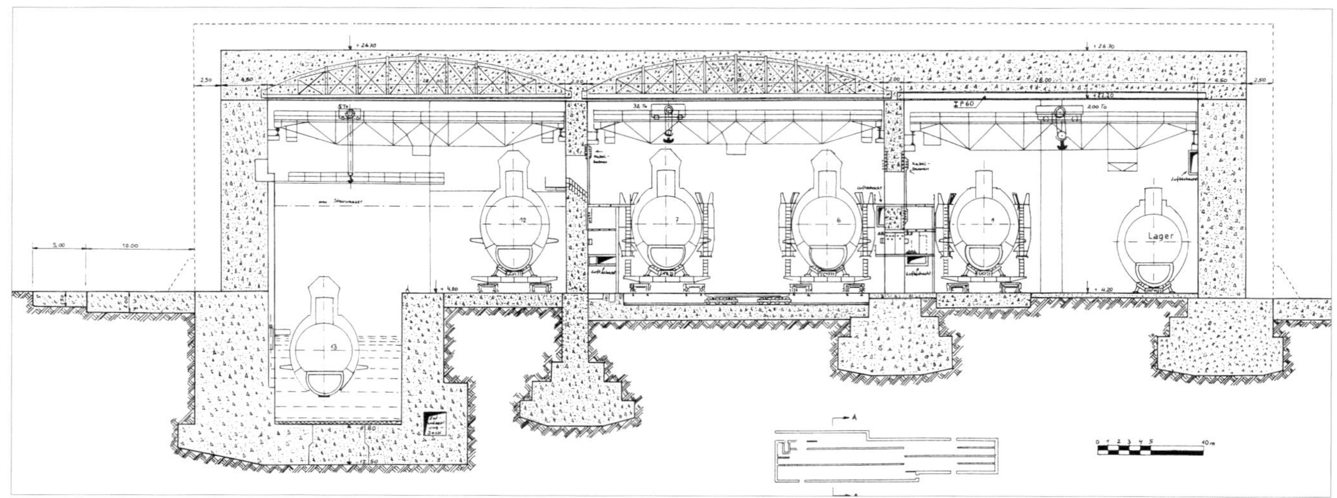

Querschnitt durch den Bunker von der Weserseite. Links unten das Tauchbecken

Für die Anfangsphase der Produktion war ins Auge gefasst, dass alle vier Tage ein Boot fertiggestellt würde. Nach der Einarbeitung sollte alle 56 Stunden ein Boot den Bunker verlassen. Dies war nur möglich, weil an mehreren Booten parallel gearbeitet werden sollte. Der Durchlauf für jedes Boot bis zum Tauchbecken war auf etwa 30 Tage kalkuliert. Ziel des OKM war eine Jahresproduktion von etwa 150 Booten. Der Vulkan kalkulierte dafür mit einem Bedarf von 4.500 Arbeitskräften, die in zwei Schichten jeweils 10 Stunden an allen sieben Wochentagen arbeiten sollten.

Aufgrund des Arbeitskräftemangels rechnete die Werft für die Kriegszeit damit, auch zivile Zwangsarbeiter, Kriegsgefangene und KZ-Häftlinge einzusetzen, die gegebenenfalls anzulernen waren.[83]

Der Bau des Bunkers

Eine der ersten Fragen, welche die Architekten zu klären hatten, war die, ob und wie der ausgewählte Baugrund das Gebäude mit einer Grundfläche von etwa 36.000 m^2 tragen könnte. Aufgrund umfänglicher Bodenproben beim Bau des nahe gelegenen Kraftwerks Farge standen hier schon vor dem Beginn von Probebohrungen Daten zur Verfügung, die besagten, dass die geplante Baufläche durch einen für Tideflussgebiete nicht untypischen Untergrund gebildet wurde.

Zuoberst befand sich eine 2-4 Meter dicke Moor- und Kleischicht, gefolgt von einer bis ca. 13 Meter tief reichenden Sandschicht, gefolgt von einer etwa 40 Meter dicken Schicht Lauenburger Ton. Einige Probebohrungen auf dem zukünftigen Bunkergelände bestätigten dies. Gemäß der gültigen Baunorm sollte die mittlere Bodenpressung den Druck von 3,87 kg / cm^2 nicht übersteigen. Wegen der besonderen Belastbarkeit der Tonschicht in Farge wurden für den Bunkerbau jedoch 7 bis 8,5 kg / cm^2 Druck genehmigt. Statt auf einer durchgehenden Grundplatte konnte der Bunker dadurch auf 11-13 Meter breiten Streifenfundamenten errichtet werden. So wurden etwa 80.000

Links: 20. April 1944: Die Erstellung der Fundamente für das Tauchbecken; rechts: Zwangsarbeiter beim Verdichten des Betons auf dem Bunkerdach

m³ Beton und 9.000 t Betonstahl gespart, was aufgrund der zum Kriegsende knapp werdenden Baumaterialien von Bedeutung war.

Insgesamt hätte der Baugrund bei der Fertigstellung des Bunkers etwa zwei Millionen t Last zu tragen gehabt. Da sofort mit Sandsetzungen zu rechnen war, die Setzungen im Mergel hingegen erst langfristig spürbar wurden, musste die Bauleitung diese unterschiedlichen Setzgeschwindigkeiten einkalkulieren. Weil die Steifheit des Betons eine Formveränderung der Baublöcke ausschloss, galt es, die Verschiebungen durch Bewegungsfugen aufzufangen.

Um unerwartete Setzungen beobachten und am Bau korrigieren zu können, befanden sich auf der Baustelle insgesamt 86 Messpunkte. Die Ergebnisse zeigten bald, dass die vorab kalkulierte mittlere Gesamtsetzung von 15 cm zu gering veranschlagt war. Messungen nach Kriegsende ergaben durchschnittlich 27 cm. Damit war die Setzung zwar fast doppelt so groß wie erwartet, aber doch nicht so gewaltig, als dass größere Schäden am Bauwerk entstanden wären.

Für den Bunker berechnete die Bauleitung einen Bedarf von 550.000 m³ Beton. Aufgrund dieser Dimensionen wurde die Materialanlieferung ein zentrales Problem. Die Ingenieure setzten für den Transport auf Schiene und Wasserweg. Eine Gleisverbindung wurde direkt bis zur Baustelle verlegt. Der Anschluss erfolgte aus Richtung Neuenkirchen über eine ehemalige Strecke der Nordwestbahn, die wiederum mit den Gleisen der Farger-Vegesacker Eisenbahn verbunden war und über die schließlich ein Großteil der Schienentransporte abgewickelt wurde. Auf der Baustelle selbst verliefen mehrere Gleise, über die Baumaterialien zu ihren Lagerungs- oder Einsatzorten gebracht wurden.

Gleichzeitig errichteten Arbeiter an der Weser vier Pieranlagen für die Anlieferung von Sand, Kies und Zement. Die Materialien wurden teilweise per Förderband, teilweise per Bahn zur Baustelle weitertransportiert. Kies und Sand wurden offen gelagert. Die Bauleitung hielt in der Regel etwa 30.000 bis 40.000 t vor, sodass die Baustelle bei Lieferausfall etwa drei bis vier Wochen weiterarbeiten konn-

Links: Weitgehend fertiggestellte Außenwand des nordöstlichen Teils. In der Mitte ist eine Rampe zu sehen, auf der Leitungen verlaufen, durch die Beton aufs Dach gepumpt wird. Links im Bild sind noch letzte Einschalungen erkennbar; rechts: Arbeiten an den Spannbetonträgern auf dem Bunkerdach

te. Zement wurde in Schuppen gelagert. Der Vorrat umfasste in der Regel bis zu 10.000 t.

Da die Sohlen des Bunkers in etwa sechs bis acht Metern Tiefe liegen sollten, mussten vor den Arbeiten an den Fundamenten erhebliche Erdverschiebungen vorgenommen werden. Die umfassendsten fanden im Bereich des Tauchbeckens statt, weil dort die Fundamente bis etwa 16 Meter tief lagen. Insgesamt wurden etwa 400.000 m³ Erde bewegt. Die Hauptarbeit wurde von zwei Eimerkettenbaggern verrichtet. Die ausgehobene Erde verfüllte man in bereitstehende Lorenzüge. Der Aushub wurde teils etwa 400 m südlich des Bauwerks deponiert, teils näher am Bunker für die Erdwälle verwendet.

Den wichtigsten Baustoff für den Bunker bildete der Beton. Bereits für die Fundamente waren große Mengen nötig. Die Herstellung erfolgte in Mischanlagen. Auf der Südseite des Bunkers befanden sich drei große Betonfabriken, in denen jeweils drei Mischer mit einem Fassungsvermögen von 1.500 l arbeiteten. Zwei Anlagen mit je zwei Mischern operierten an der Nord-Ost-Seite des Bunkers. An beiden Giebelseiten befand sich je eine Anlage mit erneut je zwei Mischern. Die größte Betonanlage befand sich beim geplanten Tauchbecken. In ihr arbeiteten zehn Maschinen parallel.

Für den schnellen Weitertransport des Betons wurden Pumpen und Röhren verwendet. Als der Bau vorangeschritten war, verlegten die Firmen Rohrleitungen zum Bunkerdach, auf das große Mengen Beton gepumpt werden mussten. Die große Gefahr dieses Verfahrens bestand darin, dass der fließende Beton in den Rohren ins Stocken geraten und die Rohre verstopfen konnte. In diesen Fällen kam die Arbeit an einigen Geräten zum Stehen und die Rohrleitungen mussten auseinandergebaut und gereinigt werden. Hier bot sich für Zwangsarbeiter und KZ-Häftlinge eine vergleichsweise unauffällige Sabotagemöglichkeit, weil der Beton schneller verfestigte und dadurch Rohre verstopfte, wenn man darauf verzichtete, wichtige Komponenten hinzuzufügen.

Zur Einschalung der Wände wurde auf das System der Firma Luchterhand (Heidelberg) zurückgegriffen. Für die Errichtung der Bunkerwände baute man zwei sich gegenüberstehende Schalwände von 20,5 Metern Länge und 12 Metern Höhe auf, die oben durch Querträger zusammengehalten wurden. Das Betonieren der fast 19 Meter hohen Wände erfolgte in zwei Schritten. Zuerst füllte man die Schalungen bis zur Höhe von neun Metern an und im zweiten Schritt wurde auf dieser ausgehärteten Wand die nächste Stufe errichtet. Die Schalungen konnten dann nach frühestens 36 Stunden entfernt werden. Eine Endfestigkeit von etwa 95% war aber erst nach 28 Tagen erreicht.

Für die Errichtung der Bunkerdecke nutzte man ein Verfahren der Firma Wayss & Freytag. Dieses erforderte vergleichsweise wenig Stahl, was bei der erheblichen Stahlknappheit vorteilhaft war. Das Verfahren nutzte vorgefertigte Deckenträger aus Stahlbeton, die durch einen parabelförmigen Obergurt selbsttragend waren.

Für den Bunkerbau errichtete die Firma Wayss & Freytag zwei Fertigungsstätten. Die erste entstand im Herbst 1943 mit 35 Spannbetten im Kalihafen in Bremen, die zweite im Bereich der Arge Nord direkt an der Baustelle mit 70 Spannbetten im Frühjahr 1944. Die Betonträger stellte die Firma dort in Serie her. Hierfür verwendete sie vorgefertigte und wiederverwendbare Schalungen. Beide Anlagen konnten pro Tag etwa acht bis zehn Träger fertigen. Ein Träger wog etwa 47 t.

Die im Kalihafen produzierten Träger wurden mit Binnenschiffen nach Farge transportiert. Dort hob man sie mit einem Portalkran auf das Bunkerdach, der sie dann am vorgesehenen Einbauplatz abstellte. Im Bunkerdach verbaute die Firma insgesamt 717 Deckenträger. Nachdem eine größere Zahl von Trägern auf das Dach geschafft war, erfolgte die Betonierung von halben Feldern à 33 mal zehn Metern Länge. Dieser Vorgang dauerte 13 bis 16 Stunden. Danach betrug die Deckenhöhe 4,5 Meter. Die ursprüngliche vorgesehene Höhe von sieben Metern sollte durch die Aufbringung einer 2,5 Meter hohen Zerschellschicht aus unbewehrtem Beton erreicht werden. Bis Kriegsende wurden diese Arbeiten jedoch nur für etwa ein Drittel des Daches am östlichen Teil des Bunkers fertiggestellt.

Besuch von Großadmiral Karl Dönitz (4. von links) am 22. April 1944 auf der Bunkerbaustelle. Links neben ihm Marineoberbaurat Edo Meiners

Prominenten-Besuch: Dönitz und Goebbels auf der Baustelle

Die große Bedeutung, welche die deutsche Führung dem entstehenden U-Boot-Bunker beimaß, zeigte sich auch an den prominenten Besuchern der Baustelle. Am 22. April 1944 besuchte Großadmiral Karl Dönitz mit seinem Stab die Baustelle. Vom Eindruck, den Dönitz dort gewann, sind leider

Links: Mitglieder der Bauleitung (ganz links Bauleiter Steig) betrachten auf der Baustelle einen Bauplan; rechts: Blick vom Bunkerdach in Richtung Weser

keine Äußerungen überliefert. Allerdings gibt es dreizehn Fotos von dem Besuch aus dem privaten Fotoalbum einer Frau aus Bremen-Farge, die bei der Bauleitung als Sekretärin beschäftigt war.[84]

Im November 1944 kam Reichspropagandaminister Joseph Goebbels nach Bremen. Neben der AG Weser-Werft besichtigte er auch die U-Boot-Bunkerbaustelle in Bremen-Farge, die ihn begeisterte. Er notierte in sein Tagebuch: »Die Besichtigung des neuen U-Bootes beeindruckt mich auf das tiefste. Das Boot sieht auch ästhetisch besonders ansprechend aus, so dass von einem Wunderwerk deutscher Waffentechnik gesprochen werden kann. [...] In der Nähe von Vegesack wird ein Riesen-U-Boot-Bunkerbau besichtigt, der zum großen Teil schon fertig gestellt ist. Er hat eine Betondecke von 7 m und scheint damit auch gegen die modernsten feindliche Bomben gefeit zu sein. Dieser Bau trägt wahren Mammut-Charakter. 8000 Arbeiter, insbesondere KZ-Sträflinge und sowjetische Kriegsgefangene, arbeiten daran. Die Arbeit geht rüstig vonstatten und ist Gott sei Dank schon so weit gediehen, dass nunmehr englisch-amerikanische Luftangriffe dem Bauvorhaben keinen ernsten Schaden mehr bereiten können.«[85]

Goebbels stand mit seiner Technik- und Größenfaszination, bei gleichzeitiger Freude über die gelungene Leistungssteigerung der Sklavenarbeit, nicht allein.

Technik-Faszination und Zwangsarbeit

Auf der Baustelle entstand ein stark hierarchisierter Mikrokosmos: Während die schwersten und gefährlichsten Bauarbeiten von den KZ-Häftlingen ausgeführt werden mussten, durften die zivilen Zwangsarbeiter vergleichsweise leichtere Aufgaben übernehmen. Unterschiedlich waren auch die Rekrutierungsverfahren: Die KZ-Häftlinge bestellte das Marineoberbauamt direkt beim SS-Wirtschafts-Verwaltungshauptamt, während die zivilen Zwangsarbeiter und die Kriegsgefangenen beim Arbeitsamt angefordert wurden.

Im Gegensatz zu den durchkonstruierten Anlagen der KZ-Stammlager war die Unterbringung in den Außenlagern mitunter provisorisch:

In Bremen-Farge mussten die Häftlinge unter katastrophalen Umständen in einem unterirdischen Tankbehälter nächtigen. Mehr als 1.000 Zwangsarbeiter, vor allem KZ-Häftlinge, starben aufgrund der Strapazen beim Bau und an den Bedingungen in den Lagern.

Die deutschen Arbeiter waren fast ausschließlich für Facharbeiten zuständig oder leiteten die Häftlinge an. Der deutsche Arbeiter war hier der »Vorarbeiter Europas«, so wie es Hans Kehrl, Generalreferent im Reichswirtschaftsministerium, schon 1940 verkündet hatte: »Im Großraum können deutsche Arbeiter in Zukunft nur für hochwertige und bestbezahlte Arbeiten, die den höchsten Lebensstandard ermöglicht, angesetzt werden.«[86]

Um die KZ-Häftlinge von der Flucht abzuhalten, bildeten Marinesoldaten eine Postenkette um die Baustelle. Später geleiteten sie die Häftlinge zurück zum Lager, wo sie diese an die SS übergaben. Während die SS letztlich Herr über Leben und Tod der Häftlinge blieb, waren die Herren der Baustelle die Bauingenieure und Architekten. Sowohl der Film wie die Fotos von der Baustelle vermitteln ein Bild ihres Selbstbewusstseins. Mit Plänen unter dem Arm marschierten sie durch den Sand, riefen Meister zu sich und gaben Anweisungen. Sie bauten 1944 ihr »Achtes Weltwunder«[87] für den Krieg und für die Zukunft.

Ob die Zwangsarbeiter beim Bau litten oder gar starben, interessierte Bauräte, Ingenieure oder Marine nicht. Wichtig war nur, dass sie arbeiteten. So betonte der Leiter des Planungsbüros, Prof. Dr. Erich Lackner, im Interview mit Radio Bremen am 16. Juni 1981 zwar, dass er mit dem ganzen Arbeitseinsatz nichts zu tun hatte, schob aber hinterher: »Die Arbeitsbedingungen waren für alle auf der Baustelle gleich.« Mag diese Aussage schon für heutige Baustellen zweifelhaft sein,

Eine Postkarte aus der Serie »… denn wir fahren gegen Engeland« von Horn's Kunstpostkarten. Die Unterschrift des Verlags zur Serie lautet: »eine Erinnerung fürs Leben und historische Dokumente für kommende Geschlechter«

den damaligen Verhältnissen sprach die Aussage Hohn.

Für Lackner stand der Bau am Beginn einer großen Karriere. Er erhielt als 30-jähriger Abteilungsleiter der Ingenieurgemeinschaft Agatz-Bock mit der Leitung der Planungsbüros der beiden U-Boot-Bunker »Valentin« und »Hornisse« seine bis dahin größte und prestigeträchtigste Aufgabe zugeteilt. Aus seinen Worten sprach noch 1981 der Stolz auf die herausragenden Leistungen deutscher Ingenieurs- und Baukunst: Die Planer konstruierten das erste Mal für ein so großes Bauwerk

Biografie Erich Lackner

Erich Lackner wurde 1913 im österreichischen Himmelberg geboren. Er studierte in Wien, wo er 1932 zunächst dem NS-Studentenbund und wenige Monate später der SA beitrat. 1934 nahm er am sogenannten Juli-Putsch teil, bei dem österreichische Nationalsozialisten Kanzler Dollfuß absetzen wollten. Der Putsch wurde niedergeschlagen, Lackner floh nach München, ging dann aber nach Berlin, um dort sein Studium fortzusetzen. 1942 promovierte er dort und erhielt direkt im Anschluss von seinem Chef, Dr. Arnold Agatz, dem Leiter des Ingenieurbüros Agatz & Bock, seinen ersten großen Auftrag. Er sollte die Leitung des Planungsbüros für den Bau des U-Boot-Bunkers »Valentin« in Bremen-Farge übernehmen.

Für Lackner war die Aufgabe, eine der damals größten Baustellen Europas zu leiten, Herausforderung und Karrierechance zugleich. Da das Projekt aus seiner Sicht einen erfolgreichen Abschluss fand, blieb er sein Leben lang stolz auf das Gebäude und seine Ingenieursleistung. Sie bildete schließlich auch den Auftakt für eine erfolgreiche Karriere. Nach dem Krieg wurde er zuerst Juniorpartner im Ingenieurbüro von Arnold Agatz.

Später machte Lackner sich mit dem Ingenieurbüro Lackner & Partner selbstständig. Die Firma in Bremen-Vegesack erhielt weltweit Aufträge und plante schließlich Hafenanlagen in Italien, den Niederlanden, Pakistan, Thailand, Kolumbien, Ägypten und Togo. Lackner starb 1992 als wohlhabender Mann in Bremen-Nord.

In einem Interview mit Rainer Habel und Christian Siegel für Radio Bremen äußerte er sich noch 1981 voller Stolz auf sein erstes Projekt: »Das Neue war die besondere Ausrüstung dieses Projektes mit ungefähr 30.000 Tonnen Maschinen.« Während er sich an die technischen Einzelheiten der Baustelle bis ins Detail erinnern konnte, waren die Menschen, die das Bauwerk errichteten, aus seiner Erinnerung weitgehend verschwunden. Er behauptete nur: »Die Arbeitsbedingungen waren für alle auf der Baustelle gleich.« Als seine Interviewpartner ihn dann über die Situation der Zwangsarbeiter und KZ-Häftlinge aufklärten, antwortete Lackner: »Ich möchte sagen: Ich hatte mit dem Ganzen [gemeint ist der Arbeitseinsatz der Zwangsarbeiter und Häftlinge] nichts zu tun.«

eine sieben Meter starke Decke, bauten wegen der Mangelsituation ein materialsparendes Fundament, dirigierten mit etwa 30.000 Tonnen Maschinen den vermutlich größten Baumaschinenpark Europas und lagen trotz der schwierigen Umstände bis kurz vor Kriegsende mit dem Bau annähernd innerhalb des vorgesehenen Zeitrahmens.

Doch nicht nur die äußere Konstruktion, auch die Inneneinrichtung machte den Bunker zum größten Hightech-Projekt des Oberkommandos der Kriegsmarine, in dem eine der in der Öffentlichkeit stark präsenten modernen Waffen, die U-Boote, produziert werden sollten. Unter dem schützenden Betondach sollte die erste U-Boot-Sektionswerft entstehen, die vollständig im Fließverfahren arbeitete.

U-Boote in einzelnen Sektionen zu bauen und erst am Ende des Verfahrens zusammenzuschweißen, hatte man sich beim Handelsschiffbau in den USA abgeschaut. Gemeinsam mit der Bremer Vulkanwerft wurde ein System entwickelt, mit dem U-Boote innerhalb des Bunkers an den zwölf Taktplätzen gleichzeitig bearbeitet werden konnten. Den Planungen zufolge verliefen die vier Taktstraßen mit bis zu 400 Metern Länge parallel fast durch den gesamten Bunker. Den Ingenieuren und Arbeitern bot sich so ein Blick auf eine Halle riesigen Ausmaßes, welche die Dimensionen aller bisherigen Werfthallen sprengte.

Angetrieben waren die Planer vor Ort wie auch in den Ministerien und Rüstungsdienststellen von einer »Illusion der Machbarkeit«.[88] Je näher das Kriegsende rückte, desto stärker griff der Realitätsverlust um sich. Die Planer wollten ihr Werk vollenden, koste es, was es wolle, und Speer und Dönitz versprachen Hitler bis zu den alliierten Bombenangriffen die baldige Fertigstellung der Bunkerwerft und große Erfolge durch die neuen U-Boote. Führungsebene, Planer und Soldaten klammerten sich häufig bis zum Schluss an den Glauben von einer Kriegswende durch neue »Wunderwaffen« oder ein Aufbäumen der Wehrmacht beim Kampf im eigenen Land. Realistisch war dies nicht mehr, aber die Hoffnung stirbt bekanntlich zuletzt und so war es auch mit den »Endsieg«-Vorstellungen der Nationalsozialisten und ihrer zahlreichen Anhänger in Deutschland.

Die mythische Qualität des Bunkers wurde für die Zeitgenossen noch dadurch gesteigert, dass in ihm die modernsten U-Boote gefertigt werden sollten. Nach der V2-»Wunderwaffe« gehörten die U-Boote zu den symbolisch am stärksten aufgeladenen Waffen des Zweiten Weltkrieges in Deutschland. Das U-Boot rief schon seit dem 19. Jahrhundert und der klassischen Erzählung von

Links: KZ-Häftlinge beim Erstellen eines Spurgleises zur Anlieferung der Deckenträger an der Bunker-Nordseite. Rechts auf dem Sandberg ein Funktionshäftling (Kapo) mit Armbinde. Links ein ziviler deutscher Aufseher einer Baufirma; rechts: KZ-Häftlinge beim Abladen von angeliefertem Zement

KZ-Häftlinge stützen das Anheben eines Deckenträgers per Kran ab. Im Vordergrund ein ziviler deutscher Vorarbeiter einer Baufirma

Jules Verne, »20.000 Meilen unter dem Meer« (1869/70), Assoziationen von Angst und Abenteuer hervor. Ebenso wie das Flugzeug ermöglichte das U-Boot dem Menschen den Vorstoß in zuvor unerreichbare Gefilde. Die Erforschung des neuen Raumes war aufregend und gefährlich zugleich. Die U-Bootbesatzung war bei ihrem »Abenteuer« völlig auf die Technik angewiesen und in dem engen Raum vom Rest der Menschheit isoliert. Aus diesen Zutaten entwickelten sich schon im 1. Weltkrieg die Heldengeschichten von Fliegern und U-Boot-Fahrern. Sie waren Helden, die mit der Technik verschmolzen; moderne Maschinenmenschen, die trotzdem heroische Individualisten blieben, weil sie auf sich gestellt entscheiden mussten, wann sie angriffen.[89] Für die äußerst realen Ängste der U-Bootmannschaften blieb in der Propaganda dagegen kein Platz.

Sklavenarbeit auf der Baustelle

Sklavenarbeit wird in der Geschichte oft mit untertechnisierter Arbeit gleichgesetzt. Ein Grund hierfür ist, dass bei versklavten Arbeitern meistens kein Interesse an der Arbeit besteht. Da die Wut über die eigene Unterdrückung sich nicht am Sklavenhalter entladen kann, richtet sie sich häufig gegen die Arbeitsgeräte. Auch viele KZ-Häftlinge in Farge hatten ein Interesse daran, die Arbeit am Bunker, dem wachsenden Monument der deutschen Kriegsproduktion und Ursache der eigenen Entkräftung, zu sabotieren. Eine Verordnung der SS jedoch stellte seit April 1944 jede Handlung, die auch nur ansatzweise als Sabotage ausgelegt werden konnte, für KZ-Häftlinge unter Todesstrafe. Offene Sabotage glich deswegen einem Selbstmord und jede versteckte Sabotage war lebensgefährlich. So ist es kein Wunder, dass nur wenige derartige Fälle überliefert sind.

Da die Kriegsmarine und das Rüstungsministerium auf schnelle Fertigstellung des Bunkers drängten, war an eine Untertechnisierung der Arbeit nicht zu denken. Im Gegenteil war die Baustelle eine Ansammlung des modernsten Baumaschinenparks dieser Zeit in Europa. In der Regel wurden KZ-Häftlinge zwar nicht mit der Führung der größten und teuersten Maschinen beauftragt, aber sie kamen mit einer Vielzahl von ihnen in Berührung. Aufgrund der Eile beim Bau wurden KZ-Häftlinge in Farge auch nicht zu unsinnigen Arbeiten eingesetzt, die nur dazu dienten, ihre Arbeitskraft zu mindern. Allerdings gab es auch auf der hochtechnisierten Baustelle eine große Zahl von Arbeiten, die extrem schwer und vor allem durch Körperkraft zu erledigen waren.

Die KZ-Häftlinge erhielten meistens genau diese Arbeiten zugeteilt: den Transport von Zementsäcken, Bauhölzern und Eisenträgern etwa wie auch das Befüllen der Zementmischer und Erdarbeiten. Die detailreichsten Aufzeichnungen über das Lager in Farge und die Arbeitssituation stammen von einem der Überlebenden, dem Franzosen Raymond Portefaix. Sein erstes Arbeitskommando, dem er nach der Ankunft im Außenlager im August 1944 zugeteilt wurde, erledigte schwere Transportarbeiten:

»Unsere Arbeit besteht darin, Stangen zu einer Maschine zu tragen, die sie krümmt. Die fertigen Stangen laden wir anschließend auf einen Waggon. Am Anfang ist es fast ein Vergnügen, doch sehr bald zwingen uns Stahlsplitter, die in unsere Finger eindringen, langsamer zu arbeiten. Wir versuchen, die Stangen auf den Schultern zu tragen, aber je nach Unebenheit des Geländes ermüden wir sehr rasch. Die Polen, die die Maschinen bedienen, beklagen sich, dass wir nicht schnell genug arbeiten. Sie rufen die Kapos, die uns ab sofort nicht mehr von den Fersen weichen und uns mit einem Eisenstachel antreiben. Schnell, immer nur schnell! Kaum haben wir eine Stange abgelegt, müssen wir schon wieder loslaufen und eine neue holen.«[90]

Hier arbeitete also eine Gruppe französischer Häftlinge gemeinsam am Transport von Eisenstangen. Jeder trug einzeln jeweils eine Stange. Da in diesem Fall polnische Häftlinge in der Kette nach ihnen arbeiteten und die einfachere und schneller zu erledigende Tätigkeit verrichteten, bestimmten sie das Arbeitstempo. Ihr nicht solidarisches Verhalten gegenüber den französischen Häftlingen führte für diese zu Strafandrohungen und Schlägen. Am Nachmittag änderte sich die Situation, weil die polnischen Häftlinge abgezogen wurden und die Franzosen den gesamten Arbeitsgang erledigten. Portefaix berichtet: »Ich bremse unser Tempo so gut ich kann, indem ich

Links: Eine der großen Betonmischanlagen auf der Baustelle, welche die Häftlinge »füttern« mussten; rechts: Betonmischanlage an der Nordseite

den kleinsten Moment ausnutze, den unsere Aufseher unaufmerksam sind. Aber auf diesem ebenen Gelände ist es leicht, uns im Auge zu behalten. Heftige Rippenstöße rufen uns zur Ordnung.«[91]

Die Überwachung der Häftlingsarbeit erfolgte nicht durch die Kontrolle von Arbeitsergebnissen, sondern mittels Anstrengungskontrolle. Für die Häftlinge ging es also nicht darum, eine Aufgabe in einer bestimmten Zeit zu erledigen, sondern in den Momenten, in denen sie von Vorarbeitern beobachtet wurden, möglichst hart arbeitend auszusehen. Wenn kein Aufseher anwesend war, gab es für sie wenig Grund weiterzuarbeiten. Da Portefaix' Arbeitsplatz für die Wachen gut überschaubar war, konnte das Tempo nur unter der Gefahr von Schlägen gebremst werden.

Portefaix wechselte in der Folgezeit häufiger die Arbeitskommandos. Als leichteste Arbeit beschreibt er ein Kommando, in dem er Drähte biegen musste. Krankheitsbedingt konnte er dort aber nicht lange bleiben und wurde bald zum Zementkommando eingeteilt: »Mein neues Kommando ist das bisher härteste; man belädt Züge mit Zementsäcken, die die Unzahl von Betonmischern versorgen. Die Fünfzig-Kilo-Säcke darf man nicht tragen, man muß sie nur so durch die Luft fliegen lassen.«[92]

Blick vom Dach auf ebenerdig tätige Zwangsarbeiter

Als Nächstes kam er in ein Arbeitskommando am anderen Ende des Bunkers, in dem er wieder Eisenstangen tragen musste: »Obwohl die Arbeit hart ist, kenne ich keinen Kameraden der sich nach seinem alten Kommando zurücksehnt. Die Fläche, auf der wir uns bewegen, ist unendlich im Vergleich zu der von Arge Süd.[93] Ein einziger Vorarbeiter überwacht hundertfünfzig Mann. Theoretisch müssten sich noch zwei Hilfskapos um uns kümmern, aber sie tauchen nur selten auf. Außerdem gibt es hier unzählige Schlupfwinkel.«[94]

Häufig begab sich Portefaix dort auf die Toilette oder hinter einen Bretterverschlag, um sich auszuruhen. Obwohl die eigentliche Arbeit die gleiche war wie bei seinem ersten Einsatzort, war die Situation nun eine völlig andere. Aufgrund des kleineren Bewachungsschlüssels und der Unübersichtlichkeit der Arbeitssituation konnte das Tempo deutlich gedrosselt werden. Vergleichbare Tätigkeiten führten so zu völlig unterschiedlichen Überlebensmöglichkeiten. Doch eines Morgens wurde Portefaix durch die Auswahl eines Vorarbeiters zu den Betonmischern versetzt: »Aber das schlimmste haben wir noch nicht kennengelernt: die Betonmischer. [...] Die bequemeren Arbeitsplätze sind schon weg und wir werden im Transport eingesetzt. Wir müssen uns auf ein Knie niederlassen, damit zwei Kameraden uns die Säcke auf die Schultern laden können. Im Hochkommen schwanken wir unter den fünfzig Kilo, denn wir wiegen selbst doch nicht mehr als vierzig Kilo. Es geht eine Treppe mit fünf bis sechs Stufen hinauf, steil wie eine Leiter, und wir drehen uns um, um unsere Last abzuladen, die zwei andere Häftlinge in den Trichter leeren. [...] Wie ein Menschenfres-

Häftlinge bei der Arbeit an den Fundamenten des Tauchbeckens im April 1944. Das Wasserzeichen mit dem Siegel rechts unten zeigt, dass es sich um ein Bild aus dem Album der Deschimag-Werft handelt

ser, dessen Hunger nie gestillt ist, schluckt die Betonmischmaschine dreihundert Sack in der Stunde. Wir sind aber nur zehn Träger. Trotz der Schreie und Schläge der Aufpasser gelingt es uns nicht, die Maschine satt zu bekommen.«[95]

Die harte Arbeit bestand wieder im Tragen schwerer Gegenstände, zwar in einer Gruppe, in der jedoch jeder alleine trug. Der Rhythmus wurde in diesem Fall durch die Maschine vorgegeben. Da diese einen sehr hohen Takt hatte, standen die Aufseher parat, um die Arbeit durch Schläge zu beschleunigen. Neben der schweren Arbeit kam beim Zementstaub hinzu, dass er sich in der Haut und den Schleimhäuten festsetzte und durch ungenügende Waschmöglichkeiten häufig Entzündungen hervorrief.

Es lässt sich festhalten, dass in Bremen-Farge in keinem der beschriebenen Kommandos eine Arbeitsergebnisüberwachung, sondern generell eine Anstrengungsüberwachung stattfand. Je übersichtlicher und besser bewacht ein Kommando war, umso schlechter war der Arbeitsplatz für die Häftlinge. Als weiteres zentrales Kriterium ist die Härte der Arbeit zu nennen – während das Drahtbiegekommando die Überlebenschancen deutlich erhöhte, reduzierten die Eisenträger- und Ze-

Firma	Poliere	Facharbeiter	Arbeiter	K.G.		
Hermann Möller	31	128	273		732	
				206 Ru.	206	
				161 Ital.	161	
Habermann &Guckes						828 Mann einschließl. Lagerbetreuung
Dyckerhoff & Widmann	4 (4)	25	46		79	
Gebr. Neumann						
Meyer & Killguß	2	4			6	
Meyer & Bull	1		4		5	
Hugo Jürß	2	7	3	8	20	
Winschild & Langelot	1	11	1		13	
Mischer & Sohn	1	4			5	
Siemer & Müller	?					
Kossel & Co.	3	10			13	
Vorwald & Sohn	2	4	1		7	
Pracht & Heimer	2	2			4	
Lindhorst	1	6			7	
OT-Einsatz						
Fa. Schwab	5	3	23	13	44	
Schiffer & Payer	2	1	3	31	37	
Schmitz	1			40	41	
Rempke	1		1	28	30	
Friedrichs (+Schubert)	4		26	85	115	
Soldateneinsatz						
	7	84	129	-	220	
Lagerbetreuung Schwarzer Weg			29		29	
	66	264	493	572	1395	ner mal

23.8.44

Aufstellung über die Arbeiter sowie eingesetzte Kriegsgefangene (K.G.) einiger Baufirmen

mentkommandos diese erheblich. Dies zeigt, dass selbst innerhalb eines Außenlagers sehr unterschiedliche Arbeitsbedingungen existierten, die vermutlich auch unterschiedliche Sterblichkeitsraten produzierten.

Hätte der Bunker die ihm zugedachte Funktion aufgenommen, wäre eine der größten, modernsten und am besten geschützten Produktionsstätten der Welt in Betrieb gegangen. Da großer Arbeitermangel herrschte, war auch für die laufende Produktion der Einsatz von Zwangsarbeitern, Kriegsgefangenen und vermutlich auch KZ-Häftlingen vorgesehen. Der Bunker ist damit ein Beispiel dafür, wie sich der Einsatz von Zwangsarbeitern in der nach wie vor kapitalistisch organisierten Wirtschaft des »Dritten Reichs« bewährt hatte. Nach rassistischen Kriterien organisierte Zwangsarbeit und kapitalistische Produktion waren kein Widerspruch: Ihre Verklammerung stellte ein Potenzial für die Kriegsführung dar, die dies als Ersatz für zur Wehrmacht einberufene Soldaten dringend benötigte, um in der Kriegswirtschaft funktionieren zu können.

Die Gewinnverteilung auf der Baustelle

Da der nationalsozialistische Staat den Kapitalismus nicht abschaffte, sondern nur an die Kriegserfordernisse anpasste, blieb es das wesentliche Ziel der Betriebe, Gewinn zu machen. Dies galt auch für die letzte Kriegsphase, in der die Probleme der im Krieg angestauten Inflation auch in Deutschland langsam spürbar wurden. Trotz der langsamen Geldentwertung kämpften die Baubetriebe in Farge hart um die Verteilung der Gewinne aus den Arbeiten.

Zuerst einmal ging es für die großen Baufirmen, aus denen die Argen bestanden, darum, mit der Marine und den staatlichen Abrechnungsstellen einen Vertrag über die Kosten auszuhandeln. Dies gelang aber vermutlich bis Kriegsende nicht, weil um die Abrechnungsmodalitäten bei den militärischen Großbauten heftig gestritten wurde. Vermutlich konnte deswegen hier wie auf anderen Großbaustellen vorerst nur provisorisch nach älteren Vertragsmodalitäten abgerechnet werden, wobei keine entsprechenden Dokumente für die U-Boot-Bunkerbaustelle vorliegen.

Nachzuvollziehen ist hingegen ein Streit zwischen verschiedenen Baufirmen um die Gewinnaufteilung. Die Verteilungskämpfe in der Bauwirtschaft hatten sich gegen Kriegsende verschärft, weil die Hegemonie der Großbaufirmen infrage gestellt wurde. Dies war möglich geworden, weil die Wirtschaftsgruppe Bauindustrie, die maßgeblich die Interessen der Großbetriebe vertrat, im Frühjahr 1944 im Machtkampf mit der OT unterlegen war.

Die OT war eine militärisch-technische Organisation, die seit Kriegsbeginn vor allem dafür eingesetzt wurde, die Infrastruktur in den besetzten Gebieten zu reparieren und für die Wehrmacht bereitzustellen. Teile der OT forderten eine stärkere Unterstützung der kleineren und mittleren Baubetriebe, die sich darüber beschwerten, dass sie zu wenig an den Gewinnen bei den Großbaustellen beteiligt waren. Deswegen entwarf die OT, nachdem sie zur zentralen Machtzentrale der staatlichen Bauwirtschaft geworden war, im Sommer/Herbst 1944 für diese Baustellen Verträge, die eine stärkere Gewinnbeteiligung der kleineren Betriebe vorsahen. Ein wichtiger Punkt hierbei war, dass die Leistungen ausländischer Zwangsarbeiter nun bei der Gewinnbeteiligung aller Firmen berücksichtigt werden sollten. Dagegen wehrte sich die Großindustrie, weil sie über einen großen Anteil an deutschen Stammarbeitern verfügte, während bei vielen kleineren Firmen die Stammarbeiter zur Wehrmacht eingezogen und vor allem durch ausländische Zwangsarbeiter ersetzt worden waren. Einige kleinere Baufirmen hatten ihre Kontakte zu den Arbeitsbehörden auch genutzt, um deutlich mehr Zwangsarbeiter zu erhalten, als sie jemals deutsches Personal gehabt hatten. Dies führte schließlich dazu, dass die großen Baufirmen, die selbst auch Zwangsarbeiter einsetzten, den kleinen Baufirmen »Menschenhandel« vorwarfen.

Das erste Projekt, bei dem nach den neuen OT-Verträgen abgerechnet wurde, war der Bau einer riesigen betongeschützten Fabrik für Jagdflugzeuge in Mühldorf unter dem Tarnnamen »Weingut I«. Der Vertrag galt in Mühldorf ab dem August 1944. Da vor dem November aber keine genaue Berechnung nach den neuen Vertragsregelungen möglich war, setzte sich der Streit zwischen der OT und der Wirtschaftsgruppe Bauindustrie auf anderen Baustellen fort. Auch in Farge kam es zum Streit.

Eine Lokomotive vor einigen eingeschalten Stützwänden

Beim Bau des Bunkers »Valentin« und auch beim Bau des Bunkers »Hornisse« in Bremen-Gröpelingen schlossen sich die kleinen Industrie- und Handwerksfirmen zu Interessengemeinschaften zusammen, um mit den Hauptfirmen bzw. Argen zu verhandeln. Jeweils spielte die Deutsche Bau AG aus Düsseldorf eine wichtige Rolle innerhalb der Interessensgemeinschaften und legte in deren Namen Gegenvorschläge zu den Entwürfen der Hauptfirmen vor. In Bremen hatte die Firma Hermann Möller (Hamburg) Anfang August 1944 für die Argen »Richtlinien für die Abrechnung beteiligter oder angegliederter Firmen an Arbeitsgemeinschaften betr. Bauvorhaben Valentin und Hornisse« erstellt.

Die Richtlinien sahen zwei Möglichkeiten der Beteiligung vor: »1. Zurverfügungstellung der gestellten Arbeitskräfte unter Vergütung eines Zuschlages auf den Lohn oder 2. Beteiligung am Gewinn der Arbeitsgemeinschaft.«[96] Für Fall 1 schlug Möller vor, die kompletten Arbeitspapiere aller Arbeiter in die Hände der Arbeitsgemeinschaft zu geben. Sie sollten für die gesamte Dauer des Einsatzes an die Arge abgestellt und erst nach dem Ende der Baumaßnahme an ihren ursprünglichen Arbeitgeber zurückgegeben werden. Die Arbeiter könnten nur mit Zustimmung des ursprünglichen Arbeitgebers gekündigt oder entlassen werden. Allerdings könnte die Arge ungeeignetes Personal mit der Bitte um Ersatz zurückweisen. Die abgebenden Betriebe würden dafür zur Abgeltung ihrer Geschäftskosten und zur Beteiligung an den Gewinnen auf den gezahlten Bruttolohn ohne Lohnnebenkosten bei »deutschen Gefolgschaftsmitgliedern« 20 Prozent und bei »Ausländern« 10 Prozent Zuschlag bekommen.

Auch im Fall 2 sollten nach Möllers Vorstellungen die Arbeitspapiere an die Argen abgegeben werden. Die Beteiligung am Gewinn sollte durch die Anrechnung aller Stammarbeiter und Betriebsentsandten einer Firma erfolgen. Ausländische Arbeitskräfte, also zivile Zwangsarbeiter, sollten ebenfalls zur Anrechnung kommen, aber nur, wenn »diese Arbeitskräfte in ihrem Beruf beschäftigt und von der Arge-Leitung als vollwertige Kräfte anerkannt werden. Hilfskräfte bleiben in jedem Fall außer Ansatz, somit auch die während des Bauverlaufs der Arge zugewiesenen Hilfskräfte.«[97] Zentral für die Abrechnung sollten Anzahl und Einsatzdauer der abgegebenen Kräfte sein, die wiederum mit der jeweiligen Lohnhöhe der verschiedenen Berufsgruppen verrechnet werden sollte.

Gegen diese Vorschläge erstellte die Deutsche Bau AG parallel einen alternativen Vertragsentwurf. Dort hieß es in § 6: »Zur Erhaltung des Arbeitsfriedens auf der Baustelle ist es notwendig, dass Gehälter und Löhne nach den bei der OT geltenden Grundsätzen festgesetzt werden. … Kommt eine Einigung nicht zustande, so entscheidet die Einsatzgruppe ›Hansa‹ der OT.«[98]

Die Papiere der Arbeitskräfte sollten in den Händen der Interessensgemeinschaft verbleiben. Umsetzungen von Arbeitern wären ebenfalls nur durch die Interessengemeinschaft vorzunehmen. Zur Ermittlung der Beteiligung am Gewinn wurde ein Punktsystem für alle Arbeitskräfte vorgeschlagen.

Nach diesem erhielten die Firmen für:

Deutsche Poliere und Schachtmeister	6 Punkte
Ausländische Poliere	4 Punkte
Deutsche Vorarbeiter	5 Punkte
Ausländische Vorarbeiter	3 Punkte
Deutsche Facharbeiter	4 Punkte
Ausländische Facharbeiter	2 Punkte
Deutsche Bauhilfsarbeiter	2 Punkte
Ausländische Bauhilfsarbeiter	1 Punkt
Italienische Militärinternierte	0,5 Punkte

Für die italienischen Militärinternierten galt zusätzlich eine zeitliche Mindestbetriebszugehörigkeit von 6 Monaten, um in die Berechnung einfließen zu können. Ausgeschlossen von der Anrechnung wurden sonst nur Arbeitskräfte, die der Baustelle unmittelbar zugewiesen wurden und vorher keiner Firma angehört hatten, wozu grundsätzlich die KZ- und Arbeitserziehungslager-

Häftlinge sowie die Kriegsgefangenen zählten. Durch diesen Schlüssel sollte der gesamte Gewinn verteilt werden mit Ausnahme von vorher abzuziehenden 1,5 Prozent für allgemeine Geschäftskosten und 2 Prozent für Gewinn, die als Entgelt für Verwaltungs-, Post- und Reisekosten nur der Arge zugutekommen sollten.

Die Differenzen zwischen den großen Firmen der Arge und den kleineren Firmen der Interessensgemeinschaft sind in diesen Vertragsvorschläge deutlich sichtbar. Beide Parteien wollten die Arbeitspapiere in ihre Hände bekommen, um die zentrale Macht über die Arbeiter und den Großteil der statistischen Auswertungsunterlagen zu haben. Die Arge wollte alle ausländischen Hilfsarbeiter aus der Anrechnung des Gewinnes heraushalten, während die Interessensgemeinschaft möglichst viele ausländische zivile Zwangsarbeiter mit in die Berechnung einbeziehen wollte. Nach diesen Plänen hätten vier ausländische Hilfskräfte zur gleichen Gewinnbeteiligung geführt wie ein deutscher Facharbeiter.

Die Arge setzte darum alle Hebel in Bewegung, um die Gewinnmaximierung der kleinen Firmen aufgrund ihrer ausländischen zivilen Zwangsarbeiter zu verhindern. In einem Brief der Arge Nord an das Arbeitsamt Bremen wird detailliert über die Zusammensetzung der Firmen berichtet: »Zur Verstärkung unserer Stammgefolgschaft wurden uns bisher insgesamt 32 Fremdfirmen zugewiesen, mit den verschiedensten Belegschaftsstärken zwischen 1 und 350 Mann je Firma. (...) Eine Firma, die uns 30 Mann einbrachte, besaß nur zwei eigene Stammkräfte. (...) Eine zweite Firma dieses Einsatzes brachte ausschließlich Polen, Ostarbeiter und Ostfrauen ein, die nachweislich erst 2-3 Monate bei dieser Firma beschäftigt waren. (...) Im Frühjahr dieses Jahres wurden dann durch den Hauptausschuß Bau weitere Firmeneinheiten nach hier umgesetzt. Auch hierbei handelte es sich durchweg um ausländische Arbeitskräfte und nur zu einem ganz geringen Teil um deutsche Facharbeiter. (...) Anschließend an diese Aktion wurde im Mai ds. Jrs. von der OT eine große Anzahl Fir-

Bilder aus einer Serie des Fotografen Seubert, in der er die Außenwand an der Südseite des Bunkers ablichtet. Links: Im Hintergrund eines der großen Betonwerke. Im Vordergrund eine der Rampen mit Röhren, durch die Beton aufs Dach gepumpt wird; rechts: Die untere Hälfte der Bunkeröffnung durch den Vorsprung ist eingeschalt. In dem Raum hinter dem Vorsprung sollten angelieferte Sektionen gelagert werden

meneinsätze nach hier überführt (...) Die weitaus größte Zahl d. h. rund 98% der Belegschaft besteht auch hier aus ausländischen Arbeitskräften.«[99]

Die Arge beklagte zudem: »Schon diese Firmen stellten Ansprüche auf eine laufende Vergütung für die abgestellten Arbeitskräfte und wir mußten uns nach langen Verhandlungen, wobei wir mehrfach versucht haben die Arbeitsämter, den Baubevollmächtigten usw. einzuschalten, bereit erklären, auf die Bruttolohnsumme laufend 5% soweit wir selbst entlöhnen, und 30% soweit die Entlöhnung durch die Stammfirmen durchgeführt werden, zu zahlen.«[100]

Die Arge beschwerte sich weiter darüber, dass der Großteil der Firmen die Arbeitspapiere in den eigenen Händen behalten und zur Lohnabrechnung zumeist einen der wenigen Poliere von der Arbeit auf der Baustelle abgezogen habe. Zudem hätten Stichproben ergeben, dass beständig zu viele Stunden aufgeschrieben würden, ohne dass die Arge viel dagegen unternehmen könnte. Darum bat die Arge Nord das Arbeitsamt nun um »energischen Durchgriff«.

Parallel wandte sich eine der Arge-Firmen, die Gottlieb Tesch GmbH (Berlin), an die Wirtschaftsgruppe Bau, um sich über die Forderungen der Interessensgemeinschaft zu beschweren. Auch Tesch wies darauf hin, dass der Großteil der Belegschaftsmitglieder Ausländer seien, die erst seit sehr kurzer Zeit Mitglieder der Firmen in der Interessensgemeinschaft seien. Der Brief endete: »Auch erscheint der Vertragsentwurf (...) untragbar, da die Interessengemeinschaft den vollen kalkulierten Gewinn und im Verhältnis zur Leistung zu hohe Geschäftskosten beansprucht, ohne sich irgendwie am Risiko zu beteiligen. Es kann nach unserer Meinung nur ein fester Zuschlag für Geschäftskosten und Gewinn von etwa 10-12% auf die Lohnsumme (...) als angemessen betrachtet werden«.[101] Die Wirtschaftsgruppe stimmte diesen Vorbehalten rundum zu. Sie teilte der Firma aber mit, dass sie zur Zeit mit der OT über einen Vertrag verhandele, der dann reichsverbindlich erklärt werden sollte.[102]

In den ersten beiden Septemberwochen kam es zu intensiven Verhandlungen zwischen der OT

Zwei weitere Fotos aus der Bildserie von der Bunker-Südseite. Links: Nun deutlich zu erkennen die Gleise einer Schmalspurbahn, die durch die Öffnung in den Bunker führen; rechts: Die große Treppe an der Südseite, über welche die Arbeiter auf das Dach des Bunkers kommen

Teile der Fundamente sind fertiggestellt. Im Hintergrund die »Kiesverteilerbrücke« mit der Betonmischanlage »Mitte«

und der Wirtschaftsgruppe um den Einsatzbeteiligungsvertrag. Spätestens am 12. September lag ein neuer Vertragsentwurf der OT vor. In den in Bremen-Farge strittigen Problemen obsiegten bei der Frage der Arbeitspapiere die kleinen Firmen. Ihnen wurde zugestanden, die Papiere ihrer Arbeiter zu behalten. Im zweiten Punkt jedoch setzte sich die Wirtschaftsgruppe durch. Der Vertrag sah ein gleiches Kopfgeld für alle abgegebenen Arbeiter vor, aber nur für solche, die schon vor dem 1. Januar 1941 zu den Firmen gehörten.

Gegen diese Regelung protestierte die Deutsche Bau AG daraufhin sofort energisch. Sie forderte eine Punktwertung für die abgegebenen Arbeiter und wünschten, dass alle Arbeiter ab einer Betriebszugehörigkeit von einem Jahr mitgerechnet werden sollten, damit möglichst viele zivile Zwangsarbeiter zugunsten der kleinen Firmen in die Gewinnrechnung einfließen konnten. Die Deutsche Bau AG ging also schon von ihrer vorherigen Maximalforderung ab, alle Arbeiter zu zählen, und versuchte nun, die anrechenbare Frist zu verkürzen.

Der Diskussionsstrategie der Wirtschaftsgruppe, die Ansammlung von Zwangsarbeitern als »Rentnertum« zu bezeichnen, setzte die Deutsche Bau AG eine neue Strategie entgegen: »Wir möchten auf die Gefahr aufmerksam machen, dass der Arbeitsmarkt in zwei Teile zerfällt. Es besteht die Möglichkeit, dass nur noch ein kleiner Teil der Arbeiter firmengebunden bleibt, während der Rest zur formlosen Masse wird, die in immer andere Hände gerät.«[103]

Die Gefahr, dass aus ausländischen Zwangsarbeitern eine formlose Masse würde, hatte im

Weihnachten 1944 auf der Baustelle mit Weihnachtsbaum und Hakenkreuz

Nationalsozialismus aber nur begrenzte Sprengkraft. Der Vorwurf des »Rentnertums« dagegen hatte in der politischen Arena eine stärkere Wirkung. Zudem zeigte sich im November 1944 auf der Baustelle »Weingut I«, dass der ursprüngliche Vertragsentwurf der OT dazu führte, dass die kleinen und mittleren Betriebe auf eine Gewinnbeteiligung von bis zu 30% kommen konnten. Als normal galt bis dahin eine Gewinnbeteiligung von 10-12%.[104] Dies verschärfte den Protest der großen Firmen, und der neuere Vertragsentwurf wurde schließlich als Standard durchgesetzt.

Auf den beiden U-Boot-Bunkerbaustellen in Bremen diskutierte man im Dezember 1944 über die Auswirkungen des Vertrages. Die drei Argen stimmten dort überein, dass für eine Firma mit zehn Stammarbeitern und hundert zivilen Zwangsarbeitern nur für die zehn Stammkräfte ein Zuschlag von 12 Prozent für Geschäftskosten und Gewinn zu zahlen sei. Dies galt nach ihrer Meinung auch für einen Fall auf der Baustelle »Hornisse«. Dort waren bei einem Unternehmer alle deutschen Kräfte von der OT abgezogen und zu einer anderen Baustelle versetzt worden. Er verfügte in Bremen daraufhin nur noch über zivile Zwangsarbeiter, für die er nach Auslegung der Argen keinen Zuschlag bekommen würde. Der OT-Verantwortliche wehrte sich aber anfangs gegen diese Auffassung: »Herr Oberbaurat Bischoff war sich in dieser Frage nicht klar. Er hielt zunächst die von uns vertretene Ansicht für unbillige Härte für den Einsatzbeteiligten. Er vertrat den Standpunkt, dass mindestens der Zuschlag von 12,0 v.H. auf alle Arbeitskräfte des Einsatzbeteiligten zu vergüten wäre. Diese Auslegung ist aber u. Z. bei dem Aufbau der Formel V, nicht angängig. Wir führten Herrn Oberbaurat Bischoff weiter aus, dass die ihm als Härte erscheinenden Auswirkungen beabsichtigt wären, um den unerwünschten Zustand des ›Menschenhandels‹ Einhalt zu gebieten. Herr Oberbaurat Bischoff näherte sich am Ende der Besprechung unserer Ansicht, ohne allerdings wohl voll überzeugt zu sein.«[105]

Auch hier war also die These von der Gefahr eines einsetzenden Menschenhandels überzeugungskräftig. Kurz nach Neujahr erläuterten zwei der leitenden Firmen der Arge Bremen, Dyckerhoff & Widmann sowie Hermann Möller, noch einmal ihren Standpunkt. Sie blieben bei ihrer Auffassung, dass Zugewiesene nicht mit Zuschlägen zu vergüten seien, und hielten dies »im Interesse einer Unterbindung des ›Menschenhandels‹«[106] auch für sinnvoll. Allerdings gestanden sie nun ein, dass dies auch zu großen Härten führen könnte, insbesondere in jenem Fall, wo bei einem Einsatzbeteiligten alle deutschen Kräfte abgezogen wurden: »Auf der anderen Seite ist aber nicht zu verkennen, daß der Unterschied zwischen einem Unternehmer gleicher Art, der mit einem sehr geringen Anteil an Stammkräften für einfache Arbeiten, z. B. Kieslöschen, eingesetzt ist und seinen vollen Zuschlag erhält und diesem Unternehmer, der das Pech hatte als Einsatzbeteiligter hierher zu kommen, ein schwer vertretbarer ist.«

Die Firmen rechneten mit großer Verärgerung beim betreffenden Unternehmer und fragten deswegen bei der Wirtschaftsgruppe an, ob nicht eine gesonderte Lösung möglich wäre. Sie führten weiterhin aus, dass der OT-Einsatzbeteiligungsvertragsrichtlinie ein Mittellohn von einer Reichsmark zugrunde läge, während auf der Baustelle der Mittellohn real 1,15 RM betrüge. Da die Einsatzbeteiligten auf die eine Reichsmark ihre Zuschläge erhielten, wären sie auch hier benachteiligt. Dies hinterließ sogar bei den Großfirmen den Eindruck, die kleinen Firmen zu stark zu übervorteilen: »Es erscheint uns fraglich, ob tatsächlich beabsichtigt war, die Vergütung der einsatzbeteiligten Firmen so stark zu drücken.«[107] Zu vermuten ist auch, dass die Großfirmen fürchteten, dass bei den kleinen Firmen die Motivation sank, ihre Arbeiter anzutreiben, wenn ihnen keine oder nur eine extrem geringe Gewinnbeteiligung gewährt wurde.

Weil Zwangsarbeiter bei der Gewinnverteilung kaum mitgerechnet wurden, waren den Möglichkeiten der Baufirmen, aus ihnen besonders hohe Extraprofite zu ziehen, enge Grenzen gesetzt. Insgesamt spricht vieles dafür, dass gerade in der Bauwirtschaft die Gewinne der Unternehmer beim Einsatz von Zwangsarbeitern nicht höher lagen als bei einem Einsatz deutscher Arbeiter. Allerdings standen deutsche Arbeiter den Baufirmen bei Kriegsende kaum noch zur Verfügung. Deswegen bildete die Zuweisung von Zwangsarbeitern oder KZ-Häftlingen oft die einzige Möglichkeit, überhaupt Aufträge annehmen und dadurch Gewinne erzielen zu können. Zudem erhielten die Baufirmen vom Auftraggeber für die Beaufsichtigung und Verwaltung von Zwangsarbeitern kleine Zuschläge.

Ein Modell vom U-Boot-Bunker zeigt, dass die Bauplaner den ansonsten weitgehend glatten Betonbau an den Eingängen mit Friesen verzieren wollten

Ohne Zweifel wäre es den meisten Firmen am liebsten gewesen, wenn ihre deutschen Arbeiter nicht zur Wehrmacht eingezogen worden wären, aber nachdem dies zum Faktum geworden war, bestanden wenig Bedenken, den eigenen Gewinn durch den Einsatz von Zwangsarbeitern, Kriegsgefangenen und KZ-Häftlingen sicherzustellen.

Eine Gruppe französischer Kriegsgefangener, bewacht von einem Wehrmachtssoldaten, auf dem Gelände des Bremer Gaswerks im September 1940

III. Zwangsarbeit

Zwangsarbeit im nationalsozialistischen Deutschland

Als die Nationalsozialisten 1933 an die Macht kamen, herrschte in Deutschland große Arbeitslosigkeit. Ein von der Vorgängerregierung übernommenes Konjunkturprogramm und die stark zunehmende Rüstungsproduktion führten jedoch bald zu einem Rückgang. Ab 1936 gab es nur noch wenige Arbeitssuchende und spätestens seit 1938 herrschte in wichtigen Branchen und bei großen Neubauprojekten Arbeitskräftemangel. Um die Aufrüstung nicht zu gefährden, erließ die deutsche Regierung mehrere Vorschriften, um die Freizügigkeit der deutschen Arbeitskräfte einzuschränken.

Zu den wichtigsten Maßnahmen gehörten die Einführung eines Arbeitsbuches 1935, die Einschränkung von Arbeitsplatzwechseln bei qualifizierten Metall- und Bauarbeitern 1936/37, der Er-

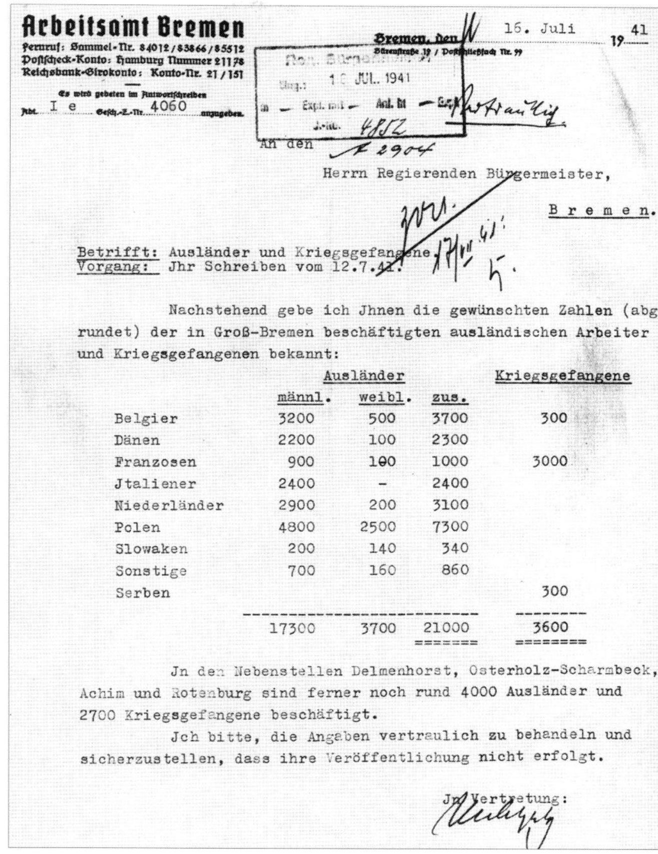

Arbeitsamt Bremen
Fernruf: Sammel-Nr. 84012/83866/85512
Postscheck-Konto: Hamburg Nummer 21178
Reichsbank-Girokonto: Konto-Nr. 21/151

Es wird gebeten im Antwortschreiben
Abt. I e Gesch.-Z.-Nr. 4060 anzugeben.

Bremen, den 16. Juli 1941
Bürenstraße 19 / Postschließfach Nr. 99

16. JUL. 1941

An den
Herrn Regierenden Bürgermeister,
Bremen.

Betrifft: Ausländer und Kriegsgefangene.
Vorgang: Jhr Schreiben vom 12.7.41.

Nachstehend gebe ich Jhnen die gewünschten Zahlen (abgerundet) der in Groß-Bremen beschäftigten ausländischen Arbeiter und Kriegsgefangenen bekannt:

	Ausländer			Kriegsgefangene
	männl.	weibl.	zus.	
Belgier	3200	500	3700	300
Dänen	2200	100	2300	
Franzosen	900	100	1000	3000
Jtaliener	2400	–	2400	
Niederländer	2900	200	3100	
Polen	4800	2500	7300	
Slowaken	200	140	340	
Sonstige	700	160	860	
Serben				300
	17300	3700	21000	3600

Jn den Nebenstellen Delmenhorst, Osterholz-Scharmbeck, Achim und Rotenburg sind ferner noch rund 4000 Ausländer und 2700 Kriegsgefangene beschäftigt.

Jch bitte, die Angaben vertraulich zu behandeln und sicherzustellen, dass ihre Veröffentlichung nicht erfolgt.

Jn Vertretung:

Schreiben des Bremer Arbeitsamtes an den Regierenden Bürgermeister vom Juli 1941 über die Zahl der in Bremen eingesetzten ausländischen Arbeitskräfte

lass einer Dienstpflichtverordnung im Juni 1938 und schließlich zu Kriegsbeginn eine allgemeine Beschränkung der Möglichkeit, Arbeitsverträge aufzukündigen.[108] Zusätzlich begannen Regierung und Industrie in verstärktem Maße, Arbeiter aus dem Ausland anzuwerben. Die größte Gruppe vor Kriegsbeginn kam aus dem Achsenpartnerland Italien. Diese Arbeitskräfte waren zum Beispiel für den Aufbau der Reichswerke Hermann-Göring in Salzgitter oder des VW-Werkes von großer Bedeutung.

Der Krieg verschärfte den Arbeitskräftemangel sofort. Die Rekrutierung deutscher Arbeiter zur Wehrmacht führte im September 1939 zu nicht unbedeutenden Produktionsrückgängen. Die Industrie forderte daraufhin, sofort mit der Anwerbung polnischer Arbeitskräfte zu beginnen. Insbesondere das SS-RSHA verfolgte jedoch anfangs eher das Ziel, einfache Arbeiten in die besetzten Gebiete auszugliedern und polnische Arbeitskräfte nur in möglichst geringer Zahl ins Reichsgebiet zu lassen. Himmlers Stellvertreter Heydrich wollte im Höchstfall für kurze, befristete Zeitspannen Polen ins Reich holen. Er erklärte wenige Tage nach Kriegsbeginn: »Ziel ist: der Pole bleibt der ewige Saison- und Wanderarbeiter, sein fester Wohnsitz muß in der Gegend von Krakau liegen.«[109]

Ende 1939 musste das RSHA aber seinen Widerstand gegen die Rekrutierung polnischer Arbeiter zurückstellen und die deutschen Arbeitsämter begannen in Polen mit der Anwerbung. Diese Arbeiter wurden anfangs noch im Rahmen der traditionellen und aus ökonomischen Motiven bedingten freiwilligen Wanderarbeit eingesetzt. Das harte Vorgehen der deutschen Polizei und die oftmals schlechte Behandlung der polnischen Arbeiter führten jedoch innerhalb eines halben Jahres zum Ende der freiwilligen Wanderarbeit. Die Zwangsrekrutierung durch die deutschen Behörden begann.[110]

Den ersten Meilenstein bei der rassistischen Sonderbehandlung ausländischer Arbeitskräfte bildete ein Erlasspaket vom 8. März 1940, das unter dem Namen »Polenerlasse« firmierte. Es führte die Kennzeichnung durch ein Polen-Abzeichen ein, verbat Polen die Benutzung von Gaststätten und Verkehrsmitteln und stellte Geschlechtsverkehr mit deutschen Frauen unter Todesstrafe.[111] Im Mai 1940 waren im Deutschen Reich etwa 1,2 Millionen Kriegsgefangene und ausländische Zi-

Französische Kriegsgefangene werden von zwei Wehrmachtssoldaten bei der Zwangsarbeit in Bremen überwacht

vilarbeiter eingesetzt. Die ca. 700.000 Polen arbeiteten fast ausschließlich in der Landwirtschaft.[112]

Eine weitere dramatische Verschärfung erfuhr der Zwangsarbeitereinsatz durch den Überfall auf die Sowjetunion im Juni 1941. Die deutsche Führung hoffte auch dieses Mal, einen schnellen Erfolg zu erringen. Das Ende des deutschen Vormarsches vor Moskau im Winter 1941/42 offenbarte das Scheitern dieser Pläne und hatte erhebliche Auswirkungen auf die Arbeitskräftesituation. Statt wie vorgesehen einige Divisionen auf den Arbeitsmarkt entlassen zu können, wurde die Rekrutierung neuer Soldaten zum Ziel der Wehrmachtsführung. Von nun an war der Arbeitskräftemangel eines der größten Probleme der deutschen Kriegswirtschaft.

Als erste Lösung des Problems fielen der deutschen Führung die sowjetischen Kriegsgefangenen ins Auge, doch aufgrund der bewussten Aushungerung starben in den ersten Monaten des deutschen Angriffs mehrere Hunderttausende, möglicherweise sogar bis zu zwei Millionen Kriegsgefangene in den frontnahen Lagern.

Von den mindestens 5,3 Millionen sowjetischer Soldaten, die in deutsche Gefangenschaft gerieten, gelangten etwa 2,8 bis 3 Millionen Kriegsgefangene aus dem frontnahen Bereich unter Aufsicht des OKH in die Verwaltungshoheit des OKW. Ab dem Herbst 1941 wurden erste Kriegsgefangene zum Arbeitseinsatz nach Deutschland transportiert. Insgesamt erreichten bis Kriegsende vermutlich etwa 1,4 Millionen sowjetische Kriegsgefangene das Reichsgebiet.[113] Ihre Zahl reichte nun aber bei Weitem nicht mehr aus, um das Arbeitskräfteproblem zu lösen; nicht zuletzt, weil eine große Zahl von ihnen im Winter 1941/42 in Deutschland verstarb.

Bereits im Herbst 1941 hatte sich unter Teilen der Führung die Meinung verbreitet, dass das Reichsarbeitsministerium den gewachsenen Ansprüchen nicht gerecht werden könne. Nach längeren Verhandlungen wurde vor allem auf Betreiben Martin Bormanns der thüringische Gauleiter Fritz Sauckel am 21. März 1942 zum Generalbevollmächtigten für den Arbeitseinsatz (GBA) ernannt.[114] Die vorgegebene Aufgabe Sauckels war es, innerhalb kürzester Zeit für eine Massenrekrutierung ausländischer Arbeiter in die deutsche Rüstungswirtschaft zu sorgen. Im März 1942 hatte das Wehrwirtschafts- und Rüstungsamt den Bedarf der deutschen Rüstungswirtschaft für das Jahr 1942 auf 1,4 Millionen zusätzliche Arbeitskräfte geschätzt. Hauptsächlich sollte er durch sowjetische Zivilarbeiter gedeckt werden, die bereits seit Januar 1942 in den besetzten Gebieten angeworben wurden.

Die deutschen Anwerbekommissionen arbeiteten anfangs erfolgreich mit Versprechungen. Die Zustände in den Barackenlagern in Deutschland und insbesondere die Ernährungsrationen waren jedoch katastrophal. Die Rückmeldungen der Angeworbenen in die Heimat führten rasch dazu, dass die freiwilligen Meldungen drastisch abnahmen und die deutschen Behörden spätestens ab Mai 1942 zur Zwangsrekrutierung übergingen.[115] Diese Maßnahmen erwiesen sich für die deutschen Stellen als höchst erfolgreich. Sauckel vermeldete, dass er in den ersten acht Monaten seines Einsatzes (bis Ende November 1942) ca. 2,7 Millionen Arbeitskräfte ins Reich geschafft hatte, darunter ca. 1,37 Millionen sowjetische Zwangsarbeiter, 417.000 Kriegsgefangene, 291.000 Polen aus dem Generalgouvernement und 168.000 Franzosen.[116]

Während also anfangs noch von einer gewissen Freiwilligkeit aufgrund falscher Versprechungen gesprochen werden kann, waren ab Mitte 1942 die Zwangsrekrutierungen vorherrschend. Auch bei der Rekrutierung in Westeuropa wurde zunehmend Zwang eingesetzt, wenn auch im Regelfall auf sublimere Art als in Osteuropa.

Als das Arbeitskräfteproblem im Winter 1941/42 erkennbar wurde, bot die SS an, auch KZ-Häftlinge in der Rüstungsproduktion einzusetzen. Eines ihrer maßgeblichen Motive dabei war, durch dieses Angebot nicht die Verfügungsgewalt über die Häftlinge an den neu ernannten Generalbevollmächtigten zu verlieren. Ein weiteres Motiv lag darin, durch die Kooperation mit der Wirtschaft die eigene Position zu stärken und gegebenenfalls sogar Rüstungsfertigungen in die eigenen Hände zu bekommen. Um Letzteres zu erreichen, bestand die SS im Frühjahr 1942 darauf, dass Rüstungsfertigungen in die Konzentrations-Hauptlager verlegt wurden. Allerdings erreichte Rüstungsminister Speer im September 1942 bei Hitler, dass die KZ-Häftlinge zu den Industriewerken gebracht wurden und nicht umgekehrt. Die Folge war, dass nun in größerem Maße KZ-

Der Gauleiter von Thüringen und Generalbevollmächtigte für den Arbeitseinsatz Fritz Sauckel

Außenlager bei Rüstungsfabriken errichtet werden mussten. Solange Sauckel jedoch für Nachschub an zivilen Zwangsarbeitern sorgen konnte, bevorzugten viele Firmen diese als Arbeitskräfte gegenüber den KZ-Häftlingen.

Seit der Niederlage in Stalingrad zu Beginn des Jahres 1943 erwartete die Sauckel-Behörde einen drastischen Rückgang des Rekrutierungspotenzials in Osteuropa. Deswegen war bereits im Frühjahr 1943 die Planung dahingehend umgestellt worden, den Großteil neuer Zwangsarbeiter in Westeuropa zu rekrutieren. Im ersten Halbjahr 1943 war diese Politik auch vergleichsweise erfolgreich. Aus Belgien und den Niederlanden, vor allem aber aus Frankreich konnte eine größere Zahl von Zwangsarbeitern ins Reich gebracht werden. Die Rekrutierungen in Westeuropa stießen jedoch im zweiten Halbjahr 1943 an ihre Grenzen. Zum einen nahm der Widerstand gegen diese Maßnahmen deutlich zu und die Besatzungsbehörden fürchteten einen deutlichen Anstieg der Widerstandsaktivitäten bei der Fortsetzung von Zwangsrekrutierungen. Zum anderen setzte das Rüstungsministerium zunehmend darauf, die westeuropäischen Arbeiter in der Rüstungsindustrie ihrer Heimatländer einzusetzen, um dort ihren Beitrag zur deutschen Kriegswirtschaft zu leisten. Dies hatte zur Folge, dass der Zufluss an westeuropäischen Zwangsarbeitern im zweiten Halbjahr 1943 stark abnahm. Ab Anfang 1944 ging sogar die Anzahl westeuropäischer Zwangsarbeiter im Reich aufgrund einer hohen Zahl von Rückkehrern in ihre Heimatländer zurück.[117]

Die daraus entstehende Lücke konnte im zweiten Halbjahr 1943 jedoch durch den weiterhin unerwartet hohen Zugang an sowjetischen Zwangsarbeitern und den überhaupt nicht vorausgeplanten Zwangseinsatz von italienischen Militärinternierten geschlossen werden. Die Erfolgschancen für Rekrutierungen in der Sowjetunion waren gering eingeschätzt worden. Tatsächlich aber radikalisierte sich die Politik der Arbeitsbehörden und der Wehrmachtsstellen in den besetzten Gebieten der Sowjetunion so sehr, dass immer noch eine große Zahl von Zwangsarbeitern unter immer brutaleren Bedingungen nach Deutschland verfrachtet werden konnte. Die Wehrmacht beteiligte sich willig daran, die arbeitsfähige Bevölkerung ganzer Dörfer und Städte beim Rückzug gefangen zu setzen und nach Deutschland zu verschleppen.[118]

Die italienische Kapitulation war für die deutsche Führungsriege ein Schock, der zu einer erheblichen Schwächung des Kriegspotenzials führte. Für die deutschen Arbeitseinsatzbehörden war es jedoch ein unerwarteter Glücksfall, weil durch die Überführung von 600.000 italienischen Soldaten ins Reich, anfangs im Kriegsgefangenen-, dann im Militärinternierten-Status, die Rekrutierungslücke geschlossen werden konnte. Der Hass, der den Italienern in Deutschland entgegengebracht wurde, führte aber dazu, dass deren Arbeitsfähigkeit rapide abnahm: Sie wurden nicht nur häufig misshandelt, sondern auch unterernährt. Diese Politik änderte sich erst im Juli 1944. Den italienischen Militärinternierten wurde nun eine Erhöhung der Nahrungsrationen zugebilligt, weil man sich davon eine Steigerung ihrer Arbeitsleistung erhoffte.[119]

Insgesamt nahm die Zahl der beschäftigten ausländischen Arbeitskräfte vom November 1942 bis zum September 1944 um etwa 2,5 Millionen Menschen zu – mit den höchsten Zuwachsraten im Jahr 1943. Von den 2,5 Millionen stammten 1,57 Millionen aus Osteuropa (davon 1,23 Millionen aus der Sowjetunion), 515.000 aus Italien und 349.000 aus Westeuropa.[120]

Während Sauckels Politik so bis zum Jahresende 1943 weitgehend erfolgreich war, begannen sich zu Beginn des Jahres 1944 sehr schnell die schrumpfenden Möglichkeiten weiterer Rekrutierungen abzuzeichnen. Das Rüstungsministerium und die deutsche Wirtschaft forderten von Sauckel zu Beginn des Jahres einen weiteren sehr hohen Zugang an Zwangsarbeitern, wobei Speer gleichzeitig am Abzugsverbot aus den Sperr-Betrieben in Frankreich festhielt. Hitler folgte Speers Forderungen und Sauckel versprach Hitler schließlich, im Jahr 1944 vier Millionen neue Arbeitskräfte für die deutsche Industrie zu beschaffen.[121] Auf einer Sitzung der Zentralen Planung am 1. März musste

	1939	1940	1941	1942	1943	1944	1945
Dt. Lohnabhängige	20,81	19,60	20,17	19,72	18,81	20,61	19,42
Dt. Dienstverpflichtete	0,80	0,24	0,18	0,16	0,41	0,63	0,49
Dt. Arbeitsdienst	0,25	0,24	0,23	0,24	0,25	0,26	0,21
Dt. Pflichtj. Mädchen	0,32	0,34	0,35	0,33	0,34	0,32	0,29
Dt. Landhilfe	0,09	0,10	0,09	0,08	0,09	0,09	0,06
Fremdarbeiter	0,30	0,80	1,75	2,65	4,84	5,30	4,90
Kriegsgefangene	–	0,35	1,32	1,49	1,62	1,83	1,78
KZ-Häftlinge	0,03	0,04	0,06	0,10	0,20	0,52	0,75
Zwangsarbeit dt. Juden	0,01	0,02	0,04	0,03	–	–	–

Arbeitskräfte im Deutschen Reich 1939-1945 (in Millionen)[124]

Sauckel zugeben, dass er diese Zahlen nicht würde erfüllen können.

Am gleichen Tag wurde der Jägerstab gegründet, dessen Hauptziel die Untertageverlagerung der Flugzeugindustrie war. Für die Erfüllung dieses Planes bedurfte es einer großen Menge an Arbeitern für die Schwerstarbeit bei der Herrichtung der unterirdischen Anlagen. Nachdem bereits im Vorfeld klar wurde, dass neue ausländische zivile Zwangsarbeiter dafür nur in geringem Maße zur Verfügung stehen würden, verständigten sich die Luftwaffe und das Rüstungsministerium mit Himmler über eine starke Ausweitung des Einsatzes von KZ-Häftlingen.

Die Projekte des Jägerstabes bildeten den Auftakt des nun wirklich massenhaften Einsatzes von KZ-Häftlingen in der Rüstungsindustrie, der binnen der nächsten sechs Monate dafür sorgte, dass Deutschland mit einem fast flächendeckenden Netz von KZ-Außenlagern überzogen wurde. Eine wichtige Rolle spielten hierbei im KZ Auschwitz die als »arbeitsfähig« selektierten Juden, die nach der deutschen Besetzung in großer Zahl aus Ungarn abtransportiert worden waren.

Sauckels Stäben gelang es in Verbindung mit der Wehrmacht aber immer noch, die Zahl ausländischer Zwangsarbeiter zu steigern. Bis zum August 1944 waren noch einmal fast 640.000 Zwangsarbeiter mehr als zum Jahresende 1943 gemeldet. Insgesamt waren im August 1944 7,6 Millionen ausländischer Zwangsarbeiter beschäftigt. Davon waren 1,9 Millionen Kriegsgefangene und 5,7 Millionen zivile Zwangsarbeiter. Unter den zivilen Zwangsarbeitern machten Frauen mit 1,9 Millionen etwa ein Drittel aus.[122]

Da die Zahl der westeuropäischen Zwangsarbeiter rückläufig war und auch aus Italien kaum neue Zwangsarbeiter herausgeholt werden konnten, dürfte die Steigerung 1944 vor allem auf die zwanghafte Räumung ganzer Gebiete beim Rückzug in der Sowjetunion und in Polen zurückzuführen sein. Auf einer Sitzung im Juli bilanzierte Sauckel, dass es seiner Behörde zwar nicht gelungen sei, die versprochenen 2 Millionen neuer Arbeitskräfte herbeizuschaffen, dass aber immerhin noch eine Zahl von 1,5 Millionen erreicht worden sei. Allerdings stellte die deutsche Bevölkerung mit fast 900.000 Kräften, je zur Hälfte Frauen und Lehrlinge, diesmal selbst den Großteil der neuen Arbeiter. Von den fast 600.000 Ausländern stammten Sauckels Angaben zufolge etwa 75% aus Osteuropa.[123]

Die Verhältnisse für die westeuropäischen Zwangsarbeiter blieben auch in dieser Phase deutlich günstiger als für die osteuropäischen. Lohn und Arbeitszeit der Westarbeiter waren weitgehend identisch mit denen der deutschen. Deutlich schlechter war in den meisten Fällen die Ernährung in den Lagern. Denn auch die westeuropäischen Zwangsarbeiter waren nach wie vor mehrheitlich in Lagern untergebracht und hatten dort mit Demütigungen und Diskriminierungen zu rechnen.[125]

Die Situation für die osteuropäischen Zwangsarbeiter und -arbeiterinnen war von Beginn an miserabel und verschlechterte sich im Jahr 1944 trotz anderslautender Bekundungen weiter. Sie war gekennzeichnet durch überlange Arbeitszeiten, minderwertige Ernährung und Unterkunft sowie Diffamierungen und Misshandlungen.[126] Es ist darum nicht überraschend, dass Formen von Resistenz und Widerstand unter den osteuropäischen Zwangsarbeitern seit der Niederlage der Wehrmacht bei Stalingrad beständig anwuchsen. Unzweifelhaft ist ebenfalls, dass sie zunehmend von ihren Arbeitsstellen und aus ihren Lagern flüchteten. Oft war die Flucht auch eine Art Selbsthilfe gegen besonders bedrückende oder brutale Verhältnisse.

In der Regel versuchten die Zwangsarbeiter nicht, in ihr Heimatland zurück, sondern zu ihren ebenfalls in Deutschland befindlichen Angehörigen zu kommen. Diese verzweifelten Fluchtversuche waren in der Regel keine Bedrohung für die öffentliche Sicherheit, wie dies von den NS-Stellen behauptet wurde, aber sie führten zu einer erheblichen Erschwernis bei der Organisation des Arbeitseinsatzes. Die deutschen Behörden reagierten darauf mit stärkeren Repressionen.

Großrazzien in Zwangsarbeiterlagern nahmen weiter zu und auf der Flucht Ergriffene mussten nun häufiger mit der Einweisung ins KZ rechnen.[127] Die Unterdrückungsmaßnahmen wurden noch stärker, als die Alliierten sich den Grenzen des Deutschen Reiches näherten. Anfang November 1944 gestattete das RSHA per Erlass den Gestapostellen, ohne Rücksprache eigenverantwortlich straffällige Ostarbeiter und Polen zu exekutieren. Im Frühjahr 1945 wurde der Erlass auch auf westeuropäische Zwangsarbeiter ausgeweitet.[128]

Die Folge war, dass die Gestapo vor Ort immer häufiger Morde an Zwangsarbeitern verübte. Während großangelegtere Massenerschießungen vor allem in nahe gelegenen Waldgebieten oder in Arbeitserziehungslagern stattfanden, tötete die Gestapo häufiger auch einzelne Zwangsarbeiter in aller Öffentlichkeit.[129] Dies führte schließlich dazu, dass auch die deutsche Bevölkerung zum Teil selbst aufgegriffene Zwangsarbeiter ermordete und in einzelnen Städten ein Klima der Lynchjustiz entstand.[130] An vielen Orten mündete die staatspolizeiliche Selbstjustiz in den letzten Kriegstagen in einen Amoklauf gegen Zwangsarbeiter, der nur noch gestoppt wurde, wenn die alliierten Truppen die jeweilige Stadt eroberten.[131]

Insgesamt bildete sich im Zweiten Weltkrieg in Deutschland ein extrem hierarchisierter Arbeitsmarkt heraus, der je nach Gruppenzugehörigkeit der Arbeiter zu unterschiedlichen Formen von Zwang und Gewalt führte. Für die ausländischen Arbeitskräfte, die in Deutschland eingesetzt waren, hat Mark Spoerer vier Gruppen mit differenten Lebensbedingungen unterschieden[132]:

1.) Freiwillige ausländische Zivilarbeiter, die Deutschland wieder verlassen konnten, wenn sie es wollten, und in der Regel einen Arbeitsvertrag für sechs bis zwölf Monate besaßen. Diese Gruppe umfasste vor allem Arbeiter aus Staaten, die mit Deutschland verbündet waren. Bis 1942 gehörte hierzu auch ein Großteil der Arbeiter aus den besetzten westeuropäischen Staaten.

2.) Zwangsarbeiter mit begrenztem Einfluss auf ihre Lebensbedingungen und einer durchschnittlichen oder nur gering erhöhten Sterblichkeitsrate. Zu dieser Gruppe zählten fast alle Zwangsarbeiter mit Ausnahme der Osteuropäer sowie die Mehrheit der Kriegsgefangenen aus Westeuropa.

3.) Zwangsarbeiter ohne nennenswerten Einfluss auf ihre Lebensbedingungen und mit deutlich überdurchschnittlicher Sterblichkeitsrate. Dies waren vor allem die Zwangsarbeiter aus Polen und der Sowjetunion sowie die italienischen Militärinternierten.

4.) Zwangsarbeiter ohne jeglichen Einfluss auf ihre Existenzbedingungen und mit extrem hoher Sterblichkeit. Hierzu sind vor allem die KZ- und Arbeitserziehungslager-Häftlinge sowie die sowjetischen Kriegsgefangenen zu zählen. Aufgrund ihrer völligen Entrechtung und der schweren Arbeitsbedingungen werden Angehörige dieser Gruppen mitunter auch als Sklavenarbeiter bezeichnet.

Zwangsarbeit in der Region Farge/Schwanewede

Bereits 1938 gelang es der Wifo, für den Tanklagerbau tschechische Arbeiter aus den soeben besetzten Gebieten der vormaligen Tschechoslowakei zu verpflichten. Sowohl die Wifo wie die Kriegsmarine bemühten sich nach Kriegsausbruch verstärkt, ausländische Arbeiter für die Tanklagerprojekte vom Arbeitsamt zugewiesen zu bekommen, und waren damit erfolgreich. 1940 kamen Arbeiter aus den Niederlanden, Belgien und Frankreich nach Farge. 1941 transportierte die Wehrmacht sowjetische Kriegsgefangene zum Einsatz bei beiden Projekten in die Region. Zu Hochzeiten arbeiteten bei den Tanklagern etwa 4.000 Arbeiter.

Da eine Aufschlüsselung nach ihrer Herkunft nicht vorliegt, kann nur geschätzt werden, wie viele ausländische Arbeitskräfte sich darunter befanden. Realistisch könnte ein Anteil von etwa einem Drittel sein. Damit lag der Prozentsatz der hier eingesetzten ausländischen Arbeiter zu dieser Zeit deutlich höher als beim Durchschnitt deutscher Betriebe. Der Grund war, dass für Neubauprojekte mitunter schwer deutsche Arbeiter rekrutiert werden konnten und darum oft auf ausländische Arbeiter zurückgegriffen wurde. Bereits im Winter 1941/42 kam es unter den sowjetischen Kriegsgefangenen, die für die Wifo und die Marine eingesetzt waren, zu einem Massensterben, dem über 150 Menschen zum Opfer fielen.

Besonders wichtig für die Entwicklung der Gewaltverhältnisse in der Region war, dass im Zusammenhang mit der von der Wifo geforderten Disziplinierung ihrer Arbeiter durch die Bremer Gestapo 1940 ein Arbeitserziehungslager errichtet wurde, in dem die Häftlinge unter besonderer Brutalität zur Zwangsarbeit angetrieben wurden. Die Gewalt hatte in Farge also schon deutlich vor Beginn des Baues des U-Boot-Bunkers Einzug gehalten.

Dabei ist zu betonen, dass der Einsatz ausländischer Zwangsarbeiter keineswegs auf die großen Rüstungsbetriebe beschränkt war. Vielmehr wurde ihr Einsatz spätestens 1942/43 zu einem Phänomen, das in fast allen Betrieben anzutreffen war.

Viele der Arbeiter der Region Farge-Rekum waren beim Vulkan oder der Bremer Wollkämmerei angestellt, wo große Zahlen von Zwangsarbeitern auch aus Osteuropa eingesetzt wurden. Doch nicht nur die Betriebe erhielten Zwangsarbeiter zugewiesen, auch in der Landwirtschaft in Farge-Rekum wurden sie beschäftigt, denn die Frauen konnten, da die Männer häufig an der Front waren, die Höfe nur auf diese Weise weiter betreiben.[133] Noch bevor der Bau des U-Boot-Bunkers begann, bestand in der Region also ein viele Lebensbereiche durchziehendes Netz von Zwangsarbeit.

Trotzdem stellte der Beginn des U-Boot-Bunkerbaus im Sommer 1943 noch einmal eine Zäsur dar, weil eine äußerst hohe Zahl ausländischer Zwangsarbeiter an einem Ort eingesetzt war und nun auch KZ-Häftlinge als Arbeitskräfte nach Farge gebracht wurden. Diese hatten unter besonders brutaler Behandlung zu leiden. Sie waren zudem durch ihre Häftlingskleidung markiert und für die Bevölkerung dadurch in besonderem Maße sichtbar. Allerdings waren auch die Kriegsgefangenen und die osteuropäischen Zwangsarbeiter durch Zeichen auf der Kleidung deutlich gekennzeichnet. Auf der Baustelle arbeiteten zu Hochzeiten täglich etwa 10.000 Menschen, von denen etwa vier Fünftel ausländische Zwangsarbeiter waren.

Da die Marinebauleitung von Beginn an wusste, dass der Bau ohne deren massiven Einsatz nicht gelingen konnte, hatte ihre Beschaffung hohe Priorität. Im Regelfall verhandelte Marineoberbauleiter (ab 1944 OT-Oberbauleiter) Meiners persönlich mit den zentralen Stellen. Generell gab es jedoch bei der OT-Oberbauleitung Unterweser in Bremen-Farge auch eine eigene Abteilung »Arbeitseinsatz«, die von Marinebaurat Bosselmann geleitet wurde. Die etwa 4.500 zivilen ausländischen Zwangsarbeiter wurden der Bauleitung über das Bremer Arbeitsamt zugewiesen. Mehr als 2.000 KZ-Häftlinge konnte Meiners in Verhandlungen mit dem SS-Wirtschafts- und Verwaltungshauptamt in Berlin erhalten. Für den Einsatz der Arbeitserziehungslagerhäftlinge war eine Anfrage bei der Bremer Gestapo notwendig, für die Zuweisung sowjetischer Kriegsgefangener ein Antrag beim Arbeitsamt. Da 80% der Arbeiter ausländische Zwangsarbeiter waren, hing der Baufortschritt in Farge maßgeblich von deren Arbeitsleistung ab. Und da der Fortgang der Arbeiten von Speer und Dönitz beachtet wurde, bestand bei der Bauleitung großes Interesse an einem hohen Bautempo. Deswegen beobachtete man auch die Leistungen der Zwangsarbeiter vor Ort.

Im Frühjahr 1944 schlug die Oberbauleitung Alarm. Im Bericht des zuständigen Wehrwirtschaftsoffiziers heißt es: »Die Durchführung des Bauvorhabens ›Valentin‹ bei Bremen-Farge wird stark gehemmt durch ständiges Absinken der Arbeitsleistungen der ausländischen Arbeiter. Grund: Mangelhafte Bekleidung, vor allem nicht ausreichende Verpflegung, die durchschnittlich um die Hälfte niedriger liegt als die der inländischen Arbeiter. Bei 12-stündiger Arbeitszeit und Einsatz bei Aussenarbeiten, ferner infolge der schlechten Wetterbedingungen hat der Krankenstand bis zu 35% zugenommen. Bei Beurteilung der augenblicklichen Lage dürfte mit der Fertigstellung des Vorhabens erst im Frühjahr 1945 zu rechnen sein.«[134]

Nachdem die Bauleitung diesen Zustand mit Besorgnis registriert hatte, gab sie eine ärztliche Untersuchung des Gesundheitszustandes der Zwangsarbeiter in Auftrag. Bereits am 18. Februar 1944 hatte Marinestabsarzt Dr. Fölsch, der die Abteilung Sänitätswesen der OT-Oberbauleitung Unterweser leitete, einen kritischen Bericht über den Gesundheitszustand der Zwangsarbeiter verfasst. Am 2. März besuchten als externe Gutachter Prof. Dr. Berg und sein Mitarbeiter Dr. Berning von der Universitätsklinik Hamburg-Eppendorf nach eigenen Worten »das Russenlager Bremen-Blumenthal, Arbeitserziehungslager und KL«. Unklar ist, welches Lager als »Russenlager« besucht wurde. Zu vermuten wäre, dass es sich um das Lager Heidkamp I oder II handelte, da ein italienischer Militärinternierter dort vom Besuch einer medizinischen Kommission berichtet.[135]

Zwei Tage später war der Bericht von Prof. Berg fertig. Das Gutachten über den Zustand in den Lagern fiel verheerend aus. Es schilderte die Zustände allerdings weitgehend generalisierend, sodass nur bedingt auf die einzelnen Lager rückgeschlossen werden kann. Da aber das KZ-Außenlager und das Arbeitserziehungslager die meisten Todesfälle aller Lager am U-Boot-Bunker hatten, kann dort von besonders schlimmen Zuständen ausgegangen werden. Aufgrund der Einmaligkeit des Dokuments und seiner hohen Aussagekraft sei es hier ausführlich zitiert:

»Das Auftreten der Hungererscheinungen mit dem Zeichen der Ödemkrankheit und der präödematösen Erschöpfungszustände ist eine die Einsatzfähigkeit der Arbeitskräfte nachhaltig und langfristig schädigende Erkrankung. Es muss damit gerechnet werden, dass bei der Beibehaltung der derzeitigen Ernährungsverhältnisse fortlaufend progressive Ausfälle von Arbeitskräften entstehen, von denen ein großer Teil unrettbar verloren ist. [...] Für das Bauvorhaben der Marineoberbauleitung Bremen erlaubt sich der Unterzeichnende folgende Vorschläge zu machen: Aussonderung aller Ernährungsgeschädigten in möglichst frühen Stadien der Ernährungsstörung. Aussonderung der Tuberculösen und der schwer Darmkranken als hoffnungslos Geschädigte, die niemals für den Arbeitsprozess mehr in Frage kommen. Auffütterung der ernährungsgeschädigten reversiblen Fälle mit ausreichender Ernährung mit biologisch hochwertigem Eiweiss und ausreichendem Gesamtkaloriengehalt [...]. Erwirkung einer kalorisch ausreichenden Ernährung für den noch einsatzfähigen Teil der Lagerinsassen. Zu diesem Punkt werden folgende Vorschläge gemacht: Revision der Beurteilungskriterien für Drückebergerei unter Kenntnis der Symptomatologie und der Frühsymptome des Ernährungsödems bzw. der präödematösen Zustände. Vorsicht mit dem Beschneiden von Rationen als Strafe. [...] Versuch, die zusätzlichen Wärmeverluste bei Transporten und Aussenarbeit durch Verbesserung der Kleidung einzuschränken. Ferner ist bei der Verteilung der Lebensmittel natürlich wie in allen Betrieben auf Gerechtigkeit bei der Verteilung und gerechte Bemessung der Rationen zu achten. [...] Nur so ist der Unterzeichnete davon überzeugt, dass sich weitere unrettbare Ausfälle von Arbeitskräften vermeiden und die noch rettbaren nach ei-

Der Ort des vormaligen Massengrabes von KZ-Häftlingen im Jahr 1965

Quartal	Alle Opfer	KZ Farge	Sowj. Kgf.[138]	AEL Farge	OT Lager	Lager Tesch	Unbek. Lager	KZ Sandbostel	KZ Blumenthal
1941	115		112				3		
1942	109		62	41		2	4		
1943	66	16		44		3	3		
1944	356	193	11	69	10	1	17		63
1945	662	516		19	39		32	12	44
1946[139]	14	8					6		
Insg.	1.328	721	184	173	49	6	65	12	107

Zahl der Opfer unter Zwangsarbeitern im Bereich Farge/Schwanewede[137]

ner gewissen Zeit wieder in den Arbeitsprozess eingliedern lassen.«[136]

Die Wirkung des Dokumentes war wohl, dass sich in den folgenden Wochen die Ernährung in den Lagern kurzfristig verbesserte, langfristig aber gegen Kriegsende wieder verschlechterte. Soweit die Berichte ehemaliger Häftlinge es erlauben, kann festgehalten werden, dass die meisten Vorschläge des Gutachtens nicht umgesetzt wurden.

Vor allem der Beginn der wärmeren Jahreszeit und der Austausch kranker KZ-Häftlinge entschärften die Situation vorübergehend. Als ein halbes Jahr später der Herbst einsetzte, kehrten die beschriebenen Verhältnisse schnell zurück. Insbesondere im KZ-Außenlager stiegen die Todeszahlen ab dem Spätherbst dramatisch an.

Insgesamt starben mehr als 1.000 Zwangsarbeiter in der Region Farge/Schwanewede. In der bisher detailliertesten Aufstellung konnte Heiko Kania inzwischen 1.144 Opfer nachweisen. Sie konnte um neuere Ergebnisse aus sowjetischen Archiven bezüglich der Sterblichkeit sowjetischer Kriegsgefangener ergänzt werden, sodass nun 1.328 Opfer nachweisbar sind. Die Tabelle oben zeigt die Zahlen zwischen 1941 und 1946 für die verschiedenen Lager.

In den meisten Fällen ist auch die nationale Herkunft der Opfer bekannt. Diese verteilte sich folgendermaßen:

Land	Anzahl	Prozentualer Anteil
Frankreich	523	40%
Sowjetunion	332	25%
Polen	134	10%
Belgien	90	7%
Deutschland	61	5%
Niederlande	56	4%
Italien	29	2%
Griechenland	16	1%
Staatenlose	14	1%
Jugoslawien	9	<1%
Dänemark	7	<1%
Großbritannien	7	<1%
Ungarn	4	<1%
Tschechien	3	<1%
Algerien	1	<1%
Spanien	1	<1%
Unbekannt	41	4%
Summe (davon weiblich)	1328 (11)	100% (1%)

Auch wenn sicher nicht alle Toten erfasst sind, was insbesondere für die letzten Monate des Krieges gilt, so kann doch davon ausgegangen werden, dass die in früheren Publikationen vermutete Zahl von 4.000 Toten nicht der Realität entspricht.[140] Heiko Kania geht davon aus, dass im Höchstfall etwa 1.750 Zwangsarbeiter in der Region umgekommen sind, wovon wiederum im Höchstfall 1.600 zur Zwangsarbeit am U-Boot-Bunker eingesetzt gewesen sein können.[141] Diese Zahlen müssen vielleicht durch die nun nachweisbaren Todesfälle unter sowjetischen Kriegsgefangenen leicht erhöht werden, aber in der Tendenz dürfte die Einschätzung zutreffend sein.

Im Folgenden sollen zuerst die Verhältnisse in den beiden Lagern detailliert beschrieben werden, zu denen umfangreiches Material vorhanden ist: dem KZ-Außenlager sowie dem Arbeitserziehungslager. Anschließend werden die Bedingungen in den anderen Lagern in Kürze beschrieben, weil hier nur bedingt Informationen vorliegen.

Das KZ Neuengamme und seine Außenlager

Mit 87 Außenlagern bildete das KZ Neuengamme einen der mittelgroßen Lagerkomplexe beim Einsatz von Häftlingen zugunsten der deutschen

KZ-Häftlinge arbeiten 1940 unter Aufsicht der SS beim Aufbau des SS-Lagers des KZ Neuengamme. Im Hintergrund ist das Häftlingslager zu erkennen. Das Foto wurde für die SS aufgenommen und ist Bestandteil des »Masset-Albums«

Nr. des Sterbereg.: 155 (Vom Standesbeamten auszufüllen) Jahrgang: 1944

Ost.

Totenschein

ausgestellt nach Besichtigung der nachbezeichneten Leiche:

1. Familienname und Vorname:	Zorucki, Ivan
2. Jahr, Tag und Ort der Geburt:	am 20. 9. 03 zu [illegible]
3. Tag, Monat und Stunde des Todes:	am 28. 9. 1944 10 Uhr
4. Stand, Beruf oder frühere Beschäftigung: (bei ehelichen Kindern des Vaters, bei unehelichen der Mutter)	Ost. Arbeiter
5. Familienstand: verheirat.	ledig* — verheiratet* — verwitwet* — geschieden* bei Kindern ... Jahren, ehelich* — unehelich*
6. Wohnung, Straße und Hausnummer des Verstorbenen: (bei Ortsfremden auch Wohnort)	Marine Lager Schwanewede
7. Todesursache (möglichst in deutscher Sprache)¹ a) Grundleiden: b) Begleitkrankheit: c) Nachfolgende Krankheiten: d) Welches der vorgenannten Leiden hat den Tod unmittelbar herbeigeführt:	a Lungenentzündung b c d Lungenentzündung
8. Dauer der Krankheit: Dauer der vorhergeh. Behandlung:	20. 9. 44 – 28. 9. 44 / 20. 9. 44 – 28. 9. 44
9. Bei Kindern unter 1 Jahr: Art der Ernährung:	Brust* — künstliche Ernährung*
10. Bemerkungen: Autopsie* — nein*	Fa. Arge Nord

Sanitätswache Marine-Gemeinschaftslager Schwanewede Heidkamp

Vorstehende Angaben sind nach den vorgenommenen Ermittelungen verzeichnet und an der Leiche ... des Todes festgestellt. Verdacht einer widernatürlichen Veranlassung² des Todes liegt nicht vor.

Bremen, am 28. 9. 1944

(Dr. Francesco Vinicio)

* Nichtzutreffendes durchstreichen.
1) Bei gewaltsamen Sterbefällen, Selbstmord, Mord, Totschlag, Unglücksfall ist die äußere Einwirkung genau anzugeben, z. B. Selbstmord durch Gift, Erhängen, Feuerwaffen usw., bei Unglücksfällen: durch Vergiftung mit ......, durch Ersticken, Feuerwaffen, Überfahrenwerden durch Eisenbahn, Kraftwagen, Fahrrad usw.
2) Kann bei Besichtigung der Leiche oder aus sonstigen Gründen eine widernatürliche Todesveranlassung nicht mit Sicherheit ausgeschlossen werden, so ist der Text von „Verdacht" bis einschl. „vor" zu streichen und der Totenschein der Polizeibehörde zu übermitteln.
Erläuterungen für die Beantwortung der Frage 7 siehe Rückseite.

Totenschein eines »Ostarbeiters«, der offiziell an Lungenentzündung starb. Er war zur Zwangsarbeit für die Arge Nord auf der Bunkerbaustelle eingeteilt und starb am 28. September 1944 im Marine- (bzw. OT-) Gemeinschaftslager Heidkamp

Kriegswirtschaft. Das Lager entstand in Zusammenarbeit der SS mit dem Generalbauinspektor der Reichshauptstadt, Albert Speer. 1938 hatten sich beide darauf geeinigt, die Arbeitskraft der KZ-Häftlinge zu nutzen, um Steine für Speers geplante Bauvorhaben herzustellen. Hierfür gründeten am 29. April 1938 die beiden SS-Sturmbannführer Arthur Ahrens und Dr. Walter Salpeter die Deutschen Erd- und Steinwerke (DESt).[142] Ende August 1938 erwarb die DESt eine alte Ziegelei im Hamburger Ortsteil Neuengamme und legte damit den Grundstein für den Aufbau eines neuen Konzentrationslagers für den nordwestdeutschen Raum.

Die Initiative zur Errichtung des Lagers ging vermutlich vom Hamburger Gauleiter Karl Kaufmann aus, der damit das seit Langem von den Hamburger Polizeibehörden geforderte Konzentrationslager auf den Weg bringen wollte.[143] Gleichzeitig kooperierte Kaufmann bei den Ausbauplanungen für Hamburg eng mit Speer. Damit stand die Planung des Konzentrationslagers Neuengamme am Schnittpunkt zweier Zielsetzungen: Erstens sollte es zur Verfügung stehen, um bei Kriegsbeginn alle Menschen, die auch nur des Widerstands gegen den Krieg verdächtig waren, zu internieren. Zweitens sollte die Arbeitskraft der Insassen dazu genutzt werden, Hamburg zum bedeutendsten Hafen des zu erobernden Großraums Europa auszubauen.

Die ersten hundert Häftlinge aus dem KZ Sachsenhausen kamen im Dezember 1938 nach Neuengamme. Das Lager firmierte zuerst als Außenlager des KZ Sachsenhausen und wurde erst bei einem Besuch Himmlers in Hamburg 1940 zum selbstständigen Hauptlager erhoben.[144]

Schon bei den ersten Versuchen, die Arbeitskraft der Häftlinge für die Rüstungsindustrie zu nutzen, spielte das KZ Neuengamme eine wichtige Rolle: Zu Beginn der Verhandlungen über das Thema im Frühjahr 1942 schlug Staatsrat Walther Schieber (Reichsministerium für Bewaffnung und Munition) vor, als eines der ersten beiden Projekte ein Außenlager von Neuengamme bei den Francke-Werken in Bremen zu errichten.[145]

Nachdem sich diese Option zerschlagen hatte, entstand das erste Außenlager bei den Phrix-Werken in Wittenberge. Die Firma hatte die KZ-Häftlinge vor allem deshalb bei der SS beantragt, weil

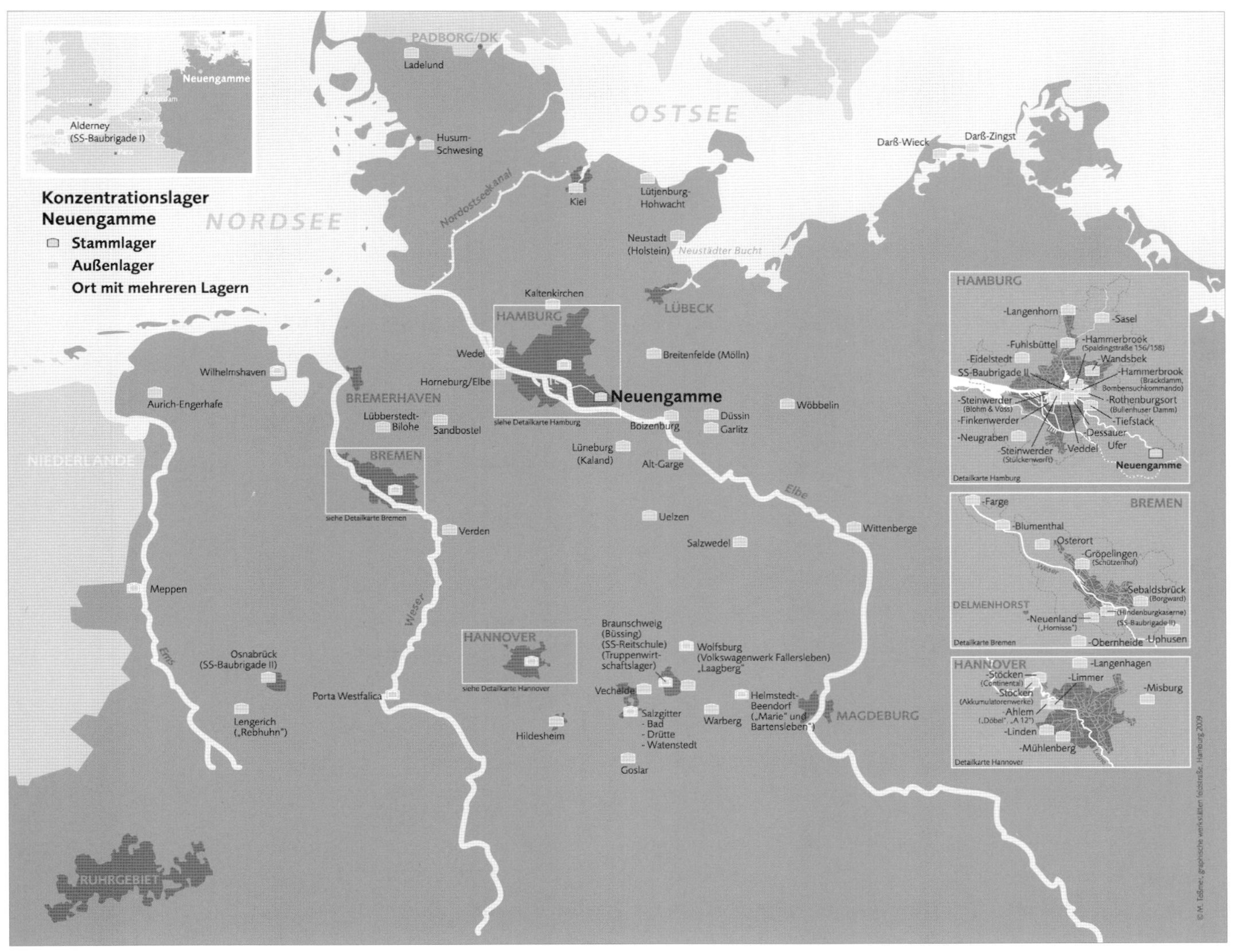

Das Außenlagersystem des KZ Neuengamme

der Aufbau einer Hefefabrik nicht als rüstungswichtig galt. Es bestanden darum kaum Chancen, vom Arbeitsamt andere Zwangsarbeiter vermittelt zu bekommen. Die SS erklärte sich nach längeren Verhandlungen einverstanden, weil Himmler hoffte, dass Hefe ein wichtiges Nahrungsmittelergänzungsprodukt für die Waffen-SS sein könnte.

Als das Lager in Wittenberge im August 1942 aufgebaut wurde, war es zugleich eines der ersten Außenlager bei einer Privatfirma. Auch das im Oktober 1942 errichtete Lager bei den Reichswerken Hermann Göring in Salzgitter-Drütte zählte zu den frühen Kommandos. Anschließend geriet der Ausbau der Außenlager ins Stocken: 1943 entstanden »nur« zwei neue Stützpunkte: Einer wurde auf Betreiben der Kriegsmarine in Hannover-Stöcken errichtet, um die Produktion von U-Boot-Batterien bei der Accumulatoren-Fabrik zu garantieren, das andere in Bremen-Farge. Erst als Anfang 1944 ersichtlich wurde, dass mit der Heranziehung von neuen ausländischen zivilen Zwangsarbeitern nicht mehr zu rechnen war, wurden die KZ-Häftlinge zum letzten Reservoir an verfügbarer Arbeitskraft. Dementsprechend breitete sich 1944 ein immer umfangreicheres Netz von Außenlagern über Norddeutschland aus: Gab es zum Jahresanfang vier Außenlager, so waren es bei Jahresende etwa 70.

Der Großteil der neuen Kommandos entstand in der zweiten Hälfte des Jahres 1944: Im ersten Quartal kamen vier neue Lager hinzu, im zweiten elf und im dritten wie im vierten Quartal je 24. Im letzten Kriegsjahr wurden noch neun neue Außenstellen eingerichtet. Drei Viertel der Neuengammer Außenlager existierten nur in den letzten zwölf Monaten vor der Kapitulation des Deutschen Reiches.

Das Außenlager Farge des KZ Neuengamme

Das Außenlager Farge des KZ Neuengamme wurde im Herbst 1943 explizit zur Unterstützung des U-Boot-Bunkerbaus errichtet und blieb bis Kriegsende eines der bedeutendsten Außenlager von Neuengamme. Der letzten überlieferten Aufstellung über die Belegungszahlen im März 1945 zufolge war es nach einem Kommando für das Geilenberg-Programm[146] in Hamburg und dem Lager in Salzgitter-Drütte mit 2092 Häftlingen das drittgrößte Außenlager.[147] Die ersten Transporte aus Neuengamme im Herbst 1943 bestanden vor allem aus deutschen »Berufsverbrechern« (BVer) sowie polnischen und sowjetischen Häftlingen. Während die Deutschen die bedeutendsten Häftlingsfunktionsposten besetzten, erhielten vor allem Polen die unteren Funktionsposten zugewiesen. Da aber die polnischen und sowjetischen Häftlinge schon mit dem ersten Transport nach Farge kamen, konnte die in den Hauptlagern zumeist eingehaltene Abstufung der Häftlinge nach den rassistischen Kategorien der SS hier nicht voll zum Tragen kommen. So konnten die polnischen und sowjetischen Häftlinge ihre vergleichsweise bessere Stellung gegenüber den in großem Umfange erst 1944 in Farge eintreffenden französischen und griechischen Häftlingen bewahren, die in der rassistischen Werteskala eigentlich ein höheres Ansehen genossen.[148]

Vom Herbst 1943 bis zum Sommer 1944 war das Außenlager vermutlich immer mit 500 bis 1.000 Häftlingen belegt. Am 1. August 1944 kam dann ein großer Transport mit etwa 1.500 Häftlingen in das Außenlager, von denen etwa die Hälfte französischer Herkunft waren.[149] Fortan dürfte sich die Häftlingszahl in Farge zwischen 2.000 und 2.500 Häftlingen bewegt haben.

Die KZ-Häftlinge mussten in einer Tages- und einer Nachtschicht arbeiten, die jeweils zwölf Stunden dauerte. Die Tagesschichtler wurden um 4 Uhr geweckt. Sie hatten daraufhin eine Stunde Zeit zum «Betten machen«, Waschen und Frühstück. Dem folgte ein ca. einstündiger Appell, sodass die Häftlinge zumeist um 6 Uhr zum Bunker aufbrechen mussten. Dort arbeiteten sie von 7 bis 19 Uhr, unterbrochen nur durch eine Mittagspause. Nach einem kurzen Appell am Bunker folgte der Marsch zur Abfahrtsstelle der Zugloren, später Pferdewaggons, mit denen die Häftlinge zurück zum Außenlager transportiert wurden. Dabei kam es vor, dass die Häftlinge z. T. bis zu zwei Stunden auf die Abfahrt warten mussten. Im Lager folgte ein weiterer Appell und schließlich die Einnahme des Abendessens. Zu vermuten ist dementsprechend, dass die Häftlinge der Tagesschicht etwa gegen 22 Uhr in den Treibstoffbunker gehen konnten und so bestenfalls 6 Stunden Schlaf am Tag bekamen.[150]

Zur Nachtschicht gibt es bisher keine genaueren Angaben. Zu vermuten wäre, dass sie von 19 bis 7 Uhr gedauert hat. Der ehemalige französische Häftling Raymond Portefaix berichtet allerdings, dass die Nachtschicht bereits um 15 Uhr das Lager verließ, was auf einen früheren Arbeitsbeginn schließen ließe.[151] Gearbeitet wurde mitunter auch sonntags, aber wohl nur in dringenden Fällen und dann auch nur z. T. von den Franzosen und Griechen.[152] Eingesetzt wurden die KZ-Häftlinge vor allem bei den schwersten und unangenehmsten Arbeiten, die auf der Baustelle zu verrichten waren.

Untergebracht waren sie in einem der fertiggestellten Treibstoffbunker der Marine. Bei der Ankunft der ersten Häftlinge fürchteten diese, dort erschossen zu werden: »Ich ging irgendwo in der Mitte. Näher am Ende. Und ich sah, dass da so eine kleine Bude stand. Und wir sehen, dass die ganze Kolonne da rein ging, aber nicht wieder raus kam. Da stellte sich heraus, dass das der Eingang zu einem Bunker war, der nach unten ging. Und die ganze Kolonne ging da rein und wir fragten uns, was wohl geschehen würde, aber am Ende zeigte sich, dass unten der Bunker war, in dem wir leben sollten.«[153]

Der Bunker hatte einen Durchmesser von 50 m und eine Höhe von 6,3 m. Er war oben durch Holzplanken abgedichtet; das Innere war nur über eine schmale Holztreppe zu erreichen. Im Bunker gab es einen abgetrennten Wohnraum für die Kapos (Funktionshäftlinge), ein paar Duschen, eine Bedürfnisanstalt sowie eine lange Reihe Wasch-

Transport von Zwangsarbeitern zwischen Lager und Baustelle in offenen Loren

Links: Zufahrt und Eingangsbereich des KZ-Außenlagers Bremen-Farge; rechts: Der Lagerälteste Erich Meissner in seiner Stube im KZ-Außenlager Bremen-Farge

tische. Daneben gab es fünf Blöcke dreistöckiger Bettgestelle im Innenraum des Bunkers und eine Reihe dreistöckiger Bettgestelle, die rundum an die Bunkerwand gestellt waren.

Innerhalb des Lagerareals standen anfangs nur drei Baracken, die als Küche, Krankenrevier und Schreibstube dienten, sodass alle Häftlinge mit Ausnahme der Kranken und einiger Funktionsträger im Bunker untergebracht waren. Später entstanden weitere Baracken, die z. T. als Häftlingsunterkünfte verwendet wurden.

Das Essen der Häftlinge war – wie in den meisten Außenlagern – zum Überleben kaum ausreichend. Morgens gab es eine halbe Scheibe Brot, 5 g Margarine und einen halben Liter dünnen Kaffeeersatzes. Mittags folgte ein Liter Suppe und abends noch einmal ein halber Liter Suppe mit einem Stück Brot und 5 g Margarine.[154] An einigen Tagen gab es reichhaltigeres Essen wie Kartoffelbrei und Fleisch, dessen Ausgabe möglicherweise in die Zeit nach dem verheerenden Gutachten der Eppendorfer Klinik über die Ernährung im AEL wie im Außenlager Farge vom März 1944 zu datieren ist.[155] Spätestens ab dem Herbst 1944 verschlechterte sich die Versorgung der Häftlinge jedoch noch einmal deutlich mit der Folge, dass auch die Sterblichkeitsrate deutlich anstieg.

Die Toten des KZ-Außenlagers

Insgesamt erlebten mehr als 700 Häftlinge, die im KZ-Außenlager Farge gewesen waren, das Kriegsende nicht. Fast die Hälfte starb jedoch nicht in Bremen-Farge, sondern eine kleinere Anzahl im Hauptlager Neuengamme, ein großer Teil, nachdem das Außenlager Farge im April 1945 aufgelöst und die Häftlinge auf Todesmärsche durch Norddeutschland geschickt worden waren.

Da nur die französischen Häftlinge sofort nach dem Krieg begannen, alle Namen von verstorbenen Häftlingen zu sammeln und zu dokumentieren, in welchen Außenlagern sie zuvor waren, sind unter den heute bekannten Opfern des Außenlagers, die nicht in Bremen-Nord starben, fast nur französische Häftlinge.

Um einen Eindruck vom Verhältnis der Sterblichkeitsrate unter den verschiedenen Nationen zu bekommen, wird deswegen im Folgenden zuerst

Monat	10 43	11 43	12 43	01 44	02 44	03 44	04 44	05 44	06 44	07 44	08 44	09 44	10 44	11 44	12 44	01 45	02 45	03 45	04 45
Tote	-	4	11	30	8	10	2	1	1	1	1	11	6	21	69	46	32	91	35

Monatliche Todesfälle im Außenlager Bremen-Farge

untersucht, wie viele und welche Häftlinge in Farge starben.

Insgesamt sind hier von Oktober 1943 bis April 1945 380 Häftlinge um ihr Leben gekommen. Im zeitlichen Verlauf fällt auf, dass die Sterblichkeit kurz nach der Errichtung des Außenlagers im Herbst 1943 schnell anstieg und im Januar 1944 einen ersten Höhepunkt erreichte, mit dem Farge die höchste Rate aller Neuengammer Außenlager aufwies. Nach der Inspektion der Ärztekommission im Frühjahr 1944 und mit dem gleichzeitigen Beginn der wärmeren Jahreszeit sank die Sterblichkeit. Bis August 1944 starb monatlich »nur« ein Häftling. Ab dem September 1944 stieg die Sterblichkeit langsam und ab dem November 1944 dramatisch an. Für die Mehrzahl der Häftlinge dürfte die Situation seit diesem Zeitpunkt lebensbedrohlich gewesen sein. Die Tabelle oben zeigt die genauen Zahlen der Todesfälle im Außenlager.

Unter den Verstorbenen waren folgende nationale Gruppen stark vertreten:

Nationalität der Verstorbenen	Anzahl der Toten	% aller Toten
Frankreich	143	37,6%
Polen	59	15,5%
Sowjetunion	35	9,2%
Deutschland	30	7,9%
Niederlande	23	6,1%
Italien	22	5,8%
Griechenland	11	2,9%

Die Phasen hoher Sterblichkeit im Winter 1943/44 und Winter 1944/45 lassen sich auch hinsichtlich der nationalen Herkunft der Toten unterscheiden. Von den 63 Opfern bis Ende März 1944 stammten mehr als 80% aus drei Nationen: Polen (24 Tote), Italien (16) und Deutschland (14). Überraschend ist, dass sich in diesem Zeitraum nur zwei sowjetische Häftlinge unter den Todesfällen befinden, weil in den Aussagen davon die Rede ist, dass sowjetische Häftlinge einen großen Teil der ersten Transporte nach Farge ausmachten. Wenig überraschend ist hingegen, dass kein französischer Häftling starb, weil die ersten Franzosen vermutlich nicht vor Juni 1944 eintrafen. Der erste Tote dieser Häftlingsgruppe ist im September 1944 verzeichnet. Ab diesem Zeitpunkt waren dann mehr als die Hälfte der Verstorbenen französischer Herkunft.

Von 356 der 380 Todesopfern ist das Geburtsdatum bekannt, sodass sich hierüber ein Eindruck von der Alterszusammensetzung der Häftlingsgesellschaft gewinnen lässt. Allerdings ist zu vermuten, dass der Altersdurchschnitt der verstorbenen Häftlinge höher lag als der aller Inhaftierten, weil 55-Jährige bei den Verhältnissen in Farge kaum lange Überlebenschancen hatten. Der älteste verstorbene Häftling hieß Simanis Muleniks. Er stammte aus Lettland und war zum Zeitpunkt seines Todes im September 1944 67 Jahre alt. Der jüngste hieß Paul Stuczak und stammte aus Drebischow. Er starb kurz vor der Evakuierung des Lagers am 3. April 1945 und war zu diesem Zeitpunkt 13 Jahre alt. Insgesamt waren zwanzig Häftlinge zum Zeitpunkt ihres Todes jünger als zwanzig Jahre.

Von etwa 200 der Verstorbenen ist auch die Berufsbezeichnung erhalten geblieben, die sie in ihre Häftlingskarte eintragen ließen. Die größte Gruppe bildete mit 55 Todesfällen die der Landarbeiter. Unter den Verstorbenen fanden sich zudem mehrere Bäcker, Fleischer und Frisöre. Es starben aber auch Angehörige von Berufsgruppen, die eigentlich für den Bau des Bunkers wichtige Arbeitskräfte hätten sein können, wie etwa zwei Ingenieure, zwei Elektriker, zwei Maurer, ein Betonfacharbeiter und ein Bauführer. Doch auch ihre berufliche Qualifikation konnte sie nicht vor dem Tod bewahren.

Verantwortlich für die hohe Sterblichkeit im KZ-Außenlager Farge war die mangelnde Ernährung der meisten Häftlinge bei gleichzeitig schwerster Zwangsarbeit. Hinzu kamen Gewaltübergriffe sowie der Mangel an Bekleidung und Hygiene. Da der Arbeitseinsatz der KZ-Häftlinge bereits im Kapitel über den Bunkerbau beschrieben wurde, wird im Folgenden zuerst auf die Gewalt gegen die Häftlinge und die Frage der Täterschaft eingegangen. Anschließend wird ein Blick auf die Häftlingsgesellschaft und die für das Leben der Häftlinge konstitutiven Mängel geworfen.

Gewalt

Die direkte Gewaltanwendung war nicht die Hauptursache für die Todesfälle im Außenlager. Nur ein kleiner Teil der Häftlinge starb an Schlägen, Schüssen oder anderen Formen physischer Gewalt. Der Hauptgrund war die Mangelernährung. Aber ohne die beständige Bedrohung hätten die Häftlinge in ganz anderem Ausmaß versucht, ihren Hunger zu stillen und der auszehrenden Arbeit am Bunker zu entkommen. Ohne Gewalt und Terror war das KZ-System undenkbar.

In den KZ-Außenlagern verband sich dabei die auf Zerstörung angelegte Gewalt der SS mit einer funktionaleren Gewalt, deren Ziel die Ausbeutung der Häftlingsarbeitskraft war. Die Grenzen zwischen beiden Gewaltformen waren mitunter fließend. Allerdings bemühte sich die SS seit Beginn des Arbeitseinsatzes, einige besonders schädliche und wenig funktionale Praktiken, wie z.B. das Pfahlhängen, abzuschaffen und das lange Stehen bei Appellen einzuschränken. Zur offiziellen Regelstrafe wurde das Auspeitschen der Häftlinge. Auf den Arbeitsstellen wurde zumeist mit Fäusten, oft auch mit Schlaggegenständen geprügelt. Auch wenn es nicht die Regel war, so lauerte für die Häftlinge in jeder Bestrafung die Gefahr des Exzesses. Ein Wachmann konnte außer sich geraten und in blinder Wut immer weiter prügeln oder er konnte aus Vergnügen und Lust statt 20 Peitschenhieben 50 austeilen lassen und dadurch eine schwere in eine oft tödliche Strafe verwandeln.

Ein wichtiges Element des Terrors durch SS und Wachmannschaften war die Unberechenbarkeit. Für eine Handlung, die an einem Tag mit einem Schulterzucken quittiert wurde, konnten am nächsten Tag fürchterliche Schläge ausgeteilt werden. Der ehemalige Häftling André Migdal schreibt: »Alles ist dem Zufall unterworfen. Aber dieser Zufall ist die SS, die ihn in der Hand hält und die ihn steuert, ohne dass wir es wissen.«[156]

Das mehr oder minder bewusste Ziel war, die Häftlinge so zu verängstigen, dass jede Form von Widerstand undenkbar wurde und jeder Häftling sein Handeln bereits aus Angst regulierte, indem er den Wachhabenden so wenig Anlass zum Schlagen bot wie irgend möglich. Trotzdem war auch der angepasste und regelkonforme Häftling

Zwei Zeichnungen des ehemaligen dänischen Häftlings Jens Martin Sørensen aus dem Außenlager Meppen-Versen. Links: Häftlinge werden von der SS zum Arbeitsplatz getrieben; rechts: Häftlinge beim Transport von Baumstämmen, die für den Bau von Befestigungsanlagen benötigt werden. In beiden Zeichnungen ist die von der SS angewandte Gewalt, im Gegensatz zu den Fotografien aus Farge, in den erhobenen Armen, den Schlagstöcken, Peitschen und Gewehren deutlich sichtbar

im KZ nie vor Schlägen sicher, weil Regeln sich widersprachen und die Wachhabenden oft auch aus reiner Lust auf die Häftlinge einprügelten. Allerdings verringerte die Anpassung an die Vorgaben in vielen Fällen durchaus das Risiko, geschlagen zu werden.

Das generelle Ausmaß der Gewalt beschrieb der ehemalige französische Häftling Pierre Berault mit den Worten: »Kein Deportierter kann sagen, dass er nicht Hunderte von Schlägen bekommen hat, weil es war so: beim Vorbeigehen – hop – ein Fußtritt oder einen Schlag mit dem Schlagstock, es war so ihre Methode.«[157]

Ein Beispiel für solche alltägliche Gewalt bietet ein Erlebnis von André Migdal, als er als Vorarbeiter eines Häftlingsstrafkommandos ins Lager zurückkehrte: »Die Pforte des Lagers zeigte sich in ihrem schönen Stacheldraht. Noch 50 Meter, 20 Meter, 10, 5. Die SS kam aus der Baracke. Stopp! Die Wachposten waren verschwunden und ließen uns alleine vor den Herren. (...) Die Gestreiften hatten ihre Geräte auf der Stelle fallen gelassen und waren ins Lager hineingerannt. (...) Ich dagegen befand mich in einem tête-à-tête mit dem obersten Chef. (...) Ich riskierte einen Blick hinter mich. Oh, Katastrophe. Plötzlich verstand ich seinen Zorn. Die Schaufeln, die Mistgabeln lagen wild durcheinander auf der Erde. Die erste Ohrfeige überraschte mich. Sofort, ich war es gewohnt, rollte ich mich auf der Erde zusammen wie eine Kugel und wartete. Nichts. Offensichtlich waren die Bräuche im Niedergang. Einige Zeit später musste ich mich wohl erheben. Die zweite Ohrfeige tat nicht ihre volle Wirkung, Dank eines kleinen Zurückweichens. Ich hielt mein Gleichgewicht und stehend traf die nächste Serie ein. Vollständig, gut gezielt. (...) Ich hatte Lust zu weinen; sowohl wegen der Schläge, wie aus Wut.«[158]

Neben Ohrfeigen und Faustschlägen war die Auspeitschung mit 15 bis 25 Schlägen die Regel. Auch dieses Schicksal ereilte André Migdal, als er auf der Baustelle von einem Kapo bei der unent-

Hannover-Stöcken, Kapos misshandeln einen Mithäftling. Zeichnung von Viktor Glysing Jensen (1945). Das Bild ist besonders verstörend, weil es Funktionshäftlinge bei eigenmächtig ausgeführter Gewalt zeigt, die offenbar zu ihrer Belustigung dient

schuldigten Entfernung von seinem Arbeitsplatz entdeckt wurde. Die Bestrafung wurde in diesem Fall von den Kapos festgelegt und durchgeführt. Der verantwortliche Kapo sagte zu Migdal, dass die Strafe 25 Stockschläge betrage:

»Er hieß mich die Vorbereitungen für den Vollzug des Urteilsspruchs aufzunehmen. Erstens: die Hose runterziehen, zweitens: mit einem gut sichtbaren Hintern über einen Schemel legen. Drittens: ein Kapo hielt mein linkes Bein, ein Kapo hielt mein rechtes Bein, ein Kapo klemmte meinen Kopf zwischen seine gespreizten Beine wie in einen Schraubstock. Ich befand mich in der Position eines umgestürzten Observatoriums, denn ich sah die Leute von unten nach oben.« Den Schlagstock beschrieb er wie folgt: »Das ist ein geflochtenes Stahlkabel, das mit einem Gummirohr umgeben ist. Hart und zugleich flexibel. Mit variablem Durchmesser, der zwischen 15 und 20 mm liegt und in einer ebenfalls variablen Länge von 50 und 65 cm.«

Dann begann die Prozedur: »Der erste Schlag kam kraftvoll und genau. Ich spürte ein heftiges Brennen. Ich sah die Stiefel des Kapo, der die Fersen anhob jedes Mal, wenn er zu einem neuen Schlag ausholte. Meine Schmerzen waren fürchterlich. Sie breiteten sich über meinem ganzen Organismus aus. Bis zum zehnten Schlag hatte ich mein Stöhnen unterdrücken können. Ich hatte geglaubt, den Schmerz mit einem Höchstmaß an Würde ertragen zu können. Aber ich hatte meine Kräfte überschätzt. (...) Als meine Schuld beglichen war, drehte sich mir alles im Kopf. Fieber hatte plötzlich meinen ganzen Körper ergriffen. Meine Beine trugen mich nicht mehr. Ich fühlte mich versetzt in ein Land, das aus Sternen und schwarzen Löchern bestand. Wie ich aus der Baracke herausgekommen bin, bleibt ein Geheimnis.«[159]

Dies war die offizielle Regelstrafe im Außenlager. In Einzelfällen ging die Gewalt jedoch noch weiter. Auf der Baustelle kam es häufig vor, dass Häftlinge sich während der Arbeitszeit versteckten, um sich auszuruhen. Im Normalfall wurden sie, wenn sie dabei ertappt wurden, mit 25 Schlägen bestraft. Mitunter schlugen die Kapos und Häftlings-Vorarbeiter jedoch noch härter zu:

»19 Uhr – Antreten. Die Reihen stehen schon geschlossen, als ein Mann, der sich wohl zwischen den Betonmischern versteckt hatte, näher kommt, wobei er hinter Schrotthaufen Sichtschutz sucht. Er rutscht auf den Knien um die Baracke herum. Ein Vorarbeiter hat ihn durchschaut und drückt sich gegen eine Wand. Mit zurückgebeugten Oberkörper kauert er da wie eine Katze, die zum Sprung ansetzt. Der unglückselige Nachzügler streckt den Kopf vor, sein Blick sucht die Aufpasser. Unter dem Krachen der Knochen schlägt ihm die Eisenstange den Schädel ein, und er fällt mit ausgebreiteten Armen. Er hat ausgelitten.«[160]

Die Zeichnung von Jens Martin Sørensen zeigt im Vordergrund zwei SS-Männer mit Peitschen und Pistolen, im Hintergrund den Transport eines verstorbenen oder schwer erschöpften Häftlings

Mitunter provozierten die Wachmannschaften auch die Häftlinge, den Lagerzaun zu übertreten, um sie dann zu erschießen: »Wenn ein Kapo ein Brett hinter den Stacheldraht geschmissen hat, hat der Kapo einem Deportierten befohlen, dieses Brett hinter dem Stacheldraht zu holen, und in dem Moment, wo der Deportierte hinter dem Stacheldraht war, da hat der Soldat auf ihn geschossen.«[161] Insgesamt taucht ein solcher Fall jedoch selten in den Berichten auf, sodass er in Farge keine alltägliche Praxis gewesen zu sein scheint.

Wenn die SS die Tat eines Häftlings für besonders verwerflich hielt, dachte sie sich mitunter Gewaltspektakel aus, um das Opfer vor den Augen aller anderen Häftlinge zu erniedrigen. Derjenige, dem die Tat zugeschrieben wurde, sollte durch die Art der Bestrafung für die anderen ein warnendes Beispiel sein. In Farge töteten mehrere französische Häftlinge aufgrund ihres quälenden Hungers den Hund der SS und verspeisten ihn. Die SS bemerkte das Fehlen jedoch schnell und ließ alle Häftlinge zum Appell antreten. Der Häftling Henry Denaiffe wurde von der SS aus der Menge geholt, weil er noch Blut am Mund hatte. Als Erstes erhielt er 25 Peitschenhiebe. Danach dachte die SS sich eine neue Marter aus: »Man hat mich bis zur Stelle geschleppt, wo der Hund angekettet war. Ich wurde wie ein Hund angekettet, der Kapo brachte mir eine Suppe – dabei sagte er zu mir: ›Du, Franzose, Du bist mager. Hier ist eine Suppe.‹ – Man brachte mir eine Suppe. Aber man erklärte mir, dass ich sie nicht runtertrinken durfte, die Schüssel nicht wie eine Schale in die Hand nehmen durfte, sondern ich musste schlappern. Also schlapperte ich eine Suppe – und dann sagte man mir: ›Ach, Du! Du bist sicher noch hungrig.‹ – Also brachte er mir eine zweite Suppe – und dann eine dritte Suppe. Dann, bei der vierten habe ich mich übergeben. Und dann hat man mir gesagt: ›Tja, siehst Du, Franzose, man gibt Dir Nahrung, und Du kannst sie nicht mal bei Dir behalten.‹ – Und dann zwangen sie mich, das zu essen, was ich erbrochen hatte. Und dann – als die Freunde auf dem Weg zum Kommando vorbeigingen – musste ich, an dieser Kette angebunden, bellen, auf allen Vieren laufen, und wenn ein SS-Mann vorbeikam, musste ich Männchen machen.«[162]

Denaiffe wurde von der SS gezwungen, seinen Ekel und seine Schamgrenzen zu überschreiten, die wichtige Schutzfunktionen des Körpers sind. Diese erzwungene Überwindung der eigenen Grenzen hatte für Häftlinge, wenn sie überlebten, oft lebenslange traumatische Folgen. So berichtet Denaiffe über ein Ereignis viele Jahre nach Kriegsende: »Als ich an der Schilddrüse operiert wurde – der Arzt hatte eine Kanüle gelegt –, glaubte ich, als ich nach der Operation aufwachte, noch einmal den Hund machen zu müssen.«

Zeichnung des ehemaligen dänischen Häftlings Viktor Glysing Jensen aus dem Außenlager Alt-Garge. Sie zeigt, dass die Demütigung durch die SS, die Henry Denaiffe in Farge erlebte, auch in anderen Außenlagern Realität war

Die Täter: Lagerführer und Wachmannschaften

Die Bewachung der Häftlinge oblag in Farge spätestens ab dem Sommer 1944 nur noch zu geringen Teilen der SS. Dies lag vor allem daran, dass sie mit der Ausdehnung des Außenlagersystems nicht mehr über ausreichend Personal verfügte, um alle Lager ausschließlich selbst zu überwachen. Aus diesem Grund hatte Speer Himmler schon im Dezember 1943 vorgeschlagen beim OKW anzufragen, ob die Wehrmacht nicht frontuntaugliche Soldaten zur Bewachung von KZ-Häftlingen bei der Rüstungsproduktion abstellen könnte. Das OKW erklärte sich schließlich damit einverstanden. Ab dem März 1944 überstellte die Luftwaffe erste Soldaten, um Häftlinge beim Einsatz für die Untertageverlagerung der Flugzeugproduktion zu bewachen. In den folgenden Monaten gaben auch die anderen Wehrmachtteile verstärkt Soldaten zur Bewachung von KZ-Häftlingen ab, sodass im Januar 1945 ehemalige Wehrmachtsangehörige die Mehrheit der KZ-Wachmannschaften stellten.[163]

Aufgrund dieser Verschiebung erklärte sich die SS schließlich auch bereit, bei Außenlagern, in denen die Häftlinge vor allem für die Wehrmacht Zwangsarbeit leisteten, vormalige Offiziere und Unteroffiziere der Wehrmacht als Lagerführer einzusetzen; so auch im Außenlager Bremen-Farge. Am 12. Juni 1944 wurde der kriegsverletzte Hauptmann des Heeres, Ulrich Wahl, zum Lagerführer ernannt.[164]

Der Neuengammer Kommandant, SS-Obersturmbannführer Max Pauly, stellte den Lagerführern, die von der Wehrmacht zur SS überstellt worden waren, jedoch in jedem Fall einen SS-Mann mit KZ-Erfahrung als Stellvertreter und Rapportführer zur Seite. Dieser sollte gewährleisten, dass die Häftlingsbehandlung weiter im Sinne Paulys erfolgte. Allerdings bewahrheitete sich das Misstrauen des Neuengammer Kommandanten gegen die von der Wehrmacht überstellten Lagerführer nur selten. Nur in wenigen Außenlagern lässt sich eine Verbesserung der Häftlingslage durch den Wechsel feststellen. In Bremen-Farge wurde von den Häftlingen keinerlei Veränderung beobachtet. Und als sich im Winter 1944/45 die Lage dramatisch verschlechterte, ist keine Initiative des Lagerführers zur Verbesserung der Situation bekannt.

Nachdem Wahl das Kommando übernommen hatte und Marinesoldaten den Großteil der Überwachungsaufgaben erledigten, waren nur noch wenige SS-Männer mit langjähriger KZ-Erfahrung im Außenlager Farge. Im März 1945 waren es nur noch sechs, über die zudem wenig bekannt ist.

Dies gilt auch für die Zeit vor der Kommandoübernahme durch Wahl. Die gemeinsamen Er-

Vor der Kommandanturbaracke (von rechts nach links): SS-Unterscharführer Jahn, ein SS-Scharführer (vermutlich mit Namen Sachau), Lagerführer Ulrich Wahl und SS-Oberscharführer (möglicherweise Gerth). Hinter dem PKW steht die Unterkunfts- und Wachbaracke sowie ein mit einem Wachmann besetzter Wachturm. Auf dem Strom führenden Zaun sind drei Isolatoren zu erkennen.

mittlungen der Bremer Staatsanwaltschaft und der Zentralen Stelle in Ludwigsburg nannten folgende SS-Männer, die in Farge waren: SS-Hauptscharführer Otto Brinkmann, SS-Oberscharführer Hans Christian Gehrt, SS-Unterscharführer Erich Jahn, SS-Unterscharführer Johann Reese und SS-Oberscharführer Sachau.[165] Da der Einfluss dieser SS-Männer auf die Lebensbedingungen der Häftlinge beträchtlich war, sollen hier kurz drei der Genannten näher beschrieben werden.

SS-Hauptscharführer Otto Brinkmann, geboren am 3. Juli 1910 in Osnabrück, war vermutlich der erste Lagerführer des Außenlagers. Er wurde jedoch im Januar 1944 ins KZ Mittelbau-Dora versetzt und dort 2. Rapportführer. Später wurde er Schutzhaftlagerführer im Außenlager Ellrich-Juliushütte, das zum KZ Mittelbau-Dora gehörte. Ellrich war eines der Außenlager mit einer besonders hohen Sterblichkeit. Mit dafür verantwortlich war Brinkmann, der von den Häftlingen als besonders brutaler SS-Mann beschrieben wird. Brinkmann wurde für seine Taten vor einem US-Militärgericht in Dachau 1947 zu lebenslanger Haft verurteilt. Er wurde jedoch später begnadigt und starb 1985 als freier Mann.[166]

Vor der Ernennung Wahls war vermutlich SS-Oberscharführer Hans Christian Gehrt kommis-

Sebastian Schipper, ehemaliger Marinesoldat, später SS-Unterscharführer und Kommandant des Arbeitserziehungslagers Bremen-Frager von April bis November 1944.

sarischer Lagerführer im Außenlager. Gehrt wurde am 25. März 1895 in Seefeld geboren. Er war gelernter Schuhmacher. Möglicherweise blieb Gehrt nach der Ernennung Wahls dessen Stellvertreter, bis er im September 1944 die Leitung des Außenlagers Hannover-Misburg übernahm. Gehrt galt unter den Häftlingen in Hannover als SS-Mann mit vergleichsweise anständigem Benehmen. Nach dem Krieg wurde er mehrfach als Zeuge vernommen, aber nicht selbst angeklagt. Er starb am 17. Dezember 1956 in Lütjensee.[167]

Letzter Rapportführer in Bremen-Farge war SS-Unterscharführer Klaus Johannes Reese. Er kam vermutlich Anfang 1945 aus dem Außenlager Alt-Garge nach Farge und blieb hier bis zur Auflösung des Lagers. Reese wurde in Schleswig-Holstein geboren und war schon vor 1933 SS-Mitglied. Den Neuengammer Kommandanten Max Pauly kannte er noch aus der Frühzeit der SS in Schleswig-Holstein. Reese war bis 1939 in der Allgemeinen-SS. Mit Kriegsbeginn wurde er in den Konzentrationslagern eingesetzt. Im KZ Neuengamme war Reese bis Mitte Januar 1943 in der 3. Kompanie der Wachmannschaft, anschließend wurde er Blockführer im Schutzhaftlager. Ab April 1943 war er Kommandoführer bei der Fertigungsstelle, bei der Häftlinge im KZ Neuengamme zum Aufbau der Walther-Werke eingesetzt waren. Alle Berichte von ehemaligen Häftlingen über Reese betonen seine extreme Brutalität. Reese wurde vor allem wegen seiner Taten im Hauptlager Neuengamme von einem britischen Militärgericht in Hamburg am 3. Mai 1946 zum Tode verurteilt. Das Urteil wurde am 6. Oktober 1946 in der Haftanstalt Hameln vollstreckt.[168]

Wie auch Wahl waren diese Personen verantwortlich für die hohe Sterblichkeit im Außenlager.

Da die Häftlinge vorwiegend für Zwecke der Wehrmacht eingesetzt waren, wurde auch in Farge die SS weitgehend von Marinesoldaten abgelöst. Die Soldaten bewachten die KZ-Häftlinge beim Transport vom Lager zum Bunker und zurück und bildeten eine Postenkette um die Bunkerbaustelle, die eine Flucht unmöglich machen sollte. Im KZ-Außenlager besetzten sie die Wachtürme und patrouillierten am Außenzaun des Lagers. In Kontakt mit den Häftlingen kamen sie vor allem auf dem Weg zur Baustelle und auf der Baustelle.

Anfangs wurden diese Aufgaben wohl von einem Teil der 36. Marineersatzabteilung übernommen. Im Oktober 1944 traf ein Teil der 7. Kompanie der 25. Marineersatzabteilung in Farge ein und bewachte fortan die KZ-Häftlinge. Auf mehreren Personalkarten von Angehörigen der Kompanie ist für den 7. Oktober 1944 vermerkt: »Anordnung OKM (KZ)«.[169] Der Einsatz zur Bewachung war also auf eine Anordnung des OKM zurückzuführen.

Erhalten geblieben ist eine Liste von 243 Marineangehörigen, die den Großteil der Bewachungsmannschaft des Außenlagers Bremen-Farge stellten. Auch diese gehörten zur 7. Kompanie der 25. Marine-Ersatzabteilung.[170] Durch die Staatsanwaltschaft Hamburg konnten von 140 Männern der Liste Geburtsdaten ermittelt werden. In größere Gruppen gefasst waren 51 Soldaten bei Kriegsende unter 30 Jahre alt, 35 zwischen 30 und 40 Jahre, 35 zwischen 40 und 50 Jahre und 19 über 50 Jahre.

Es zeigt sich also, dass das Durchschnittsalter der KZ-Bewacher nicht so hoch war: Anscheinend wurden auch junge Marinesoldaten eingesetzt, weil durch die hohen Schiffsverluste der Kriegsmarine nicht mehr alle Soldaten im Krieg einzusetzen waren. Darauf deuten auch Briefe junger Rekruten hin, die sich darüber beschweren, dass sie zur Bewachung von Zwangsarbeitern und KZ-Häftlingen eingeteilt sind, und fordern, auf See eingesetzt zu werden.[171]

Die Berichte der Häftlinge über die Rolle der Soldaten sind ambivalent. Sie werden zwar im Allgemeinen als harmlos im Vergleich zur SS beschrieben, doch auch sie schlugen mitunter die Häftlinge.

André Migdal schreibt: »Die Wachen der Wehrmacht kommen aus ihrer Wache, das Gewehr geschultert. Die meisten von ihnen sind ziemlich alt. Der Krieg hat sie dazu gebracht, von neuem ihre Uniform anzuziehen und dem Prestige des großen Reiches zu dienen. Aber sie scheinen wie gebannt zu sein, in einer Art resignierter Beschaulichkeit. Eine rindviehmäßige Beschaulichkeit und bei den Hörnern weiß man nie.«[172]

Ein Marinesoldat in der Nähe der Bunkerbaustelle bei den Entladeanlagen an der Weser

Die Motivation der Soldaten beschrieb er mit den Worten: »Diese Requirierung schien allen genehm zu sein, denn sie garantierte ihnen, dass sie nicht an die russische Front mussten, um sich dort die Füße zu erfrieren.«[173]

Biografie Ulrich Wahl

Der am längsten amtierende Kommandant des KZ-Außenlagers Bremen-Farge war Ulrich Wahl, ein aus Weimar stammender Hauptmann des Heeres. Als er nach Farge kam, war er 45 Jahre alt (Geburtsdatum: 17. November 1898). Wahl hatte bereits im 1. Weltkrieg gekämpft und war dort bis zum Leutnant aufgestiegen. Im Jahr 1941 reaktivierte man ihn und berief ihn zum Kriegseinsatz ein. In den nächsten beiden Jahren wurde er zweimal befördert, heiratete und erlebte die Geburt seines Sohnes. Durch eine Verwundung, die eine Störung des Gleichgewichtssinnes verursachte, wurde er kriegsverwendungsunfähig und zu Ersatztruppenteilen versetzt. Von hier kam er dann in das Außenlager Farge, wo er die Berechtigung erhielt, den Dienstgrad SS-Hauptsturmführer der Reserve zu tragen.

Bei Wahl handelte es sich aber keineswegs um einen unpolitischen alten Soldaten, sondern er war bereits 1929 der NSDAP beigetreten. Auch scheint Wahl im Lager eine größere Brutalität als seine beiden SS-Vorgänger entfaltet zu haben. So ist er der einzige Farger Kommandant, dem der Lagerälteste Erich Meissner die Ermordung von Häftlingen nachsagte.

Die Häftlingszwangsgesellschaft

Der Begriff »Gesellschaft« lässt sich auf die im Außenlager Farge zusammengepferchten Häftlinge kaum anwenden, evoziert der Begriff doch Vorstellungen von der Selbst- und Mitgestaltung gesellschaftlicher Beziehungen. Da solche Möglichkeiten den KZ-Häftlingen kaum gegeben waren, ist besser von einer Häftlingszwangsgesellschaft zu sprechen. Sie war im Außenlager Farge geprägt von eklatanten Mängeln und extremer Ungleichheit. Während eine kleine Gruppe von Funktionshäftlingen aufgrund ihrer Machtposition relativ gut mit Nahrungsmitteln versorgt war, hungerte der Rest.

Die Funktionshäftlinge

Aufgrund ihres ständigen Agierens in der »Grauzone« (Primo Levi), vor allem aber aufgrund des Nachkriegsklimas in der Bundesrepublik, sind von Funktionshäftlingen aus den Außenlagern kaum Texte oder Interviews erhalten. Während für das KZ Buchenwald oder das KZ Mittelbau-Dora durch die Heroisierung des kommunistischen Widerstands in der DDR viele Berichte von Funktionshäftlingen vorliegen, sahen sich die kommunistischen Häftlinge in der Bundesrepublik einer weitgehenden Diskreditierung ausgesetzt, die es angeratener erscheinen ließ, zu schweigen.[174] In den wenigen Zeugnissen wurden die internationale Solidarität und der gemeinsame Kampf schwächer betont als in denen aus ostdeutscher Provenienz. Für das Außenlager in Farge ist ein Schreiben des Lagerältesten und vormaligen KPD-Mitglieds Erich Meissner erhalten geblieben.

Meissner war Ende April 1947 vom Komitee politischer Häftlinge in Hamburg angeschrieben und gebeten worden, sich zu den Vorgängen in Bremen-Farge zu äußern. Da zu diesem Zeitpunkt auch noch die Verfolgung von Verantwortlichen durch britische Militärbehörden möglich schien, wurde er zudem gebeten, eine eidesstattliche Erklärung über die Gewalttaten beizulegen, die einzelnen Tätern zurechenbar waren. Beiden Wünschen kam Erich Meissner Mitte Mai 1947 nach. Von Interesse ist hier nur der Brief an das Komitee, in dem er seine Tätigkeit im Außenlager beschreibt: »Das Kommando in Farge wurde von Anfang an nur von B-Vern [Kurzform für »Berufsverbrecher«; M. B.] regiert. Als ich die Po-

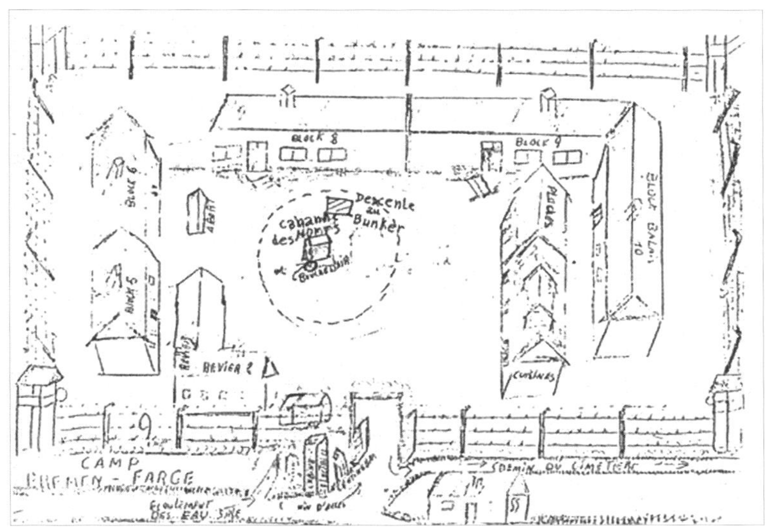

Zeichnung des Häftlings René Desimeur über die Lage der Baracken und Einrichtungen im Außenlager Farge, die 1983 von Pierre Berault an das Bürgerhaus Vegesack übergeben wurde.

sition des Lagerältesten übernahm, war ich nicht in der Lage, die wichtigsten Posten mit Politischen zu besetzen. Nach ca. 6 Wochen unseren Dortseins kam ein Politischer, namens Erich Friebe. […] Wir beide haben die ganze Zeit alleine diesen B-Vern gegenüber gestanden.«[175]

Auf Anfrage des Komitees zum Verhalten eines Kapos antwortet er: »Wenn Karl Heinrich tatsächlich in Farge gehaust haben soll, dann nur in seinem Arbeitskommando. […] Über die Arbeitskommandos bezw. Handhabung, war ich nicht orientiert.«[176] Sein eigenes Verhalten beurteilte er (natürlich) positiv: »Trotz aller Schikanen & Intrigen, trotz Boykottierung, Sabotierung von Seiten der B-Ver haben wir Politischen das Lager noch ganz gut bis zum Rücktransport nach Neuengamme geführt. Es kann keiner, gleich welcher Nation, behaupten, dass er von Seiten der politischen Häftlinge misshandelt oder gar totgeschlagen worden wäre.«[177]

Er führte weiter aus, dass es im Außenlager mehrere Anschuldigungen gegen Funktionshäftlinge gegeben habe, und betonte, dass er diesen Vorwürfen ernsthaft nachgegangen sei: »Jedenfalls habe ich festgestellt, […] dass die Meinung der Häftlinge in diesem Falle auseinander ging, wie es auch in mehreren anderen Fällen war, z. B. dass ein Kapo in seinem Kommando herumprügelt oder die Essenverteilung nicht gerecht vor sich gehe. Der Neid und die Missgunst vernebelte bei den Häftlingen den klaren Blick. Und zur Aufrechterhaltung der Lagerdisziplin gegen den Kameradendiebstahl musste ich manchmal streng sein. Meine Methoden, welche ich in diesen Fällen angewandt habe, das wisst Ihr.«[178]

Vermutlich nicht zufällig war der prekäre letzte Satz grammatikalisch falsch. Meissner versuchte den Eindruck zu erwecken, es habe mit den anderen politischen Häftlingen ein Einverständnis über die anzuwendenden Methoden gegeben. Bewusst verschwieg er, was unter »streng sein« und seinen »Methoden« zu verstehen sei. Der Brief gab ansonsten gut die Sichtweise Meissners auf das Lager und seine Aufgaben darin wieder. Relevant für ihn war nur der Kampf zwischen den Politischen und den B-Vern. Andere Konfliktlinien fanden keine Erwähnung. Mehr noch: Der Kampf gegen die B-Ver war die zentrale Rechtfertigung für sein Verhalten. Von Aktivitäten gegen die SS war nicht die Rede. Auch die Verbesserung der Häftlingssituation kam eher am Rande vor und schien sich quasi automatisch durch den Machtgewinn der politischen Häftlinge zu ergeben.

Die eigene Machtposition im Lager wurde als sehr beschränkt dargestellt. Sie wurde ständig von B-Vern und der SS bedroht, auch wenn Meissner konkret nur eine Situation schilderte, in der ihn die B-Ver bedrängten, sie bei Entscheidungen vorher zu konsultieren. Seine Sicht auf die Häftlinge der Unterschicht war von seiner hohen Position geprägt. Er stellte fest, dass »Neid« und »Missgunst« ihnen den Blick »vernebelte«. Dadurch wird klar, dass er den Beschwerden einfacher Häftlinge wenig Vertrauen entgegenbrachte. Und mit seiner Feststellung, dass er manchmal »streng sein« musste, deutete er an, dass er durchaus häufiger bereit gewesen war, Gewalt anzuwenden. Dies war aus seiner Sicht notwendig, um die Disziplin im Lager aufrechtzuerhalten. Wo die Grenze zwischen »streng sein« und Misshandlung verlief, ließ Meissner dabei bewusst im Unklaren. Die Formulierung legt nahe, dass er sich hier gegen mögliche Vorwürfe, die auch im Rahmen der britischen Ermittlungen auftauchen konnten, zur Wehr setzen wollte.[179]

Der Brief umriss die Grauzone, in der sich das Handeln der Funktionshäftlinge bewegte. Gerade hinsichtlich der erwähnten »Strenge« befand sich der Funktionshäftling in einer verzwickten Situation. Er war verpflichtet, Fehlverhalten von Häftlingen der SS zu melden. Tat er dies, hatte der Häftling schwere Strafen von mindestens 25 Schlägen zu erwarten. Verzichtete er darauf, das Vergehen anzuzeigen, bestand die Gefahr, dass weitere Häftlinge dem Beispiel folgten und dadurch seine Autorität untergruben. Der Funktionshäftling musste dann seine Absetzung durch die SS befürchten. In der Tendenz straften darum die meisten Funktionshäftlinge selbst, ohne eine Meldung an die SS abzugeben.

Dies führte zu einem unauflösbaren Dilemma: »Er übernahm die Rolle der SS, um deren Übergriffe zu verhindern.«[180] Aus der Sicht der Funktionshäftlinge war dieses Verhalten zumeist dadurch gerechtfertigt, dass ihre Bestrafung milder ausfiel als jene durch die SS. Wichtig war diese innere Rechtfertigung vor allem bei den ersten Gewaltanwendungen. Anschließend kam es oft dazu, dass sich Funktionshäftlinge an die Gewalt gewöhnten. Zur Absicherung ihrer Herrschaft griffen sie bei immer leichteren Vergehen zur gewaltsamen Bestrafung der Delinquenten. Ein Unterschied zwischen der Strafhärte der SS und jener der Funktionshäftlinge war in vielen Fällen kaum noch erkennbar.

Auch im Lager Farge wurde die Aufrechterhaltung der Ordnung vor allem den Funktionshäftlingen überlassen. Die SS beschränkte sich im Wesentlichen auf die Bewachung der Umzäunung und die zeitweilige Überprüfung der Appelle. Das erweiterte den Spielraum für privilegierte Häftlinge stark, für die Mehrzahl der Häftlinge jedoch nur in geringem Maße.

Am weitgehend reibungslosen Ablauf des für viele Häftlinge tödlichen Lageralltags scheint dies wenig geändert zu haben, sodass die SS in Farge nur selten Grund zum Eingreifen sah. Portefaix beschreibt die Verhältnisse wie folgt: »Die typischste Erscheinung in Bremen-Farge ist nämlich die fast vollständige Unabhängigkeit der Häftlinge im unteren Dienstgrad. Die SS verläßt sich in allem, was Arbeit und Disziplin angeht, auf sie, ganz im Vertrauen auf den Anreiz der Vergünstigungen, die sie ihnen gewährt. In gewisser Hinsicht ergibt sich daraus für uns etwas mehr Ruhe: In der Zeit, in der die Kapos mit sich selbst beschäftigt sind, können wir uns auf der Pritsche ausstrecken, unsere Freunde aufsuchen und unsere Eindrücke austauschen. Aber andererseits – zu welchen Brutalitäten sind sie beim Auftauchen eines SS-Mannes nicht fähig, um ja das ihnen entgegengebrachte Vertrauen zu rechtfertigen!«[181]

Auch im Fall von Erich Meissner legen Aus-

Zeichnung des dänischen Häftlings Jens Martin Sørensen über den Umgang mit Durchfallerkrankten im Außenlager Meppen-Versen

sagen ehemaliger Häftlinge des Außenlagers Bremen-Farge nahe, dass die Grenze zwischen »streng sein« und Misshandlung öfter schon bei minimalen Strafanlässen überschritten wurde. Der französische Überlebende Raymond Portefaix berichtet, dass aus seiner Sicht nur geringe Unterschiede zwischen den Trägern roter und grüner Winkel bestanden:

»Die ›Kriminellen‹ haben ein grünes Dreieck oberhalb ihrer Häftlingsnummer. Die Gründe für ihre Internierung haben übrigens keinerlei Zusammenhang mit ihrem entweder verständnisvollen oder aber brutalen Verhalten. Der Lagerälteste wurde festgenommen, weil er ein kommunistischer Parteiführer war. Trotzdem ist er ein brutaler Wüterich. Aber was Franz, den Kapo der Zementkontrolle betrifft [ein Grünwinkel; M. B.], steht fest, dass er niemals einen seiner Männer geschlagen hat.«[182]

Portefaix wurde von Meissner in einem Fall dabei entdeckt, dass er sich ohne Krankenschein im Revier befand. Als Portefaix dies zugab, geschah seiner Erinnerung nach Folgendes: »Ein Fußtritt in den Bauch streckt mich zu Boden, ich fühle, wie

Zeichnung des ehemaligen dänischen Häftlings Hans Peter Sørensen über die Essensausgabe im Hauptlager Neuengamme

meine Rippen krachen, ein Schwall Gallenflüssigkeit kommt mir hoch, ich schirme mein Gesicht ab, auf das er es abgesehen hat. Der Gummiknüppel gräbt sich in meinen Nacken ein [...]. Das vor Wut schäumende Scheusal zerrt mich am Arm hoch, seine Hand krallt sich unter meiner Nase fest, sein Knie tritt auf meinen Bauch und drückt mich wieder zu Boden. [...] Als der Lagerälteste feststellt, dass ich gut gekleidet bin, nimmt seine Wut noch zu. Mir ist ganz wirr in meinem Schädel. Ich falle bewusstlos um.«[183]

Der Begriff Misshandlung erscheint für dieses Verhalten mehr als angebracht. Auch Meissners Behauptung, dass die Politischen »das Lager noch ganz gut bis zum Rücktransport nach Neuengamme geführt« hätten, wirkt im Abgleich mit den Häftlingserinnerungen und den Sterblichkeitsziffern in den letzten Monaten des Lagers mindestens als Verharmlosung, eher aber als Lüge. Obwohl Meissner zur brutalen Misshandlung von Häftlingen bereit war, kann nicht von einer Identifikation des Opfers mit dem Aggressor gesprochen werden, wie das z. B. die psychologischen Studien von Bruno Bettelheim nahelegen. Meissner war sich seines antagonistischen Verhältnisses zur SS sehr bewusst. Das Handeln der Funktionshäftlinge folgte anderen Regeln als das der Täter. Ihre weitgehende Pflichterfüllung im Sinne der SS gründete auf Selbstschutz und Überlebenswillen und nicht auf einer Zustimmung zum KZ-System.[184] Nur in wenigen Fällen kam es zu einer Verschiebung der Grenze zwischen SS und Funktionshäftlingen.

Die Allgegenwart des Hungers: Häftlinge ohne Macht und Funktion

Das Leben war für die Mehrzahl der Häftlinge ein täglicher Kampf um das Überleben. Es genügte eine unachtsame Handlung oder nur das Stehen am falschen Ort, um von SS, Marinesoldaten oder Kapos misshandelt zu werden. Vor allem aber bestimmte der Hunger den Lageralltag. Nur für die Oberschicht spielte er keine alles bestimmende Rolle, weil er durch Zusatzrationen und Diebstahl gestillt werden konnte. Für die Masse der Häftlinge aber beherrschte der Hunger die gesamte Existenz.

Im Außenlager Bremen-Farge gelang es Raymond Portefaix für kurze Zeit, einen Funktionsposten mit besserer Verpflegung zu erhalten. Er erkannte, dass die Verpflegungssituation einen völlig anderen Blick auf die Lagerrealität ermöglicht: »Ich verstehe nun die Gleichgültigkeit der Privilegierten [...] viel besser. Während ich sie auf der einen Seite verurteile, weil ich unter ihnen gelitten habe und noch weiter unter ihnen leiden werde, verstehe ich aber auf der anderen Seite ihre Verachtung gegenüber der Erniedrigung, zu der uns der ›Ruf unseres Bauches‹ treibt.«

Doch je länger er unter den Funktionshäftlingen verweilte, desto abscheulicher fand er ihre hartherzige Behandlung der anderen Häftlinge: »Vor so viel Niederträchtigkeit, die mir hier deutlich vor Augen tritt, vor dieser Umkehrung aller Werte ertappe ich mich dabei, wie ich die Rückkehr der Arbeiter, meiner Kameraden aus Murat, herbeisehne. Ich bin glücklich, wieder in ihre Leiden zu versinken und sie teilen zu können.«[185]

Als er bald darauf seine Privilegien verlor und wieder hungerte, war die Sehnsucht schnell vergessen: »Aus einem Laib von sechzehnhundert Gramm schneidet das Küchenpersonal zwanzig Portionen. Dabei fallen die Kanten meistens dicker aus als die anderen Stücke. Wegen der ewigen Streitereien, dass immer dieselben Leute den Knapp erwischten, wurde eine Reihenfolge festgelegt. So kann jeder sicher sein, dass auch er in den Genuss des Vorteils kommt. Dennoch hört man fortwährend spitze Bemerkungen. [...] Dasselbe Theater geht um den halben Liter Suppe los. Es ist ein echtes Kunststück, sein Essgeschirr hinzuhalten, ohne dass auch nur ein Tropfen von der Kelle wieder in den Feldkessel fällt. Wer es nicht schafft, legt sich missmutig hin, von blutrünstigen Gedanken verfolgt, auf Rache sinnend und seinen Blechnapf verfluchend [...]. Er überlegt zehnmal hin und her, wie er es wohl morgen anfängt.«[186]

Von zentraler Bedeutung für die Lage in den Außenlagern war die Unterernährung. In der medizinischen Forschung wird der Verlauf der Hungerkrankheit in zwei Phasen unterteilt: In der ersten Phase ist sie durch Abmagerung, Muskelschwäche und eine fortschreitende Abnahme der Lebensenergie gekennzeichnet. In dieser Phase kommt es jedoch noch zu keiner tieferen Schädigung des Organismus, solange keine weiteren Krankheiten auftreten. Das zweite Stadium setzt in etwa ein, wenn die Menschen mehr als ein Drittel ihres Normalgewichtes verloren haben. Diese Personen wurden in den Konzentrationslagern »Muselmänner« genannt. Der Körper beginnt sich selbst zu verzehren und die geistige Aktivität setzt zunehmend aus. Es kommt zu weitgehender Apathie und Schicksalsergebenheit.

Die Fotografie von Seubert zeigt Kohlköpfe unmittelbar außerhalb der Umzäunung des Außenlagers, die vermutlich für die Häftlingsverpflegung gelagert wurden.

Paul Thygesen, der als Häftlingsarzt in den Außenlagern Husum und Meppen-Dalum eingesetzt war, beschreibt detailliert, wie sich die Menschen, die an der Hungerkrankheit litten, veränderten:

»Die Augenhöhlen sind groß, leere Augen starren aus ihnen hervor, um sich an die Umgebung zu heften. Die Kiefer treten scharf hervor da, wo ein Kinn sein sollte, Lippen und Mund sind trocken und verkrustet. [...] Er ist stumpf, abgestumpft – ohne stolze Träume und Gedanken. Er ist verdreckt und hat immer Exkremente in der Hose. Eines Tages stirbt er, ohne es selbst zu bemerken.

Heimlich gefertigte Zeichnung des ehemaligen französischen Häftlings René Baumer (Tarnname: Ramage) vom Januar 1945 über die Einnahme einer Mahlzeit im Außenlager Hannover-Stöcken

[...] Aber einmal war er ein Mensch – und vielleicht liebte er das Leben.«[187] Auch viele der Häftlinge in Farge durchlitten dieses Schicksal, bevor sie schließlich starben.

Neben dem Bemühen, Nahrungsmittel zu beschaffen, bestand der tägliche Kampf der Häftlinge vor allem in den Versuchen, möglichst wenig zu arbeiten und sich gegebenenfalls bessere Kleidung zu besorgen. Da der Überlebenskampf aber am besten mit den Zeugnissen ehemaliger Häftlinge dargestellt werden kann, sollen im Folgenden ausführlich die Biografien von Überlebenden sowie ein Bericht von Raymond Portefaix vorgestellt werden.

Biografie Eugeniusz Sokolowski

Eugeniusz Sokolowski wurde am 23. Mai 1923 in Lodz geboren. Als 1939 der Krieg ausbrach, ging er noch zur Schule. Nach Beginn der deutschen Besatzung musste er jedoch seine Schulzeit abbrechen und zur Arbeit gehen. Zuerst arbeitete er bei einer Baufirma. Dann wurde er Straßenbahnschaffner.
Mit der Straßenbahn fuhr er gelegentlich auch ins Ghetto Lodz, um dort gefertigte Waren abzuholen. Dabei sah er häufig Leichen auf den Straßen liegen. Sokolowski schloss sich schließlich einer polnischen Untergrundorganisation an, die gegen die deutschen Besatzer kämpfte.

Anfang 1943 wurde seine Gruppe jedoch durch die Gestapo verhaftet. Er kam in ein Gefängnis in Lodz und wurde dort verhört und gefoltert. Im Mai 1943 brachten die Deutschen ihn ins KZ Auschwitz. Dort konnte er von Ferne die Selektionen beobachten. Wie alle Häftlinge des Lagers wusste er um die Gaskammern und Krematorien. Deswegen war er glücklich, als er im August 1943 für einen Arbeitseinsatz eingeteilt wurde.

Nach drei Tagen Transport in einem Güterwaggon kam Sokolowski im KZ Neuengamme an. Dort blieb er nur kurz. Anfang November 1943 traf er mit dem ersten Transport von ca. 500 Häftlingen im neu errichteten Außenlager Bremen-Farge ein. Bis zum Sommer 1944 war er fast täglich zur Zwangsarbeit auf der Bunkerbaustelle.

Eine Lungenentzündung und über 40 Grad Fieber führten zu seinem Zusammenbruch. Sokolowski überlebte jedoch im Revier des Außen-

Häftlinge auf der Baustelle auf dem Weg zur Mittagspause

lagers durch die Hilfe des polnischen Häftlingsarztes. Nach seiner Genesung konnte er bis zur Räumung des Lagers als Helfer im Revier arbeiten. Bei der Evakuierung kam er zurück in das Hauptlager Neuengamme. Von hier brachte die SS die Häftlinge an die Ostseeküste.

Sokolowski wurde auf das Schiff »Cap Arcona« gebracht, das kurz darauf von englischen Fliegern versenkt wurde. Sokolowski überlebte als einer der wenigen Häftlinge, weil er sich an den glühenden Rumpf des halb untergegangenen Schiffes klammerte und durch englische Boote aufgefischt wurde.

Nach seiner Rettung wurde er durch die UNRRA nach Schweden gebracht. Er blieb bis April 1946 in einem Sanatorium in Olofsfors bei Stockholm. Als er sich transportfähig fühlte, beschloss er, zu seiner Familie in Polen zurückzukehren. Seine Eltern hatten den Krieg überlebt und inzwischen hatte sogar ein neuer Bruder das Licht der Welt erblickt.

Doch auch nach der Rückkehr war Sokolowskis Gesundheit noch nicht wieder hergestellt. Er verbrachte die nächsten zwei Jahre vor allem in Krankenhäusern und Sanatorien. Erst danach war er halbwegs bei Gesundheit. Er begann zu studieren, schloss das Studium ab und begann in der staatlichen Verwaltung zu arbeiten. Bald darauf heiratete er. Heute lebt er als Rentner in Lodz.

Biografie André Migdal

André Migdal wurde am 21. Juni 1924 in Paris geboren. Er stammte aus einer Familie jüdischen Glaubens. 1940 entschloss er sich zum Widerstand gegen die deutschen Besatzer. Im Alter von 17 Jahren wurde er im Januar 1941 verhaftet und ins Gefängnis gesperrt. Dass er jüdischer Herkunft war, verbarg er und es wurde auch nie bemerkt. Er galt als politischer Gefangener. Während Migdal im Gefängnis saß, wurden seine Eltern und seine beiden Brüder in das KZ Auschwitz deportiert und dort in den Gaskammern ermordet, wovon er allerdings erst bei seiner Rückkehr nach dem Krieg erfuhr. Er selbst war drei Jahre in verschiedenen französischen Gefängnissen und Lagern inhaftiert, bis er im Sommer 1944 ins KZ Neuengamme transportiert wurde. Von hier kam er am 1. August 1944 ins Außenlager Bremen-Farge zum Bau des Bunkers.

Im Winter 1944 verlegte die SS ihn ins Außenlager Bremen-Osterort, wo er beim Bau des U-Boot-Bunkers »Hornisse« in der Nähe der Deschimag AG Weser eingesetzt war. Als das Lager aufgelöst wurde, kam er für wenige Tage noch einmal ins Außenlager Farge, doch auch dieses wurde bald aufgelöst. Nach langem Fußmarsch und Bahntransport kam er im Hauptlager Neuengamme an, wurde jedoch gleich weiter zu den Schiffen in der Neustädter Bucht evakuiert. Er überlebte die Bombardierung der Schiffe und wurde am Strand von Neustadt durch alliierte Truppen befreit.

Migdal kehrte nach Paris zurück, doch die Befreiung war für ihn nur eine äußere. Zwar begann er ein »normales« Leben zu führen und arbeitete in verschiedenen Berufen, zuletzt als Finanzbeamter. Er heiratete und ein Sohn wurde geboren. Seelisch und körperlich war er aber so gebrochen, dass die Ärzte ihm in den sechziger

Jahren eröffneten, dass er nicht mehr viel Zeit zum Leben habe. Mit 46 Jahren ging er in Rente. Er wollte intensiv leben und setzte die Medikamente ab. Er machte Reisen, lebte auf, die innere Befreiung begann. Eine wichtige Rolle dabei spielte das Schreiben von Gedichten. Sein erster Gedichtband wurde 1975 veröffentlicht. In den letzten Jahren kehrte er nun wiederholt an die Orte zurückt, die sein Leben geprägt hatten, und trug hier seine Gedichte vor, sein Vermächtnis für die kommenden Generationen. Am 19. Februar 2007 starb André Migdal in Paris.

Raymond Portefaix: Überleben im Außenlager Bremen-Farge

Raymond Portefaix war 18 Jahre alt, als die Deutschen ihn verhafteten. Er stammte aus Murat, einem Ort im französischen Zentralmassiv. Am 12. Juni 1944 tötete die Résistance in der Nähe des Ortes einen hohen Gestapo-Offizier. Daraufhin verhafteten die Deutschen sämtliche im Ort verbliebenen 119 Männer zwischen 16 und 50 Jahren.[188] Portefaix hatte gerade sein Abitur abgelegt und gehörte zu den jüngsten Verhafteten. Er kam über die Lager Compiègne und Neuengamme in das Außenlager Bremen-Farge, das er überlebte.

Nach der Befreiung Anfang Juni 1945 kehrte er in seinen Heimatort zurück und verfasste hier den Bericht, auf den sich das folgende Kapitel bezieht. Seine Reflexionen und Beschreibungen werden durch ein Schlüsselerlebnis angeregt: Wenige Tage nach seiner Rückkehr kamen ihn sieben Frauen des Dorfes, deren Ehemänner und Söhne nicht überlebt hatten, im Haus seiner Eltern besuchen. Sie wagten nicht, ihn nach seinen Erlebnissen in Deutschland zu befragen, die Frage danach stand aber unausgesprochen im Raum. Portefaix schildert, dass er nach dem Besuch völlig erstarrt war und lange in den Armen seiner Mutter weinte. Sie riet ihm zu schreiben. Portefaix folgte dem Rat und durch Kontakte seines Vaters zum Direktor einer regionalen Zeitschrift erschienen die Erinnerungen in Artikelform. Die Artikel steigerten die Auflage der Zeitschrift und weckten großes Interesse bei den Lesern. Dadurch entstand eine unerwartet lange Serie. Der Vater brachte sie dann 1947 unter dem Titel *L'enfer que Dante n'avait pas prévu* als Buch heraus. Die erste Auflage von 7.000 Exemplaren war schnell verkauft und mit dem Gewinn wurde ein Mahnmal für die Deportierten in Murat finanziert.[189]

Die Perspektive, aus der Portefaix schreibt, ist stark national und regional geprägt. Sein Be-

Raymond Portefaix kurz nach seiner Rückkehr nach Frankreich

richt ist auch an die Mütter und Ehefrauen gerichtet, die ihn nicht zu fragen wagten. Er legt Zeugnis ab vom Leiden der Franzosen und der mit ihm verhafteten Männer in einem deutschen Konzentrationslager. Seine Reflexionen zum Leben und Überlebenskampf im Konzentrationslager zeigen ihn selbst als einen »tragischen Helden«. Eigentlich ist er ein »Held«, da er auch dank seiner Findigkeit und Jugendlichkeit überlebt hat. Zugleich kommt ihm vor allem das Glück immer wieder zu Hilfe. Aber er kann in der gewählten Berichtsperspektive kein »wahrer Held« sein, da seine Nachbarn und Bekannten in der gleichen Situation nicht überleben konnten.

Die Berichte handeln von seinem täglichen Kampf ums Überleben und sind nicht darauf ausgerichtet, die Situation zu beschönigen. Von Mitmenschlichkeit unter allen Häftlingen berichtet Portefaix kaum, Solidarität erlebt er nur innerhalb der nationalen und in stärkerem Maße der regionalen Gruppe. Alle anderen nationalen Gruppen erscheinen zumeist als Konkurrenten um Nahrung und gute Arbeitsplätze. Da die anderen im Kampf um die Vergünstigungen und besseren Positionen zumeist erfolgreicher sind, erzählt Portefaix auch eine nationale Leidensgeschichte: »Unser Schicksal ist es zu leiden, weil wir nun einmal Franzosen sind.«[190] Im Kern ist sein Bericht jedoch eine individuelle Erlebnisgeschichte. Es ist eine Geschichte vom Überleben durch jugendlichen Erfindungsreichtum und Übermut und zugleich eine Geschichte vom plötzlichen Erwachsenwerden im Angesicht des drohenden Todes.

Zwei deutsche Zivilarbeiter überwachen die Arbeit von KZ-Häftlingen auf der Baustelle

Der Weg der Deportierten führt über das Gefängnis in Clermont-Ferrand und das ehemalige französische Militärlager in Compiègne ins KZ Neuengamme. Am 1. August 1944 kommt Portefaix mit mehreren älteren Männern des Dorfes ins Außenlager Bremen-Farge. Als Neuling im KZ-System war das Überleben der ersten Wochen besonders schwer, weil die Entmenschlichung und das brutale Einbrechen der Gewalt einen entschiedenen Einschnitt im Leben jedes neuen Häftlings bedeuteten. Viele überstanden diese Zeit der Anpassung an die Verhältnisse nicht. Die Überlebenschancen von Portefaix verbesserten sich vermutlich dadurch, dass er in den Sommermonaten eingeliefert wurde und dadurch zumindest Frost und Nässe in der ersten Phase nicht kennenlernen musste.[191]

Raymond Portefaix hebt hervor, dass er sich nach seiner Ankunft im Außenlager zuerst an die älteren französischen Häftlinge hielt, die er aus seinem Dorf kannte. Er wurde gemeinsam mit ihnen auf der Arbeitsstelle zum Transport von Eisenstangen eingesetzt. Portefaix schildert, dass die Arbeit sehr schwer war und ihre beschleunigte Ausführung keinerlei Vorteile wie zusätzliches Essen mit sich brachte. Er bemühte sich deswegen, das Arbeitstempo zu drosseln, sobald kein Aufseher in der Nähe war. Der junge Mann rebelliert gegen das Unrecht. Er hebt hervor, dass er in dieser Phase seiner Häftlingszeit lieber Schläge riskierte, als sich zu Tode zu arbeiten: »Doch mit der ganzen Empörung und dem Freiheitsdrang meiner achtzehn Jahre ziehe ich Schläge der Zwangsarbeit vor.«

Seine älteren französischen Mithäftlinge teilten diese Einstellung jedoch nicht: »Bei ihnen ist das anders. ›Man wird doch nicht vierzig Jahre alt, um sich wie ein Hund verprügeln zu lassen!‹ meinen sie. Diese Männer. Die sich durch ihrer Hände Fleiß hochgearbeitet haben, sind es nicht gewohnt, ›die Zeit totzuschlagen‹. Und trotzdem! Ob man nun viel oder wenig tut, man bekommt immer dieselbe Ration, man wird immer, wenn man aus dem Bunker heraufsteigt geschlagen. Wir alle werden im Lager auf ein und dieselbe Weise eingehen. Und dann: was für ein Spaß, die Boches zum Narren zu halten! Das ist schon ein Opfer wert. Die Entscheidung ist getroffen, die Lust, es zu wagen, übermächtig. Da ich meine Kameraden nicht der Gefahr aussetzen kann, die Folgen meines Verhaltens ausbaden zu müssen, will ich versuchen in ein anderes Kommando zu kommen. Am Abend dieses ersten Tages auf der Basis will ich kein Kind mehr sein, das man abkanzelt, dem man eine Moralpredigt hält.«[192]

Arbeit an den Betonfundamenten im Bereich des Tauchbeckens

Die Situation ist komplex. Portefaix erkennt durch seine jugendliche Unvoreingenommenheit zwar schneller, dass harte Arbeit innerhalb des KZ-Systems wenig Vorteile bringt, sondern vor allem die eigene Erschöpfung beschleunigt. Aber diese Erkenntnis, zusammen mit seinem Abenteuerdrang und seiner Lust an der Selbstständigkeit führt dazu, die kollektive und solidarische Nähe zu seinen französischen Mithäftlingen während der Arbeit aufzugeben. Ihn treibt die »übermächtige Lust es zu wagen« dazu, gefährliche Wege auszuprobieren. Zugleich will er durch sein Verhalten nicht die anderen in Gefahr bringen. Seine jugendliche Kraft schützt ihn vor der Gefahr, sich ganz der Erschöpfung hinzugeben, sie setzt ihn andererseits aber in stärkerem Maße der Gefahr der Vereinzelung und von Schlägen aus.

In der Regel war die Motivation, sich zu widersetzen, bei Häftlingen in den ersten Monaten nach der Einweisung am größten. Auch bei Portefaix wird die klare Form einer willentlichen Entgegensetzung und Verweigerung vor allem in den ersten Wochen im Außenlager erwähnt. Seine Berichte stellen dies als heroischen Akt des Widersetzens dar: Es gilt sich den Deutschen entgegenzustellen und seinen Stolz zu bewahren. Die Tatsache, dass seine ihm nahestehende Gruppe dieses Verhalten für falsch hält, interessiert den jungen Mann nach seinen Aussagen am Anfang wenig. Es geht darum, sich zu beweisen.

In seinem Bericht wird der Erfolg seiner Eigeninitiative deutlich: Nach mehreren Tagen gelingt Portefaix der Wechsel in ein anderes Arbeitskommando: »Jetzt arbeite ich in Arge Nord 3. Zufällig hatte ich am Montag erfahren, dass es in diesem Kommando an Personal fehlt und die Arbeit dort relativ leicht ist. Ich versuche mich bei der morgendlichen Blockaufstellung hineinzumogeln. Aber da auch der Kapo hier die Franzosen nicht ausstehen kann, schickte mich eine gehörige Tracht Prügel nach Arge Süd zurück. Am Dienstag traf mich eine Ohrfeige an der Nase und streckte mich fast ohnmächtig zu Boden. Das bedeutete einen weiteren Tag bei den Eisenstangen. Heute hat der Kapo die Zähne zusammengebissen und wütend gezischt: ›Scheiß Franzose!‹ Aber er hat mich dabehalten. Beim Einrücken am Abend hüpft mir das Herz vor Freude. Den ganzen Tag über habe ich mit einer Drahtzange zur Herstellung leichter Armierung Spiralen aus Eisendraht um winzige Dreiecke herumgerödelt. [...] An meinem jetzigen Arbeitsplatz kann ich sogar neue Kräfte sammeln. Ich fasse wieder Mut und gebe mich allmählich süßen Träumen hin. Obwohl meine Rippen hervortreten und die spitzen Knie meine Hosen schon durchbohren, scheint mir die Rückkehr in ein normales Leben nicht mehr gar so fern. Dennoch schleicht sich ein wenig Angst bei mir ein, als der polnische Vorarbeiter einen seiner Landsleute unserer Gruppe zuteilt, obwohl die Arbeit nicht mehr geworden ist und wir schon genug Leute sind.«[193]

Die Szene zeigt deutlich die große Macht der Funktionshäftlinge im Außenlager. Die Kapos entscheiden über die Zuteilung zu leichteren oder schwereren Arbeitskommandos. Da in Bremen-Farge diese Stellen vor allem von deutschen, polnischen und sowjetischen Häftlingen besetzt waren, erwies es sich für die Franzosen als schwer, gute Arbeitsplätze zugeteilt zu werden. Durch das bessere Arbeitskommando wuchs bei Portefaix die Hoffnung aufs Überleben. Zu betonen ist, dass er dies für den 9. August berichtete, also nur acht Tage nach seiner Ankunft im Außenlager.

Die Deportation und die kurze Zeit im Hauptlager sowie die acht Tage hatten ihn bereits stark abmagern lassen. Auch aufgrund des ihm feindlich gesonnenen Kapos schlich sich bei Portefaix Skepsis ein, ob er den lebenserhaltenden Platz im besseren Arbeitskommando behalten könnte. In den Berichten wird deutlich, dass Portefaix bereits zu diesem Zeitpunkt zwischenzeitlich stark an seinen Überlebensmöglichkeiten zweifelte und nur durch Zufälle und glückliche Umstände sein Leben behielt: Fünf Tage nach seiner Zuteilung zum Kommando erkrankt Portefaix an Durchfall. Er kann seine Arbeit aufgrund von Toilettengängen kaum verrichten. Sofort bestätigen sich seine Befürchtungen. Der Kapo nimmt dies als Anlass, ihn aus seinem Kommando zu werfen und stattdessen einen polnischen Häftling zu sich zu holen.[194] Portefaix wird am nächsten Tag einem Kommando zugeteilt, das Zementsäcke tragen muss. Es ist extrem schwere Arbeit. Doch der deutsche Kapo stellt ihn entgegen seinen Erwartungen von der Arbeit frei und lässt ihn wegen seiner Krankheit ins Krankenrevier einweisen.

Portefaix beschreibt, dass er sich anfangs schnell erholt, und betont, wie gut ihm die arbeitsfreie Zeit tut. Doch: »Der Reiz des Krankenreviers ist schnell dahin. Eine Suppe pro Tag, jeden Morgen Tote, Röcheln, ein Gestank zum

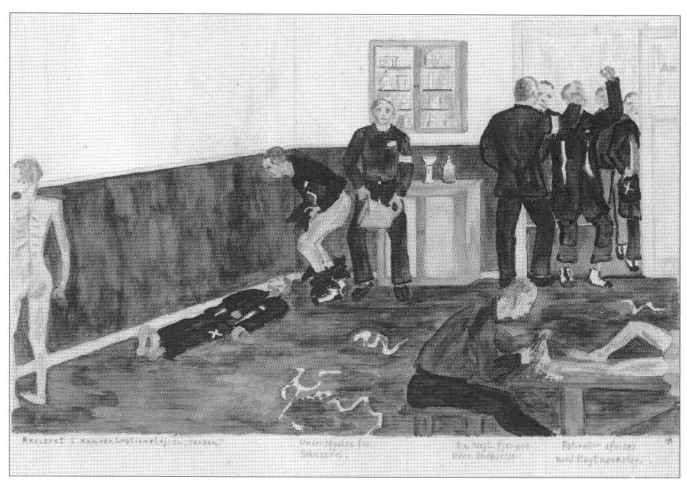

Zeichnung von Jens Martin Sorensen über das Krankenrevier im Außenlager Meppen-Versen

Ersticken, die Gärung der Papierbinden, die um eiternde Wunden gewickelt sind, Neue, die die Hälfte des Misthaufens einnehmen, auf dem man hier fünf oder sechs Tage lang mit stinkenden Skeletten zusammen liegt – ich habe genug davon: Ich bin nicht mehr krank, und ohne Einspruch zu erheben, lasse ich mich hinausaussetzen.«[195]

Bei seiner Rückkehr in den Block stellt er fest, dass sein Bett besetzt ist. Er übernachtet fortan zwischen zwei älteren französischen Häftlingen. Portefaix hat nun Glück bei der Arbeitseinteilung: Er kommt an eine große und unübersichtliche Arbeitsstelle, die nur durch wenige Vorarbeiter und Kapos bewacht wird. Dadurch sind langsameres Arbeiten und häufige Pausen möglich, sodass er sich weiter erholen kann. Doch auch dieser Zustand ist nur von kurzer Dauer: Bisher hatte Portefaix sich bei der morgendlichen Verteilung der Aufgaben innerhalb des Kommandos immer hinten angestellt und war so der schwersten Arbeit an den Betonmischmaschinen entgangen. Doch nun fängt der Vorarbeiter mit der Einteilung hinten an und ein Entkommen ist nicht möglich. Neben der schweren Arbeit ist vor allem der Zementstaub ein Überlebenshindernis: »Der schmerzlichste Augenblick des Tages [ist] zweifellos der Morgen. Der Zement, der sich während der Nacht auf den Härchen der Nasenschleimhaut festgesetzt hat, bildet eine Kruste, die die Atmung behindert. [...] Manchmal passiert es mir sogar, dass ich während eines Hustenanfalls eine kleine weiße Kugel ausspucke, die mir beim Hochkommen fast die Brust zerreißt.«[196]

In seinen Berichten hebt Portefaix hervor, dass für sein Überleben der Kontakt zu zivilen französischen Zwangsarbeitern eine wichtige Ressource darstellt. Er schreibt, dass es wegen der Unübersichtlichkeit der riesigen Baustelle fast täglich möglich ist, kleinere Kontakte zu knüpfen. Jedoch hätte sich bei den Zivilarbeitern ein Misstrauen gegen die französischen Häftlinge eingestellt, weil es sich bei der ersten Gruppe um Kriminelle aus französischen Gefängnissen gehandelt habe. Diese hätten die Zwangsarbeiter häufig bestohlen und betrogen. Er nimmt an, dass dies der Grund dafür ist, dass vielen Zwangsarbeitern von ihren Landsleuten kein Essen mehr abgegeben wurde. Aber auch hier hilft ihm sein Alter: Portefaix nimmt an, dass er aufgrund seiner Jugend größeres Mitleid erfährt und deshalb des Öfteren auch an den Essensgaben beteiligt wird.

Ein alltägliches Problem im Kampf ums Überleben stellt neben der Essensversorgung die Sicherung von ausreichender Bekleidung dar: Je näher der Winter rückt, desto größer wird das Bekleidungsproblem: »Vom Schuhwerk ist nur noch die Holzsohle übrig, nachdem der Stoff oben drüber durchgefault oder verschlissen ist. [...] Man wickelt die Füße in einem Zementsack ein, und mit etwas Draht bindet man die Holzplatte möglichst stramm unter dem Fuß fest. […] Ein Papiersack wird übrigens nicht ausschließlich zu diesem Zweck benutzt. Ein gut geschnittener Sack, mit einem Loch für den Kopf und zwei weiteren für die Arme, ergibt einen Anzug aus undurchlässiger Haut, der seinesgleichen als Schutz gegen die Kälte sucht. […] Zwar ist es ausdrücklich verboten, aber man wird nicht immer darin erwischt. Und dann, was sollen schon die Schläge? Man muss ja doch zur Arbeit.«[197] Auch in dieser Rekapitulation fasst Portefaix mit Ironie und Witz seine bedrohliche Lage und seinen Umgang damit zusammen. »Nicht immer erwischt« zu werden, zeigt ebenso wie die fatalistische Einstellung zu Schlägen und Arbeit seine feine Ausbalancierung zwischen einem sich Ergeben und seinem ungebrochenen Willen, »widerständige Praktiken« zu erproben, die für ihn die Überlebenschance steigern könnten.

In seinen Einschätzungen zum Leben und Sterben in Farge stellt Portefaix fest, dass die Eisenflechter am schwersten von allen arbeiten mussten und keine Ruhepausen hatten. Er beschreibt, dass es eine sehr hohe Sterblichkeit im Kommando gibt, und befürchtet, dass die »gelichteten Reihen« dort bald mit Franzosen aufgefüllt würden. Dies trifft auch ein. Seine Erfahrungen veranlassen Portefaix, nach Möglichkeiten zu suchen, erneut ins Revier zu gehen. Zufällig gelingt es ihm, sich in eine abmarschierende Kolonne kranker Häftlinge einzureihen.

Im Revier angekommen, kann er von einem französischen Häftling, der es gerade verlässt, einen Krankenschein erhalten und fälschen. Kurz darauf beobachtet er, wie ein sowjetischer Häftling, der Wäsche aufhängen muss, von einem deutschen Kapo bei einer Pause erwischt und entlassen wird. Erneut ergreift er die Initiative: Er begibt sich sofort zur Leine und führt die Arbeit fort. Auf diese Weise bekommt er vom Kapo den Auftrag, Wäsche aufzuhängen. Dies bringt ihm Kontakte zu den Funktionshäftlingen, bessere Nahrung und die Möglichkeit, sich neue Kleidungsstücke auszusuchen.

Portefaix reflektiert diese Zeit, in der er sich kurzfristig auf der Seite der privilegierten Häftlinge befindet, als einen Glücksfall. Er erfährt, dass eine Situation ohne Hunger einen anderen Blick auf das Lager ermöglicht. Doch er weiß zugleich von der ambivalenten Lage, in die er sich begeben hatte: »Mein augenblicklicher Zustand ist nur vorübergehend, er ist unsicher und trügerisch; ich habe mich in einen Kreis verirrt, in den ich nicht gehöre. […] Unser Schicksal ist es zu leiden, weil wir nun einmal Franzosen sind. Mein Wohlbefinden entfremdet mich von meinen Freunden.«[198]

Die durch Spontaneität und Glück entstandene Zeit der Stärkung ist nur von kurzer Dauer. Neben ihm stirbt ein älterer Mann aus seinem Heimatort. Kurz darauf entdeckt der deutsche Lagerälteste, dass Portefaix keinen gültigen Schein für das Revier hat. Er prügelt ihn bis zur Ohnmacht und wirft ihn aus dem Krankenrevier.

Portefaix wird zur Arbeit auf der Baustelle beordert. Dort teilt man ihn erneut zu einem größeren und unübersichtlicheren Kommando ein. Häufig gelingt es ihm, sich den ganzen Tag zu verstecken und kaum zu arbeiten. Schließlich wird jedoch auch diese Strategie der Selbstentlastung bemerkt und Portefaix in ein schwereres Kommando überstellt. Mehrere Versuche, in sein altes Kommando zurückzukommen, scheitern. Er muss dreizehn Tage unter erhöhter Aufsicht Schwerstarbeit leisten. Erst dann wird ihm erlaubt, in sein Kommando zurückzukehren. Die Bestrafungsaktion zeigt Wirkung: Portefaix erkennt nach die-

Links: KZ-Häftlinge beim Erstellen eines Spurgleises zur Anlieferung der Deckenträger an der Bunker-Nordseite; rechts: Häftlinge beim Einsammeln leerer Zementsäcke

ser Erfahrung, dass er mehr arbeiten muss als vorher, um nicht wieder zu noch schwereren Arbeiten abkommandiert zu werden. Es ist inzwischen Dezember 1944 und die Todesrate in Bremen-Farge steigt deutlich an. Immer häufiger sterben Bekannte aus seinem Heimatort, die nur kurz betrauert werden können.

Die Bettennot in dem unterirdischen Treibstoffbunker führt dazu, dass Portefaix versucht, eine bessere Schlafstätte für sich zu finden. Er sichert sich einen Platz in den neu errichteten oberirdischen Häftlingsbaracken. Dass er sich partiell von seiner nationalen Gruppe verabschiedet, erweist sich für ihn rückblickend jedoch nicht als erfolgreich: »Ich habe viel verloren, als ich den Bunker und meine Freunde aufgab. Block 6 unterliegt einer strengen Disziplin. [...] Als einzigem Franzosen unter zwölf Russen bleibt mir keine Schikane erspart. Immer das kleinste Stück Brot. [...] Zuerst wollte ich mich wehren. Aber ein Bengel von fünfzehn Jahren, dem ich die mir zustehende Ration wieder wegnehmen wollte, hat mich mit einer einzigen Ohrfeige zu Boden gestreckt.«

Zudem ist die überirdische Behausung im Winter kälter als das unterirdische Quartier: »Trotz meiner vier Decken schlottere ich die meisten Nächte vor Kälte. Ich habe zwar schon einige Kontrollen gut überstanden, doch das Unvermeidliche wird nicht länger auf sich warten lassen. Am 28. Dezember entdeckt der griechische Stubendienst abends die Deckenhamsterei und schwärzt mich an. Der herbeigerufene Blockführer lässt mich splitternackt ausziehen, und seine Peitsche zieht ein Liniennetz über meinen verlängerten Rücken.«[199]

Anfang Januar 1945 wird das Arbeitskommando aufgelöst, weil die Bauten an dieser Stelle fertiggestellt sind. Die Arbeit sei für das Überleben »günstig« gewesen, stellt Portefaix rückblickend fest. Als er von der Auflösung erfährt, bricht er in Tränen aus, denn er ist sich sicher, bald sterben zu müssen, da er bereits völlig geschwächt ist. Am ersten Arbeitstag im neuen Kommando sucht er verzweifelt nach Möglichkeiten, der Situation zu entkommen. Er überlegt, einen Fuß unter eine vorbeifahrende Eisenbahn zu stellen, doch er tut es im

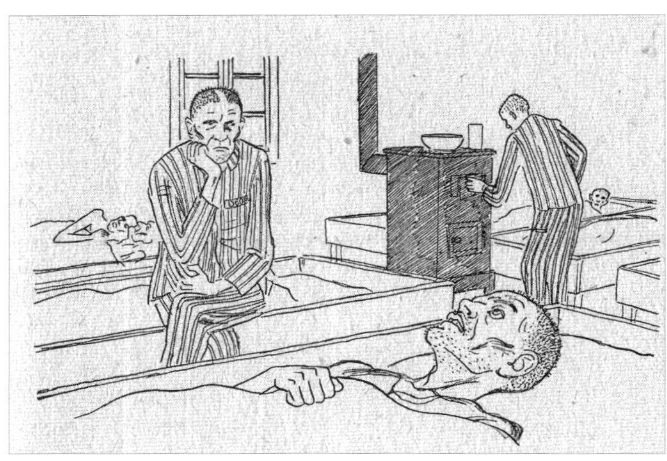

Alt Garge, Krankenabteilung. Zeichnung von Viktor Glysing Jensen (1945). Im Vordergrund beobachtet ein Häftling das nahe Ende eines kranken Häftlings, der bereits den starren Blick der »Muselmänner« hat

letzten Moment nicht. In seiner Reflexion dieser Situation führt er ein Selbstgespräch: »Raymond, du bist ein Feigling; so kannst du nicht mehr weitermachen, das siehst du doch selbst, du stolperst ja bei jedem Schritt, du bist nur noch ein Wrack!«[200]

Daraufhin beschließt er, sich auf jeden Fall selbst zu verletzen, um ins Revier zu kommen. Zuerst versucht er, seinem Fuß mit der Schaufel eine klaffende Wunde beizubringen, doch dies erweist sich als zu schmerzhaft. Als Nächstes springt er aus drei Metern Höhe auf Beton, doch das Loch im Kopf reicht nicht aus für die Aufnahme im Krankenrevier. Schließlich gelingt es ihm durch den Verzehr von Kohl und indem er Blut aus anderen Wunden in den Stuhlgang mengt, als Ruhrkranker im Revier aufgenommen zu werden.

Während er dort liegt, findet eine bedrohliche Selektion statt, in der sogenannte Muselmänner für den Transport ins Hauptlager ausgesucht werden. Auch hält sein Durchfall nicht lange an. Portefaix wird Mitte Januar angekündigt, dass er das Revier bald verlassen muss. Daraufhin besorgt er sich Nadel und Faden, die er durch den größten Dreck zieht, um sich anschließend mit der Nadel und dem Faden durch die Haut über dem Knie zu stechen. Die angestrebte schwere Entzündung stellt sich ein. Ihm gelingt es, in eine »abgelegene Ecke« des Krankenreviers zu kommen, wo nur französische Häftlinge liegen, die sich ähnliche Wunden beigebracht hatten. Die »Ecke« wird von den Funktionshäftlingen des Reviers nur selten geprüft. Sein Knie wird aufgeschnitten und der Eiter entfernt. Sein Bettnachbar zeigt ihm, wie man durch die Entfernung der Salbe und die Beschmierung offener Stellen mit Kot eine schnelle Heilung verhindert.

Portefaix schildert seine Abwägungen erneut mit Ironie und Fatalismus: »Sich an die Luft setzen zu lassen bedeutet, sein Todesurteil zu unterschreiben, und seine Wunde zu infizieren bedeutet, eine Blutvergiftung zu riskieren. Nach alter Logik würde man das als Dilemma bezeichnen. Die Wahl ist aber ziemlich einfach. Mehr als je zuvor ist das Leben im Kommando unerträglich. Lastwagen und Karren kommen voll beladen mit Leichen zurück. [...] Hier lässt sich's aushalten, man muss nur den Mut haben, sich ein bisschen zu foltern.«[201]

Zugleich liefert ihm die Zeit im Krankenrevier in der Rückschau die Chance, »erwachsen zu werden«. Portefaix erzählt, dass er sich in dieser Zeit Gedanken über sein Handeln im Lager macht. Er hilft im Revier Kranken und Sterbenden und bemüht sich, Gutes zu tun. Doch auf der anderen Seite hält ihn die eigene Not fest im Griff. Vor lauter Hunger stiehlt er einem Todkranken das Essen.

Seine Beschreibungen reflektieren die ethischen Dilemmata im Kampf um das eigene Leben inmitten von anderen, die im Sterben liegen: »Hier gibt es kein Zögern, das Erhabene hat hier keinen Platz. Die Tyrannei des Hungers ist schändlich, aber ich muß zugeben, daß sie mich beherrscht. Sicher gibt es mildernde Umstände: Wenn ich es nicht täte, würde ein anderer mit Freuden meinen Platz einnehmen. Aber das ist letztlich keine Rechtfertigung. Seid verflucht, ihr sadistischen Boches! Ihr zwingt Menschen, in sich all das zu zerstören, was gut ist [...]. Euer gemeinstes Verbrechen ist, dass ihr uns moralisch brechen wollt durch ausweglose Situationen: auf der einen Seite der Tod, auf der anderen die Schande. [...] Unmenschen, was habt ihr aus einem achtzehnjährigen Jungen gemacht? Weniger als einen Stein. Ein Stein zieht keinen Vorteil aus dem Leid anderer. Zu fühlen, dass man aufrichtig und fromm lieben möchte, und dann zu erleben, wie diese sittliche Empfindung wie in einem Schraubstock eingezwängt wird [...]. Man vergisst die Abgründe nicht in die man einmal geschaut hat; ich habe nun monatelang in einem gelebt – und er enthielt nichts als die Quintessenz des Bösen.«[202]

Portefaix hat sich in den letzten Monaten seiner Häftlingszeit vom jugendlichen, unbändigen Willen zum Widerstand und zur Auflehnung gegen seine Zwangssituation und gegen die Deutschen verabschiedet. In seinen Beschreibungen hebt er nun den Wunsch hervor, auch den anderen Menschen zu helfen und nach Möglichkeit Gutes zu tun. Die Situation im Außenlager Bremen-Farge ist zu diesem Zeitpunkt bereits so katastrophal und unmenschlich, dass dies nur bedingt möglich ist.

Sein Bericht verdeutlicht, dass er immer wieder durch die von der SS geschaffenen Umstände in Situationen gerät, in denen um des eigenen Überlebens willen mitmenschliches Handeln

Häftlinge beim Bau einer Steinbaracke im Außenlager

nicht möglich ist. Für Portefaix stellen diese Ereignisse seinen Lebensentwurf radikal infrage; sie hinterlassen ein tiefes Gefühl der Verzweiflung und Beunruhigung. Das Überleben im Lager war auch davon abhängig, dass dem Häftling eine Zukunft in der menschlichen Gemeinschaft möglich schien; die Erlebnisse machten für Portefaix solche Zukunftsvorstellungen fraglich.

Ihm gelingt es, weitere zweieinhalb Monate im Krankenrevier zu verbringen. So kann er das Außenlager in Bremen-Farge überleben und sein Kampf ist letztlich erfolgreich. Dass der von ihm angestrebte und auch umgesetzte Weg nicht immer Erfolgversprechend war, wird aus den Erzählungen anderer Häftlinge deutlich: So wären nur wenige erfahrene Häftlinge freiwillig ins Revier gegangen, weil sie das Revier mit mutwilligen Tötungen (»Abspritzen«) und Selektionen in den Tod verbanden. Portefaix verfügte durch seine kurze Zeit im Lager nicht über diese Erfahrung. Er beurteilte das Revier allein aus den aktuellen Erlebnissen, die ihm zeigten, dass für ihn nur noch dort ein Überleben möglich war.

Eines der wenigen Bilder von der Baustelle, das einen Wachmann mit Gewehr zeigt

Insgesamt zeigen seine Schilderungen, dass von einer »gezielten Überlebensstrategie« kaum gesprochen werden kann. Die Zuteilung zu den Arbeitskommandos war von Portefaix nur sehr bedingt und dann zumeist unter Erduldung von Schlägen beeinflussbar. Mehrfach war er so erschöpft, dass weitere Schläge oder ein Unfall auf der Arbeitsstelle den Tod hätten bedeuten können. Er konstatierte selbst, dass er sich an der Schwelle zum Stadium des »Muselmanns« befand. Der Weg ins Revier war der allerletzte Ausweg vor dem Tod. Die Methode, durch Selbstverstümmelung zu überleben, war mehr als riskant. Mit einer Blutvergiftung wäre unter den katastrophalen medizinischen Bedingungen im Außenlager der Tod mehr als wahrscheinlich gewesen. Die individuelle Strategie war nur durch viel Glück erfolgreich.

Doch auch für die französischen Häftlinge seines Heimatortes, die kollektiver organisiert waren, war der Tod ein ständiger Begleiter. Eine große Zahl erlebte das Kriegsende nicht. Unter den Bedingungen, denen sie in Bremen-Farge ausgesetzt waren, blieb das Überleben eine Frage der Kräfte, aber vor allem auch des Glücks. Dies galt allerdings auch für die meisten Häftlinge anderer Nationen, wenn sie nicht selbst einen Funktionsposten ausübten oder zumindest über gute Kontakte zu Funktionshäftlingen verfügten.

Das Arbeitserziehungslager

Kurz nach dem deutschen Überfall auf Polen begann das NS-Regime seine Maßnahmen zu verstärken, die Arbeitsleistungen in der Rüstungswirtschaft zu erhöhen. Neben einem Anreizsystem durch Leistungslöhne und andere Vergünstigungen setzten Wirtschaft und Staat hierbei vor allem auf immer umfassendere Strafmaßnahmen. Innerhalb des Repressionssystems zur Erzwingung hoher Arbeitsleistungen nahmen die Arbeitserziehungslager der Gestapo eine wichtige, wenn nicht sogar die bedeutendste Rolle ein.

In die Lager konnten Firmen Arbeiter überweisen, die sie als »Bummelanten« oder »Drückeberger« bezeichneten oder die in irgendeiner Form Widerstand gegen das Arbeits- oder das NS-Regime erkennen ließen. Hier wurden die Häftlinge von den Wachleuten unter Schlägen zu schwerster Arbeit angetrieben. Nach mehreren Wochen Zwangsarbeit kehrten sie ausgemergelt in die Betriebe zurück und dienten dort als Anschauungsmaterial, was bei unbotmäßigem Verhalten passieren konnte. Insgesamt existierten während des Dritten Reiches nach bisherigen Kenntnissen 106 Arbeitserziehungslager der Gestapo mit 18 Außenkommandos und 105 Firmenerziehungslager, die direkt an einen Betrieb angegliedert waren.[203]

In Bremen-Nord wurde spätestens im Mai 1940 im Fremdarbeiterlager Tesch von der Bremer Gestapo ein Staatspolizeiliches Sonderlager – so die anfängliche Bezeichnung der Arbeitserziehungslager – errichtet.[204] In einem Schreiben des Senators für Innere Verwaltung heißt es, dass ab dem 6. Mai 1940 sieben Wachtmeister der Schutzpolizei im Arbeitserziehungslager eingesetzt seien.[205] Damit war Farge das 2. Staatspolizeiliche Sonderlager[206] überhaupt; das erste war bei den Hermann-Göring-Werken in Salzgitter errichtet worden.[207] Das niedersächsische Gebiet war bei der Errichtung dieser Lager führend, weil der Höhere SS- und Polizeiführer (HSSPF) Mitte, SS-Obergruppenführer Friedrich Jeckeln, ihren Ausbau nachdrücklich förderte und zudem die rüstungswichtigen Hermann-Göring-Werke eine Disziplinierung von polnischen Zwangsarbeitern einforderten.

Die ersten Arbeitserziehungslager in Norddeutschland entstanden durch eine enge Kooperation der Gestapo mit Vierjahresplanwerken. In Farge war wohl der Wunsch der Baufirma Gottlieb Tesch, die hauptsächlich für die Wifo, möglicherweise aber auch für die Marine tätig war, ausschlaggebend für die Einrichtung des zunächst »Erziehungslager für Arbeitsuntreue« benannten Lagers.[208] Die Firma beschwerte sich über die hohe Fluktuation und mangelnde Arbeitsdisziplin der inzwischen aus Tschechen, Belgiern, Niederländern, Franzosen und Deutschen zusammengesetzten Belegschaft. Die Bauarbeiter der Rüstungsprojekte im Bremer Norden bildeten 1940 den Großteil der Inhaftierten, deren Zahl zu dieser Zeit knapp unter hundert im Schnitt betrug.

Die Lager in Norddeutschland entstanden 1940 aufgrund der regionalen Initiative der Industrie und lokaler NS-Stellen. Himmler hatte im Jahr 1940 wenig Interesse an der Etablierung einer neuen Haftstättenart und plädierte weiterhin für die Einweisung besonders renitenter Arbeitsverweigerer in ein Konzentrationslager. Doch für die Firmen bestand der Nachteil dieser Lösung darin, dass die einmal ins KZ verschleppten Arbeiter in der Regel nicht mehr zurückkehrten und für die Firma verloren waren. Gleichzeitig wurde das Problem des Absentismus und der Arbeitsverweigerung von den Firmen und Arbeitsämtern 1940 als immer dringender empfunden.[209]

So klagte das Arbeitsamt Bremen im April 1940, dass in mehreren Großfirmen 5-10% der Arbeiterschaft zeitweilig unentschuldigt fehlen würden.[210] Dies führte dazu, dass mehrere Stellen die Einführung besonderer Lager für ›Arbeitsverweigerer‹ befürworteten. So betonte etwa der Präsident des Gauarbeitsamtes Niedersachsen, Dr. von Maercken, gegenüber der Gauleitung Weser-Ems, dass er ein solches Lager immer gefordert hätte. Er schlug als Träger die Gestapo vor und sprach sich für eine Beteiligung des Staates an den Kosten aus.[211]

Da die Klagen über Arbeitsausfälle reichsweit auftraten, einigten sich das Reichsarbeitsministerium und das Reichssicherheitshauptamt im Juni 1940 auf ein gemeinsames Vorgehen, das die Einschaltung der Gestapo bei wiederholten oder schweren Verfehlungen von Arbeitern und neben der schärfsten Strafe – der Einweisung ins KZ – die Verhängung einer kurzfristigen Schutzhaft vorsah.[212] Die beiden Erlasse blieben die rechtlich sehr dünne Grundlage für die Errichtung der ersten Arbeitserziehungslager, bis Himmler sich aufgrund der wachsenden Zahl dieser Einrichtungen 1941 zu einer grundsätzlicheren Regelung genötigt sah.

Nachdem das Lager in Farge eingerichtet war, entdeckte auch die Bremer Großindustrie, angeleitet von der Handelskammer, dessen Vorzüge. Im Gegensatz zu einer Einweisung in ein KZ besaß das neue Lager den Vorteil, dass die zu disziplinierenden Arbeiter in der Nähe des Betriebes und unter Aufsicht der Bremer Behörden blieben, wodurch die schnelle Rückkehr an den Arbeitsplatz nach der Disziplinierung gesichert schien.

Nachdem sich im Frühjahr 1941 die Klagen der Bremer Großindustrie über das »Bummelantentum« weiter verstärkt hatten, setzte der für Arbeitsfragen zuständige Syndikus der Handelskammer, Dr. Karl Kohl,[213] die Einberufung einer Sitzung mit allen maßgeblichen Stellen am 25. März 1941 durch. An ihr nahmen teil: Vertreter des Treuhänders der Arbeit, der DAF, des Arbeitsamtes, der Leiter der Bremer Gestapo und Dr. Kohl. Es wurde beschlossen, dass neben der härteren Anwendung der bisherigen Regeln für eine Anzahl Bremer Großbetriebe ein Schnellverfahren eingerichtet werde. Letzteres sah die sofortige Bestrafung der von den Betrieben genannten »Bummelanten« durch eine Einweisung nach Farge vor. Gegen die Bedenken des Leiters der Bremer Gestapo, der dieser Ausweitung seiner Aufgaben skeptisch gegenüberstand, setzten Dr. Kohl und der Vertreter des Treuhänders der Arbeit durch, dass die Großbetriebe zu entscheiden hätten, wer in das Arbeitserziehungslager Farge gehöre.

Damit die Einweisungen systematisch erfolgen konnten, wurde beschlossen, dass alle Großbetriebe einen besonderen Referenten für diese Fragen ernannten, der auch eine betriebliche Strafkartei anzulegen hätte. Abschließend heißt es im Protokoll: »Die festgestellten groben Fälle werden nunmehr einer besonders schnellen Ahndung zugeführt. (...) Im Anschluß an die verantwortliche Vernehmung wird darüber entschieden, ob der Delinquent noch einmal mit einer milderen Bestrafung davonkommen kann oder ob er sofort der Geheimen Staatspolizei zugeführt werden muß. Das letztere wird wohl die Regel sein. Da es sich nach dem vorgeschlagenen Verfahren ausschließlich um schwerwiegende Fälle handelt, wird die Geheime Staatspolizei ohne Bedenken dem Antrag auf sofortige Einweisung in ein Arbeitslager stattgeben.«[214]

In einer Besprechung der Industrie-Abteilung der Handelskammer am 24. April 1941 tauschten sich dann die Bremer Großbetriebe über ihre bisherigen Erfahrungen mit dem Lager in Farge aus. Während sich die Lloyd-Dynamo-Werke darüber beschwerten, dass einer ihrer Arbeiter in Farge mehr Lohn als im Betrieb erhalten hätte, äußerte sich Direktor Siepmann von den Francke-Werken positiv. Aus seiner Firma wären inzwischen neun Arbeiter in Farge gewesen, davon hätte das Lager zumindest auf sechs eine »starke erzieherische Wirkung« gehabt.[215]

Die Flugzeugwerke Focke-Wulf schrieben über ihre Erfahrungen: »Dänen. Von den ganzen Ausländern, die sich hier herumtreiben, ist dies wohl das schlimmste Volk, was man sich denken kann. (...) Eine ganze Reihe von Dänen ist Ende letzten Jahres von der Gestapo in das Zwangsarbeiterlager gesteckt worden, weil sie sehr viel herumbummelten und sich auch sonst unbotmäßig benahmen. Das wirkte (...). Wir möchten zusammenschließend darauf hinweisen, dass es unbedingt notwendig ist, die Ausländer schärfer als bisher anzufassen.«[216]

Im Mai 1941 ließ Dr. Kohl in zehn Bremer Großbetrieben eine von ihm entworfene Erklärung bei Betriebsappellen verlesen, in der »Bummelanten« offen gedroht wurde. Ihr letzter Satz lautete: »Niemand möge darüber im unklaren sein, dass offener und versteckter Widerstand gegen die durch den Krieg bedingten Massnahmen und damit gegen die Belange der Allgemeinheit mit allen Mitteln gebrochen wird.«[217]

Zu diesem Zeitpunkt war die Kenntnis des neuen Lagers jedoch bei den kleineren Industriebetrieben zum Teil noch nicht verbreitet. So forderten etwa die Torfit-Werke in Hemelingen in Unkenntnis der Existenz des Farger Lagers: »Für faule, freche und unsaubere ausländische Arbeiter müsste ein Strafarbeitslager zur vorübergehenden Erziehung eingerichtet werden.«[218] Dieses Schreiben ist auch ansonsten voll von rassistischen Abqualifizierungen ausländischer Arbeiter. So heißt es etwa: »Eine Arbeitsdisziplin wie wir sie beim deutschen Arbeiter kennen, ist beim ausländischen Arbeiter nicht vorzufinden. In allen steckt mehr oder minder ein gewisser Wandertrieb.«[219]

Dr. Kohl lobte aufgrund der ersten Erfahrungsberichte in einem Schreiben an die Reichswirtschaftskammer das neue Lager in den höchsten Tönen und plädierte dafür, den harten Bremer Kurs auf Reichsebene auszuweiten: »Im Bummelantentum einer nicht unerheblichen Zahl von Gefolgschaftsmitgliedern liegen noch Arbeitskraftreserven, die man aber, wie die Praxis gezeigt hat, nicht leicht mobilisieren kann, es sei denn, dass allerschärfstens durchgegriffen wird und der ›Soldat der Arbeit‹ genau so im Kriege behandelt wird wie der ›Soldat der Wehrmacht‹. Solange das nicht geschieht, wird sich hier grundlegend nichts ändern. – Wir haben hier im Kammerbezirk ein sogenanntes Schnellverfahren mit Treuhänder und Gestapo vereinbart, wonach derartige Bummelanten scharf angefasst und schwersten Arbeiten ausserhalb des Betriebes, aus dem sie gekommen sind, zugeführt werden und zwar in einem Lager der Gestapo auf die Dauer von etwa drei Wochen. Alsdann werden sie dem alten Betrieb wieder zugeführt. Mit diesem Verfahren sind teilweise recht gute Erfahrungen gemacht worden. Hier lässt sich aber noch bedeutend mehr tun, um den Bummelanten zuleibe zu gehen, wenn behördlicherseits noch schneller und schärfer zugefasst wird.«[220]

Mit der Einführung dieses beschleunigten Verfahrens hatte Bremen eine Vorreiterfunktion. Als im Dezember 1941 von der Reichswirtschaftskammer ein neuer Erlass des Reichsarbeitsministeriums zur besseren Bekämpfung der Disziplinlosigkeiten verschickt wurde, konnte der Referent der Bremer Handelskammer anmerken: »Bei uns in Bremen schon lange u. dazu noch wesentlich besser im Verfahren u. Durchführung eingeführt.«[221]

Auch aufgrund dieser Erfahrungen, die Kohl in den Sitzungen der Reichswirtschaftskammer verbreitete, kam es ab dem Frühjahr 1941 zur verstärkten Errichtung von Arbeitserziehungslagern. Himmler entschloss sich nun, dies als neue Haftart zu akzeptieren und dafür allgemeingültige Regeln aufzustellen. Der erste und wichtigste Erlass über die Arbeitserziehungslager stammt vom 28. Mai 1941. Zum generellen Charakter der Lager heißt es dort: »Mit dem verstärkten Arbeitseinsatz von Ausländern und anderen Arbeitskräften in wehr- und volkswirtschaftlich wichtigen Betrieben mehren sich die Fälle von Arbeitsverweigerungen, denen im Interesse der Wehrkraft des deutschen Volkes mit allen Mitteln entgegengetreten werden muss. Arbeitskräfte, die die Arbeit verweigern oder in sonstiger Weise die Arbeitsmoral gefährden und zur Aufrechterhaltung der Ordnung und Sicherheit in politischen Gewahrsam genommen werden müssen, sind in besonderen Arbeitserziehungslagern zusammenzufassen und dort zu geregelter Arbeit anzuhalten. Die Arbeitserziehungslager sind ausschliesslich zur Aufnahme von Arbeitsverweigerern und arbeitsunlustigen Elementen, deren Verhalten einer Arbeitssabotage gleichkommt, bestimmt. Die Einweisung verfolgt einen Erziehungszweck, sie gilt nicht als Strafmassnahme und darf als solche auch nicht amtlich vermerkt werden.«[222]

Himmler legte fest, dass die Genehmigung zur Lagererrichtung nur durch den zuständigen Inspekteur der Sicherheitspolizei und des SD erfolgen konnte. Der Betrieb des Lagers lag in den Händen der jeweiligen Staaatspolizei(leit)stelle. Aufbau und Erhalt des Lagers sollten aus dem Staatshaushalt finanziert werden. Dafür konnten die Häftlinge während der Haftzeit an zivile Arbeitgeber vermietet werden, die dafür täglich pro Arbeitskraft 3,50 Reichsmark an den Staat abzuführen hatten. Die Häftlinge erhielten täglich höchstens 0,50 Reichsmark. Hiervon konnten sie wöchentlich zwei Reichsmark zum Erwerb von Lebensmitteln ausgeben, den Rest mussten sie zwangsweise sparen. In der Regel blieben dem Staat also pro Arbeitskraft drei Reichsmark pro Tag, um die Unterbringung und Versorgung der Häftlinge zu bezahlen, wodurch im Regelfall der Lagerbau schnell refinanziert gewesen sein dürfte.

Die Überwachung erfolgte durch Kräfte der Gestapo. Falls nicht genügend Polizeikräfte verfügbar waren, sah der Erlass die Notdienstverpflichtung von Arbeitskräften als Wachmänner vor. Die Verpflegung wurde auf Reichskosten nach den Verpflegungssätzen des Reichsministeriums für Ernährung und Landwirtschaft für Strafgefangene durchgeführt. Die Arbeitszeit wurde auf täglich zehn bis zwölf Stunden festgelegt und Sonntagsarbeit ausdrücklich zugelassen, sodass Wochenarbeitszeiten von 70 bis 84 Stunden erreicht wurden. Hierbei ist zu betonen, dass die deutschen Rüstungsfirmen davon ausgingen, dass für freie und besser genährte deutsche Arbeitskräfte die höchstmögliche Wochenarbeitszeit, die nicht zur dauerhaften Schwächung führte, 72 Stunden betrug.

Die Hafthöchstdauer wurde auf 56 Tage festgelegt. Weiter heißt es: »Ist nach Ablauf der Gesamtzeit von 8 Wochen der Haftzweck nicht erfüllt, so ist bei Reichssicherheitshauptamt – Ref. IV C 2 – die Verhängung von Schutzhaft und die Einweisung in ein Konzentrationslager zu beantragen.«[223]

Damit lag zwar ein grundsätzlicher Erlass zur neuen Lagerform vor, doch auch hier blieb die rechtliche Grundlage mehr als dünn, denn für die Verhängung der »Erziehungsmaßnahme« gab es keine gesetzliche Grundlage. Die SS legitimierte die Haft offiziell durch den Rückgriff auf die »Verordnung zum Schutz von Volk und Staat« vom 28. Februar 1933, durch die der Begriff der Schutzhaft eingeführt worden war. Doch de facto ließ auch eine weite Auslegung dieser Verordnung 56 Tage »Erziehungshaft« kaum zu. Dass die Gestapo weitgehend ohne rechtliche Grundlage handelte, wurde auch von der Justiz bemängelt.[224] Der Erlass zeigt, dass Himmler plante, die Kosten der Lager durch den Verleih der Häftlinge zu decken.

Im Erlass vom Mai 1941 war noch nicht festgelegt, mit welchen Strafformen die Gestapo die Häftlinge »erziehen« sollte. Eine Reihe von Beschwerden über Schläge und die spätere Arbeits-

Abschrift von Abschrift

An die
Geheime Staatspolizei
Staatspolizeistelle
(23) Bremen

17. Januar 1945

Betr.: Flame Peter P u t, geb. 12.1.14 in Leopoldsburg
Eintr. 9.4.43/verh. 2 Kinder
Wohnung: Lager Norddeutsche Hütte
Heimatanschrift: Leopoldsburg Krs. Limburg i.Be.

Der obenangeführte Ofn. trat am 9.4.43 bei uns ein und wurde bis zum 1.6.43 in der mechan Werkstatt beschäftigt. Dort war er wenig zu gebrauchen und kam dann auf seinen Wunsch in unseren Eisenbahnbetrieb, wo er auch viel zu Klagen Anlass gab, sodass wir uns gezwungen sahen, ihn am 1.10.43 unserem Platzbetrieb zuzuweisen. Auch auf diesem Arbeitsplatz machte er uns die grössten Schwierigkeiten, kam unpünktlich zur Arbeit, fehlte häufig unentschuldigt und wurde dann, um noch eine besondere Kontrolle ausüben zu können, unserem Hochofenbetrieb zugewiesen. Auch in diesem Betrieb hat er laufend zu Klagen Anlass gegeben und jetzt seit dem 8.1. bis 12.1. unentschuldigt gefehlt. Er war auch nicht im Lager selbst aufzufinden und hat sich vermutlich irgendwo in der Stadt oder in einem anderen Lager aufgehalten. Da unsere betrieblichen Mittel erschöpft sind, halten wir eine Einweisung in ein Arbeitslager für notwendig. und bitten Sie um weitere Veranlassung.

N o r d d e u t s c h e H ü t t e
Aktiengesellschaft

Schreiben der Norddeutschen Hütte an die Bremer Gestapo mit der Bitte um Einweisung eines belgischen Zwangsarbeiters in das Arbeitserziehungslager

unfähigkeit von Häftlingen führte dazu, dass ein ergänzender Erlass diese Frage im Dezember 1941 regelte: »Jede körperliche Einwirkung auf die Häftlinge der Arbeitserziehungslager ist untersagt. Diese Anordnung gilt nicht nur für das Lagerpersonal, sondern im vollen Umfang auch für Angehörige der Betriebe und Unternehmen, denen die Häftlinge durch Arbeitsvertrag zur Verfügung gestellt werden, sowie für diejenigen Häftlinge, die als Vorarbeiter (Kolonnenführer) eingesetzt werden.«[225]

Als Strafen zugelassen wurden Essensentzug, erschwerte Arbeit und Strafarrest. Dies beendete die Gewalt im Arbeitserziehungslager Farge zwar nicht, dämmte aber ihr Ausmaß zumindest zwischenzeitlich ein. Bald jedoch nahm die Gewalt erneut zu und gegen Kriegsende gehörte brutales Verhalten der Wachmannschaften zum Alltag des Lagers.

Nachdem durch den Erlass der Rahmen abgesteckt war und das große Interesse der Bremer Industrie eine Ausweitung des Lagerbetriebes erwarten ließ, verlegte die Gestapo die Haftstätte in das Marinegemeinschaftslager. Vermutlich geschah dies im Herbst 1941.[226] Hier wurden zu diesem Zweck vier Steinbaracken durch einen Maschendrahtzaun abgetrennt, gekrönt mit Stacheldraht. In drei Baracken wurden die Häftlinge untergebracht. Jede besaß laut einer Aussage des Lagerarztes Dr. Heidbreder 6 Stuhlklosetts, 4 Duschen

Luftbild vom Marinegemeinschaftslager II aus dem Jahr 1953

und etwa 30 Waschbecken. Zudem gab es eine moderne Entlausungsanlage, in der die Häftlingskleidung gereinigt wurde. Das Lager wurde seit Oktober 1940 von SS-Oberscharführer Karl Walhorn geleitet. Sein direkter Vorgesetzter war der jeweilige Leiter der Bremer Gestapo.

Im Frühjahr 1942 war dies Dr. Herbert Zimmermann, der im März 1942 in die Handelskammer eingeladen wurde, um über die Erfahrungen mit dem Arbeitserziehungslager zu berichten. Anwesend waren Vertreter der Bremer Handelskammer, des Landeswirtschaftsamtes Weser-Ems, des Reichstreuhänders der Arbeit und der Deutschen Arbeitsfront. Zimmermann erklärte, dass das Lager zur Zeit mit 320 Häftlingen belegt sei, wovon jedoch die Hälfte aus dem Hamburger Bezirk stammten. Er betonte, dass vor allem 18- bis 20-jährige »Lümmels« das Problem seien. »Er müsse aber feststellen, dass die Bummelei im hiesigen Bezirk noch verhältnismässig gering sei; kaum 1% der in Bremen beschäftigten Arbeiter könne man unter die sogenannten echten Bummelanten rechnen. Er müsse immer wieder beanstanden, dass die Betriebsführer sehr oft zu leichte Fälle an die Gestapo heranbringen würden, die sich späterhin als nicht stichhaltig genug erweisen würden, um von der Gestapo aus energisch zupacken zu können.«[227]

Es fällt auf, dass auch in diesem Fall die Gestapo die Bedrohung geringer einschätzte als Han-

Links: Baracke des ehemaligen Arbeitserziehungslagers 1965; rechts: Die Überreste des ehemaligen Arbeitserziehungslagers aus der Ferne 1965

delskammer und Industriefirmen und eher auf eine Einschränkung der Anzeigen drang. Insgesamt sprach Zimmermann davon, dass »gute Erfolge erzielt« wurden und die Rückfallquote inzwischen stark gesunken sei. Auf Nachfrage gab er zu Protokoll, dass die Industrie monatlich etwa 200 Fälle an die Gestapo melde. Durchschnittlich würden davon etwa 150 nach Farge eingewiesen und weitere 50 lediglich verwarnt. Seit Einrichtung des Lagers hätte es zudem 100 Fälle gegeben, in denen aufgrund der Nichtbeweisbarkeit der Tatbestände auch keine Verwarnung erfolgt wäre.

Auf der Sitzung wurde beschlossen, einen »Ausschuß zur Bekämpfung des Bummelantentums« einzusetzen, um zu einer einheitlichen Bewertung der Fälle zu kommen. Vertreter des Arbeitsamtes, des Reichstreuhänders der Arbeit, der Handelskammer und der Firmen sollten hierin gemeinsam entscheiden, welche Personen an die Gestapo übergeben werden müssten. Eine erste Sitzung des Ausschusses fand spätestens im Juni 1942 statt und er blieb auf jeden Fall bis 1944, vermutlich aber bis Kriegsende aktiv.[228]

Insgesamt befanden sich von 1942 bis Mitte 1943 durchschnittlich zwischen 200 und 350 Häftlinge im Lager. Dr. Heidbreder gab an, dass bei seiner Ankunft im Frühjahr 1942 noch 60% der Häftlinge Deutsche waren. Durch den beständig zunehmenden Einsatz von ausländischen Zwangsarbeitern und die Abnahme des deutschen Arbeitskräfteanteils an der Gesamtbelegschaft veränderte sich diese Relation allerdings schnell. Zudem wurden immer mehr Menschen wegen Arbeitsvertragsbrüchen ins Arbeitserziehungslager eingewiesen. Bei der Mehrzahl der Fälle handelte es sich um ausländische Zwangsarbeiter, die entweder von ihrer Arbeitsstelle geflohen oder nach einem Urlaub nicht zurückgekehrt waren. Unter den 1.348 vom Juni 1941 bis Juli 1942 von der Gestapo Bremen wegen Vertragsbrüchen festgenommenen Personen befanden sich 989 Ausländer.[229] Diese wurden zwar nicht sämtlich in ein Arbeitserziehungslager eingewiesen, doch wegen der im Kriegsverlauf zunehmenden Fluchtversuche von Zwangsarbeitern griff die Gestapo auch hier immer härter durch. Die Häftlinge des Lagers wurden bis zum Sommer 1943 vor allem beim Bau des Wifo-Tanklagers eingesetzt. Üblich war und blieb aber auch der Verleih an Bauern und kleinere Betriebe der Umgebung.

Im Sommer 1943 veränderte sich die Situation deutlich. Für den Bau des U-Boot-Bunkers »Valentin« benötigte die Marine ihr Gemeinschaftslager, um dort zivile Zwangsarbeiter unterzubringen. Aus diesem Grund musste das Arbeitserziehungslager im Sommer/Herbst 1943 in die Rekumer Feldmark verlegt werden. Das Gelände und die Baracken wurden von der Marine zur Verfügung gestellt. Das gesamte Lager war umzäunt und an den vier Ecken standen Wachtürme. Die Gestapo zog später einen weiteren elektrisch geladenen Zaun um das Lager.

Innerhalb des Areals befanden sich vier hölzerne Wohnbaracken, in denen die Häftlinge untergebracht waren. Hinzu kamen zwei Steinbaracken. In einer der beiden befanden sich Wasch- und Duschräume, eine Desinfektionsanlage und die Kleiderkammer, in der anderen die Küche, die Schreibstuben und die Wohnung des Kommandanten. Möglicherweise war hier auch ein Teil der Wachmannschaften untergebracht.

Im April 1944 entfernte die Marine zwei der hölzernen Baracken wegen Eigenbedarfs. Dadurch wurde es im Lager qualvoll eng. Dieses Zustandes versuchten Gestapo und Häftlinge Herr zu werden, indem kleinere Holzbaracken errichtet wurden. Vermutlich wurden die Küche und die Wäscherei verlegt, um Platz für Häftlinge in den Steinbaracken zu schaffen. Zudem wurde ein Teil der Häftlinge in einer selbst gezimmerten Bretterbude untergebracht.[230]

Durch die Lagerverlegung verschlechterte sich nicht nur die Unterbringung der Häftlinge, sondern die Situation insgesamt. Insbesondere die Nahrungsrationen sanken, weil das Lager nun nicht mehr durch die Küche des Marinegemeinschaftslagers versorgt wurde, sondern die Verpflegung in die Verantwortung der Gestapo überging. Zwar lieferten örtliche Bauern und Lebensmittelhändler weiterhin die festgelegten Rationen ins Lager, aber es war für die Wachmannschaften nun sehr viel einfacher geworden, Lebensmittel zu unterschlagen.

Das Vorzeigelager der Bremer Gestapo entwickelte sich bald zu einem wegen seiner Härte berüchtigten Lager, das die Historikerin Gabriele Lotfi als eines der wenigen »Todeslager« unter den Arbeitserziehungslagern bezeichnet.[231] Dazu wurde es aber erst mit dem Beginn des Bunkerbaus und der Verlegung in die Rekumer Feldmark. Neben der katastrophalen Ernährung war die Brutalität von Lagerführern und Wachmannschaften verantwortlich für die vielen Todesfälle unter den Häftlingen.

Die Lagergesellschaft

> »Farge war ein Europa im kleinen. Es gab sicher keine der zahlreichen Nationen dieses Erdteils, die dort nicht vertreten gewesen wäre. Hinzu kamen noch die Vertreter exotischer Völkerschaften aus Lagern von britischen oder russischen Kriegsgefangenen, wie zum Beispiel Mongolen, Chinesen, Inder, Annamiten, Tartaren, Malaien. Bloß Neger sind mir in Farge nicht begegnet, es sollen aber vor unserer Zeit einige dort gewesen sein.«
>
> Wilhelm Nolting-Hauff 1946

Im Gegensatz zum KZ-Außenlager existierte im Arbeitserziehungslager keine fest etablierte Schicht von Funktionshäftlingen. Da die Mehrzahl der Häftlinge höchstens acht Wochen blieb, war die Situation durch ständige Fluktuation gekennzeichnet. In den ersten Jahren stellten deutsche Arbeiter die Mehrzahl der Häftlinge. Nach der Ernennung Sauckels zum Generalbeauftragten für den Arbeitseinsatz im März 1942 und der immer planvolleren Zwangsrekrutierung von Ausländern veränderte sich dies jedoch zunehmend. Den größten Anteil unter den Häftlingen bildeten fortan osteuropäische Zwangsarbeiter, aber auch Westeuropäer wurden immer häufiger ins Lager geschickt.

Die Bremer Großbetriebe nutzten das Arbeitserziehungslager bis kurz vor Kriegsende zur Disziplinierung ihrer Arbeiter. Anhand der Daten einiger weniger Betriebe lässt sich zumindest ein grober Eindruck von der Zusammensetzung der Häftlinge gewinnen. Die Bremer Stadtwerke ließen vom Juni 1944 bis zum März 1945 53 Arbeiter des Betriebes nach Farge schaffen. Darunter waren 40 Franzosen, vier Niederländer und neun Osteuropäer (vor allem aus Polen und der Sowjetunion).[232]

Auch von der Norddeutschen Hütte, dem großen Bremer Hüttenwerk, das seit 1928 zum Krupp-Konzern gehörte, wurde das Arbeitserziehungslager genutzt. Besonders tat sich der Betriebsführer und Abwehrbeauftragte des Werkes, Otto Hoffmann, hervor. Hofmann war seit 1931 NSDAP-Mitglied und blieb bis Kriegsende überzeugter Nationalsozialist. Bei der Norddeutschen Hütte wurde die Einweisung von Arbeitern ins Arbeitserziehungslager per Aushang im Betrieb öffentlich gemacht. So heißt es beispielsweise in der Bekanntmachung vom 16. Oktober 1944: »Das italienische Gfm. [Gefolgschaftsmitglied; M.B.] Vincano Likari (...) [wird] wegen Störung des Arbeitsfriedens für die Dauer von 35 Tagen in Haft genommen und einem Arbeitserziehungslager zugeführt.«[233] Jährlich hingen im Betrieb etwa 200 Bestrafungsmeldungen aus. Da jedoch nicht alle Strafen mit Haft endeten und die Meldungen nur partiell vorhanden sind, ist unklar, wie viele Arbeiter der Norddeutschen Hütte nach Farge gebracht wurden.

Auszug aus einem Namensverzeichnis über Kriegsgefangene und ausländ. Zivilarbeiter des Gaswerkes Bremen,

Das Verzeichnis ist s. Zt. von dem damaligen Werkführer Karl Klemm, geb. 12.9.86, wohnhaft: Bremen, Essenerstr. 7 geführt worden.

Wrk. Nr.	Zuname	Vorname	Geburtstag u. -Ort	Beruf	Am Gaswerk beschäft. wo?	verhafte
5267	Buner	Jean	24.7.17 Koekelberg	Arbeiter	Wassergasanlage	12.9.44 v. Gest. geholt
5338	Delme	Julien	7.4.22	"	Rohrnetz Aussenbetr.	12.9.44 v. Gest. geholt
[illegible]92	Boutonnet	Albert	4.6.21 Montferrant	Mechaniker	Kohlen baggern Werks'ausg.	6.7.44 Gestap
5146o	Charbonneau	Leon	23.8.o2	Arbeiter	Kesselhaus	2.9.44 Gestap abgeh.
53o1	Roynard	Maurice	11.12.o5 Ballencourt	Elektriker	Elektr. Werkstatt	12.9.44 Gestapo abgeholt
5171	Hofmann	Willem	4.3.19		Rohrnetz	12.9.44 Gest. ab
5286	van te Hoff	Bernardus	19.1.oo Amsterdamm	Arbeiter	Betr. Werkstatt	12.9.44 Gest. ab
5285	Scheper	Jan	26.5.19 Smilde	"	~~Wassermesser-Werkstatt~~ Rohrnetz	ab 3.1. in Haf
541o	Heeren	Fritz	3o.5.24	"	Kohlenkeller	21.6.44 Gest. fe
1	Babenko	Nicolai	8.4.14 Brashensi	"	Hofkolonne	Strafl
13	Dmiterko	Gregori	28.12.18 Litschena	"	"	ab 3.1. in Haft
33	Lukjanes	Leonid	13.3.18 Rustowzi	Kraftf.	"	12.9.44 Gest. ve
63	Pschenetischnikow	Timotei	1o.3.o9 Mirolynbowa	Ofensetz.	"	7.7.44 Gestapo
71666	Chauveau	Reymond	25.7.o2 St. Medard des Pres (Vendee)	Händler	Kohlenbagger	12.[illegible].44 Gest.
25111	Levasseur	Henri	2.4.15 Thaas (Marne)	Bauer u. Maurer		12.9.44 Gest.
65904	Potasmen	Mahmann	Lody (Pole)	Bauer	Dolmetsch. Helf. b. Maur. Wäger	5.2.45 Gestapo

Bl. 2

Liste mit Ausländern, die vom Gaswerk Bremen in das Arbeitserziehungslager der Gestapo überwiesen wurden

Die Aussagen von Mitgliedern des Betriebes in Entnazifizierungsverfahren belegen, dass der Betriebsführung die Verschlechterung der Verhältnisse im Arbeitserziehungslager bekannt war. Betriebsführer Hofmann sagte aus, dass die Häftlinge 1940/41 aus Farge gesund, wohlgenährt und ohne Verletzungen zurückgekehrt wären. Ab 1942/43 hätte sich die Lage verändert und die Arbeiter wären stark unternährt und mit Verletzungen durch Stockhiebe oder Hunde in den Betrieb zurückgekommen. Der Betriebssanitäter betonte, dass 1944 mehrere Arbeiter, die aus Farge zurückkehrten und ins Betriebslazarett kamen, »sehr zusammengeschlagen waren«.

Der Betriebsrat hatte für das Entnazifizierungsverfahren gegen den Betriebsführer 1945 mehrere Aussagen von Betriebsmitgliedern über ihre Erfahrung mit den Strafen im Lager gesammelt. Ein Beispiel: »Bei der Rückkehr aus Farge war [der niederländische Arbeiter; M.B.] P. derartig entkräftet, dass er in der Werkskantine der Norddt. Hütte sich kaum noch auf den Beinen halten konnte. Beim Essen war er nicht mehr in der Lage, überhaupt nur den Löffel zum Mund zu bekommen. Er musste mit dem Mund, der total zerschlagen war, von dem Teller schlürfen.«[234]

Auch der niederländische Zwangsarbeiter Jan Engels arbeitete bei der Norddeutschen Hütte. Als sich die Bombenangriffe auf Bremen häuften, versuchte er mit einem niederländischen Kollegen in die Heimat zu fliehen. Sie wurden jedoch von der Gestapo verhaftet und ins Arbeitserziehungslager gebracht. Dort erlebte er eine fürchterliche Zeit voller Schläge und Hunger. Seine Entlassung aus Farge und Rückkehr zur Norddeutschen Hütte schilderte er später: »Eines Morgens wurden Herman und ich mit noch anderen Gefangenen aufgerufen und hörten, dass wir freigelassen werden sollten. Wir konnten es fast nicht glauben und weinten vor Freude. Wir bekamen unsere eigenen Sachen wieder und wurden mehr tot als lebendig auf einen Lastwagen geladen und zum Polizeipräsidium in Bremen (Am Wall) gebracht. Dort bekamen wir unsere Pässe wieder und mussten unseren Entlassungsschein vom Straflager abgeben und uns sofort wieder melden bei der Norddeutschen Hütte, wo unsere Arbeitskameraden uns mit großer Freude empfingen. Die glaubten uns schon tot. Wir waren so schlecht zu Wege, dass wir absolut nicht arbeiten konnten. Ich habe mich sofort hingelegt. Am nächsten Morgen konnte ich nicht aufstehen und da hat mein Arbeitskollege Harm Schott mich auf seinem Rücken zum Krankenrevier getragen, von wo ich sofort ins Krankenhaus (...) gebracht wurde, (...) wo ich ungefähr 3 Monate verbrachte habe und meistens isoliert gelegen habe, weil ich Verdacht auf ansteckende Krankheiten, wie z.B. Meningitis, Paratyphus usw., hatte.«[235]

Um die Arbeitsfähigkeit der Zwangsarbeiter nicht schon bei leichteren Vergehen durch die Einweisung nach Farge zu schwächen, richtete die Norddeutsche Hütte schließlich auf dem eigenen Gelände eine Strafabteilung ein. Dort wurden die Arbeiter mit weniger schweren Delikten fortan in einer abgetrennten Baracke eingesperrt und im Betrieb zu Strafarbeiten herangezogen. Die Belegschaft nannte diese Abteilung »Klein Farge«. Die aus Sicht der Firmenleitung schwereren Disziplinarfälle übergab Hofmann aber bis Kriegsende an die Gestapo.

Die Mehrheit der Häftlinge im Arbeitserziehungslager Bremen-Farge war von den Betriebsleitungen an die Gestapo überstellt worden. Gegen Kriegsende führte die Gestapo jedoch zunehmend auch eigenständig Verhaftungen von ausländischen Zwangsarbeitern in den Betrieben durch, nicht zuletzt aufgrund eines umfangreichen Spitzelnetzes in den Firmen. Häuften sich von den Spitzeln Berichte über Widersetzlichkeiten einer nationalen Gruppe, führte die Gestapo im Be-

Logbuch der Afric Star vom Januar 1941 mit dem Verzeichnis der angelaufenen Häfen

trieb oder im Zwangsarbeiterlager eine »Aktion« durch, verhaftete meistens wahllos eine Anzahl von Angehörigen der verdächtigten Nationalität und brachte sie ins Arbeitserziehungslager.[236]

Ab 1943 begann die Gestapo das Lager für weitere Gruppen als Haftort zu nutzen. Man kann sagen, dass sie die Arbeitserziehungslager zunehmend als »erweiterte Polizeigefängnisse«[237] betrieb, in denen sie Häftlinge unterbringen konnte, wenn entweder die Gefängnisse überfüllt waren oder eine besondere Bestrafung angebracht schien. Solche Gefangenen blieben oft deutlich länger im Arbeitserziehungslager eingesperrt.

Die erste Gruppe von Häftlingen, die nicht wegen betrieblicher Anzeigen nach Farge kam, waren Seeleute neutraler Staaten, die von der Marine an die Gestapo übergeben wurden. Dieses Los traf beispielsweise eine Gruppe irischer Seemänner, die am 27. Januar 1943 vom Kriegsgefangenenlager der Marine in Westertimke (Marlag/Milag Nord) nach Bremen transportiert wurden. Sie wurden in Bremen bei einer Fabrik untergebracht und konnten von dort frei durch Bremen spazieren. Nach einem einwöchigen Aufenthalt brachte sie die Gestapo am 6. Februar 1943 ins Arbeitserziehungslager Bremen-Farge.

Die irischen Seeleute waren zwischen 1940 und 1942 bei Angriffen deutscher Kriegsschiffe und U-Boote auf britische, norwegische und niederländische Handelsschiffe in die Hände der deutschen Kriegsmarine gefallen. Weil es sich bei den Gefangenen um Mitglieder von Handelsschiffen handelte, galten sie nicht als Kriegsgefangene, sondern als Marinezivilinternierte. Da Irland im Zweiten Weltkrieg neutral war, hätten die Seeleute nach dem Kriegsrecht in ihre Heimat gebracht werden müssen, was aber nicht geschah. Im Gegensatz zu den britischen Kriegsgefangenen wurden die Zivilinternierten bereits in Westertimke zur Zwangsarbeit gezwungen. Vermutlich stellte die Weigerung der irischen Seemänner, auf deutschen Handelsschiffen Zwangsarbeit zu leisten, den Grund für die Überstellung nach Farge dar.[238]

Da die Wehrmacht die Daten der Gefangenen ans Rote Kreuz meldete, war ihr Aufenthalt in Westertimke und in Farge spätestens seit 1942 sowohl dem Roten Kreuz als auch den irischen und britischen Behörden bekannt. Der Beauftragte der britischen Behörden in Deutschland versuchte mehrfach, eine Besuchsgenehmigung für das Arbeitserziehungslager zu erhalten. Die Gestapo lehnte dies jedoch anfangs ab, bis sie schließlich im Dezember 1944 einen Besuch genehmigte. Danach stellte der Beauftragte fest: »Es hat den Anschein, daß die irische Gesandtschaft in Berlin mit dieser Verlegung etwas zu tun hat und Monate später besuchte der irische Konsul aus Bremen dieses Lager, um festzustellen, welche der Männer wirklich als Iren und welche als Briten betrachtet werden müssen. Bis dieses herausgefunden war, wurde der Schutzmacht der Zutritt verweigert.«[239]

Der britische Beauftragte durfte bei seinem Besuch nur mit jenen sieben Männern außerhalb des Lagers sprechen, die der irische Gesandte als britische Staatsbürger benannt hatte. Der Zutritt zum Lager blieb ihm verwehrt. Die Gespräche mit den Männern ergaben, dass die Nahrung in Farge vollkommen unzureichend war und deshalb Rote-Kreuz-Pakete »die Bedeutung von Leben und Tod haben«. Die Arbeit in Farge wurde als lang und hart bezeichnet. Vor allem aber hatten die Männer Angst vor den deutschen Wachen: »Die Männer kommen zwar nicht um von allem, sie stellen jedoch fest, daß sie unter ständiger Bedrohung durch die Wachen stehen, die anfällig dafür sind, bei leichtester Provokation zu schießen.« Der Bericht endet mit den Worten: »Es wird gehofft, daß durch unsere fortgesetzten Schritte mit den zuständigen Behörden das Lager für britische Kriegsgefangene und Seeleute geschlossen wird.«

Zwei Wochen später rechnete die Schweizer Gesandschaft, welche die Vertretung der britischen Angelegenheiten in Berlin übernommen hatte, mit einer Rückverlegung der sieben bzw. acht Briten ins Marlag.[240] Möglicherweise wurden die als Briten anerkannten Männer vor den irischen nach Westertimke zurückverlegt, allerdings spricht mehr dafür, dass beide Gruppen erst im März 1945 Farge verlassen konnten.[241] Die 27 überlebenden Seeleute wurden im Mai 1945 repatriiert. Fünf Seeleute waren jedoch in Bremen-Farge verstorben. Ihre Überreste wurden nach Kriegsende geborgen und auf dem Alliierten Friedhof in Rheinsberg beigesetzt.[242]

Ein ähnliches Schicksal wie die irischen erlitten sieben spanische Seemänner. Auch sie waren von der deutschen Kriegsmarine nach der Versenkung eines Schiffes gefangen genommen worden. Im April 1942 kamen sie ins Marlag/Milag Nord, wo sie ebenso wie die Iren als Zivilinternierte geführt wurden. Nachdem die Wehrmacht ausgeschlossen hatte, dass die Verhafteten im spanischen Bürgerkrieg republikanische Kämpfer gewesen waren und eine Überweisung ins KZ nicht infrage kam, trat sie in Verhandlungen mit der Gestapo über das weitere Vorgehen. Die Marine sprach sich für eine Übergabe an die Gestapo aus mit dem Ziel, die Spanier in ihre Heimat abzuschieben.[243]

Die Bremer Gestapo fragte daraufhin beim RSHA in Berlin nach, wie sie vorgehen solle. Die Antwort lautete: »Ich bitte, die genannten sieben

Personen in Abschiebungshaft zu nehmen und ausländerpolizeilich zu behandeln. Eine Einweisung in ein KL. kommt in keinem Fall in Frage. Da an der Erfüllung des deutsch-spanischen Polizeivertrages durch die betonte Neutralitätshaltung der Spanier z. Zt. eine Stockung eingetreten ist, bitte ich, bis zum Abschluss der Verhandlungen die genannten Spanier in Abschiebungshaft zu halten.«[244]

Da das Abkommen nicht zustande kam, blieben die sieben Spanier länger als ein Jahr im Arbeitserziehungslager Farge. Erst als der spanische Konsul sich im Mai 1944 nach ihnen erkundigte, kam erneut Bewegung in die Sache. Im Oktober 1944 entschied das RSHA schließlich, alle sieben in ein ziviles Arbeitsverhältnis in Bremen-Nord zu entlassen. Sechs Spanier wurden daraufhin Anfang November in ein ziviles Zwangsarbeiterlager gebracht und bei einer Seifenfabrik in Bremen-Lesum eingesetzt.[245]

Der siebte »Spanier«, Manuel Bonich, hatte sich inzwischen den Behörden als in Tanger geborener britischer Staatsbürger zu erkennen gegeben, weil er hoffte, dadurch schneller aus dem Lager zu kommen. Dies erwies sich als trügerisch, denn die späte Offenbarung machte die Gestapo misstrauisch. Man vermutete, dass Bonich ein britischer Spion sein könne. Nach längeren Beratungen im SS-Apparat entschied SS-Obergruppenführer Ernst Kaltenbrunner im März 1945: »Schutzhaft bis auf Weiteres. Prüfungstermin: 2.5.45. Grund: Dringender Verdacht reichsfeindlicher Bestrebungen. Bezüglich KL.-Überstellung ergeht noch Weisung.«[246] Bisher ist unklar, wie es dem so Verdächtigten weiter ergangen ist.

Neben den spanischen und irischen Seeleuten befanden sich vereinzelt auch Staatenlose im Arbeitserziehungslager. Ein Beispiel bietet die Geschichte eines jungen Mannes, der in Bremen als Kellner arbeitete. Seine Eltern waren deutschstämmig und kamen aus der Nähe von Bratislava (deutsch: Pressburg) direkt an der Grenze zwischen der Slowakei und Ungarn. Da sie sich nicht rechtzeitig zwischen beiden Staatsangehörigkeiten entschieden, wurden sie staatenlos. Als sie 1939 nach Deutschland auswanderten, beantragten sie die deutsche Staatsangehörigkeit, was ein langes Prüfverfahren nach sich zog. Weil dieses 1944 immer noch nicht entschieden war, wurde ihr Sohn eines Tages von der Gestapo bei der Arbeit verhaftet und am selben Tag ins Arbeitserziehungslager gebracht. Außer dem Kellner befanden sich auch mehrere Siebenbürgen deutscher Abstammung wegen »Staatenlosigkeit« in Farge.[247]

Eine andere Gruppe, für die das Lager kurzfristig zum Haftort wurde, waren deutsche Staatsangehörige, die vom NS-Staat als »jüdische Mischlinge I. Grades«, abgekürzt J.M.I., bezeichnet wurden. Im Gegensatz zu den »Voll- oder Dreiviertel-Juden«, die vom NS-Staat in die Vernichtungslager transportiert wurden, blieb die Behandlung der »Mischlinge« lange Zeit ambivalent. Ebenso wurden auch Paare, die aus einem deutschen »arischen« und einem jüdischen Ehepartner bestanden, zwar vom NS-Staat schikaniert, aber nicht in ein Konzentrationslager gebracht.[248]

Vereinzelt brachte die Gestapo schon 1943 »Mischlinge« für kurze Zeit im Arbeitserziehungslager unter. Darunter befanden sich der Vater des Vulkandirektors Schiff, der Hafenkapitän Ahrens, der eine jüdische Frau hatte, und Paul Sinasohn, dessen Vater Leopold in der Reichspogromnacht 1938 in Platjenwerbe ermordet worden war. Diese Gruppe wurde Ende 1943/Anfang 1944 ins Arbeitserziehungslager Lenne transportiert.[249]

Beim alliierten Vormarsch auf die deutschen Grenzen im zweiten Halbjahr 1944 verschärfte sich die Politik gegen diese Gruppe. Im September 1944 ordnete Himmler die systematische Verhaftung und Internierung von »Halbjuden« und »Mischlingen I. und II. Grades« sowie deren Familienangehörigen an. Obwohl der eigentliche Erlass des RSHA erst am 9. November 1944 erging, wurden bereits im Oktober 1944 Verhaftungen durchgeführt.

Eine erste Gruppe von etwa 200 Verhafteten wurde Anfang Oktober 1944 ins Arbeitserziehungslager Farge verschleppt. Nach etwa zwei Wochen wurden sie ins OT-Zwangsarbeiterlager Duingen bei Hameln transportiert. Am 30. Oktober 1944 kam eine zweite Gruppe mit 32 »J.M.I.'s« in Farge an. Unter ihnen befand sich der spätere Finanzsenator Wilhelm Nolting-Hauff, durch dessen 1946 erschienenen Bericht das Schicksal dieser Menschen gut dokumentiert ist. Auch sie blieben nur etwa drei Wochen in Farge und wurden dann am 22. November nach Duingen gebracht.

Eine letzte gesonderte Gruppe bildeten deutsche politische Häftlinge, die im Sommer 1944 im Arbeitserziehungslager inhaftiert wurden. Den aktuellen Anlass für die Verhaftung lieferte das Attentat auf Hitler am 20. Juli 1944. Hitler hatte zuvor wiederholt betont, dass er bei Zeichen von Aufruhr frühere politische Gegner verhaften lassen würde. Einen Tag nach dem Attentat wurde im RSHA eine »Sonderkommission 20. Juli« unter Leitung von SS-Gruppenführer Heinrich Müller gebildet.

Nachdem die Kommission Verhaftungslisten erstellt hatte, trafen sich Himmler und Hitler am 14. August 1944, um die Maßnahmen abzustimmen. Die beiden einigten sich auf eine von Müller zu koordinierende, umfassende Festnahmewelle gegen politische Gegner. Vier Tage später gab Müller konkrete Anweisungen an die Staatspolizei(leit)stellen durch. Er schrieb, Himmler habe angeordnet, »alle früheren Reichs- und Landtagsabgeordneten sowie die Stadtverordneten der KPD und SPD im Reich festzunehmen. [...] Ich erweitere diese Festnahme-Aktion auf die ehemaligen Partei- und Gewerkschaftssekretäre der SPD. [...] Die Festgenommenen sind in Schutzhaft zu nehmen und umgehend dem nächsten KL. Stufe 1 einzuweisen.«[250]

Die Aktion mit dem Tarnnamen »Gitter« (z. T. auch »Gewitter«) sollte zeitgleich in den Morgenstunden des 22. August durchgeführt werden. Ausnahmen von der generellen Verhaftung wurden nur zugelassen, wenn die lokale Gestapo gesichert davon ausging, dass der Betreffende sich gewandelt hatte. Am Abend vor Beginn der Aktion erging ein weiteres Fernschreiben des RSHA, das zusätzlich die Inhaftierung der ehemaligen Mandatsträger der Zentrumspartei verlangte.[251]

Die umfassende Verhaftungswelle rief sofort Protest in der Bevölkerung hervor, sodass das RSHA nur eine Woche später die eigenen Vorgaben erheblich aufweichte und eine Überprüfung aller Verhaftungen anordnete. Im Schreiben heißt es: »Es sollen nicht die kleinen Funktionäre und Gemeinderatsmitglieder eingesperrt werden, die sich seit der Machtübernahme anständig verhalten haben. Es ist unmöglich, dass solche Leute, die heute Politische Leiter oder deren Söhne wegen Tapferkeit ausgezeichnet an der Front stehen oder gefallen sind, bloß wegen ihrer früheren Zugehörigkeit eingesperrt werden. Das anordnende FS [Fernschreiben; M.B.] hatte ausdrücklich darauf hingewiesen, dass das Bekenntnis nationalsozialistischer Lebensart zu berücksichtigen ist. Die Nachprüfung hat mit allem Nachdruck zu geschehen.«[252]

Der Ausweis ist nicht übertragbar!

(Eigenhändige Unterschrift)

A 2409

Ausweis Nr. ~~255~~ 220

Der Inhaber dieses Ausweises

Herr / Frau / Frl. Dr. jur. Wilh. Nolting-Hauff

geb. am 22.4.1902 in Naumburg a.d. Saale

wohnhaft: Bremen, Bismarckstr. 74

ist aus politischen/rassischen Gründen

vom 30.10.44 bis 24.11.44

in ~~Arbeitslager~~ Konzentrationslager

durch den Nationalsozialismus inhaftiert gewesen.

Er/~~sie~~ wird bei der Hilfsstelle für K.L.-Entlassene als ehemaliger ~~politischer~~/rassischer Häftling geführt. Es wird um bevorzugte Abfertigung seitens der Behörden, des Handels und der Wirtschaft gebeten.

The bearer of this certificate has been imprisoned by the National-Socialism.

He/~~She~~ is registered at the "Office for dismissed K.L. inmates" as former prisoner for ~~politics~~/race. We beg you to give favoured attendance to the above person at authorities, official agencies, trade and economic offices.

Bremen, den 11. August 1945

Hilfsstelle für K.L.-Entlassene
Office for dismissed K.L. inmates.

Ausweis der Hilfsstelle für Konzentrationslager-Entlassene von Wilhelm Nolting-Hauff vom August 1945

Die Bremer Gestapo leitete dieses Schreiben umgehend an ihre Zweigstellen weiter und fügte hinzu, dass sofort alle politischen Beurteilungen von Verhafteten bei den jeweiligen Kreisleitungen der Partei anzufordern seien. Anschließend sei sofort über etwaige Entlassungen zu entscheiden, wobei »kleinere Funktionäre und Gemeinderatsmitglieder (...) nach Möglichkeit zur Entlassung kommen«.[253]

Unter den Verhafteten befanden sich prominente Persönlichkeiten wie Konrad Adenauer und Kurt Schumacher. Wie viele politische Gegner während der Aktion insgesamt verhaftet wurden, lässt sich nicht mehr verifizieren, da die Verhaftungslisten weitgehend vernichtet wurden. Die Schätzungen variieren zwischen 4.000 und 7.000 Personen. Aufgrund der Proteste und der schnellen Einschränkung der Aktion durch das RSHA kam die Mehrzahl der Verhafteten innerhalb von zwei bis vier Wochen wieder frei.[254] Viele waren nicht sofort in ein Konzentrationslager, sondern in Gefängnisse oder andere Lager, z.B. auch Arbeitserziehungslager gebracht worden und kamen von dort frei.

In Norddeutschland wurden etwa 650 politische Gefangene unmittelbar ins KZ Neuengamme eingeliefert, eine größere Gruppe aus Bremen und Umgebung transportierte die Gestapo jedoch ins Arbeitserziehungslager Farge. Ihre genaue Zahl ist nicht bekannt. Auch hier dürfte der Großteil der Verhafteten nach kurzer Zeit freigekommen sein. Ende Oktober 1944 befanden sich jedenfalls nur noch wenige politische Häftlinge der Aktion »Gitter« im Arbeitserziehungslager Farge. Wilhelm Nolting-Hauff betonte aber, dass das Arbeitserziehungslager nicht nur bei dieser Aktion als Haftort für politische Häftlinge genutzt wurde, sondern auch zur Untersuchungshaft bei politischen Vergehen. Demnach sperrte die Gestapo dort auch politische Häftlinge ein, die auf ihr Gerichtsverfahren warteten.[255]

Biografie Wilhelm Nolting-Hauff

Wilhelm Nolting-Hauff wurde am 22. April 1902 in Naumburg/Saale geboren. Im Alter von acht Jahren zog er mit seiner Familie nach Bremen. Nach dem Abschluss des Gymnasiums in Bremen studierte er Rechts- und Volkswirtschaft sowie deutsche Literatur in Heidelberg und Kiel. Nach seiner Promotion im Jahre 1924 arbeitete er in Bremen als Rechtsanwalt.

Da Nolting-Hauff von der nationalsozialistischen Regierung als »jüdischer Mischling 1. Grades« eingestuft wurde, schloss ihn die Bremer Anwaltskammer 1934 aus. Ihm gelang es jedoch bald darauf, eine Anstellung als Syndikus bei Kaffee Hag zu erlangen. Er selbst schreibt dazu: »Im Gerichtsgebäude war ich von gestern auf heute ein Fremdling geworden. Um so weniger kann ich hier unerwähnt lassen, dass sich der große Konzern, den ich als Anwalt vertreten hatte (...) ohne einen Augenblick zu schwanken, schützend vor mich gestellt hat.«

Im Jahr 1944 verschärfte die NSDAP ihre Verfolgungspolitik gegenüber den »jüdischen Mischlingen«. Im Rahmen der »Sonderaktion J« wurde Nolting-Hauff am 6. Oktober 1944 inhaftiert. Nach einem kurzen Aufenthalt im Bremer Gefängnis verschleppte ihn die Gestapo zum Arbeitserziehungslager Farge. Dort musste er vom 30. Oktober bis zum 22. November gemeinsam mit sowjetischen Kriegsgefangenen bei Lufttarnmaßnahmen für das Öllager Farge arbeiten. Anschließend verbrachte man ihn mit anderen »Mischlingen« in das Zwangsarbeitslager Duingen bei Hameln.

Bereits am 10. April 1945 schloss Wilhelm Nolting-Hauff das Manuskript über seine Erfahrungen während der Inhaftierung ab. Sein Bericht »›Imi's‹. Chronik einer Verbannung« erschien noch 1946 im Verlag Friedrich Trüjen in Bremen. Die Abkürzung »J. M. I. (Jüdischer Mischling I. Grades)« hat diese Häftlingsgruppe, so schreibt Nolting-Hauff in seiner Chronik, zu ihrem Ehrennamen gemacht und sich »mit Stolz ›Imis‹ genannt«.

Nach Kriegsende war Nolting-Hauff vom 6. Juni 1945 bis zum 9. Mai 1962 Senator für Finanzen in Bremen. Er starb am 16. Februar 1986. Nach ihm benannt sind heute die Senator-Nolting-Hauff-Straße im Bremer Vorort Strom und die Nolting-Hauff-Stiftung zur Förderung der Wissenschaft.

Biografie Harry Callan

Harry Callan wurde 1923 in Derry in der britischen Provinz Nordirland geboren. Nach der Schulausbildung verdiente er sein Geld in der Schifffahrt. Als 17-Jähriger geriet er 1941 in deutsche Gefangenschaft. Er war Hilfskoch an Bord des britischen Fracht- und Passagierschiffes Afric Star, das Öl zu den Kapverdischen Inseln transportierte. Der deutsche Hilfskreuzer Kormoran griff das Schiff am 29. Januar 1941 im Südatlantik an. Die Kriegsmarine nahm die 72-köpfige Crew und sieben Passagiere gefangen. Sie brachte alle nach Bordeaux, wo sie interniert wurden.

Callan wurde im Juli 1941 ins Kriegsgefangenenlager X B in Sandbostel bei Bremervörde transportiert. Im Februar 1942 verlegte ihn die Marine ins Marlag/Milag Nord in Westertimke. Callan betonte, dass die Zeit dort noch erträglich war. Sie durften in britischer Uniform Hamburg besuchen, wo sie sich weitgehend frei bewegen konnten. Dafür verlangte die Kriegsmarine eine Gegenleistung: »Wir sollten unterschreiben, dass wir freiwillig für die Deutschen arbeiten wollten.« Callan und andere weigerten sich. Die Marine übergab die Internierten daraufhin an die Gestapo, die diese im Februar 1943 ins Arbeitserziehungslager Farge brachte. Dies hieß für Callan und die anderen irischen Seeleute: »The holiday was over.«

Callan wurde von der Gestapo zur Zwangsarbeit am entstehenden U-Boot-Bunker getrieben. Nach dem Krieg sagte er: »Dort lernte ich die Angst kennen.« Nicht einmal beim Angriff auf das Schiff habe er so viel Furcht gespürt wie in den Jahren in Farge: »Wir wussten nicht, was der nächste Tag bringen würde. Es gab nur die Hoffnung, dass einige von uns herauskommen würden.« Die Behandlung durch die Wachmannschaften, aber auch durch die Vorarbeiter der Baufirmen beschreibt er mit den Worten: »Wir wurden wie Vieh behandelt.«

Harry Callan 1948

Die schwere Arbeit und die nicht ausreichende Ernährung führten bald dazu, dass Callan schwer erkrankte und ins Revier des Lagers kam. Hier hatte er Glück im Unglück. Der Arzt des Arbeitserziehungslagers, Dr. Heidbreder, mochte Callan und sorgte dafür, dass er bei ihm zur Gartenarbeit eingesetzt wurde. Da Callan dort zusätzliches Essen erhielt, wurde er wieder gesund. Gegen Kriegsende verschlimmerten sich die Verhältnisse in Farge jedoch erneut und der Hunger kehrte zurück. Callan wurde im März 1945 mit den anderen irischen und britischen Seeleuten nach Westertimke gebracht, wo er schließlich von alliierten Truppen befreit wurde.

Zurück in seiner Heimat musste er sich von seinen Krankheiten und der Unterernährung erholen. Sechs Monate konnte er nicht richtig sehen und erst nach einem Jahr wieder zur Arbeit gehen. Fortan schwieg er über die schlimmen Erlebnisse, die er in Farge durchlitten hatte. Mehr als 50 Jahre mussten vergehen, bis sich die Irish Seamen's Relatives Association darum bemühte, für die irischen Seeleute eine Entschädigung durch den in Deutschland eingerichteten Fonds für ausländische Zwangsarbeiter zu erreichen und dadurch auch Harry Callan zu ermutigten, über sein Schicksal zu sprechen.

Callan erhielt 2003 als erster Ire eine Entschädigung von 7.700 Euro zugesprochen. Inzwischen hat er auch die Stadt Bremen besucht und über seine Erlebnisse in Bremen-Farge eindrucksvoll berichtet.[256]

Rassistische Hierarchien

Stärker als im benachbarten Außenlager des KZ Neuengamme blieb im Arbeitserziehungslager die Einteilung der Häftlinge gemäß der NS-Rassenhierarchie das zentrale Kriterium für den Umgang der Wachmannschaften mit ihnen und damit auch für die Überlebenschancen der Häftlinge. Das Essen wurde in einer rassistisch motivierten Reihenfolge ausgeteilt: Zuerst bekamen es die deutschen Häftlinge, dann die Nord- und Westeuropäer, dann die Osteuropäer und zum Schluss die jüdischen Häftlinge. Falls das Essen nicht ausreichte, gingen die Letzten in der Schlange leer aus. Trotz der beengten Verhältnisse waren zwei Aborte eingerichtet. Einer trug das Schild »Deutsche«, der andere war für »Ausländer«.

Auch beim Zwangsarbeitseinsatz war das Feld rassistisch geordnet. Die vergleichsweise leichten Arbeiten im Lager verrichteten vor allem deutsche Häftlinge. Auch die irischen Häftlinge und wenige nord- und westeuropäische Häftlinge durften sich im Lager aufhalten. Für die sowjetischen Inhaftierten bestanden hingegen kaum Chancen, den schweren Arbeiten am U-Boot-Bunker oder bei den Treibstoffbunkern zu entgehen.[257] Der niederländische Häftling Jan Schinkel schreibt: »Die Russen und Polen wurden noch schlechter behandelt als wir, denn das waren in ihren Augen die ›Untermenschen‹.«[258]

Verpflegung, Bekleidung, medizinische Versorgung

Hauptgrund für die katastrophale Ernährungssituation der Häftlinge war die Korruption und Selbstbereicherung von Kommandant und Wachmannschaften. Wie Frank Bajohr treffend beschreibt, verdichtete sich im nationalsozialistischen Lagersystem häufig die generell im »Dritten Reich« weitverbreitete Korruption der Amtsträger.[259] Im Arbeitserziehungslager Farge erreichte sie ein ganz erhebliches Ausmaß, wodurch die Häftlinge immer stärker aushungerten. Eine Kontrolle fand zu keiner Zeit statt.

Wilhelm Nolting-Hauff, der als Häftling den Großteil seiner Zeit im Lager verbrachte, konnte die Mechanismen aus der Nähe beobachten: »Die oft aufgeworfene Frage, wo eigentlich die Lebensmittelrationen der Lagerinsassen verblieben, die doch sämtlich ihre normalen Zuteilungen an Brot, Fleisch, Fett, Nährmitteln und Kartoffeln (...) zu bekommen hatten, war leicht zu beantworten, wenn man sich öfter in der Nachbarschaft der Kommandantur-Baracke aufhielt. Was dort nur an Fleisch, Speck und Würsten hineingeschafft wurde, konnte mehrere große Fleischerläden füllen. Was in der Kommandantur-Baracke nicht verzehrt wurde, konsumierten die Wachleute, und was die nicht aufessen konnten (...) ist ohne Frage in irgendwelche dunklen Kanäle gelangt.«[260]

Einige Rekumer betonten nach dem Krieg in Interviews, dass ihnen Butter und Fleisch von den Wachleuten des Arbeitserziehungslagers zum Tausch gegen Zigaretten angeboten wurden. Hinzu kam, dass der Kommandant sich nicht um die ordnungsgemäße Lagerung der Kartoffeln im Winter kümmerte, sodass ein Teil der Kartoffelvorräte des Lagers faulte und ungenießbar wurde.

Die umfangreiche Selbstbedienung der Wachmannschaften führte dazu, dass spätestens ab Mitte 1943 die Mehrzahl der Häftlinge hungerte. Nolting-Hauff fasste die Zustände mit den Worten zusammen: »Die eigentliche ›Erziehung‹, der die Häftlinge in Farge unterworfen waren, bestand, entgegen dem schönen Namen des Lagers, nicht in der Arbeit, sondern, abgesehen von dem dauernden Zustand der Furcht, der für das Lagerleben kennzeichnend war, in der das menschliche Existenzminimum weit unterschreitenden Verpflegung.«[261]

In den drei Wochen, in denen er sich im Lager befand, gab es in Farge zum Frühstück eine Scheibe Brot und Kohlrabisuppe, zum Mittagessen zwei Scheiben Brot mit etwas Margarine und einem Becher Ersatz-Kaffee und zum Abendessen Kohlrabisuppe. Der Kohlrabi war in der Regel stockig und nicht durchgekocht, sodass er kaum genießbar war. Andere Häftlinge berichteten ihm, dass vor seiner Ankunft das gleiche eintönige Essen ausgeteilt worden war, nur dass anstelle des Kohlrabis der Kürbis die Suppeneinlage gebildet hätte. Am Sonntag gab es zur Abwechselung Kartoffeln mit Mehlschwitze. Häftlinge, die im Winter 1943/44 im Arbeitserziehungslager waren, gaben an, dass zu dieser Zeit beim Frühstück mitunter auch Marmelade und Käse ausgegeben wurden.

Nolting-Hauff, der auch in der Kleiderkammer eingesetzt war und die Häftlinge dort nackt zu sehen bekam, stellte fest, dass bei der Einlieferung kräftig aussehende sowjetische Häftlinge bei der Entlassung vollkommen abgemagert waren. Er hielt fest: »Wer ohne eigene Lebensmittel von diesem Essen leben musste, war spätestens nach 3-4 Wochen zum Skelett abgemagert und unter Umständen schon schwerkrank und nach 8 Wochen so entkräftet, dass ein Wiederaufkommen zweifelhaft war und in den meisten Fällen ernste Lebensgefahr bestand.«[262] Der ehemalige niederländische Häftling Jan Schinkel betont, dass er nur vergleichsweise kurze 25 Tage im Arbeitserziehungslager war und trotzdem in weniger als vier Wochen von 72 auf 32 Kilo abmagerte.[263]

Da die Gruppe der »jüdischen Mischlinge« in ihren Koffern Nahrungsmittel mitgebracht hatte, aßen sie den Kohlrabi häufig nicht auf und verteilten ihn unter den anderen Häftlingen. Nachdem sich dies herumgesprochen hatte, kam es bei der Verteilung bald zu Aufläufen und Schlägereien. Fortan bekamen dort nur noch Häftlinge Essen, die sich in einer Schlange anstellten und nicht drängelten, um nicht den Kommandanten auf die Umverteilung aufmerksam zu machen.

Nahrungsmittel hatten im Arbeitserziehungslager einen hohen Tauschwert. Da die sowjetischen Zwangsarbeiter z. T. viel deutsches Geld besaßen, das sie kaum ausgeben konnten, waren sie bereit, hohe Summen für überlebenswichtiges Essen auszugeben. So konnte man für 20 Reichsmark etwas Kohlrabi und für bis zu 100 Reichsmark eine Scheibe Brot auf dem Lager-Schwarzmarkt erhalten. Nolting-Hauff berichtet, dass ein sowjetischer Zwangsarbeiter sogar 2.000 Reichsmark besaß und diese in seiner Hungersnot schließlich gegen fünf Scheiben trockenes Brot und sechs Zigaretten eintauschte.[264] Als Vergleichsmaßstab: Ein deutscher Facharbeiter hatte je nach Gewerbe 1944 einen Bruttowochenverdienst von 40 bis 70 Reichsmark.[265] Der Handel mit den Häftlingen konnte also für die Wachhabenden äußerst profitabel sein.

Neben dem Geld war in Farge, wie in vielen anderen Lagern auch, die Zigarette die wichtigste Tauschwährung. Nolting-Hauff schreibt: »Zigaretten waren in Farge überhaupt die Lagerwährung. Besonders in der Handwerksstube war dafür alles zu erhalten. Es war völlig unmöglich, zum Besohlen oder auch nur zum Flicken von Schuhen im Lager das kleinste Stück Leder aufzutreiben. Für einige Zigaretten bekam man jedoch (…) seine Schuhe mit tadellosem Leder besohlt.«[266]

Auch beim Tauschhandel existierte oftmals eine rassistische Hierarchie: Je niedriger ein Häftling rangierte, desto weniger konnte er für seinen Besitz im Tausch erhalten, weil sein Abnehmer ihn stärker bedrohen und einschüchtern konnte.

Neben dem Mangel an Essen war das Leben der Häftlinge auch durch die schlechte Qualität ihrer Bekleidung gefährdet. Die im regulären Verfahren von der Bremer Gestapo eingelieferten Häftlinge mussten ihre Zivilkleidung abgeben und erhielten dafür Sträflingskleidung, die sehr dünn und häufig zerschlissen war. Spätestens ab Herbst bis zum Einsetzen des Frühsommers froren zwangsläufig alle Häftlinge, wenn es ihnen nicht gelang, zusätzliche Bekleidung zu organisieren. Nur wenige, wie die irischen Seeleute oder die Gruppe der »jüdischen Mischlinge«, konnten ihre Zivilkleidung behalten.

Neben dem mangelnden Schutz gegen Kälte bestand das Hauptproblem der Häftlingskleidung in ihrer Dreckigkeit. Da keine Wechselkleidung vorhanden war, verschmutzte die Kleidung bei der Arbeit im Sand rasch. Die Möglichkeit zu waschen bestand in Farge zwar prinzipiell, doch bei der normalen Lagerwäsche wurde alles in einen Kessel mit heißem Wasser geworfen. Aber dort verteilte sich der Dreck nur und die Kleidung kam häufig verunreinigter aus der Wäsche, als sie hineingekommen war. Abhilfe ließ sich allein durch Bestechung schaffen. Im Tausch gegen ein paar Zigaretten wuschen die Häftlinge der Wäscherei die Häftlingskleidung separat in einem kleinen Kessel.

Zur Vermeidung von Epidemien existierte im Arbeitserziehungslager zwar eine Entlausungsanlage, aber die Mehrheit der Häftlinge verzichtete darauf, sie zu nutzen, weil dort nur ein Teil der Läuse getötet wurde, aber bei der Reinigung mitunter Läuse auf vorher lausfreie Kleidung übersprangen und die Anlage durch übermäßige Hitze oft dafür sorgte, dass die Kleidung zerfiel.

Ein besonderer Mangel herrschte zudem an Schuhen. Im Arbeitserziehungslager gab es keinerlei Vorräte an Arbeitsschuhen. Deswegen behielten die Häftlinge ihre Straßenschuhe, die sie bei der Einlieferung getragen hatten. Insbesondere in der kalten und feuchten Jahreszeit zerschlissen sie schnell. Viele Häftlinge trugen im Winter völlig durchlöcherte Schuhe, die keinen Schutz vor Kälte und Nässe boten. Die einzige Alternative waren Holzschuhe, die man in der Kleiderkammer des Lagers erhalten konnte. Diese boten zwar guten Schutz vor Kälte, waren aber für die weiten Anmarschwege zu den Arbeitsplätzen denkbar ungeeignet. In der Regel liefen sich Holzschuhträger innerhalb kürzester Zeit Wunden an den Füßen, die sich schnell zu Geschwüren entwickelten. Ein nicht geringer Teil der Kranken im Lagerrevier waren »Fußkranke«.

Die mangelnden Reinigungsmöglichkeiten und die drängende Enge in den überbelegten Baracken sorgten dafür, dass die Gefahr von Epidemien groß war. Zuständig für deren Bekämpfung war vor allem der Lagerarzt Dr. Heidbreder. Er wurde nach eigener Aussage am 1. Februar 1942 per Notdienstbeorderung durch den Polizeipräsidenten zum Lagerarzt für das Zwangsarbeiterlager Tesch, das Marinegemeinschaftslager und das Arbeitserziehungslager ernannt, weil sein Vorgänger zur Wehrmacht eingezogen worden war. Während er die Zuständigkeit für das Marinegemeinschaftslager bald an einen Arzt der Marine abgab, blieb er für das Lager Tesch und das Arbeitserziehungslager bis Kriegsende verantwortlich.[267] Sein Vertrag mit der Gestapo verpflichtete ihn zum Stillschweigen. Als Bezahlung erhielt er bei einer Zahl von mehr als 100 Häftlingen 350 Reichsmark im Monat.[268] Das war, da er nur jeden zweiten Tag dort erschien, eine vergleichsweise fürstliche Vergütung seiner Tätigkeit.

Die Rolle, die Heidbreder im Lager spielte, ist umstritten. So bezeichneten ihn einige der irischen Häftlinge in Anlehnung an eine übliche Beschimpfung für schlechte Tierärzte als »goat skinner«, während andere ihn als vergleichsweise menschlichen und bemühten Arzt beschrieben.[269] Auch die wenigen offiziellen Dokumente, die über seine Handlungen Auskunft geben, zeigen ein zwiespältiges Bild.

Auf der einen Seite ist gesichert, dass Heidbreder im Frühjahr 1945 den Lagerleiter Schauwacker bei der Gestapo Bremen anzeigte, als dieser begann, wahllos Häftlinge zu erschießen. Zum anderen schrieb Heidbreder 1943/44 aber auch Briefe an die Bremer Gestapo, in denen er die Situation im Lager verharmloste. So schlug er vor, dass unterernährte Häftlinge lieber weiter zur Arbeit geschickt werden sollten, weil sie dort eine zusätzliche Suppe bekämen und frische Luft und Bewegung gesünder seien, als im Bett zu liegen. Die Hungerödeme der Häftlinge führte er auf Simulation zurück.[270]

Die generelle Situation in der von Heidbreder betreuten Krankenstation beschrieb der niederländische Häftling Jan Engels wie folgt: Der Raum »war ca. 10 Meter lang und 6 Meter breit. Sehr wenig Licht. In dieser Krankenstube lagen ungefähr 20 bis 30 Kranke in 3 Betten übereinander. Sterbende Kranke gab es am laufenden Band und der Gestank war fast nicht auszuhalten. Obwohl man froh war, dass man nicht zur Baustelle musste, war man noch froher, dass man wieder aus der Krankenbaracke entlassen wurde, so' ne Schweinerei war es dort. Von Hygiene war überhaupt keine Rede und angepasstes Essen gab es auch nicht.«[271]

Unter diesen Umständen ist es wenig verwunderlich, dass das Lager von Epidemien betroffen war. Im August 1942 traten zuerst mehrere Fälle von Diphtherie auf. Kurz darauf brach eine Ruhrepidemie aus, die für eine Quarantäne im Lager bis Anfang 1943 sorgte. Wegen der Ruhr wurden 19 Häftlinge ins Krankenhaus eingeliefert. Allein bis zum 21. September waren neun Inhaftierte gestorben. Zehn Wachmänner hatten sich ebenfalls angesteckt. Nach dem Krieg behauptete Heidbreder, dass an der Epidemie auch zwei Wachmänner und die Tochter des Lagerkommandanten Wallhorn gestorben seien.[272] Im Frühjahr 1944 folgte eine Flecktyphus-Epidemie. Das Lager stand sechs Wochen unter Quarantäne. Etwa 150 Häftlinge erkrankten, etwa 20-40 von ihnen starben.[273]

Zwangsarbeit

Von Beginn an mussten die Häftlinge des Lagers Zwangsarbeit leisten. Da Dokumente fehlen, geben nur die Aussagen ehemaliger Häftlinge und der Wachleute Auskunft über die Verhältnisse. Bis zum Umzug des Lagers in die Rekumer Feldmark wissen wir kaum etwas über die Arbeit der Häftlinge. Es ist zu vermuten, dass sie beim Bau des Wifo-Tanklagers, möglicherweise auch zeitweise beim Bau des Marine-Tanklagers eingesetzt wurden.

Mit dem Umzug in die Feldmark begann die Arbeit auf der Baustelle am U-Boot-Bunker. Klass Touber, ein niederländischer Zwangsarbeiter, der ins Arbeitserziehungslager gekommen war, weil er sich gegen Übergriffe eines deutschen Arbeiters beim Bremer Vulkan gewehrt hatte, war vom Juli bis Oktober 1943 auf der Baustelle bei der Baufirma Kögel eingesetzt. Er berichtet: »Diese Firma hatte einen schlechten Ruf auf der Baustelle, wegen der schlechten Behandlung von Zwangsarbeitern. Zu dieser Firma wurden die Neuankömmlinge eingeteilt. Das Mittagessen dieser Firma war im Vergleich zu den anderen Firmen schlecht.«[274]

Die Arbeitszeit betrug zwölf Stunden, sonntags war zu diesem Zeitpunkt noch arbeitsfrei. Der Häftling Jan Engels, der ungefähr zur selben Zeit in Farge war, erzählt: »Der Weg zur Baustelle war ungefähr 30 Minuten. Es sollte ein U-Boot-Bunker gebaut werden. Unsere Arbeit, wo ich eingeteilt wurde, bestand aus Loren füllen mit Sand. Unsere Gruppe wurde bewacht von Lagerwächtern, von denen viele ausländische SS-Männer waren. Die Arbeit war für uns viel zu schwer, schon deswegen weil man viel zu wenig zu Essen bekam und zu dünne Bekleidung hatte für die Kälte. Es waren lange Arbeitstage von 12 Stunden.«[275]

Möglicherweise führte die Typhus-Epidemie und die zunehmende Schwächung der Häftlinge dazu, dass die Marine den Vertrag mit dem Arbeitserziehungslager kündigte. Ein Vertreter der Bremer Gestapo betonte vor Gericht, dass die Marinebauleitung den Wunsch geäußert habe, die Zusammenarbeit zu beenden, weil die Arbeitsleistung der Häftlinge zu schlecht wäre und inzwischen andere Arbeitskräfte vorhanden gewesen wären.[276]

Ob dies tatsächlich so war, lässt sich bisher nicht endgültig beantworten. Als Wilhelm Nolting-Hauff im Oktober 1944 in Farge inhaftiert war, berichtete er nur von Arbeiten in der Rekumer Heide und in Schwanewede, Arbeiten beim U-Boot-Bunker erwähnte er nicht.

Die Arbeit beim Bunker war durch feste Einsatzzeiten gekennzeichnet gewesen, aber ab Herbst 1944 herrschte zunehmende Willkür. Schon das Wecken geschah nicht mehr zu einem festen Zeitpunkt, sondern dann, wenn der Kommandant und die Wachen soweit waren. Nolting-Hauff berichtet: »Das Ende des ›Arbeitstages‹ war ebenso ungewiss wie sein Beginn. Es konnte vorkommen, dass der ›Kommandant‹ noch spät abends, etwa zwischen 10 und 11 Uhr, irgendeinen geistreichen Einfall hatte und dass dann bis 2 oder 3 Uhr nachts ›gearbeitet‹ werden musste.«[277]

Einen freien Sonntag gab es zu diesem Zeitpunkt nicht mehr. Kriegswichtig war die Arbeit nicht mehr, sondern reine Strafe um ihrer selbst willen: »Die ›Arbeit‹ war ebenso nutzlos wie grotesk. Je vier Mann der zahlreichen Arbeitskommandos gruben vom Fuße des Dünenzuges Sand ab und warfen ihn 2-3 Meter weit auf einen Haufen. An diesem Haufen standen wieder 2-4 Mann, die den Sand wieder 2-3 Meter weit auf einen weiteren Haufen warfen, an dem wieder 2-4 Mann standen, die dasselbe taten und so einige hundert Meter weit fort.«[278]

Die stumpfsinnige Arbeit musste von den unterernährten Häftlingen bei jeder Witterung durchgeführt werden. Zudem wurden gefährliche Arbeiten ohne jede Sicherung angeordnet. Deswegen kam es häufiger zu Unfällen, bei denen auch Häftlinge starben: »Bei den neben uns arbeitenden Ausländern stürzte plötzlich die ganze Düne ein. Ein Mann, der oben auf dem Kamm gestanden hatte, fiel dabei auf das am Fuß der Düne gelegte Geleise herunter und wurde von einer Lore, die gerade über das Geleise rollte, überfahren und völlig zerquetscht. Einem zweiten Sträfling, der gleichfalls mit heruntergefallen war, wurde das Bein abgefahren und das andere schwer verletzt. Die Wachmannschaften hatten dafür nur ein Achselzucken. Ob ein Häftling so oder auf eine andere Art umkam, war ihnen gleich und für sie jedenfalls nicht aufregend.«[279]

Doch nicht nur die Wachleute hatten wenig Interesse am Schicksal der Häftlinge. Auch die zivilen Vorarbeiter der verschiedenen Baufirmen werden von ehemaligen Häftlingen zumeist als Antreiber und oft auch als gewalttätig beschrieben. Nolting-Hauff berichtet über die Vorarbeiter am Dünenzug: »Die Leitung der Arbeit hatten holländische Poliere, die Mussertleute, also niederländische Nationalsozialisten waren und sich uns gegenüber noch unangenehmer gebärdeten als unsere holländischen Wachmannschaften.«[280]

Täter und Gewalt

Obwohl die Anwendung körperlicher Gewalt offiziell verboten war, beruhte das ganze System im Arbeitserziehungslager Farge auf Terror und Gewalt: »Das erste grundsätzliche Axiom der Lagerführung bestand darin, die Häftlinge in dauernder Furcht und Unruhe zu halten.«[281] Die Hauptverantwortlichen für die Terrorisierung der Häftlinge waren die Lagerkommandanten. Ihre Vorgaben waren prägend für das Verhalten der Wachmannschaften. Sie waren die unumschränkten Herrscher des Lagers. Im Regelfall verfügten sie über geringe Schulbildung und kamen nicht aus den höheren Rängen der Polizei, hatten aber zumeist einen langjährigen Dienst dort hinter sich. Sie sind in der folgenden Tabelle chronologisch aufgeführt.[282]

Während die Kommandanten durchweg deutscher Herkunft waren, war die Zusammensetzung der Wachmannschaften deutlich heterogener. Anfangs bestand ihr Stamm noch aus deutschen Polizisten, die über gewisse Berufserfahrung verfügten. Im Verlauf des Krieges griff die Gestapo jedoch zunehmend auf die Notdienstverpflichtung älterer oder durch Verletzung nicht

Name	Vorname	Dienstgrad	Geburtstag	von	bis
Walhorn	Karl	Oberscharführer	30.07.1914	Okt. 1940	April 1944
Schipper	Sebastian	Pol. Oberwachtm.	16.09.1911	April 1944	18.11. 1944
Adolf	Georg	Untersturmführer	17.01.1903	18.11.1944	13.12.1944
Schauwacker	Heinrich	Sturmscharführer	06.08.1911	13.12.1944	20.02.1945
Voss	Erich	Hauptscharführer	21.07.1908	20.02.1945	01.03.1945
Schrader	Helmut	Untersturmführer	12.02.1899	01.03.1945	29.04.1945

Kommandanten im Arbeitserziehungslager Farge 1940-1945

mehr kriegstauglicher Männer sowie auf die Rekrutierung ausländischer Wachmänner zurück. Ein Beispiel für diese Praxis bei Deutschen ist der Wachmann Günter Velke. Er war 1924 in Bremen geboren. 1942 und 1943 wurde er jeweils kurzfristig zur Wehrmacht eingezogen, aber aufgrund eines Herzfehlers und gleichzeitigem Rheuma ausgemustert. Ab 1943 war Velke daraufhin als Hausmeister bei der Bremer Gestapo tätig. Als das Wachpersonal im Arbeitserziehungslager nicht mehr ausreichte, wurde er im November 1944 als Wachmann dorthin versetzt.[283]

Den Großteil der Wächter im Arbeitserziehungslager bildeten 1944/45 jedoch drei andere Gruppen: Volksdeutsche SS-Männer, ukrainische SS-Männer und niederländische Polizeibeamte. Nolting-Hauff vergleicht die Farger Wachmannschaft in seinen Erinnerungen mit dem bunten Söldnerheer Wallensteins im dreißigjährigen Krieg: »Unsere Wachmannschaft war (...) mindestens ebenso buntscheckig zusammengesetzt wie die Lagerinsassenschaft (...). Die Soldateska von Farge war auch ebenso roh, rücksichtslos und allen möglichen derben Genuß zugetan, wie die Dragoner Butlers, Terzkys Kürrasiere und die Kroaten Isolanis in dem Lager von Pilsen vor mehr als drei Jahrhunderten. Auch waren die Farger insofern ähnliche Krieger wie die Wallensteiner (...) als sie ebenso wie diese eben im Lager saßen und den Krieg nur ganz von ferne kannten.« Weiter heißt es: »Sie alle liefen, so verschiedenartig ihre Uniform auch sein mochte, in hohen Schaftstiefeln herum, in deren einem ein Gummiknüppel steckte.«[284]

Die Kommandanten und die Wachmannschaften waren nach den Aussagen ehemaliger Häftlinge in ihrem Dienstalltag vor allem mit drei Dingen beschäftigt: Gewaltausübung gegenüber den Häftlingen, Tauschhandel und Korruption sowie beinahe allabendliche Saufgelage. Letzteres beeinträchtigte die Wachfähigkeit mitunter erheblich, was aber nur bedingt problematisch war, weil es kaum Fluchtversuche aus dem Lager gab. Nolting-Hauff schreibt: »Ein dänischer SS-Wachtmeister hat mir ›im Vertrauen‹ gesagt, er habe einmal in der allgemeinen Betrunkenheit die für die Wachablösung erforderliche Anzahl ›Krieger‹ gar nicht zusammenbekommen können und schließlich einige vollkommen ›blaue‹ Leute auf Posten stellen müssen, mit dem Erfolge, dass sie erst dauernd gegrölt hätten und dann später auf ihrer ›Wache‹ fest eingeschlafen wären.«[285]

Die wichtigste Aufgabe der Wachmannschaften bestand aber in der Verbreitung von

Angst und Schrecken durch ständige Gewaltausübung. In dieser Hinsicht stand das Arbeitserziehungslager den Verhältnissen im nahegelegenen KZ-Außenlager in nichts nach. Der ehemalige niederländische Häftling Jan Engels berichtet davon, was geschah, als er sich vor Hunger Kartoffeln beschaffen wollte:

»Er [der Wachmann; M.B.] stellte mich vor die Front der Kolonne hin und schrie ›dieser Mann hat Kartoffeln geklaut und wird erschossen‹ und wie er das sagte, nahm er sein Gewehr und mit dem Kolben schlug er mich so hart auf den Rücken, dass ich das Blut spürte, was aus meinem Mund kam. Bevor er mich aber weiterhin verdrosseln konnte, kam ein anderer Wächter, ein holländischer SS-er und hielt ihn davon ab und sagte: ›Lass das sein, ich stecke den Mann in die Zelle‹. Der Name dieses Mannes war van de Veen und er war Scharführer oder noch höher, auf jeden Fall war er Offizier und hatte mehr zu sagen und war etwas humaner. Der andere, der mich erschießen wollte, kam aus Siebenbürgen (…) und war an der Front angeschossen worden und somit untauglich. (…) Die Strafzelle war ca. 2 mal 2 Meter und es brannte kein Licht, nur ein kleines Fenster. (…) Nach ungefähr zwei Wochen wurde ich wieder rausgeholt von dem Siebenbürgen, aber nicht ohne weiteres. Ich musste mich in der Mitte von der Baracke über einen Schemel biegen, wo 2 Gefangene mich je an meinen Armen festhielten und ein anderer mir mit dem Gummiknüppel ca. 30-35 Schläge auf meinen Hintern schlug. Die ersten 5-10 Schläge fühlte ich, aber dann war alles so gefühllos, dass ich ohne Besinnung war. Wie das zu Ende war, musste man mich in meine eigene Baracke tragen, weil ich von alleine nicht gehen konnte.«[286]

Engels kam schließlich knapp mit dem Leben davon, er berichtet aber auch, dass dies keineswegs immer der Fall war: »Während des Appells wurden zwei polnische Gefangene, es waren noch Kinder von circa 14 Jahren, vor unseren Augen so verdrosselt, dass sie blutüberströmt liegen blieben. Einfach totgeschlagen.«[287]

Auch der ehemalige niederländische Häftling Klaas Touber berichtet von häufiger Gewalt: »Die deutschen SS-er schlugen oft, entweder mit der Faust, flachen Hand oder mit dem Gewehrkolben. In diesem Sinne gab es täglich Schläge aus geringstem Anlass.«[288] Touber musste wie der Rest der Häftlinge mit ansehen, wie ein polnischer Häftling bei der Rückkehr ins Lager aufgrund einer Verfehlung auf der Bunkerbaustelle Opfer der Wachmannschaften wurde:

»Der erste Schlag mit dem Schlauch traf den Polen dermaßen hart, dass er einige Meter nach vorne und der Länge nach in den Sand fiel. 2 SS-er nahmen ihn zwischen sich. Der deutsche Kapo lief und lauerte. Ich sah mir mit leeren Augen die Geißelung an, Ohnmacht in meinen Fäusten, Hass in meinem Herzen. Der Schlauch peitschte durch die Luft, traf sein Ziel immer wieder. Der Körper des Polen rüttelte. Sein Mund blieb geschlossen. Wie viel Schmerz schluckte der Pole runter. Wie viel ohnmächtige Wut beim Zuschauen dieser unberechtigten Unterdrückung des Häftlings. (…) Unermüdlich schlugen die SS-er weiter bis der Widerstand des Polen gebrochen war und er losschrie, ein Schrei voller Schmerz, der noch immer in meinem Kopf nistet (…). Die SS-er droschen weiter bis der Pole schwieg und wie ein ausgeklopfter Sack zwischen den Armen seiner Folterknechte hing. Sie liessen von ihm. Er fiel. (…) Stunden später lag der Pole immer noch da, als Hinweis: das hättest du sein können, du, du, du!!«[289]

Der Terror der SS zielte also nicht nur auf die jeweiligen Opfer, sondern war gleichzeitig auch immer darauf ausgerichtet, den anderen Häftlingen zu demonstrieren, was ihnen gleichermaßen passieren konnte. Besonders tragische Situationen, die fast allen im Gedächtnis blieben, waren öffentliche Strafvollstreckungen vor den versammelten Häftlingen. Die Wachmannschaften statuierten vor aller Augen ein Exempel, während die Gefangenen die Gewalt hilflos und voller Wut anschauen mussten.

Eine weitere Methode, Schmerzen durch seelische Grausamkeiten zu erhöhen, war, dass sich Häftlinge gegenseitig auspeitschen oder schlagen mussten: »Wenn also zwei Mann gleichzeitig ›hier‹ riefen, mussten sie beide nach vorne treten. Derjenige, der falsch gerufen hatte, bekam dann zwanzig Schläge mit dem Gummiknüppel. Er musste sich über den Stuhl legen und der andere Gefangene musste schlagen. Wenn dieser nicht hart genug schlug, bekam er selbst auch Schläge. Fiel er in Ohnmacht, wurde er erst wieder mit Wasser, welches schon bereit stand, zur Besinnung gebracht. Zwanzig Schläge konnte man überleben, aber fünfzig nicht. Ich habe 7 oder 8 mal erlebt, dass einer fünfzig bekam. Sie haben es alle nicht überlebt.«[290]

Mitunter verschärften aktuelle Geschehnisse die Gewalt im Lager. So berichtet Wilhelm Nolting-Hauff, dass Volksdeutsche aus Siebenbürgen am Tag der Eroberung Rumäniens durch die Rote Armee mit gesteigerter Gewalt gegen alle sowjetischen Häftlinge vorgingen: »In der Verzweifelung über den Verlust ihrer Heimat haben diese Wachleute dann die russischen Gefangenen aus nationalen Rachegefühlen in einer Weise behandelt, die selbst unter den Farger Verhältnissen auffiel. (…) Wenn die vorhandenen Gummiknüppel nicht ausreichten, wurde auch noch mit der Koppel oder mit dem Gewehrkolben geprügelt.«[291]

Neben den Strafen im Lager gab es auch auf den Arbeitsstellen ständig Schläge. Zum Teil wurde hier eine halbwegs funktionale Gewalt mit dem Ziel ausgeübt, zur Arbeit anzutreiben. Die Berichte der Häftlinge zeigen jedoch, dass auch auf den Baustellen die Gewalt der Wachmannschaften nur selten funktional, in den meisten Fällen maßgeblich durch eine Lust und Freude am Schlagen und Zerstören motiviert war. Die im Arbeitserziehungslager ausgeübte Gewalt war in ganz wesentlichen Teilen überschießende (Alf Lüdtke) oder autotelische Gewalt (Jan Phillip Reemtsma), die nicht das Ziel hatte, den Geschlagenen zu etwas zu bringen, sondern die vor allem der Verbreitung von Schrecken und dem eigenen Lustgewinn diente.

Der ehemalige niederländische Häftling Jan Schinkel berichtet von der Arbeitssituation: »Dort mussten wir Sand in Waggons laden. Wenn man zusammenbrach, wurde man so lange geschlagen bis man entweder wieder aufstand oder liegen blieb und starb.«[292] Nolting-Hauff erzählt, dass seine Gruppe bei der Arbeit von niederländischen Wachmännern beaufsichtigt wurde: »Die auf dem Kamm über unser darunter befindlichen Arbeitsstelle aufgestellten Wachen standen dort wie Ölgötzen, solange nicht einer der Gefangenen aus irgendeinem Grunde zu ›bestrafen‹ war, was dann so vor sich ging, dass der Betreffende auf die Düne heraufgezerrt und auf der anderen Seite wieder heruntergeworfen wurde, wobei er einen Schuß ins Genick oder in den Rücken bekam und dann als ein ›auf der Flucht Erschossener‹ unten liegen blieb.«[293]

Diese extremste Form der Gewalt konnte jedoch nicht häufig angewandt werden, weil eine zu große Anzahl Erschossener dann doch Misstrauen hervorgerufen hätte. Häufiger war eine andere Form der Bestrafung:

»Wenn einer der Holländer einen Gefangenen einmal einen Augenblick untätig sah, rannte er auf ihn zu, jagte ihn mit drohend erhobenen Gewehr aus der Reihe der Arbeitenden hinaus und trieb ihn etwa 100 Schritt von der Arbeitsstätte in der Heide hin und her. Der betreffende Unglückliche musste je nach Laune des Quälgeistes 10 oder auch 20 Minuten im Laufschritt immer im Kreise herumrennen. Wenn er (...) einmal langsamer wurde, war der Wachmann sofort hinter ihm her und stieß ihm den Kolben des hochgeschwungenen Gewehres in den Nacken, in den Rücken oder in die Kniekehlen. Dann rannte er schon wieder, dass der Sand flog und der Verfolger ruhte nicht eher, bis sein Opfer ihm zusammenbrechend vor die Füße rollte und durch keine Kolbenschläge mehr empor gejagt werden konnte. Dann bekam der ›Faulpelz‹ meist noch eine ausgiebige Anzahl von Fußtritten und konnte auf seinen Arbeitsplatz zurückkriechen.«[294]

Es ist offensichtlich, dass ein so malträtierter Häftling die folgenden Tage kaum arbeiten konnte. Die Gewalt diente allein der Befriedigung der Täter. Wer waren diese? Nolting-Hauff, der häufiger in den Niederlanden gewesen war, gelang es in einem ruhigen Moment, mit einigen der Gewalttäter ins Gespräch zu kommen. Er erfuhr, dass die Niederländer Polizisten waren, die von der deutschen Besatzungsverwaltung nach Paris zum Polizeidienst abgeordnet gewesen waren. Als Paris geräumt wurde, hatte man sie nach Farge versetzt. Da Nolting-Hauff auch etwas niederländisch sprach, bekamen sie Vertrauen: »Diese Niederländer, bei denen in kurzer Zeit immer mehr verschüttet gewesene Menschlichkeit an die Oberfläche gelangte, fühlten sich auf ihrem derzeitigen Posten (...) äußerst unglücklich und sie waren deswegen, obwohl sie ganz ausnahmslos ganz biedere Leute waren, wie Hofhunde, die man an die Kette legt, bösartig geworden. Es dauerte gar nicht lange, bis sie anfingen, uns gegenüber mit der Klage, sie seien seit Monaten ohne Verbindung mit Holland und ohne jede Nachricht von zu Hause, das Dritte Reich und alles was damit zu tun hatte, aufs kräftigste zu beschimpfen und zu verfluchen.«[295]

Die Gewalttätigkeit dieser Wachleute wirft ein besonderes Schlaglicht auf die Frage nach den Gründen für das Tun der Täter. Im Fokus der Forschung standen bisher vor allem Täter, die überzeugte Nazis waren, als Deutsche ein gewisses Eigeninteresse an einem siegreichen Krieg hatten oder mit den Deutschen verbündete Ausländer waren, bei denen man ein gewisses Maß ideologischer Übereinstimmung annehmen konnte. Bei den niederländischen Polizisten handelte es sich aber um vergleichsweise überzeugte Anti-Nazis. Dennoch beteiligten sie sich mit Enthusiasmus an der Bestrafung und Unterdrückung der Häftlinge.

Neben der Abtrennung von der Heimat dürfte ein wichtiger Grund für die Gewaltausübung im polizeilichen Blick der Männer gelegen haben. Sie waren davon überzeugt, es mit Menschen zu tun zu haben, die auch ihrem Verständnis nach zu Recht eingesperrt waren, und glaubten, dass die Deutschen ihre Gründe hatten, die Häftlinge so brutal zu behandeln. Deswegen blieb es für die Gruppe fast unfassbar, dass Nolting-Hauff und andere Mitglieder seiner Arbeitsgruppe nur aufgrund ihrer Herkunft inhaftiert waren: »Als wir darauf beteuerten, sie hätten früher von uns die volle Wahrheit erfahren, unser ganzes Verbrechen bestände in unseren Voreltern oder in der Wahl unserer Frauen, sahen sie erst uns noch einmal misstrauisch und dann sich gegenseitig fassungslos an, schüttelten immer wieder die Köpfe und meinten, das sei doch einfach unmöglich. (...) Es ging nach wie vor sichtbar über ihren Verstand.«[296]

Man mag die Naivität der Gruppe anzweifeln, da sie sowohl in den Niederlanden wie in Paris etwas von der Verfolgung der jüdischen Bevölkerung mitbekommen haben mussten. Nichtsdestotrotz verzichteten die niederländischen Polizisten nach dem Gespräch darauf, die Gruppe um Nolting-Hauff zu schlagen. Gegen andere Häftlingsgruppen gingen sie allerdings weiterhin brutal vor. Sie behielten für die anderen also rassistische Einstellungen und den Glauben bei, dass diese was »ausgefressen« haben mussten: Das reichte ihnen als Anlass zur Misshandlung. Wiewohl die Gruppe damit selbstständig entschied, ob sie Häftlinge misshandeln wollte oder nicht, ist ihr Tun ohne das maßgebende Handeln der deutschen Führungskräfte im Lager nur bedingt zu erklären.

Die Haltung der Kommandanten war, soweit es sich beurteilen lässt, geprägt von den rassistischen und politischen Vorstellungen des Nationalsozialismus. So beobachtete etwa Nolting-Hauff: »Der Lagerkommandant hat die Juden einmal angeschrieen, sie sollten sich darüber klar sein, dass sie noch ›weit, sehr weit hinter den Russen kämen‹.«[297] Generell gingen die Kommandanten davon aus, dass die meisten, wenn nicht alle Häftlinge zu Recht in Farge einsaßen und Feinde Deutschlands waren. Diese weltanschaulichen Prinzipien verbanden sich in Farge aufs Engste mit der Praxis, das Lager durch Terror und Schrecken zu leiten.

Der Terror beruhte auf denselben Prinzipien, die Wolfgang Sofsky so eindrucksvoll für die Konzentrationslager herausgearbeitet hat. Insbesondere die von ihm beobachtete Distanzierung von den Häftlingen als Antrieb zur Gewalt war auch in Farge handlungsmächtig. Sofsky schreibt: »Doch stärker als Haß, Zorn oder Wut wirkt Gleichgültigkeit als Triebkraft absoluter Tötungsmacht. (...) Am Ende wird das Opfer gar nicht mehr als fühlendes, denkendes und handelndes Wesen begriffen. Es ist kein Mensch mehr. Für den Täter gehört der andere nicht mehr in dieselbe Kategorie Lebewesen wie er selbst.«[298] Deswegen konnten persönliche Kontakte, wie im Falle von Nolting-Hauff und den niederländischen Wachleuten, oft die Gewaltanwendung beenden, während die gleichen Menschen einen weiterhin unbekannten Häftling in der nächsten Minute totschlugen.

Jan Phillip Reemtsma hat die weitgehende Abkehr von instrumentellen Handlungslogiken in einigen Lagern mit dem Begriff der »Terroratio« beschrieben, die zum leitenden Prinzip der Herrschaft wurde. Im Arbeitserziehungslager waren gegen Kriegsende keine rüstungswichtigen Arbeiten mehr zu verrichten, sodass hier auch die vielleicht letzte Begründung für eine instrumentelle Anwendung des Terrors wegfiel.

Reemtsma schreibt: »Terror ist nur dann ›rational‹, wenn er ein genügendes Maß an ›Irrationalität‹ produziert. Terror hat eine eigene Rationalität, darum das Wortspiel ›Terroratio‹.«[299] Die Einklammerung der Begriffe »rational« und »irrational« zeigt aber, dass diese Differenzierung schwierig ist. Treffender ist vielleicht festzustellen, dass der Terror, um zu funktionieren, für die Häftlinge unberechenbar bleiben musste. Deswegen ließen sowohl der Kommandant wie die Bremer Gestapoleitung den Wachmannschaften erhebliche Freiräume bei der Gewaltausübung.

Andererseits musste aber ihre Autorität jederzeit gewahrt bleiben. Bei Tätigkeiten, die ihre Autorität hätten infrage stellen können oder die erheblich vom vorgegebenen Rahmen abwichen, sahen sich die Verantwortlichen sehr wohl zum Handeln aufgefordert. Beispielsweise setzte die Gestapo den Kommandanten Schauwacker ab, als er wahllos zu morden begann und damit das für die Gestapo vertretbare Maß des Terrors überschritt. Wie ihr oberster Vorgesetzter Heinrich Himmler hoffte auch die Bremer Gestapo, dass die Wachmannschaften »anständig« blieben, wobei sie wussten, dass ihre Untergebenen prügelten, folterten und mordeten und dies mit »Anständigkeit« im weitesten Sinne nicht zu vereinbaren war.

Diese Doppelmoral ergab sich, weil die SS und insbesondere Himmler die »deutsche Anständigkeit« nicht nur positiv besetzten, sondern sie auch als hemmend im Kampf mit den »unanständigen Russen« betrachteten.[300] Heinrich Schauwacker, einer der Kommandanten des Arbeitserziehungslagers, gehörte zu diesen SS-Männern, die ihr Verhalten selbst als anständig und lobenswert betrachteten, während sie gleichzeitig folterten und mordeten.

Lagerkommandant Heinrich Schauwacker
Eine Bremer Karriere: Vom Schläger zum Massenmörder

Am 19. März 1945 schrieb Heinrich Schauwacker aus der Untersuchungshaft in Bremen einen Brief an Reichsminister Joseph Goebbels. Er schrieb ihn also etwa einen Monat, bevor die alliierten Streitkräfte Bremen erreichten. Grund für das Schreiben war seine Inhaftierung durch die Bremer Gestapo. Schauwacker war seit Ende Dezember 1944 Leiter des Bremer Arbeitserziehungslagers gewesen. Nach seinem Dienstantritt stieg dort die Zahl der Todesfälle und der »auf der Flucht« Erschossenen so rapide an, dass sich der ortsansässige Arzt, der schon seit einigen Jahren für das Arbeitserziehungslager zuständig war, genötigt sah, bei der Bremer Gestapoleitung zu protestieren. Diese empfand das von Schauwacker eingeführte Regime als nicht mehr tragbar, setzte ihn als Leiter des Arbeitserziehungslagers ab und inhaftierte ihn vorerst.

Als überzeugter Nationalsozialist war Schauwacker sich keines Vergehens bewusst und bat nun Reichsminister Goebbels um Hilfe. Im Brief heißt es eingangs: »Entschuldigen Sie bitte, wenn ich mich in dieser schweren Zeit mit einer privaten Angelegenheit an Sie wende mit der dringenden Bitte, mir Beistand und Hilfe schenken zu wollen.«[301] Anschließend berichtete Schauwacker von seinem langen Lebenslauf als Nationalsozialist, in dessen Verlauf er Goebbels bereits in den 1920er Jahren in Bremen Geleitschutz gegeben haben will.

Den größten Raum widmete er jedoch der Darstellung seiner Taten bei der Einsatzgruppe B in der besetzten Sowjetunion: »Mit der Absetzung vom Gegner kam ich kurz nach Minsk und habe hier in zwei Tagen auf dem Gut der Sipo und des SD in Klein Trostinez über 3600 Männer, Frauen und Kinder in einer Scheune erschiessen müssen. Diese Anzahl Menschen stammte aus den gesamten Gefängnissen und Lägern von Minsk und wurden sämtlichst durch Sturmscharführer Walter Otte und mich erschossen.«

Bei der Tat handelte es sich um eine besonders brutale und in Weißrussland weithin bekannte Mordaktion. Heute steht auf dem ehemaligen Gut des SD in Trostinez eine Gedenkstätte. Den Hergang der Tat beschrieb der Journalist Paul Kohl nach dem Bericht einer Augenzeugin: »In der Scheune des Gutes am See, in der zuvor alle Habseligkeiten gestapelt waren, die man den Menschen vor der Erschießung abnahm, sollten die Gefangenen vor allem aus dem Minsker Schirokaja-Lager erschossen und mitsamt der Scheune verbrannt werden. Auf Lkws, oft mit Anhänger, wurden diese Menschen nun hastig zu dieser Scheune gebracht, und dann geschah vom 28. bis 30. Juni 1944 folgendes: Die Opfer mussten sich auf eine Schicht Baumstämme stellen, wurden von MPs niedergemäht, auf diese Schicht Leichen wieder eine Schicht Baumstämme, darauf wieder mussten die Neuankommenden steigen, wurden niedergemäht. So ging das weiter, bis die letzten das Dach erreichten. 6500 Leichen waren am Ende in dieser Scheune gestapelt. Neben der Scheune wurden auf diese Weise weitere Scheiterhaufen aufgeschichtet, und dann zündete man diese drei Stapel mitsamt der Scheune an. Drei Tage bevor die Rote Armee Minsk befreite. Als die sowjetischen Truppen nach Trostenez kamen, brannten noch die Leichenberge.«[302]

Wer war nun dieser Mensch, der meinte, Goebbels von seinen Taten berichten zu müssen? Johann Heinrich Schauwacker wurde am 6. August 1911 in Bremen geboren. Sein Vater, ein Handwerker, fiel im I. Weltkrieg und auch seinen daraufhin eingesetzten Pflegevater ereilte bald dasselbe Schicksal. Seine Mutter starb ebenfalls, bevor Schauwacker erwachsen war. Er kam schließlich bei Onkel und Tante unter, absolvierte die Volksschule und wurde anschließend Malerlehrling.

Das Umfeld des jungen Heinrich Schauwacker scheint den rechten bis rechtsextremen Parteien nahegestanden zu haben. So trat Schauwacker bereits mit zwölf Jahren dem Stahlhelm bei. Im Alter von sechzehn Jahren wechselte er im Juli 1927 zur Bremer SA und dürfte damit zu deren ersten Mitgliedern gehört haben. Im Jahr darauf trat er der NSDAP bei und erhielt die Mitgliedsnummer 98.055.

Die SA erregte in Bremen ab 1928 zunehmend Aufsehen, weil sie anfing, ihrer Meinung nach jüdisch aussehende Passanten in der Bremer Innenstadt zu verprügeln. Große Öffentlichkeit gab es aber erst, als die SA versehentlich den brasilianischen Konsul zusammenschlug.

Im Rahmen der daraufhin entfalteten Aktivität der Polizei geriet auch Schauwacker in deren Visier. Im Gegensatz zu seiner Behauptung im Brief an Goebbels gehörte Schauwacker allerdings nicht zu den acht SA-Angehörigen, die wegen der Beteiligung am Überfall vor Gericht kamen, da keiner der Zeugen ihn bei dieser Tat gesehen hatte. Schauwacker schrieb an Goebbels jedoch, dass er aufgrund der mehrfachen Verhöre durch die Polizei aus der Lehre entlassen wurde.

Durch die Vermittlung eines der NS-Bewegung nahestehenden Offiziers kam er bei der Reichswehr unter. Da eine Mitgliedschaft in der NSDAP aber zu diesem Zeitpunkt in der Reichswehr nicht erwünscht war, trat Schauwacker am 1. Januar 1930 aus der Partei aus. Bis Mai 1935 blieb er in der Reichswehr/Wehrmacht tätig und wurde dort in Ehren entlassen.[303] Er wechselte zur Bremer Feuerwehr.[304] Mit dem Abschied aus der Armee beantragte er seine Wiederaufnahme in die NSDAP und wurde dabei von seiner alten Ortsgruppe unterstützt, die ihn als aktiven Nationalsozialisten bezeichnete.[305]

Sein Antrag wurde von der Reichsleitung angenommen: »Die in der Reichskartei am 1. Januar 1930 durchgeführte Streichung ist mit Heutigem wieder zurückgenommen und gleichzeitig die Dienstzeit bei der Wehrmacht entsprechend vermerkt worden. Der Parteigenosse Heinz [sic!] Schauwacker wird nunmehr in der Reichskartei als Mitglied bei der Ortsgruppe Celle/Blumlage weitergeführt. Der Genannte hat Mitgliedsbeiträge vom 1. Juni 1935 ab nachzubezahlen.«[306]

Allerdings scheiterte Schauwackers Versuch, als »alter Kämpfer« in eine höhere Gehaltsstufe zu kommen. Die Reichsleitung schrieb: »Ich ersuche dem Genannten zu eröffnen, dass durch die Zurücknahme der Streichung ein Anspruch auf das Ehrenzeichen der alten Parteimitglieder der NSDAP nicht entstanden ist, da sich der Parteigenosse Heinz [sic!] Schauwacker während der Zeit der Zugehörigkeit im Reichsheer nicht für die Bewegung betätigen konnte.«[307] So verblieb Schauwacker vorerst in der niedrigsten Einkommensgruppe bei der Feuerwehr.

Nach eigenen Angaben wechselte er dann 1939 zur Bremer Gestapo, weil er dort für sich bessere Einkommensmöglichkeiten sah. Tatsächlich gruppierte man ihn mit der Einstellung bei der Gestapo in eine höhere Gehaltsgruppe ein und zwei Jahre später stieg sein Gehalt erneut an.

Sven Reichardt spricht in seiner Untersuchung vom Entstehen einer Kameradschaft der Gewalt, die für die SA-Männer zu einer Art Ersatzfamilie wurde.[308] Bei Schauwacker scheint dieses Ersatzfamiliendasein in der SA durch den Verlust seiner Eltern besonders offensichtlich. Zudem ist auf die Bedeutung uniformierter Männerbünde bzw. -verbände für seine ganze Sozialisation hinzuweisen: von Stahlhelm über SA zu Wehrmacht und Feuerwehr.

Zu fragen ist im Anschluss an Reichardt, inwieweit die Gewaltkameradschaft der SA nach deren Entmachtung 1934 trotzdem von Bedeutung blieb und welche Rolle die Gewalt für den Nationalsozialismus weiterhin spielte. Franz Neumann schrieb dazu schon 1944: »Gewalt ist nicht einfach eine nebensächliche Erscheinung in der Struktur der nationalsozialistischen Gesellschaft. Sie ist vielmehr die eigentliche Grundlage dieser Gesellschaft. Gewalt versetzt nicht nur in Angst und Schrecken, sondern ist auch anziehend. Sie ist das fünfte und entscheidende Prinzip der nationalsozialistischen Gesellschaftsformation.«[309] Wichtig ist zudem, dass Gewalt ausübende Institutionen soziale Aufstiegschancen boten: Das war ein expliziter Grund für Schauwackers Übertritt zur Gestapo.

Im März 1943 meldete er sich freiwillig zum Einsatz in der besetzten Sowjetunion, vermutlich auch wegen der Beförderungschancen, und kam zur Einsatzgruppe B, die vorwiegend in Weißrussland agierte. Neben der bereits beschriebenen Massenexekution in der Nähe von Minsk war Schauwacker dort an mehreren anderen Erschießungen beteiligt sowie an der Aktion »Wettermeldung«, in deren Rahmen frühere Gräber von deutschen Erschießungsopfern wieder ausgehoben und die Leichen, um Spuren zu verwischen, verbrannt wurden.

Nachdem die deutschen Truppen aus dem Gebiet der Sowjetunion vertrieben waren, kam Schauwacker Ende 1944 nach Bremen zurück, wo er vom Leiter der Bremer Gestapo zum Kommandanten des Arbeitserziehungslagers in Bremen-Farge ernannt wurde.

Farge war bis zu Schauwackers Dienstantritt schon als eines der härtesten Arbeitserziehungslager bekannt; mit seiner Ankunft stiegen die Gewalttaten und Todeszahlen jedoch noch einmal rapide an. Im britischen Prozess gegen Angehörige der Wachmannschaft des Arbeitserziehungslagers Farge nannte der keineswegs zimperliche Wachmann Velke ihn »einen Teufel in Menschengestalt«. Innerhalb von einem Monat wurden mehr als zehn Häftlinge »auf der Flucht erschossen« und der Keller unter der Küchenbaracke wurde zum ständigen Folterkeller, in dem täglich Häftlinge ausgepeitscht wurden.

Der Wachmann Plothe berichtete im britischen Prozess von einem weiteren Mord Schauwackers: »Gegen Ende Februar 1945 ging ich einmal mit Schauwacker durch das Lager. Wir kamen an einem Schuppen vorbei, vor den man Leichen gelegt hatte. Dort bei den Leichen fanden wir einen Häftling. Schauwacker nahm ihn mit sich und ging mit ihm zur Jauchegrube. Er nahm den Deckel hoch und steckte den Mann hinein. Der Häftling wehrte sich zwar, aber Schauwacker war der Stärkere. Ich habe dabei gestanden und nichts gesagt, denn ich war Schauwacker gegenüber machtlos. Nach 10-15 Minuten zog Schauwacker den Häftling wieder aus der Grube heraus. Er war tot.«

Nachdem Schauwacker Ende Februar 1945 von der Gestapo als untragbar inhaftiert worden war und Mitte März 1945 den Brief an Joseph Goebbels geschrieben hatte, wurde er laut einer Nachkriegsaussage des Bremer Gestapochefs Ende März aus der Haft entlassen und einer Wehrwolf-Gruppierung zur Vorbereitung des Untergrundkampfes zugeordnet.[310]

Nach der deutschen Kapitulation fanden britische Ermittler den Brief an Goebbels und setzten Schauwacker auf die Fahndungsliste für Kriegsverbrecher. Dreimal gelang es den Ermittlern, seinen Aufenthaltsort zu eruieren, doch jedes Mal konnte er kurz vor dem Eintreffen der Polizei fliehen. Die britischen Fahnder glaubten schließlich, dass Schauwacker sich in die sowjetische Zone abgesetzt hatte, und übergaben ihre Beweismittel an die sowjetischen Behörden. Anschließend verlor sich seine Spur. Die letzte Notiz in seiner Personalakte in Bremen verrät nur, dass seine Frau ihn 1953 für tot erklären ließ, um eine Witwenrente zu erhalten.[311] Allerdings gibt es Vermutungen, dass es Schauwacker gelungen war, sich nach Südafrika abzusetzen, dort unter falschem Namen weiterzuleben und sogar mit seiner Familie Kontakt zu halten.

Biografie Karl Walhorn

Für die Etablierung der Schreckensherrschaft im Arbeitserziehungslager Farge war Karl Walhorn die zentrale Person. Er leitete das Lager etwa dreieinhalb Jahre vom Oktober 1940 bis zum April 1944. Wie Schauwackers Leben war auch seines durch den frühen Tod seiner Eltern überschattet worden. Walhorn wurde 1914 in Bremen geboren, sein Vater, ein Droschkenkutschen-Unternehmer, fiel im 1. Weltkrieg. Da seine Mutter kurz darauf starb, wuchs er bei seiner deutlich älteren und bereits verheirateten Schwester in Osnabrück auf. Nach Abschluss der Volksschule lernte er Innendekorateur.

Während der Weltwirtschaftskrise wurde er arbeitslos und verrichtete von 1932 bis 1934 freiwilligen Arbeitsdienst. Als auch 1934 keine Aussicht auf eine Anstellung als Dekorateur bestand, meldete er sich freiwillig zur Waffen-SS. Vermutlich war Walhorn dabei auch eine Zeit lang Mitglied bei einem SS-Totenkopfverband und als Wachmann in einem Konzentrationslager eingesetzt. 1936 leistete er seinen Wehrdienst in einer Nachrichtenabteilung der Wehrmacht ab. Aufgrund eines Unfalls wurde er 1937 als dienstunfähig entlassen.

Sein weiteres Leben war, auch in Farge, durch häufige Krankheiten und Krankenhausaufenthalte geprägt. Nach seiner Entlassung wurde er eigenen Angaben zufolge vom Bremer Arbeitsamt zur Gestapo vermittelt. Von seinem Vorgesetzten dort wurde er im Herbst 1940 zum Lagerführer des Arbeitserziehungslagers Farge ernannt und in den Rang eines SS-Oberscharführers erhoben. Dies war allerdings kein besonders hoher Rang für jemanden, der die Hoheit über 40 Wachmänner und bis zu 600 Häftlinge hatte. Bis zum niedrigsten Unteroffiziersgrad benötigte Walhorn noch zwei Beförderungen. Da sich die Bezahlung nach dem Dienstgrad richtete, war sein Gehalt eher dürftig und geringer als das eines Facharbeiters. Allerdings bot ihm die Leitung des Lagers erhebliche Möglichkeiten, sein Einkommen durch Selbstbereicherung zu erhöhen.

Während seiner Zeit in Farge war er häufiger krank, zudem verrichtete er 1942 einen sechswöchigen Einsatz bei der Sicherheitspolizei in Pilsen. Seine Karriere als Farger Lagerführer endete im April 1944, als er sich bei einem Autounfall einen Wirbelsäulenbruch zuzog.

Nach dem Krankenhausaufenthalt war er bis Kriegsende bei der Gestapo in Wilhelmshaven tätig. Wegen der Misshandlung und Ermordung von Angehörigen alliierter Nationen in Farge wurde er 1948 von einem britischen Militärgericht zu 4 Jahren Haft verurteilt.[312]

Todesfälle

Insgesamt konnten für das Arbeitserziehungslager Farge bisher 173 Todesopfer ermittelt werden.[313] Die ersten datieren vom März 1942. Das heißt, dass in den 37 Monaten bis zur Evakuierung des Lagers im April 1945 im Schnitt mehr als vier Todesfälle pro Monat zu verzeichnen waren. Bei fast einem Drittel der Toten (50) handelt es sich um Polen. Es folgen 29 Niederländer, 20 Sowjet-

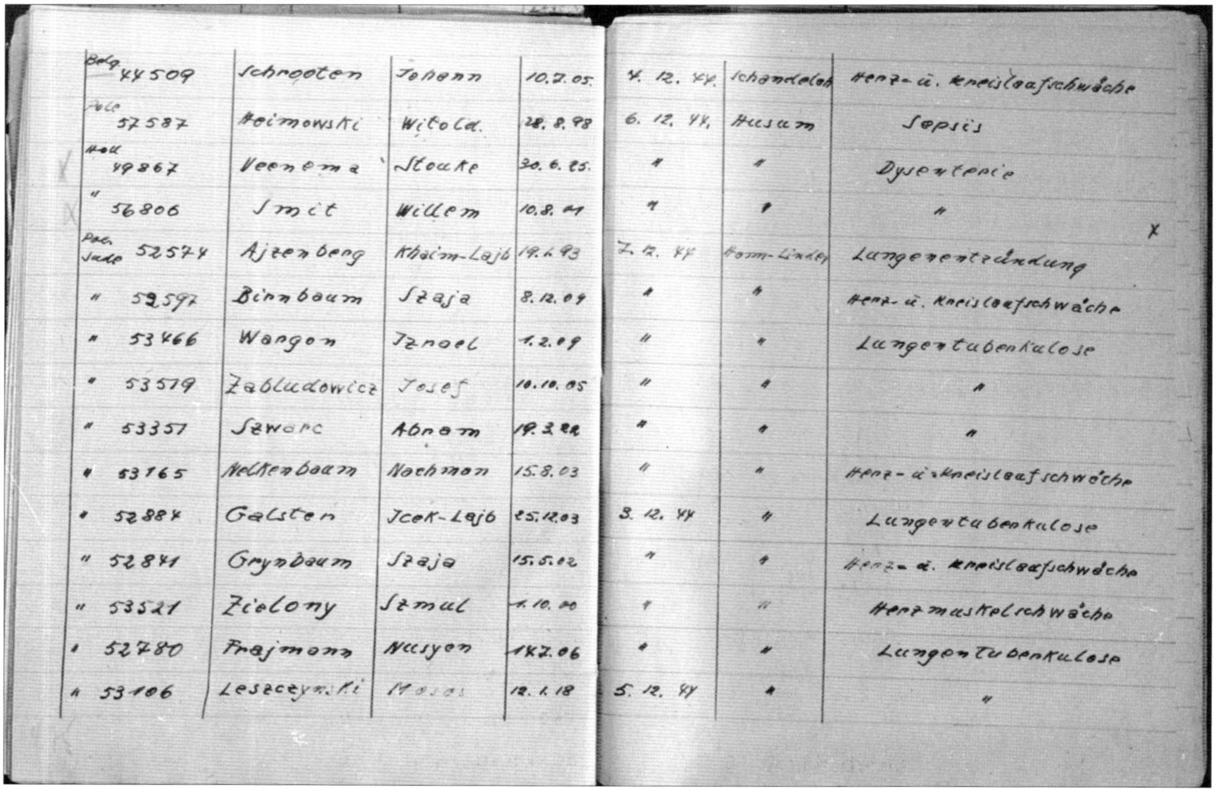

Belg. 44509	Schrooten	Johann	10.7.05	4.12.44	Schandelah	Herz- u. Kreislaufschwäche
Pole 57587	[illegible]imowski	Witold	28.8.98	6.12.44	Husum	Sepsis
Holl. 49867	Veenema	Stouke	30.6.25	"	"	Dysenterie
" 56806	Smit	Willem	10.8.[illegible]	"	"	"
Pol. Jude 52574	Ajzenberg	Khaim-Lajb	19.[illegible].93	7.12.44	[illegible]	Lungenentzündung
" 52597	Birnbaum	Szaja	8.12.09	"	"	Herz- u. Kreislaufschwäche
" 53466	Wargon	Izrael	1.2.09	"	"	Lungentuberkulose
" 53579	Zabludowicz	Josef	10.10.05	"	"	"
" 53357	Szwarc	Abram	19.2.22	"	"	"
" 53165	[illegible]kenbaum	Nachman	15.8.03	"	"	Herz- u. Kreislaufschwäche
" 52884	Galsten	Icek-Lajb	25.12.03	3.12.44	"	Lungentuberkulose
" 52841	Grynbaum	Szaja	15.5.02	"	"	Herz- u. Kreislaufschwäche
" 53521	Zielony	Szmul	[illegible].10.[illegible]	"	"	Herzmuskelschwäche
" 52780	Frajmann	[illegible]	14.7.06	"	"	Lungentuberkulose
" 53106	Leszczynski	Moses	12.1.18	5.12.44	"	"

Das Außenlager-Totenbuch wurde im Hauptlager Neuengamme geführt und entging als eines der wenigen offiziellen Dokumente des Lagers der Beweisvernichtung durch die SS, weil es von einem Häftling versteckt wurde

bürger, 17 Deutsche, 11 Franzosen und 7 Dänen. Während der hohe Anteil an polnischen Todesopfern des Arbeitserziehungslagers mit anderen Forschungsergebnissen übereinstimmt, überrascht, dass im Lager mehr Niederländer und fast ebenso viele Deutsche wie Sowjetbürger umgekommen sein sollen. Hier liegt die Vermutung nahe, dass der Tod sowjetischer Zivilarbeiter nicht in allen Fällen registriert wurde.[314]

Eine weitere Analyse der Sterberegister des Standesamtes Neuenkirchen zeigt, dass für die Zeit vom Juli 1944 bis zur Evakuierung des Lagers insgesamt nur drei Todesfälle von deutschen Staatsbürgern für das Arbeitserziehungslager festgehalten wurden.

Diese Zahl kann als völlig unrealistisch bezeichnet werden. Allein im Februar 1945 sollen unter Leitung von Schauwacker mindestens zehn Gefangene »auf der Flucht erschossen« worden sein, wobei dieser betonte, eine besondere Wut auf »Russen« gehabt zu haben.[315]

Die Akten legen die begründete Vermutung nahe, dass in der Amtszeit von Schauwacker vom Dezember 1944 bis Februar 1945 die Todeszahlen dramatisch anstiegen und auch in der verbleibenden Zeit zwischen Juli 1944 und der Evakuierung auf dem vorherigen Niveau lagen. Damit dürfte die Gesamtzahl der im Arbeitserziehungslager zu Tode Gekommenen deutlich über der Zahl der bisher bekannten Opfer liegen.

Weitere Lager für ausländische Arbeiter

Neben dem verhältnismäßig gut dokumentierten KZ-Außenlager und dem Arbeitserziehungslager gab es noch weitere, weniger gut erforschte Lager, in denen Arbeitskräfte untergebracht waren, die bei dem Rüstungsprojekt an der Unterweser eingesetzt wurden.

Das Lager Tesch

Als erstes entstand bereits 1938 das Arbeiterlager der Baufirma Gottlieb Tesch, das diese auf dem Wifo-Gelände betrieb. Nach der Firma wurde es allgemein als »Lager Tesch« bezeichnet. Es entstand innerhalb der Umzäunung des Wifo-Geländes, etwa 500 Meter östlich der Depotwache, an der Betonstraße.

Das Areal umfasste 15 Holzbaracken und war ursprünglich für deutsche Bauarbeiter eingerichtet worden. Schon 1938 brachte die Wifo-Bauleitung hier aber auch tschechische Arbeiter unter. Ab 1940 kamen Fremdarbeiter aus den Niederlanden, Belgien und Frankreich hinzu.

Von Frühsommer 1940 bis Herbst 1941 war innerhalb dieses Lagers das Arbeitserziehungslager in durch Stacheldraht abgetrennten Baracken untergebracht. Vermutlich ist auf diese Maßnahme zurückzuführen, dass das Lager fortan durch SS- und Polizeibeamte bewacht wurde, was für ein ziviles Zwangsarbeiterlager ungewöhnlich war.[316] Trotzdem gingen die Fremdarbeiter aber ohne Bewachung zur Wifo-Baustelle und später zur Bunkerbaustelle. Ab 1942 wurden auch polnische Zwangsarbeiter im Lager untergebracht.

In der Nacht vom 20. Juli 1942 erfolgte zwischen 1.48 Uhr und 3.19 Uhr ein Luftangriff auf Bremen. Dabei wurde auch das Lager Tesch schwer getroffen, es gab vier Tote, fünf Schwerverletzte und sieben Leichtverletzte. Da Baracken zerstört waren, meldete die Firma »187 Obdachlose«. Zudem entstand bei Treffern im Maschinenlager der Firma ein Sachschaden von 1 Million Reichsmark.[317]

Aufnahme von einer Küche des Lagers Tesch kurz vor dem Erstbezug durch deutsche Arbeiter

Da die Hauptarbeiten auf dem Wifo-Gelände Mitte 1943 weitgehend abgeschlossen waren, wurden die Fremdarbeiter aus dem Lager Tesch danach verstärkt beim Bau des U-Boot-Bunkers »Valentin« eingesetzt, wahrscheinlich bis Kriegsende.

Über die Belegungsstärke des Lagers existieren kaum Angaben, Johr/Roder vermuten mehr als 2.000 Menschen. Christochowitz gibt an, dass bei Kriegsende dort noch etwa 300 Menschen untergebracht waren.[318] Eine Nachkriegsaufstellung spricht auch von etwa 2.000 untergebrachten Männern, von denen 63,5% Deutsche, 12,5% Niederländer, 10% Tschechen, 2,5% Belgier und 1,5% Franzosen gewesen sein sollen.[319]

Bei Kriegsende verschwand die SS nach der Vernichtung der Lagerakten und ließ die Bewohner im Lager. Die tschechischen Arbeiter sollen sich nach der Befreiung selbstständig einen Bus organisiert haben, um damit nach Hause zu fahren.

Lager für sowjetische Kriegsgefangene

Während über das Lager Tesch in den Veröffentlichungen noch ziemliche Einigkeit herrscht, ergeben sich bei den Lagern mit sowjetischen Kriegsgefangenen gravierende Differenzen, die durch einen Aufsatz von Heiko Kania ansatzweise geklärt werden konnten. Er belegt, dass es ab 1941 auch ein Lager für sowjetische Kriegsgefangene gab, die vor allem beim Bau des Wifo-Tanklagers, kurzfristig aber auch des Marine-Tanklagers eingesetzt wurden.[320]

Nach der Auswertung von Unterlagen, die von der Wehrmacht erstellt wurden und sich heute in sowjetischen Archiven befinden, hat sich die Quellensituation noch einmal verbessert. Für den Bereich Farge ist zu belegen, dass im Jahr 1941 zwei Arbeitskommandos mit sowjetischen Kriegsgefangenen eingerichtet wurden. Nachweisbar ist dies über Karteikarten. Die Hauptquelle bildet bisher die Personalkarte I für Kriegsgefangene. Von dieser liegen für Farge 176 Karteikarten vor. Alle dort aufgeführten Menschen sind in Farge ums Leben gekommen. Einige wenige Karten liegen von überlebenden, repatriierten Kriegsgefangenen vor.[321]

Die meisten sind zwischen Juni und August 1941 in Gefangenschaft geraten. Sie wurden nach kurzem Aufenthalt in frontnahen Durchgangslagern in das Kriegsgefangenenlager X D (310) in Wietzendorf in der Lüneburger Heide gebracht, das anfangs das einzige Lager im für Bremen relevanten Wehrkreis X war, das als sogenanntes »Russenlager« sowjetische Kriegsgefangene aufnahm. Insgesamt wurden in Wietzendorf bis Ende 1941 45.368 sowjetische Kriegsgefangene registriert.[322] Hier wurden alle gegen Pocken, Cholera und Ruhr geimpft. Die Mehrzahl der nach Farge transportierten Männer wurde auf der Personalkarte als »gesund« geführt.

Die Kriegsgefangenen des ersten Kommandos wurden schon am 11. August 1941 von Wietzendorf als »Arbeitskommando Nr. 22 Bremen-Farge« abtransportiert. Ein zweites Kommando errichtete die Wehrmacht Ende Oktober 1941. Nach den Unterlagen gab es zwei Transporte mit Kriegsgefangenen von Wietzendorf nach Farge am 31. Oktober und am 8. November 1941. Als Kommandobezeichnung wurde auf den Karten vermerkt: »Bremen-Farge A.K. [Arbeitskommando; M.B.] 165«. Fast gleichzeitig mit der Überstellung nach Farge wurde auch die Zuständigkeit vom Kriegsgefangenenlager Wietzendorf an das Kriegsgefangenen-Stammlager (Stalag) X B in Sandbostel am 7. November 1941 übergeben.

Sandbostel wurde ab November 1941 zum neuen Hauptaufnahmelager für sowjetische Kriegsgefangene im Wehrkreis X. Dies geschah u. a., weil das OKW ab Herbst 1941 schrittweise den Versuch aufgab, sie in sogenannte »Russenlagern« zu separieren. In Sandbostel wurden bis Kriegsende 53.074 sowjetische Kriegsgefangene registriert, von denen einige bei Arbeitskommandos im Bremer Bereich eingesetzt wurden.[323] Das erste Farger Kommando trug fortan die Bezeichnung »Arbeitskommando Nr. 1208« des Stalag X B Sandbostel, das zweite Kommando führte die Nummer 7013.

Die Zuweisung erfolgte nur bedingt nach der Qualifikation der Gefangenen. Die absolute Mehrzahl hatte als Beruf »Landarbeiter« auf den Karten eintragen lassen. So waren wenige gelernte Bauarbeiter unter den eingesetzten Zwangsarbeitern, aber für schwere körperliche Arbeit waren die Landarbeiter prinzipiell durchaus geeignet.

Es ist zu vermuten, dass das erste Kommando beim Kriegsmarine-Tanklager eingesetzt war. Dieses wurde am 10. April 1942 zum Arbeitskommando 5840 Bremen-Neustadt des Stalag X C Nienburg versetzt. Vermutlich handelt es sich um das Lager bei den Francke-Werken, denn das Bremer Arbeitsamt hielt wenige Tage später die Versetzung von 104 Kriegsgefangenen von der Kriegsmarine in Farge zu den Francke-Werken fest.[324]

Das zweite, größere Kommando war vermutlich beim Wifo-Tanklager eingesetzt. Die Wifo und die Marine konnten allerdings bei vielen Kriegsgefangenen nicht lange von deren Arbeitskraft profitieren. Im Winter 1941/42 kam es in Farge zu einem Massensterben. Zwischen Anfang November 1941 und Ende Januar 1942 starben mehr als 150 Menschen. Ab dem Februar 1942 ging die Sterblichkeitsrate deutlich zurück und nach dem Mai 1942 ist bisher nur ein weiterer Todesfall bekannt. Die Tabelle unten zeigt die bisher nachweisbaren Fälle im Detail.

Da bisher keine Angaben über die Gesamtstärke der Arbeitskommandos in Farge vorliegen, lässt sich nichts über die prozentuale Sterblichkeitsrate sagen. Es liegen auch keine Aussagen vor, die von den Todesfällen berichten und etwas über die Gründe für das Massensterben aussagen könnten.

Deswegen soll die Lage der sowjetischen Kriegsgefangenen in Bremen allgemein anhand der Berichte des Bremer Rüstungskommandos geschildert werden, um daraus möglicherweise Rückschlüsse auf die Situation in Farge ziehen zu können. Im Frühjahr 1942 waren im Bereich des Bremer Rüstungskommandos insgesamt 1.663 sowjetische Kriegsgefangene eingesetzt. Davon wurden 377 als Facharbeiter und 1.286 als Ungelernte geführt. Die Auswertung der Karteikarten zeigt, dass auch im Bremer Stadtgebiet im Herbst 1941 viele Todesfälle von sowjetischen Kriegsgefangenen gemeldet wurden. Allein im Lager Grambker Heerstraße starben von Mitte Oktober bis Mitte Dezember 1941 371 von 600 Kriegsgefangenen. Die Überlebenden wurden Mitte Dezember nach Wietzendorf abgeschoben, um die Sterblichkeitsrate im Stadtgebiet zu senken. Als im Januar 1942 im Lager Duckwitzstraße Fleckfieber ausbrach, wurden die infizierten Kriegsgefangenen ebenfalls sofort nach Wietzendorf gebracht. Da-

Sowjetische Kriegsgefangene im Stalag Wietzendorf

Monat	Nov. 1941	Dez. 1941	Jan. 1942	Feb. 1942	März 1942	April 1942	Mai 1942	Juni 1942	Juli 1942
Tote	67	45	41	4	3	6	5	-	1

Todesfälle im Lager für sowjetische Kriegsgefangene

durch gelang es, die Todesfälle dorthin zu verlagern und die Verhältnisse in Bremen zu stabilisieren.[325]

In einem Bericht des Bremer Rüstungskommandos heißt es daraufhin: »Die Arbeitsleistung ist durchschnittlich als zufriedenstellend zu bezeichnen. Vereinzelt sind die russ. Arbeitsleistungen bis zu 25% besser als die deutschen.« Letztere Bemerkung muss nach dem bisherigen Forschungsstand jedoch als Ausnahme bezeichnet werden. Mark Spoerer geht davon aus, dass die Leistungen sowjetischer Kriegsgefangener je nach Einsatzort zwischen 40 bis 70% der Leistung deutscher Arbeiter entsprachen. Christian Streit kommt in seiner Studie für den besonders anstrengenden Bergbau auf Leistungen zwischen 60-80%.[326] Im Jahr 1941 lagen die Arbeitsleistungen sowjetischer Kriegsgefangener wegen ihres schlechten Gesundheitszustandes oft sogar eher bei 20 bis 40% im Vergleich zu deutschen Arbeitern. Erst durch die Verbesserung der Ernährung stieg die Relation im Frühjahr 1942 allmählich an.

Im Bericht des Rüstungskommandos heißt es weiter, dass die guten Ergebnisse auch nur erzielt würden, weil die Firmen kranke Kriegsgefangene sofort ins Stammlager zurückschickten. So wären bei der Weser-Flug von 427 Kriegsgefangenen 172, also etwa 40%, als untauglich ausgemustert worden. Weiter heißt es: »Im Bez. Bremen ist hinsichtlich der Ernährung der Russen eine Lösung gefunden worden, durch die die Gesamtzuteilung an Nahrungsmitteln für die Russen als ausreichend für die von ihnen zu leistende Arbeit zu bezeichnen ist. Mit dem Schlachthof Bremen ist ein Abkommen getroffen worden, wonach die Abfälle, welche für die Ernährung der deutschen Bevölkerung keine Verwendung finden, aber von einem Veterinär für Russen als zulässig angesehen werden können, sofort gekocht werden und täglich von den Betrieben, die Russen beschäftigen abgeholt werden.«[327]

Es ist also festzuhalten, dass die Sterblichkeit der Kriegsgefangenen im Bremer Stadtgebiet vor allem durch den Rücktransport Kranker ins Stammlager gesenkt werden konnte. Zudem spielten zusätzliche Nahrungsmittel eine wichtige Rolle, die möglicherweise dem Kommando in Farge nicht zur Verfügung standen.

Im Sommer 1942 verschlechterte sich die Situation jedoch auch in Bremen wieder, weil die Reichsregierung Sonderzuteilungen untersagte: »Durch die eingetretene Verknappung der Kartoffeln und des Gemüses vor allem aber durch das Verbot des Reichsministers des Inneren vom 29.7.1942 nach welchem die Fortführung der zusätzlichen Schlachthofabfallverwertung verboten ist, hat sich der Gesundheitszustand derartig verschlechtert, dass z. T. nur noch 50% der eingesetzten Kräfte arbeitsfähig waren. Das RüKdo. [Rüstungskommando Bremen] hat die Rü.In.X [Rüstungsinspektion X in Hamburg] hiervon in Kenntnis gesetzt und gebeten, entweder die Ernährungssätze ausreichend zu erhöhen oder wenn das nicht möglich ist, die Zahl der eingesetzten Zivil- als auch kriegsgefangenen Russen, so herabzusetzen, dass für die verbleibenden Arbeitskräfte die Angabe höherer Lebensmittelmengen möglich ist.«[328]

Im Dezember 1942 wurde berichtet: »Nachdem die russ. Zivilarbeiter durchgehend in die allgemeine Werksverpflegung aufgenommen wurden, hat sich der Gesundheitszustand wesentlich gebessert. Starke Ausfälle aufgrund mangelnder Verpflegung finden sich nur noch bei den Kriegsgefangenen. Bestrebungen der Werke hier eine Besserung herbeizuführen, wurden durch die von den Aufsichtsbehörden geltend gemachten scharfen Bestimmungen immer wieder abgedrosselt.«[329] Zwar hatte es nach den vielen Klagen im Oktober 1942 eine Anhebung der Nahrungssätze für die sowjetischen Kriegsgefangenen gegeben, doch diese war, wie das Zitat zeigt, im Regelfall zu gering, um deutliche Wirkung zu erzielen.

Erst Mitte 1944 wurden durch den immer weiter zunehmenden Mangel an Arbeitskräften schließlich auch die Ernährungssätze der sowjetischen Kriegsgefangenen an die Sätze z. B. westeuropäischer Kriegsgefangener angeglichen.[330]

Insgesamt waren die vereinzelten Bemühungen von Rüstungsstellen und Industrie, die Ernährungssituation der sowjetischen Kriegsgefangenen zu verbessern, nur bedingt von Erfolg gekrönt. Dies lag auch daran, dass diese stärker noch als die sowjetischen zivilen Zwangsarbeiter als Feinde im »Weltanschauungskrieg« betrachtet wurden und Parteistellen deswegen eine harte Behandlung einforderten. Besonders stark war diese Tendenz bei der SS und bei den NSDAP-Gauleitungen. So beschwerten sich mehrere Gauleiter im Herbst 1943 bei Martin Bormann über die zu freundliche Behandlung der sowjetischen Kriegsgefangenen durch die Wehrmacht.

Nachdem Bormann beim OKW vorstellig geworden war, gab dieses einen Befehl zur Behandlung der Kriegsgefangenen heraus, in dem es hieß: »Insbesondere wird eine zu milde Behandlung der sowj. Kr.Gef. nirgends Verständnis finden, nachdem bekannt ist, welche furchtbare Leiden deutsche Soldaten ausstehen müssen, die in sowjet. Hände gefallen sind.«[331] Solche Propaganda, die es von 1941 bis Kriegsende immer wieder zu hören gab, trug zur Misshandlung der Gefangenen bei. So heißt es in einem Eintrag im Kriegstagebuch des Bremer Rüstungskommandos: »Nach Mitteilung der Rü.In.X sind in der letzten Zeit schwere Misshandlungen sowjet. russ. Kgfg. vorgekommen. Im Interesse der Hebung der Arbeitsleistung sind solche Exzesse scharf zu verurteilen.«[332]

Damit sind im Groben die Lebensverhältnisse umschrieben, denen auch die sowjetischen Kriegsgefangenen beim Bau des Wifo-Tanklagers ausgesetzt gewesen sein dürften, wobei keine Zeugenberichte vorliegen, die darüber Aussagen ermöglichen, ob das Lager dort eher besser oder schlechter als der Durchschnitt war. Die Zahl der Todesfälle zeigt jedoch, dass die Verhältnisse in Farge im Winter 1941/42 sehr schlecht waren.

Es ist bisher auch unbekannt, ob und wann das Kriegsgefangenenlager bei der Wifo aufgelöst wurde. Die Karteikarten zeigen, dass es zu Versetzungen aus Farge kam. So wurden am 29. Mai 1942 Gefangene zu einem Arbeitskommando in Ottersberg und am 6. Juni zu einem anderen bei der Firma Focke-Wulff verlegt. Allerdings bedeutete dies nicht die Auflösung des Farger Kommandos. Ein Kriegsgefangener wurde beispielsweise noch am 16. Juli 1942 nach Farge gebracht, wo er zwei Wochen später verstarb. Es ist darum keineswegs ausgeschlossen, dass das Kommando bis 1943 bestehen blieb. Möglicherweise wurden die sowjetischen Kriegsgefangenen der Wifo dann auch beim U-Boot-Bunker eingesetzt.

Vermutlich wurden sowjetische Kriegsgefangene ab Oktober 1943 für den Bau zur Zwangsarbeit herangezogen. Das Arbeitskommando wurde als eine Kompanie der 2. Marinebaubereitschaftsabteilung geführt, die am 1. Oktober 1943 als »Personalreserve 2. Admiral Nordsee in Buxtehude« aufgestellt worden war und aus sechs Kompanien bestand. Die 4. Kompanie war in Bremen eingesetzt, die 5. in Bremen-Farge. Das Kommando der Abteilung befand sich in Bremen-Blumenthal im Haus Burgwall. Zwischen dem 6. Oktober 1943

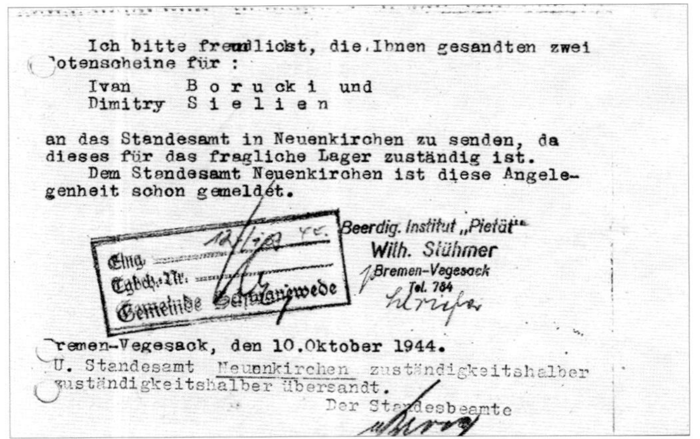

Ich bitte freundlichst, die Ihnen gesandten zwei Totenscheine für :
Ivan B o r u c k i und
Dimitry S i e l i e n
an das Standesamt in Neuenkirchen zu senden, da dieses für das fragliche Lager zuständig ist.
Dem Standesamt Neuenkirchen ist diese Angelegenheit schon gemeldet.

Beerdig. Institut „Pietät"
Wilh. Stühmer
Bremen-Vegesack
Tel. 784

Bremen-Vegesack, den 10.Oktober 1944.
U. Standesamt Neuenkirchen zuständigkeitshalber zuständigkeitshalber übersandt.
Der Standesbeamte

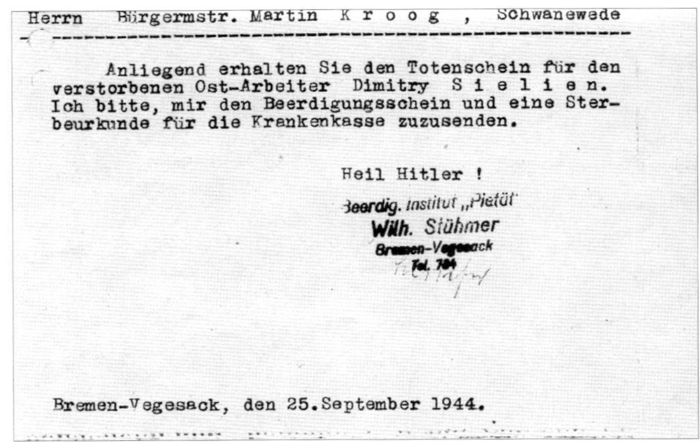

Herrn Bürgermstr. Martin K r o o g , Schwanewede

Anliegend erhalten Sie den Totenschein für den verstorbenen Ost-Arbeiter Dimitry S i e l i e n. Ich bitte, mir den Beerdigungsschein und eine Sterbeurkunde für die Krankenkasse zuzusenden.

Heil Hitler !

Beerdig. Institut „Pietät"
Wilh. Stühmer
Bremen-Vegesack
Tel. 784

Bremen-Vegesack, den 25.September 1944.

Schreiben des Beerdigungsinstituts »Pietät« in Bremen-Vegesack an Bürgermeister Kroog vom 10. Oktober 1944 mit der Bitte um Übergabe zweier Totenscheine von sowjetischen Zwangsarbeitern an das Standesamt Neuenkirchen

und dem 9. März 1944 wurden den beiden Bremer Kompanien aus dem Stammlager X B Sandbostel nachweisbar 726 Kriegsgefangene überstellt.

Die tatsächliche Zahl der in beiden Kompanien eingesetzten Kriegsgefangenen dürfte insgesamt aber höher liegen, Heiko Kania schätzt sie auf bis zu 1.400. Ein ehemaliger Wachsoldat der Marine gab an, dass allein im Lager in Farge 1.000 sowjetische Kriegsgefangene untergebracht waren.[333] Auch der ehemalige Marinearzt Dr. Heinz Weidemann gab in einer Vernehmung durch die Bremer Staatsanwaltschaft diese Zahl an.[334] Da die Sollstärke eines Baubataillons mit sowjetischen Kriegsgefangenen im Regelfall 600 Mann betrug, allerdings gegen Kriegsende auch doppelte Stärken gebräuchlich wurden, vermutet Rolf Keller, dass am U-Boot-Bunker 600-1.200 Gefangene eingesetzt waren.[335]

Drei Karteikarten zeigen, dass das Kommando von Versetzungen betroffen war. Demnach wurden drei sowjetische Kriegsgefangene am 29. Juni 1944 vom Kriegsmarine-Arbeitskommando Breddewarden bei Wilhelmshaven nach Farge überstellt. Nach weniger als vier Monaten wurden die drei Männer zur »6./2. MBBA Wilhelmshaven« abgegeben.[336]

Die sowjetischen Kriegsgefangenen waren in acht Baracken untergebracht, die südlich des Arbeitserziehungslagers lagen und westlich an das Marinegemeinschaftslager I anschlossen.[337] In letzterem waren ab dem Sommer 1943 500 Soldaten der 36. Marine-Ersatzabteilung untergebracht, um die Kriegsgefangenen zu bewachen und auch zur Baustelle zu begleiten.[338] Über die Lebensbedingungen im Lager und den Einsatz auf der Baustelle liegt bisher kein einziger Erinnerungsbericht eines ehemaligen Kriegsgefangenen vor, sodass Aussagen über das Lager kaum möglich sind.

Der einzige Bericht stammt aus einer Vernehmung des Marinearztes Dr. Weidemann durch die Bremer Staatsanwaltschaft 1961. Der Arzt dürfte wenig Interesse gehabt haben, gegenüber der Staatsanwaltschaft etwaige Misshandlungen zu benennen, sodass die Aussagen mit Vorsicht zu betrachten sind. Weidemann erklärte, dass die medizinische Versorgung in dem Lager durch vier sowjetische Kriegsgefangene erfolgte, deren Arbeit er gelegentlich bei Visiten inspizierte. Er behauptete, die Kriegsgefangenen seien direkt der OT-Bauleitung unterstellt gewesen und wären von Marinesoldaten zur Baustelle gebracht worden. Seiner Meinung nach sei die Disziplin in diesem Lager »hervorragend« gewesen und es hätte keinen einzigen Todesfall gegeben.[339]

Insbesondere die letzte Aussage ist nachweislich falsch. Allein im April 1944 starben sieben sowjetische Kriegsgefangene der 4. Kompanie. Sie wurden auf dem Kriegsgefangenenfriedhof in Bremen-Grambke beigesetzt.[340] Weitere vier Kriegsgefangene wurden laut Karteikarten in Farge bzw. in Schwanewede beigesetzt. Der letzte nachweisbare Todesfall datiert vom 6. Dezember 1944. Bisher sind elf Todesfälle von sowjetischen Kriegsgefangenen bekannt, die für den Bau des U-Boot-Bunkers eingesetzt waren.

Es ist also davon auszugehen, dass sich die Lage für die sowjetischen Kriegsgefangenen gegenüber dem Winter 1941/42 deutlich gebessert hatte, allerdings mit Einschränkungen: So waren die Bedingungen im benachbarten Lager für sowjetische Kriegsgefangene in Bremen-Blumenthal anscheinend deutlich schlechter. Dort lassen sich über Karteikarten für die Zeit von Dezember 1943 bis zum Juli 1944 57 Sterbefälle nachweisen.

Zu fragen wäre dabei auch, wie eng die Verbindungen zwischen den Lagern in Farge und Blumenthal waren. Die Karteikarte des offiziell an Lungentuberkulose verstorbenen Pjotr Skobin zeigt, dass die Bezeichnungen für die beiden Kriegsgefangenenlager wechselten. Zudem wurden möglicherweise auch die Arbeitskräfte zwischen beiden Lagern hin und her getauscht. Die Einträge auf der Karte lauten: 24.XI.43: Bremen-Blumenthal; 9.6.44: 2. MBBA [Marine-Baubereitschaftsabteilung] Bremen-Blumenthal; 22.7.44: Lager; 19.8.44: Bremen-Blumenthal Kr.M. [vermutlich: Kriegsmarine]; 11.11.44: 36. M.E.A. [Marine-Ersatzabteilung] Bremen-Farge. Allerdings befindet sich auf den meisten Karteikarten der in Blumenthal Verstorbenen nur die Bezeichnung »K.M. [vermutlich: Kriegsmarine] Blumenthal« und kein Hinweis auf einen Einsatz beim U-Boot-Bunker.

Zwei Baracken des Lagers Heidkamp 1944

Die OT-Lager Heidkamp I und II

Im Schwaneweder Bereich existierten ab 1943 zwei große Zwangsarbeiterlager, die von der OT unter der Bezeichnung Heidkamp I und II geführt wurden. In ihnen waren vermutlich Ost- und Westarbeiter getrennt untergebracht, gesondert wahrscheinlich durch einen Stacheldraht, weil beide Lager auf Luftbildern wie eins aussehen. Dieses Doppellager hatte mit etwa 6 Kilometern einen vergleichsweise großen Abstand zur Baustelle und lag noch circa 2 Kilometer östlich vom Marinegemeinschaftslager II am westlichen Rand des Ortes Schwanewede. Es umfasste insgesamt 54 Baracken, die aus Beton-Fertigteilen bestanden. Nach

Christochowitz waren in 27 Baracken Zwangsarbeiter untergebracht; in den restlichen Baracken befanden sich Magazine, Garagen, Büros, Waschräume, Aborte, Küche etc.

Damit war es das größte von allen Zwangsarbeiterlagern, deren Insassen den U-Boot-Bunker »Valentin« bauten. Im Januar 1945 gab die OT die aktuelle Belegung des Lagers mit 4.222 Personen an. Die Sollstärke bezifferte die OT auf 4.500 Mann.[341] Ein Geschäftsverteilungsplan der OT-Oberbauleitung Unterweser vom Juli 1944 führte als »Lagerführer Neuenkirchen« den OT-Truppführer Karl Brydda und als »Lagerführer Schwanewede« den »Zeichner Schalthöfer« auf. Beide waren nicht dem Referat »Arbeitseinsatz«, sondern dem Referat »Frontführung« unterstellt, das von OT-Oberbauleiter Krause geführt wurde. Oberwachvorsteher Pittel wurde als Führer eines Schutzkommandos genannt, das möglicherweise für die Bewachung der Zwangsarbeiter zuständig war.[342]

Über die Herkunft der Lagerinsassen ist wenig bekannt. Nach bisherigen Erkenntnissen kamen die meisten Menschen, die im »Ostarbeiterlager« untergebracht waren, aus der Sowjetunion, wobei wiederum der größte Teil von ihnen aus der Ukraine stammte. Im »Westarbeiterlager« befanden sich vor allem Niederländer, Belgier, Dänen und auch Rumänen. Zudem befand sich auch eine größere Gruppe Italiener im Lager. Im Kriegstagebuch des Rüstungskommandos Bremen heißt es Ende November 1943: »Es sind in der Rüstungsindustrie 3420, bei dem Grossbauvorhaben ›Valentin‹ 1200 italienische Militärinternierte beschäftigt, die Zahl der bei anderen Bedarfsträgern beschäftigten Italiener ist demgegenüber sehr gering, sodass für den Gau Weser-Ems festzustellen ist, dass die Italiener vorwiegend in der Kriegswirtschaft eingesetzt sind.«[343] Möglicherweise sank die Zahl der eingesetzten Italiener im Frühjahr/Sommer 1944 auf 900 Mann, da das einzige Arbeitskommando italienischer Militärinternierter in Bremen zu dieser Zeit mit dieser Stärke geführt wurde.[344]

Von italienischen Militärinternierten, die beim Bunkerbau eingesetzt wurden, existieren zwei Kennkarten.[345] Demnach wurden beide Gefangene am 22. Oktober 1943 vom Stalag X B Sandbostel zum »Kdo. 7 Schwanewede« bzw. »Neuenkirchen No. 7« versetzt. Einer der beiden Militärinternierten wurde am 29. August 1944 aus der Kriegsgefangenschaft zum Arbeitsamt Bremen-Aumund entlassen. Der andere starb am 29. Februar 1944 in Farge an einer Lungenentzündung.

Die wenigen Zeitzeugenberichte, die über das Lager vorliegen, deuten darauf hin, dass die Situation auch hier von Entbehrung und Gewalt gekennzeichnet war. Zwei italienische Militärinternierte berichten: «Wir haben zusammen mit ca. 1000 anderen Kameraden in dem Werk für den Bau von Schutzräumen in Bremen-Farge gearbeitet, ein Dorf, welches sich am Fluss Weser befindet. Wir sind immer misshandelt worden, [bei] geringer Verpflegung, 12 Stunden am Tag arbeitend, mit zusätzlichen zwei Stunden um hinzugehen und um ins Lager zurückzukehren. Um die Gewalttätigkeit und Brutalität der deutschen Abteilungsleiter darzulegen, erzählen wir eine Begebenheit, der wir als hilflose Zeugen beiwohnten: Einer unserer Kameraden, ein gewisser Franceschini, bat aufgrund starker Bauchschmerzen darum, zum Krankenrevier gehen zu dürfen um ein Medikament zu erhalten, welches seine Schmerzen lindern könne. Der deutsche Mannschaftsleiter weigerte sich beharrlich, ihm die Erlaubnis zu geben, nicht nur [das], er hat ihn auf barbarische Weise mit dem Stiel der Schaufel geschlagen, bis der Unglückliche ohnmächtig zu Boden fiel. Damit nicht

Zwei italienische Militärinternierte, die vermutlich als Sanitäter auf der Baustelle eingesetzt waren

zufrieden, hat ihn besagter Mannschaftsleiter völlig mit Sand bedeckt. Unser Kamerad musste fast wieder ausgegraben und auf Armen ins Lager zurückgetragen werden.«[346]

Der italienische Militärinternierte Vinzenco Torchi berichtet: »Im Lager von Bremen-Farge, wo ich in einem Werk für die Konstruktion von Schutzräumen für U-Boote gearbeitet habe, wohnte ich täglich den Verfolgungen der italienischen Militärinternierten seitens der deutschen Zivilisten bei, ... und dies aus nichtigen Gründen. (...) Besagte Zivilisten schlugen jeden mit Stöcken, Eisenstangen, Holzlatten aus beliebigen Gründen, vor allem wenn sich jemand während des Morgenappells nicht ordentlich eingereiht hatte, oder wenn er die Sturmhaube wegen übermäßiger Kälte heruntergezogen hatte, oder wenn er auf dem Hinweg zur Fabrik aus durch Indisposition oder der Unterernährung bedingten Gründen den Schritt verlangsamte, oder auch wenn er während der Arbeit keine enormen Gewichte heben konnte, wie sie es verlangten, auch wenn sie aufgrund des übermäßigen auferlegten Gewichtes zu Boden fielen. Die Stockschläge bestanden in wiederholten und starken Schlägen, die dem Unglücklichen so lange zugefügt wurden, bis er zu Boden fiel und dort [halb besinnungslos] liegen blieb. Nicht wenige italienische Soldaten, die Opfer solcher Quälereien waren, erkrankten schwer (...). Es handelte sich also um ein Lager wo, nach Aussage der Kommandanten selbst, alle wegen der übermäßigen Arbeit, der körperlichen und moralischen Misshandlungen und der unzureichenden Ernährung hätten sterben müssen. Die Arbeit begann um 06.00 Uhr und endete um 19.00 Uhr, mit Unterbrechung von einer Stunde. Um den Arbeitsplatz zu erreichen, musste man auf dem Hinweg 8,5 Km zurücklegen und auf dem Rückweg genauso viele, also musste das Wecken um 04.00 Uhr, und der Aufbruch um 04.30 Uhr erfolgen, während die Rückkehr zu dem als Schlafsaal bestimmten Raum um 21.30 Uhr stattfand.

Die Ernährung bestand aus einer Suppe täglich, gekocht aus Rüben oder Karotten und einigen Kartoffeln, aus ca. 400 gr. Brot und manchmal etwas Margarine, während einmal wöchentlich ca. 50 gr. Zucker verteilt wurden. Nach ca. 4 Monaten eines solchen Lebens konnten sich viele Soldaten aufgrund der Schwellungen vor allem der Beine nicht mehr bewegen, während nicht wenige am Morgen tot aufgefunden wurden, und ihr Leichnam war übermäßig angeschwollen. In Folge einer Reklamierung kam eine Kommission deutscher Ärzte in das Werk, welche sofort etwa sechzig Männer aufgrund extremer Unterernährung, Lungentuberkulose [und] schwerer Formen von Lungenentzündung ins Krankenhaus einwies. Zwei der genannten Kranken verstarben noch während des Transportes vom Lager ins Krankenhaus. Besagte Kommission ließ auch die Verpflegung in beachtlichem Maße steigern, um die verbleibenden Soldaten zu retten. Die Leiter des Werkes verlangten jedoch eine höhere Arbeitsleistung und steigerten die körperlichen Misshandlungen.

Eines Abends zerschlugen drei deutsche Wachmänner die eigene Muskete, indem sie bestialische Schläge gegen die Rücken einiger unserer Kameraden ausführten, um sie von dem Ort zu vertreiben, wo die Essensration verteilt wurde. So wurde morgens der Weckdienst von deutschen Soldaten ausgeführt, anhand von Schlägen mit dem Bajonett oder dem Gürtel gegen jene, die – müde oder krank – sich verspäteten, weil sie einige Sekunden auf dem Strohlager liegen blieben. Der Schlaf war absolut unzureichend: wir legten uns um 22.00 Uhr hin, um um 04.00 Uhr aufzustehen. Es gelang den Soldaten nie, genügend zu finden, um sich oder um ihre Kleidung zu waschen. Im Grunde genommen wurden wir bei weitem schlechter behandelt, als die Tiere.«[347]

Der sowjetische Zwangsarbeiter Pawel Orgijanow kam nach eigenen Angaben am 14. August 1943 ins Lager Heitkamp. Zu dieser Zeit befand sich das Lager noch im Bauzustand; mehrere Baracken wurden gerade errichtet. In jeder wurden etwa 150 Menschen untergebracht. Neben den sowjetischen Zwangsarbeitern gab es seiner Aussage nach vor allem Niederländer, Italiener und Polen. Auch weibliche Zwangsarbeiter sollen im Lager gewesen sein. Die Nationalität war durch Zeichen auf der Kleidung erkennbar. Im Lager gab es warmes Wasser und in jeder Baracke befand sich ein Ofen. Das Lager wurde bewacht, sonntags herrschte Ausgangssperre. Das größte Problem war der Mangel an Nahrungsmitteln. Zu essen gab es nur eine schlechte, dünne Suppe. Im Lager gab es mehrere Todesfälle und die Leichen wurden auf einem Friedhof in der Nähe beigesetzt.[348]

Der niederländische Zwangsarbeiter A. F. van Velzen berichtet, dass er im Winter 1944/45 in das Lager kam, weil sein Arbeitskommando aus Swinemünde vor der heranrückenden Roten Armee nach Bremen verlegt wurde. Seine Haupterinnerung an Farge ist, dass er beim Bombenangriff der Royal Air Force im März 1945 schwer verletzt wurde. Er brach sich Nase, Arm, Schlüsselbein und mehrere Rippen, weil eine Wand auf ihn stürzte. Bewusstlos wurde er in das Hartmann-Stift in Bremen-Vegesack gebracht, wo er den Krieg überlebte.[349]

Insgesamt konnten bisher 49 Todesfälle im OT-Lager nachgewiesen werden. Von 47 Toten ist die Nationalität bekannt. Es handelt sich um 14 Sowjetbürger, elf Franzosen, neun Polen, fünf Niederländer, drei Ukrainer[350], zwei Belgier, zwei Algerier und einen Italiener.

Das KZ-Außenlager Bremen-Blumenthal

Das KZ-Außenlager Bremen-Blumenthal befand sich auf der Bahrsplate. Es existierte vom August 1944 bis April 1945. Dort waren durchschnittlich etwa 800 KZ-Häftlinge zur Zwangsarbeit für die Deschimag AG Weser eingesetzt. Möglicherweise war ein Kommando aus diesem Außenlager zeitweise für Arbeiten beim Bau des U-Boot-Bunkers »Valentin« eingeteilt.[351]

Weitere Lager mit unterschiedlicher Belegung

Das Marinegemeinschaftslager II

Das Marinegemeinschaftslager II wurde seit Jahresbeginn 1939 im Auftrag der Marine in der Nähe der Gemeinde Neuenkirchen erbaut. Es sollte die Arbeiter und Angestellten beherbergen, die beim Bau des Marine-Tanklagers eingesetzt wurden, und war ursprünglich für 500 Mann ausgelegt.[352] Im Laufe des Krieges wurde es jedoch erweitert. 23 größere und zehn kleinere Steinbaracken standen bei Kriegsende auf dem Areal. Ab 1939/40 waren hier die Marinebauleitung für das

Nr. des Sterbereg.: 13 (Vom Standesbeamten auszufüllen) Jahrgang: 1945

Ost. **Totenschein** Fa. Arge Nord

ausgestellt nach Besichtigung der nachbezeichneten Leiche:

1. Familienname und Vorname:	Olefirenko Jlja
2. Jahr, Tag und Ort der Geburt:	am 20. 7. 1890 zu Blagoweschtensk
3. Tag, Monat und Stunde des Todes:	am 9. 3. 1945. 5 30 Uhr
4. Stand, Beruf oder frühere Beschäftigung: (bei ehelichen Kindern les Vaters, bei unehelichen der Mutter)	Arbeiter
5. Familienstand:	~~ledig~~* — verheiratet* — ~~verwitwet* — geschieden*~~ ~~bei Kindern unter 5 Jahren: ehelich*~~ — unehelich*
6. Wohnung, Straße und Hausnummer des Verstorbenen: (bei Ortsfremden auch Wohnort)	O.T. Lager Heidkamp. Neuenkirchen 2. Unterweser
7. Todesursache (möglichst in deutscher Sprache) 1 a) Grundleiden: b Begleitkrankheit: c) Nachfolgende Krankheiten: d) Welches der vorgenannten Leiden hat den Tod unmittelbar herbeigeführt:	a Schwäche – Oedeme b c d Allgem. geist u. körp. Kräfteverfall
8. Dauer der Krankheit: Dauer der vorhergeh. Behandlung:	17. 1. 1945
Bei Kindern unter 1 Jahr: Art der Ernährung:	Brust* — künstliche Ernährung*
10. Bemerkungen: Autopsie* — nein*	

Vorstehende Angaben sind nach den vorgenommenen Ermittelungen verzeichnet und an der Leiche untrügliche Anzeichen des Todes festgestellt. Verdacht einer widernatürlichen Veranlassung des Todes liegt nicht vor.

Sanit[illegible] Marine Gemeinschaftslager Schwanewede Heidkamp

Bremen, am 9. 3. 1945

* Nichtzutreffendes durchstreichen.
1) Bei gewaltsamen Sterbefällen, Selbstmord, Mord, Totschlag, Unglücksfall ist die äußere Einwirkung genau anzugeben, z. B. Selbstmord durch Gift, Erhängen, Feuerwaffen usw., bei Unglücksfällen: durch Vergiftung mit ......, durch Ersticken, Feuerwaffen, Überfahrenwerden durch Eisenbahn, Kraftwagen, Fahrrad usw.
2) Kann bei Besichtigung der Leiche oder aus sonstigen Gründen eine widernatürliche Todesveranlassung nicht mit Sicherheit ausgeschlossen werden, so ist der Text von „Verdacht" bis einschl. „vor" zu streichen und der Totenschein der Polizeibehörde zu übermitteln.

Erläuterungen für die Beantwortung der Frage 7 siehe Rückseite.

Totenschein eines sowjetischen Zwangsarbeiters, der bei der ARGE Nord eingesetzt und im Lager Heidkamp untergebracht war. Als Todesursache wurde ein allgemeiner geistiger und körperlicher Kräfteverfall diagnostiziert

Tanklager, deutsche Bauarbeiter sowie verschiedene Fremdarbeiter untergebracht. Von Herbst 1941 bis Mitte 1943 befand sich auch das Arbeitserziehungslager der Bremer Gestapo innerhalb des Marinegemeinschaftslagers II. Hierfür wurden vier Steinbaracken genutzt, die durch Maschen- und Stacheldraht vom Rest des Lagers abgetrennt waren.

Ab Mitte 1943 entwickelte sich das Lager zu einem zentralen Ort der Bauplanung für den U-Boot-Bunker. Die Marine brachte im Lager die

Der Standort des U-Boot-Bunkers kurz vor Baubeginn 1943

Bauleitung, ihre Baustäbe, die Materialverwaltung und ein Lazarett unter. 1944 gingen diese Stellen in die Oberhoheit der OT über, sodass sich hier fortan z. B. die OT-Oberbauleitung und das OT-Lazarett befanden. Ab Mitte Juni 1943 richtete die Ingenieurgemeinschaft Agatz & Bock ihr Planungsbüro im Marinegemeinschaftslager II ein. Zudem war auch ein Teil der Soldaten der 36. Marine-Ersatzabteilung hier untergebracht.

Das Marinegemeinschaftslager I

Im Sommer 1943 richtete die Marine südlich vom Arbeitserziehungslager ein Lager zur Unterbringung von Soldaten ein. Dort wurde die 36. Marineersatzabteilung stationiert. Die Hauptaufgabe der Soldaten war die Bewachung von KZ-Häftlingen, Kriegsgefangenen und Zwangsarbeitern. Einige der Soldaten übernahmen anscheinend jedoch auch Arbeitsaufgaben auf der Baustelle, wenn sie über eine entsprechende Ausbildung verfügten. Der Bataillonsstab der Abteilung war in einer Villa in der Rekumer Straße im Ort untergebracht. Als die Kräfte der 36. Marineersatzabteilung für die Bewachung der beständig steigenden Zahl an Zwangsarbeitern nicht mehr ausreichten, verlangte die Marine von der Gestapo die Übergabe von Baracken im nördlichen Teil des Arbeitserziehungslagers und richtete dort weitere Unterbringungsmöglichkeiten her. Hier bezogen dann Soldaten der 7. Kompanie der 25. Marineersatzabteilung Quartier.

Die Bevölkerung, das Bauprojekt und die Lager

In Farge fand das Massensterben unmittelbar vor den Augen der einheimischen Bevölkerung statt. Der entstehende U-Boot-Bunker lag praktisch mitten im Ort. Die Bevölkerung konnte die Baustelle aus der näheren Entfernung gut beobachten. Kolonnen von KZ-Häftlingen und zivilen Zwangsarbeitern marschierten bzw. fuhren täglich durch den Ort. Der Bäcker lieferte das Brot direkt ins Außenlager, der örtliche Kohlenhändler übernahm des Öfteren den Transport der Leichen. Im benachbarten KZ-Außenlager Blumenthal gab es einen Auflauf von Schaulustigen bei Hinrichtungen im Lager.[353]

Allgemein scheint das Geheimhaltungsbedürfnis sowohl der Marine wie der SS in Farge sehr gering gewesen zu sein. Der örtliche Fotograf Seubert war im Auftrag der OT vom Mai bis November 1944 zwei- bis dreimal in der Woche auf der Baustelle, um die Fortschritte beim Bau festzuhalten. Im August 1944 wurde ihm sogar der Besuch des KZ-Außenlagers erlaubt. Wie weitgehend die Bevölkerung über das Geschehen vor Ort informiert war, lässt sich auch daran erkennen, dass in Bremen das Sprichwort kursierte »Sei ruhig, sonst kommst du nach Farge«.[354]

Als die Bauarbeiten im Sommer 1943 begannen, gehörte das Bauland noch den örtlichen Bauern. Am 16. April 1943 bat das mit den Kaufgesprächen in Farge betraute Marineoberbauamt Hamburg die Reichsumsiedlungsgesellschaft (Ruges) in einem Schreiben um Hilfe. Die Ruges unterstand dem OKW und regelte für die Wehrmacht Gebietsaufkäufe. Im Schreiben heißt es, dass vier Bauern aufgrund des Verlustes ihrer Weiden Ersatzland für ihr Vieh benötigten und zwei, vielleicht drei Bauern auch ihre Gebäude mit Hof verlieren würden, darunter Ortsbauernführer Gräfing. Die Ruges wurde gebeten, bei der Suche nach Ersatzland zu helfen. Zur Dringlichkeit des Anliegens wurde vermerkt: »Das Bauvorhaben läuft sofort an, und man wird an den Abbruch der ersten 2 Bauernhöfe bereits in einem halben Jahr herangehen müssen, während das Wiesenland sofort den Bauern entzogen wird.«[355]

Ab dem 11. Juni 1943 wurden die Verhandlungen mit den Landbesitzern in Farge in zwei Gruppen geführt: Die schwierigeren Fälle bearbeitete die Ruges, während die vermeintlich leichteren vorerst in der Zuständigkeit des Marineoberbauamts Hamburg blieben.[356] Im September 1943 meldete die Ruges, dass erste Ersatzhöfe besichtigt worden und die Entschädigungen der anderen Bauern abhängig von weiteren Landzuteilungen seien. Im November 1943 konnte mitgeteilt werden, für die beiden Hauptbetroffenen, die Landwirte Schnibben und Gräfing, seien zwei Ersatzbetriebe in der Nähe von Leer gefunden wurden, mit denen die beiden einverstanden wären. Die vormaligen Eig-

Der Hof Schnibbe 1943 kurz vor dem Abriss

ner der Höfe wurden nach dem Reichserbhofgesetz enteignet, weil sie nur weiblichen Nachwuchs gezeugt hatten.

Im Dezember 1943 waren jedoch erst wenige Vertragsverhandlungen abgeschlossen. Da die Kompetenzen zwischen Marineoberbauamt und Ruges kaum abgesprochen waren, gelang es einigen Bauern, durch Parallelverhandlungen mit beiden Organisationen den Preis für ihr Land in die Höhe zu treiben, was das Marineoberbauamt veranlasste, mit der Ruges eine engere Zusammenarbeit anzumahnen. Die Akten zeigen auf der einen Seite, dass die Bauern keine andere Wahl hatten, als ihr Land zu verkaufen. Auf der anderen Seite wird aber auch deutlich, dass die Marine und die Ruges ein hohes Interesse daran hatten, unter den Bauern keine Unzufriedenheit aufkommen zu lassen, und sich deshalb um eine angemessene Bezahlung und Entschädigung der Bauern bemühten. Zudem beugten sich die Farger und Rekumer auch nicht einfach den Plänen von Marine und Wehrmacht, sondern schalteten Anwälte ein, beschwerten sich oder führten Klage.

Für die Grundstückskäufe beim Marine-Tanklager ist überliefert, dass das Bremer Vermessungsamt sich über die zu hohen Preise beschwerte, die die Marine bezahlt hatte. Im betreffenden Fall hatte die Marine der Grundstückseigentümerin das Zweieinhalbfache des vom Vermessungsamt geschätzten Wertes gegeben. So konnten Farger Grundbesitzer aus der Militarisierung des Gebietes in Einzelfällen auch Gewinn ziehen, doch dies war nicht die Regel.[357] Die Entschädigungsverhandlungen waren bis Kriegsende noch nicht abgeschlossen und zogen sich z.T. bis in die 1950er Jahre hin.

Eine Gesamtbilanz der Gebietsabtretungen und -zwangsverkäufe ergibt ein differenziertes Bild: Einige der Bauern konnten durch eine schnelle und reichhaltige Entschädigung Vorteile aus dem Bunkerprojekt ziehen. Andere setzten sich langjährigen Verhandlungen aus, die zumeist mit dem Verlust ihres Landes zu den damals üblichen Entschädigungspreisen endeten. In der Regel war dies ein Nachteil für sie, weil es in Zeiten einer zurückgestauten Inflation nicht von Vorteil war, Landbesitz gegen Geld zu tauschen.

Die Frage nach dem Landbesitz war sicherlich die bedeutendste ökonomische Frage, die sich mit dem Bunkerbau für die Menschen in Farge-Rekum auftat; sie war jedoch keinesfalls die einzige. Für viele regionale Bau- und Handwerksbetriebe entwickelte sich der Bau zu einem guten Geschäft. Und auch für die ortsansässigen Kleingewerbetreibenden ergaben sich durch die Anwesenheit von vielen Tausend (Zwangs-)Arbeitern neue Einkommensmöglichkeiten.[358]

Mitunter legte der Bunkerbau den Grundstein für ihre wirtschaftliche Nachkriegskarriere. Prototypisch ist hierfür der Lebenslauf des Farger Lebensmittelhändlers Wilhelm Sünkenberg. Im Alter von 25 Jahren hatte er sich 1935 eine kleine Existenz als Lebensmittelhändler und Vertreter mit einem Verdienst von 2.000 Reichsmark jährlich aufgebaut. Sein Aufstieg begann 1940 mit seinem Einzug zur Wehrmacht, der Versetzung nach Paris und dem gleichzeitigen Eintritt in die NSDAP. 1942 gelang es ihm, sich zur Marinefahrbereitschaft in Farge versetzen zu lassen. So hatte er in den folgenden Jahren ein Fahrzeug zur Verfügung und konnte parallel seinem Beruf als Lebensmittelhändler nachgehen. Dadurch wurde er einer der Hauptlieferanten für die Lager der Umgebung und konnte dabei große Mengen an Lebensmitteln verkaufen. Schließlich errichtete Sünkenberg sogar direkt auf der Bunkerbaustelle einen Ki-

Links: Die Rekumer Feuerwehr 1944; rechts: Frauen vor einer Baracke der Bauleitung, vermutlich Sekretärinnen

osk. Dadurch brachte er es 1944 auf einen Jahresverdienst von 39.573 Reichsmark, also auf das 20-fache seines Einkommens von 1935. Dies legte den Grundstein dafür, dass Sünkenberg in der Nachkriegszeit der größte Lebensmittelhändler in Farge-Rekum wurde.[359]

Wie die örtliche Bevölkerung damals auf die Anwesenheit der KZ-Häftlinge und Zwangsarbeiter reagierte, lässt sich heute nur noch in begrenztem Maße beantworten. Als Quelle stehen hierfür vor allem Nachkriegsberichte von Anwohnern und einige kurze Passagen in Interviews mit ehemaligen Häftlingen zur Verfügung. Sowohl die Berichte wie die Interviews sind oft deutlich von den Einstellungen der Nachkriegszeit geprägt. Sie enthalten neben den Spuren vergangener Ereignisse auch immer Anpassungsleistungen an die Gegenwart. Trotzdem lassen sich zumindest begründete Vermutungen anstellen. So zeigt sich, dass der Anblick der ausgehungerten und ausgemergelten KZ-Häftlinge bei den Einwohnern unterschiedliche Gefühle auslöste. Bei vielen herrschte eher Mitleid mit den gezeichneten Menschen, andere folgten den Ausführungen der SS und glaubten, dass es sich bei den Häftlingen um gefährliche Verbrecher handelte, die eine harte Bestrafung verdienten. So berichtet der ehemalige französische Häftling Henry Denaiffe: »Für sie [die Bevölkerung, M.B.] waren wir Menschen, die abzuknallen waren. Man hatte ihnen fälschlich erklärt, daß wir Gangster und Diebe waren. [...] Als wir zu Fuß zurückgingen, trafen wir Kinder, die nicht wußten, wer wir waren. Die Eltern hatten sie gedrillt, Steine auf uns zu werfen.«[360]

Aufgrund der strikten Bewachung war ein direkter Kontakt mit den KZ-Häftlingen nur selten möglich. Deutlich häufiger waren Kontakte der Bevölkerung mit Zwangsarbeitern. Ehemalige AnwohnerInnen berichteten in Interviews, dass sie Essen versteckten oder dieses gegen von Zwangsarbeitern gebastelte Gegenstände, vor allem Spielzeug, tauschten. Diese wurden in einzelnen Fällen als Erinnerung und Mahnung an die damalige Zeit bis heute aufgehoben.[361]

Besonders dramatische Kontakte kamen zustande, wenn Häftlinge oder Zwangsarbeiter zu

essenten als Erbsenbusch verwendet, während dickere Stämme ein willkommenes Brennmaterial darstellen.

Stadtteil Blumenthal

Unverständlicher Umgang mit Ausländern

Es besteht Anlaß, darauf hinzuweisen, daß eine Reihe von Volksgenossen sich mehr Zurückhaltung im Umgang mit Ausländern, nicht zuletzt auch mit Ostarbeitern, auferlegen muß. Oft kann man Volksgenossen bei den zu Aufräumungsarbeiten eingesetzten Ostarbeitern stehen und mit diesen Geschäfte treiben sehen. Hierbei ist des öfteren dann ein unerlaubter Tauschhandel mit Lebensmitteln und Kleidungsstücken zu beobachten. Dazu muß gesagt werden, daß solche Handlungsweise unverständlich ist. Die hier eingesetzten Ostarbeiter werden gut verpflegt und gewiß ist, daß solcher Tauschhandel, oft um wertlose Spielsachen einzutauschen, eine durchaus überflüssige Art darstellt. Wir wollen, daß die Männer und Frauen aus anderen europäischen Ländern sich bei uns wohlfühlen, und es wird von den zuständigen Stellen auch alles Erdenkliche zu diesem Zweck getan. Das schließt aber nicht aus, daß unsere Volksgenossen, eingedenk des Kampfes unserer Soldaten, die gebotene Zurückhaltung im Umgang mit den Ausländern üben!

Stadtteil Farge

Bremer Zeitung-Norddeutsche Volkszeitung, 16.1.1944

fliehen versuchten oder sich zur Essensbeschaffung von ihren Kolonnen absetzten. In diesen Fällen mussten die Einwohner des Ortes entscheiden, ob sie selbst beim Ergreifen der Flüchtigen aktiv werden, die Polizei rufen, nichts tun oder gar Hilfe leisten wollten. Im Regelfall scheint die Bevölkerung sich zwischen den ersten beiden Alternativen entschieden zu haben.

Ein Beispiel aktiver Fluchtverhinderung schaffte es bis zur Meldung im Lokalblatt. Dort heißt es: »Zwei Zuchthäusler, die aus einer Farger Arbeitskolonne ausgebrochen waren, wurden in der Nacht gegen 21.45 Uhr von Bürgermeister M. beim Durchschreiten des Ortes bemerkt. Mit Werkmeister Schwekendiek stellte er gemeinsam die Ausbrecher, die sich sofort zur Wehr setzten. Während es einem Ausbrecher, der die bekannte gestreifte Sträflingskleidung trägt, gelang, zu fliehen, konnte der zweite Angreifer, trotzdem er die Verfolger mit einer Eisenstange kräftig angriff, festgenommen werden. Der flüchtige Ausbrecher soll später in der Gegend von Osterholz gesehen worden sein.«[362]

Von ähnlichen Situationen berichteten vereinzelt Anwohner und auf der Baustelle Beschäftigte auch nach Kriegsende. So erzählt etwa ein bei der Marine eingesetzter Lokführer, Herr Helm, von folgender Begebenheit: »Und vor allem hungrig waren die Menschen. Da verschwand dann auch hin und wieder mal einer, die sich so abgemogelt hatten und kamen dann zu den Leuten hier so rein. Hier nebenan hatte sich auch mal einer so abgesetzt und hinten hatten die ein Kammerfenster so auf und dann ist er in die Kammer reingestiegen und hat sich im Kleiderschrank versteckt. Ja, und die Frau wollte sich ein Kleid oder so aus dem Schrank holen und da steht auf einmal so ein fremder Kerl da – von dieser Baustelle da ... und da hat sie geschrieen. Das hat dann ein Wachtmeister gehört und dann wurde der wieder abgeholt. Solche, die sind denn ja auch, glaube ich, nicht wieder lebend raufgekommen. Die wurden dann in die Heide transportiert und was damit geschehen ist, kriegte man ja nicht zu sehen.«[363]

Es fällt auf, dass zwischen der die Jagd auf Häftlinge eindeutig bejahenden Zeitungsanzeige und der Nachkriegsaussage ein deutlicher Unterschied besteht. Wer um die Tötung der Häftlinge wusste, konnte deren Verhaftung nicht mehr so eindeutig als rechtmäßig darstellen, auch wenn er sie nicht verurteilte. Die Aussage erweckt eher den ambivalenten Eindruck, dass die Verhaftung zwar gerechtfertigt war, aber nicht das, was dann vermutlich passierte.

Bemerkenswert ist zudem, dass die vermutete Tat in die »Heide« gelegt und diese von der Farger Bevölkerung in Nachkriegsaussagen als totales Sperrgebiet dargestellt wurde. Silke Betscher hat gezeigt, dass die SS oder die Wehrmacht das Gelände gegenüber der Bevölkerung kaum als Sperrgebiet bezeichnete. Im Gegenteil: Die Bevölkerung hat ihr Verhalten auch ohne Aufforderung schnell auf die Vermeidung der Baustellen- und Lagergebiete ausgerichtet.[364] Allerdings entsprach diese Konstruktion der Realität nur bedingt. Insbesondere zum Arbeitserziehungslager hatten mehrere Farger Bauern häufiger Zutritt, weil sie Lebensmittel anlieferten und Abfälle für ihre Schweine abholten. Im KZ-Außenlager Blumenthal spazierte der lokale Zahnarzt und überzeugte Nazi, Dr. Bungenstock, mitunter ohne Begleitung in seiner SA-Uniform mit Pistole durch das Lager und machte abfällige Bemerkungen gegenüber den Häftlingen.[365]

Betscher kommt anhand dieser und anderer Quellen zu dem überzeugenden Fazit, dass durch den Bunkerbau »die räumlichen und sozialen Grenzen von Inklusion und Exklusion neu verhandelt« wurden. Für einige Bewohner wurden, insbesondere in ihren nach dem Krieg formulierten Erinnerungen, die Bunkerbaustelle und das Gelände der verschiedenen Lager zu Nicht-Orten.

Doch der Handlungsspielraum vor Ort war groß und auch die Anwohner, die möglichst wenig wissen wollten, konnten sich der Anwesenheit von 10.000 Menschen, die täglich durch den Ort kamen, nicht völlig entziehen. Vor allem erhöhte sich mit der Akzeptanz der meisten Maßnahmen durch die Anwohner auch deren Bewegungsraum. Es entstanden Kontakte zu den

Sportkreis Bremen-Lesum

SV. Marssel — BV. Werder Hannover 4:2 (0:0)

Die Mannschaft des SV. Marssel weilte am Ostersonntag in Hannover und erkämpfte sich gegen die dortigen Werderaner einen beachtenswerten 4:2-Sieg, nachdem die Gastgeber 2:1 geführt hatten.

Feind ist Feind!

Jeder deutsche Volksgenosse, der ohne Erlaubnis mit Kriegsgefangenen Verbindung aufnimmt, wird nach den Kriegsgesetzen bestraft. Darunter fällt auch der Ankauf von Spielzeug bzw. Eintausch gegen Lebensmittel (Brotmarken usw.) oder die geschenkweise Annahme irgendwelcher Gegenstände aus dem Besitz von Kriegsgefangenen.

Deutscher Würde und deutschem Selbstbewußtsein entspricht daher nur eine Grundbedingung: Schweigende Ruhe und gelassener Stolz. Der Feind ist Feind! Er verdient daher weder Mitleid noch Haß. Jede Anbiederung, Vertrauensseligkeit und verbotene Hilfsleistung ist Volksverrat!

Nebelsonnen über unserem Gebiet

Eine seltene Naturerscheinung konnte in Lahausen in den Mittagsstunden des 9. April während des Fliegeralarms beobachtet wer-

Bremer Zeitung-Norddeutsche Volkszeitung, 12.4.1944

Wachmannschaften und Baustäben und schließlich war ein reger Handelsverkehr mit den Lagern möglich. Innerhalb weniger Monate entwickelte sich eine Routine im Umgang mit der Bunkerbaustelle und den dort eingesetzten Zwangsarbeitern. In kurzer Zeit hatten sich die Maßstäbe des Handelns so verschoben, dass vorher kaum Denkbares zu einer gewissen Normalität wurde.

Das Kriegsende in Bremen-Nord

Erste Vorbereitungen zur Bekämpfung alliierter Truppen in Norddeutschland wurden im Frühjahr 1944 getroffen, denn die Wehrmacht befürchtete, die Alliierten könnten an der deutschen

Nordseeküste landen. Darum traf sich ein Kreis aus Wehrmacht, Polizei und Gauleitern, um für diesen Fall einen Alarmplan auszuarbeiten. Den Auftrag dazu erhielt der Höhere SS- und Polizeiführer (HSSPF) Nordsee, Georg Henning Graf von Bassewitz-Behr. Laut Plan waren die SS und die Polizei für die Bekämpfung von Zwangsarbeiterunruhen und den vorsorglichen Abtransport von Zwangsarbeitern aus den Städten ins Hinterland zuständig.[366]

Im Juni 1944 erhielt der HSSPF von Himmler im Alarmfall auch die militärische Befehlsgewalt über die Konzentrationslager in ihrem Hoheitsgebiet zugewiesen.[367] Daraufhin stellte auch das KZ Neuengamme einen Plan für den Alarmfall auf, dessen dritte und letzte Stufe der »Abmarsch an noch zu befehlendes Ziel« war.[368] In Bremen begannen nun auch die Polizeibehörden alle Zwangsarbeiterlager zu erfassen.[369] Zugleich plante die Gestapo bei einem Heranrücken alliierter Truppen, 13.000 ausländische Zwangsarbeiter aus Bremen abzutransportieren und in ein Lager südlich von Verden zu bringen.

In Bremen befanden sich zu diesem Zeitpunkt ungefähr 29.000 ausländische Zwangsarbeiter. Aus der Stadt sollten jedoch vor allem die polnischen und sowjetischen Zwangsarbeiter evakuiert werden, deren Zahl sich auf etwa 12.000 belief.[370] Die Pläne aus dem ersten Halbjahr 1944 wurden dadurch hinfällig, dass in ihnen das Vorrücken der alliierten Truppen von Norden angenommen wurde, die jedoch im Frühjahr 1945 von Westen kamen. Die Pläne waren aber insofern bedeutsam, weil die mögliche Evakuierung der Lager seitdem ein wiederkehrendes Besprechungsthema war.

Die Soldaten der Kriegsmarine spielten bei den Verteidigungs- und Evakuierungsplänen eine nicht unwichtige Rolle. Ende November 1944 ergab ein Treffen von Vertretern der Kriegsmarinedienststelle Bremen mit dem Ia-Offizier des Erkundungsstabes beim Kampfkommandanten von Bremen, dass sich im Bereich Bremen-Nord 2.300 der insgesamt 3.400 in Bremen eingesetzten Marinesoldaten befanden.[371] Im Raum Farge waren es 1.450 Marinesoldaten – dies noch ohne Berücksichtigung der 250 Mann der 7. Kompanie der 25. Marineersatzabteilung, die dort zur Bewachung der KZ-Häftlinge eingeteilt waren.

Die Planungen liefen zwar weiter, doch bis Ende März 1945 gingen die Verantwortlichen nicht zu Evakuierungen über. Am 27. März griff ein Verband von achtzehn britischen Lancaster-Bombern die U-Boot-Bunker-Baustelle an. Der Präzisionsangriff erfolgte bei Tag aus 5.500 m Höhe. Die Bomber warfen 13 Grand Slams (10 t), vier Tallboys (5,4 t) und zwölf Bomben mit einem Gewicht von 454 kg ab. Zwei Grand-Slam-Bomben explodierten, als sie etwa 1,60 m tief in der Betondecke des Bunkers steckten. Auf der Nordseite wurden in großer Zahl bautechnische Anlagen zerstört. Zudem versenkte eine abgeworfene Zeitbombe einen in der Bunkerbucht schwimmenden Bagger, sodass der Durchstich zur Weser auf absehbare Zeit unmöglich war.

Drei Tage später griff ein amerikanischer Verband mit 33 Bombern Rüstungsstätten in Bremen-Nord an. 62 Disney-Bomben (2 t) schlugen auf dem Gelände der Baustelle ein, hinterließen aber deutlich weniger Schäden als der britische Angriff. Der amerikanische Verband traf außerdem zwei Tanks des Wifo-Lagers. Für die auf der Baustelle eingesetzten Zwangsarbeiter waren die Angriffe zwar lebensbedrohlich, aber zugleich eine Freude, weil sie den verhassten Arbeitsort zerstörten. Der niederländische Zwangsarbeiter A. F. van

Velzen berichtet: »Unsere Baustelle wurde getroffen und brach zusammen. Ich sehe immer noch eine einstürzende Wand auf mich zukommen. Ich lag unten in einer Grube, durch die Zementrohre liefen. Mein Kamerad Krijn lag über mir, eingeklemmt zwischen zwei Zementblöcken. Dann wurde es still und ich wurde bewusstlos. Was ich jetzt schreibe habe ich später von meinen Kameraden gehört. Obwohl Entwarnung gegeben worden war, explodierten noch überall Bomben. Das waren Bomben mit Zeitzündern. Ein deutscher Marineoffizier stand beim Eingang des Bunkers und rief ›es liegen Landsmänner von euch unter dem Schutt. Holt sie raus!‹ Aber sie trauten sich nicht aus Angst vor Bomben, die immer noch explodierten. Der Offizier ist dann selbst hingegangen. (...) Ich habe also mein Leben einem mir unbekannten deutschen Marineoffizier zu verdanken. (...) Einer meiner Kameraden, Rein Ritzema, ein Friese, ging nach dem Bombenangriff seine Holzlatschen suchen. Das war ein wertvoller Besitz. Immer noch explodierten Zeitbomben. Wir haben ihn nie wieder gesehen.«[372] Wie viele Menschen insgesamt bei den Angriffen umkamen, ist ungewiss.

Obwohl allen Beteiligten klar war, dass die schnelle Fertigstellung des U-Boot-Bunkers nun unmöglich war, wurde die Arbeit auch nach dem zweiten Bombenangriff wieder aufgenommen. Auch die KZ-Häftlinge wurden noch bis zum 6. April zur Baustelle gebracht. Gleichzeitig näherten sich britische Truppen Bremen. Sie standen etwa an der Linie Wildeshausen-Syke-Kirchweyhe-Thedinghausen. Am 9. April 1945 erschienen der Hamburger Gauleiter Karl Kaufmann und der HSSPF Bassewitz-Behr in Bremen, um die Verteidigung der Stadt zu planen und einen schnellen Vorstoß auf Hamburg zu verhindern.

Einer der beiden Bombendurchschläge durch das Bunkerdach kurz nach Kriegsende

Bassewitz-Behr hatte zuvor mit Zustimmung des Gauleiters Weser-Ems, Paul Wegener, gefordert, dass 42.000 ausländische Zwangsarbeiter aus der gesamten Region über die Lesum in den Lagerkomplex in Farge gebracht werden sollten. Der NSDAP-Kreisleiter von Bremen-Lesum protestierte gegen diese Pläne heftig. Da sie auch die Polizei für nicht realisierbar hielt, wurden sie weitgehend aufgegeben. Bei den ausländischen Zivilarbeitern wurde bis auf eine Ausnahme auf Verlegungen und Evakuierungen verzichtet. Einzig die vom Bremer NSDAP-Kreisleiter Max Schürmann als »besonders gefährlich« eingeschätzten polnischen Zwangsarbeiter wurden in zwei La-

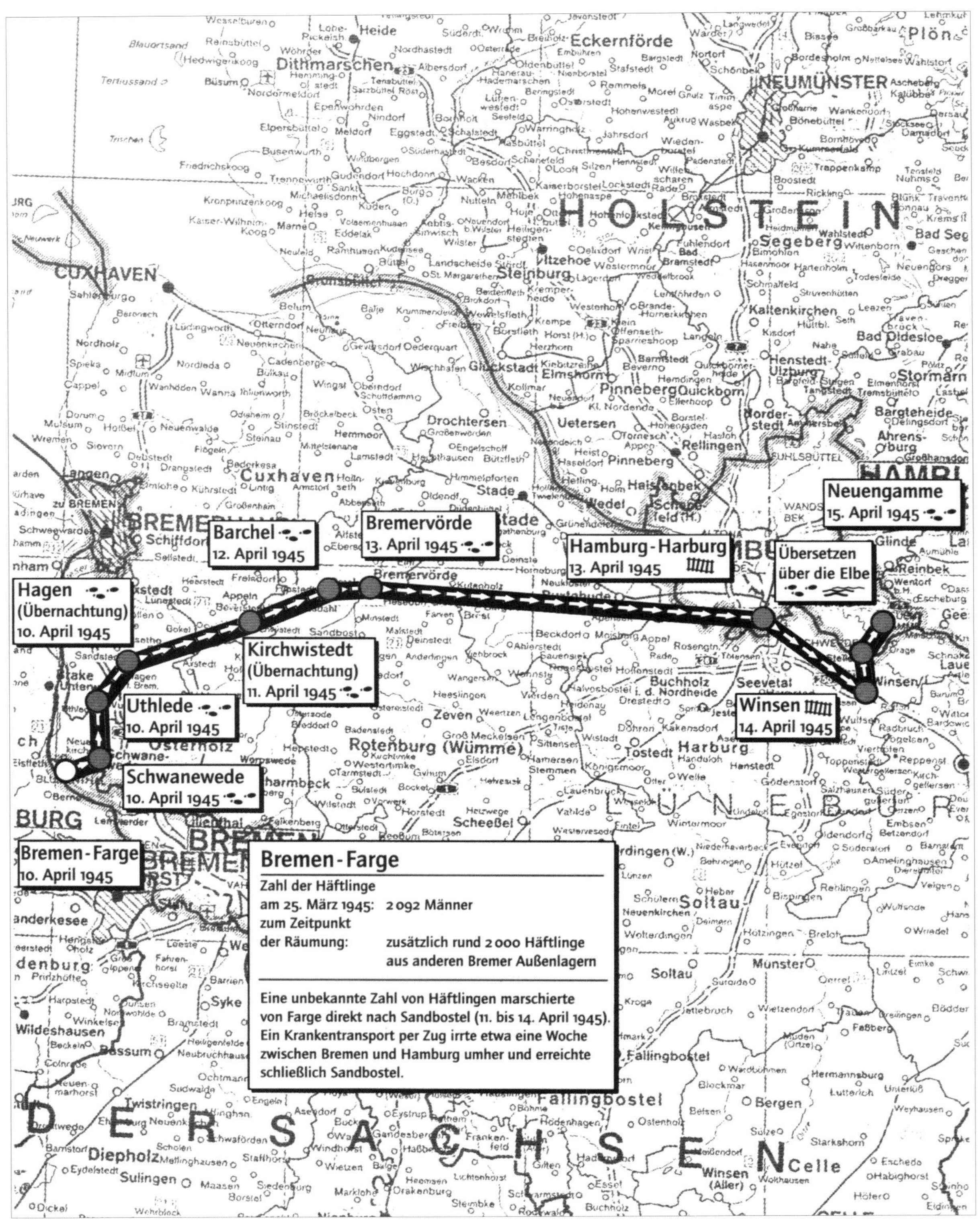

Route des großen Evakuierungsmarsches aus dem Außenlager Bremen-Farge

gern – das Lager Riespott für Frauen und Kinder, das Lager Grambker Heerstraße für Männer – zusammengelegt und fortan besonders scharf bewacht.[373]

Im Raum Farge wurden die zivilen Zwangsarbeiter nicht evakuiert. Aus Bremen abtransportiert wurden nur die Häftlinge des KZ-Außenlagers und des Arbeitserziehungslagers. Bereits ab Anfang April trafen im KZ-Außenlager Farge Häftlinge aus dem Raum Meppen ein. Kurz darauf wurden auch die männlichen Häftlinge der anderen Bremer KZ-Außenlager nach Farge evakuiert. Allerdings mit Ausnahme der jüdischen Inhaftierten, die im Außenlager Blumenthal zusammengefasst und ins KZ Bergen-Belsen abtransportiert wurden. Ebenso waren schon zuvor die weiblichen jüdischen Häftlinge der beiden Außenlager Uphusen und Obernheide nach Bergen-Belsen transportiert worden.

Wie eng dabei die Zusammenarbeit der SS mit städtischen Stellen und der Wehrmacht war, zeigt ein Eintrag im Kriegstagebuch einer Wehrmachtseinheit: »Der Transport jüdischer KZ-Häftlinge aus dem oldenburgischen Gebiet beginnt. Durchführung über Vegesack. Die Dienststelle ist bei der Verpflegung behilflich.«[374]

Die Räumung des Außenlagers Farge begann am 10. April 1945. Der Großteil der Gefangenen wurde auf einen Todesmarsch Richtung Bremervörde mit dem Ziel Hauptlager Neuengamme getrieben. Unterwegs wurde, wer nicht mehr laufen konnte, von SS und Marinesoldaten erschossen. Die Häftlinge erreichten am 15. April das Hauptlager.

Ein weiterer Teil verließ Farge erst am 11. April. Dieser Marsch wurde nicht mehr nach Neuengamme dirigiert, sondern ins inzwischen zum Auffanglager erklärte Kriegsgefangenenlager Sandbostel. Dort trafen letztlich auch die kranken Häftlinge

Die von Bomben schwer getroffene »Cap Arcona« kurz vor dem Untergang

aus Farge ein, die per Zug transportiert worden waren.[375] Beide Gruppen, in Sandbostel und in Neuengamme, durchlebten hier Schreckenstage, welche jene aus der Zeit in Farge an Grausamkeit noch einmal übertrafen. Die in einem abgetrennten Teil des Kriegsgefangenenlagers Sandbostel untergebrachten Gefangenen erhielten mehrere Tage keine Nahrungsmittel. Alle Häftlinge, die sich den Zäunen näherten, wurden von der SS erschossen. Bald setzte ein Massensterben ein. Verzweifelte Menschen wurden in den Kannibalismus getrieben.

Als die Häftlinge schließlich die Vorräte plündern wollten, schoss die SS wahllos in die Menge. Erst als sie kurz vor der Ankunft alliierter Trupen abzog, begann die Wehrmacht mit der Versorgung der Inhaftierten. Für viele kam die Hilfe zu spät. Von etwa 9.000 Häftlingen, die nach Sandbostel kamen, starben dort etwa 3.000.[376]

Das Schicksal jener, die ins Hauptlager Neuengamme gelangt waren, war nicht glücklicher. Etwa 9.000 von ihnen wurden Ende April Richtung Norden getrieben und erreichten schließlich den Lübecker Hafen. Die SS lud sie dort auf die Schiffe »Cap Arcona«, »Thielbek« und »Athen«.

Am 3. Mai griff die britische Luftwaffe, die in der Ostsee die Absetzbewegungen deutscher Truppen verhindern wollte, die Schiffe an, die in der Neustädter Bucht lagen. Die »Cap Arcona« und die »Thielbek« wurden von Bomben schwer getroffen und sanken. Von 7.000 Häftlingen auf den beiden Schiffen überlebten nur etwa 400 die Katastrophe. Auf der »Thielbek« starb auch ein großer Teil der Marinesoldaten, die in Farge zur Bewachung der Häftlinge eingesetzt waren und die auch bei der Evakuierung im Einsatz für die SS blieben. Besondere Tragik hat das Geschehen, weil ein Vertreter des Schwedischen Roten Kreuzes einen Vertreter der britischen Armee am 2. Mai über die Anwesenheit der KZ-Häftlinge auf den Schiffen benachrichtigte, die Information aber aus unbekannten Gründen die Royal Air Force nicht rechtzeitig erreichte.[377]

Insgesamt starben von den etwa 18.000 Häftlingen in Sandbostel und der Lübecker Bucht mehr als 9.000, sodass man als grobe Vermutung annehmen kann, dass von den 2.092 Häftlingen des Außenlagers Farge, die Ende März 1945 gezählt worden waren, drei Monate später höchstens noch die Hälfte am Leben war.

Auch die Gefangenen des Arbeitserziehungslagers erlebten das Kriegsende nicht in Bremen-Nord. Vielmehr entschloss sich die Bremer Staatspolizeistelle, die etwa 200 verbliebenen Inhaftierten aus dem Bremer Stadtgebiet fortzuschaffen. Am 7. April begann die Evakuierung unter Leitung eines Wachmannes. Die Häftlinge mussten von Farge aus zu Fuß nach Hamburg marschieren. Als die Kolonne nach neun Tagen in Hamburg ankam, wurde sie von dort per Schiff weiter in das Arbeitserziehungslager in Kiel verbracht. Hier wurden die Häftlinge nach einem weiteren dramatischen Evakuierungsversuch am 3. Mai von alliierten Truppen befreit.[378]

Als britische Truppen Anfang Mai 1945 in Bremen-Nord einmarschierten, befand sich zwar noch eine große Zahl von ausländischen Zwangsarbeitern dort, aber ausgemergelte KZ-Häftlinge, die ausführlich ihre tägliche Misshandlung schildern konnten, fanden die Soldaten nicht mehr vor. Für Bremen, und in ähnlicher Weise für Hamburg, hatte es erhebliche Vorteile, dass die KZ-Häftlinge nicht vor der eigenen Haustür starben, wo sie jahrelang Zwangsarbeit geleistet hatten, sondern in der Provinz. Weder Bremen noch Hamburg wurden in der Nachkriegszeit in besonderem Maße mit den Gräueln der Nazi-Zeit in Verbindung gebracht, während der Name Bergen-Belsen mit dem Massenmord eng verknüpft ist. Insofern waren die auch von den Bremer und Hamburger Eliten forcierten Evakuierungspläne langfristig höchst erfolgreich. Sie bildeten die Vorbedingung dafür, dass sich der Nachkriegsmythos von den beiden Hansestädten, die weltoffene Handelsstädte mit deutlicher Reserviertheit gegenüber dem Nationalsozialismus gewesen seien, ungestört etablieren konnte.

Ein britischer Soldat betrachtet nicht fertiggestellte U-Boote auf dem Gelände der AG Weser kurz nach Kriegsende

IV. Erinnerung in Bremen nach 1945

Teil I
Die alliierte Besatzungsherrschaft
Entmilitarisierung, Entnazifizierung und andere Trümmerbeseitigung

Die neuere Forschung zur deutschen Vergangenheitspolitik hat gezeigt, dass die vor allem in den 1980er Jahren geäußerten Thesen, in der frühen Nachkriegszeit sei über die NS-Zeit hauptsächlich geschwiegen worden, nicht haltbar sind. Sie war im Gegenteil ein häufiges Thema in Medien und Politik.[379] Auch in Bremen herrschte keineswegs Schweigen, sondern im Rundfunk und in Zeitungen war der Nationalsozialismus ständig präsent.

Eine wichtige Rolle spielten dabei ohne Zweifel die Anweisungen der US-Militärregierung, die eine Konfrontation der deutschen Bevölkerung mit den nationalsozialistischen Verbrechen forderte. So fand beispielsweise die Anfang 1947 in Bremen im Auftrag der Militärregierung gezeigte »KZ-Ausstellung«, in der auch der Film »Die Todesmühlen« lief, große Aufmerksamkeit im Radio. Inge Marszolek hat aber gezeigt, dass diese Berichterstattung zumeist schon die Moral der

Die verlassene Bunkerbaustelle kurz nach Kriegsende

Wiederaufbaugesellschaft repräsentierte. Es galt die Devise: Alle packen beim Neuaufbau gemeinsam an und was vorher war, sollte nicht zu streng bewertet werden. In diesem Kontext wurden zwar die Opfer der Nationalsozialisten bedauernd erwähnt, aber sie wurden eingereiht in eine große Opfergemeinschaft des Krieges. Zu dieser fühlten sich die Deutschen ebenso zugehörig wie die Menschen in den besetzten Gebieten.[380] Zu fragen sein wird im Folgenden, wie die Bremer und die Bremer Politik am U-Boot-Bunker »Valentin« versuchten, die NS-Vergangenheit zu bewältigen.

Am 2./3. Mai 1945 räumten die letzten deutschen Truppen Bremen-Nord. Am 5. Mai galt es offiziell als von britischen Truppen eingenommen. Diese übergaben am 20. Mai die militärische Kontrolle der US-Militärregierung. Der Umgang mit den militärisch bedeutsamen U-Boot-Bunkern in Bremen lag von da ab in den Händen US-amerikanischer Militärmissionen, welche die Entwaffnung Deutschlands in ihrer Besatzungszone vorantreiben sollten.

Mit besonderem Stolz erfüllte die leitenden deutschen Ingenieure, dass die amerikanische Kommission, die nach Kriegsende den Bunker »Valentin« besichtigte, sich von der Bauleistung stark beeindruckt zeigte. Insbesondere der nach Bremen geeilte Planer des Bunkers, der Vorgesetzte von Erich Lackner, Prof. Arnold Agatz, vermochte die US-Vertreter für sich einzunehmen. Das amerikanische Hafenkommando berief ihn zum Berater für den Wiederaufbau der Häfen in Bremen und Bremerhaven.

Agatz stellte für die US-Armee bei der Besichtigung in Farge nicht nur die Pläne für den U-Boot-Bunker zur Verfügung, sondern schlug den Amerikanern auch die Umwandlung des Bunkers in ein Lagerhaus für US-Militärgüter vor. Die Kosten für die Herstellung berechnete er auf 10 Millionen Reichsmark.[381] Das hielt die US-Kommission aber nicht davon ab, den Abriss bzw. die Sprengung des Gebäudes zu verlangen. Die Berechnungen ergaben jedoch, dass eine Sprengung des gesamten Bauwerks nicht möglich war, da große Teile des Ortes in Mitleidenschaft gezogen worden wären. Deswegen zerstörte man im ersten Schritt nur das Tauchbecken und sorgte für die Demontage der Anlagen. Die komplette Zerstörung blieb zwar weiterhin das Ziel, geriet aber vorerst in Vergessenheit. Erst als eine militärische Überprüfungskommission den Bunker im Dezember 1948 erneut inspizierte und feststellte, dass das Gebäude weitgehend intakt war, wurde wieder über die Zerstörung debattiert. Die US Army verlangte in einem Brief vom Januar 1949, den Bunker wieder mit erster Priorität beim Abriss militärischer Anlagen einzustufen.[382]

Inzwischen gab es aber politische Gremien in Bremen, die eine Mitsprache beanspruchten. Dabei war die Haltung der bremischen Politik und der Öffentlichkeit zu Beginn der Diskussion keineswegs eindeutig. Die Bürger von Farge und Teile der bremischen Regierung planten, den Bunker mit Trümmerschutt zuzuschütten. Es kursierten zudem Pläne, ihn unter einem Sandberg verschwinden zu lassen und ein Kaffeehaus darauf zu errichten. Zumindest mit der Zuschüttung wurde Anfang 1949 auch begonnen.

In einem Schreiben vom Januar dieses Jahres heißt es: »Umlegung. Bei der Durchführung des Verfahrens ist zu beachten, dass die in II. erwähnten aus dem Platz herauszulassenden Flurstücke z. T. noch mit einem großen Sandberg beschüttet sind. Der Staat Bremen ist z. Z. mit erheblichem Kräfteaufwand (einigen 100 Arbeitern sowie mehreren Baggern und Dampfzügen) dabei, den Sandberg abzutragen, um den U-Boot-Bunker zu bedecken. Man kann damit rechnen, dass diese Maßnahme im Laufe dieses Jahres beendet sein wird.«[383] Daraus wurde jedoch nichts, weil die Bauarbeiten nach Einsprüchen des Bremer Hafenbauamtes bis zur einvernehmlichen Klärung der Frage eingestellt wurden.[384]

Auch die Bevölkerung vor Ort war dafür, den Bunker verschwinden zu lassen. So heißt es in einem Schreiben des Ortsamts Blumenthal an den Bremer Senat: »Damit auch in diesem Teil des Landes Bremen die Erinnerung an die Kriegsschrecken nicht immer wieder wachgerufen wird, damit auch in diesem Teil von Farge landwirtschaftliche und gewerbliche Arbeit sich wieder ungehindert entfalten kann, ist die baldige Beseitigung des Bunkers eine Notwendigkeit. Da eine Sprengung dieses Kolosses aber ohne eine Gefährdung des ganzen Ortes Farge nicht möglich ist, wird die von der Bauleitung Aufräumung geplante Einspülung des Bunkers als bestes Mittel angesehen, um ihn so bald wie möglich verschwinden zu lassen.«[385] Diese Pläne wurden allerdings

Aufkommende Freizeit- und Konsumgesellschaft: Badevergnügen am Bunker 1965

durch den inzwischen zum Hafendirektor aufgestiegenen Architekten des U-Boot-Bunkers, Prof. Arnold Agatz, bekämpft.[386] Er wollte mit aller Macht, dass »sein« Bauwerk stehen blieb, und war letztlich erfolgreich.

Auf einer Sitzung mehrerer senatorischer Behörden, die am 25. Mai 1949 auf Einladung des Hafensenators stattfand, referierte Agatz über die aktuelle Lage. Danach wurde folgender Entschluss gefasst: »Die Kosten der Durchführung der Ausschüttung und der späteren Verfüllung des Bunkers sind sehr erheblich und betragen nach sehr grober und überschlägiger Schätzung annähernd ebensoviel, wie ein späterer Umbau des Bunkers für Lagerzwecke, Kühlhaus usw. Aus diesem Grunde sind die von der Bauverwaltung durchgeführten Maßnahmen nicht nur unzweckmäßig sondern auch unwirtschaftlich.«[387] Damit waren die Pläne, den Bunker physisch verschwinden zu lassen, am Stolz seines Erbauers gescheitert.

Allerdings musste Agatz noch eine Einigung mit der nicht auf der Sitzung vertretenen Baubehörde erreichen. Dabei wollte er möglichst geräuschlos vorgehen, denn er fürchtete noch im-

Sonnabend, 28. Januar 1956 **WESER-KURIER** BREMER TAGESZEITUNG

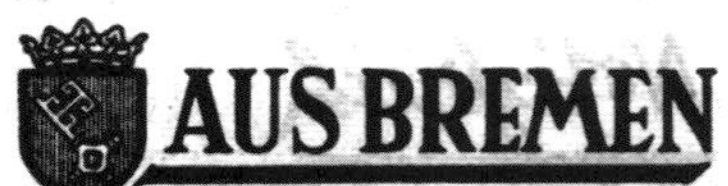

Man ist nirgends einsamer als im Gedränge.
H. P. Sturz

Explodierendes Benzinfaß forderte ein Todesopfer

Ein schwerer Betriebsunfall ereignete sich gestern nachmittag gegen 15.20 Uhr auf dem Lagerplatz einer Rohproduktengroßhandlung in der Neustadt. Mit greller Stichflamme und heftigem Knall explodierte dort plötzlich ein leeres Benzinfaß. Ein 51 Jahre alter Arbeiter wurde auf der Stelle getötet.

Er hatte mit einem Schneidbrenner Schrott auseinandergetrennt. Darunter befand sich auch ein altes Benzinfaß. Als der Arbeiter mit dem Brenner den Boden aufschneiden wollte, flog das leere Faß plötzlich auseinander. Nach Ansicht der Feuerwehr enthielt es noch ein hochexplosives Gasgemisch.

Die Feuerwehr weist in diesem Zusammenhang noch einmal auf die Gefahr hin, die auch leere Benzinfässer in sich tragen können. Noch viele Monate, nachdem die Fässer geleert wurden, kann sich Benzingas darin halten.

Wochen voller Gefahr ...

Bombentöter stiegen „Valentin" aufs Dach

Drei Tonnen schwere Düsen-Bomben im U-Boot-Bunker

In den letzten Monaten sind im Bundesgebiet acht Angehörige der Bombenräumkommandos von explodierenden Sprengkörpern getötet und zwei schwer verletzt worden. Und dennoch finden sich weitere Männer, die ihr Leben einsetzen um das anderer zu schützen. — In wochenlanger, lebensgefährlicher Arbeit hat das Sprengkommando der Bremer Polizei jetzt zwei drei Tonnen schwere Spezial-Düsenbomben unschädlich gemacht, die metertief in den dicken Stahlbetonwänden des ehemaligen U-Boot-Bunkers „Valentin" in Rekum-Farge steckten.

Bereits im Oktober hatte das Sprengkommando in der Nähe des überdimensionalen Betonklotzes einen eintausend Kilo schweren Blindgänger aus dem Erdreich geborgen. Dabei erfuhr es, daß oben in der Bunkerdecke ebenfalls zwei Bomben steckten. Und dann begann eine wohl einmalige Arbeit für Bremens Bombentöter.

Die Super-Blindgänger waren deutsche Bomben, Spezialanfertigungen, die dazu dienen sollten, überschwere Bunkermauern zu zerschlagen. Die Düsenbomben — ein Treibsatz gab ihnen eine enorme Geschwindigkeit, wenn sie sich vom Flugzeug gelöst hatten — waren 3,20 m lang, 40 cm dick, hatten einen 8 cm starken Spezialstahlmantel und jede enthielt 300 kg Sprengstoff. Wenige Tage nach der Kapitulation hat die amerikanische Luftwaffe mit den deutschen Bomben Versuche gemacht und sie über dem Rekumer U-Boot-Bunker abgeworfen.

Die Blindgänger ragten nur noch mit dem Schwanzende aus den Bunkermauern. Wie festgenietet saßen sie im Stahlbeton. Mit Dreiböcken, Flaschenzügen, Tauen und Schweißgeräten gingen die Bombentöter an die gefährliche Arbeit. Sprengsätze sollten die Bomben freilegen. Es klappte nicht. Dann wurden Löcher in die Bunkerdecke getrieben. Sprengung auf Sprengung! Aber erst als 147 elektrische Magnetzünder, 17 elektrische Zünder und 64 Kilogramm Sprengstoff gewirkt hatten, als die Männer des Sprengkommandos sich vier Meter tief in die Bunkerdecke gewühlt hatten, bekamen sie die gefährlichen Ungetüme frei.

Wir haben uns erkundigt, wie diese Männer besoldet werden. Und wir erfuhren, daß die Bremer Sprenggehilfen die Hälfte der Gefahrenzulage erhalten, die ihren Kollegen in anderen Bundesländern gewährt wird. Und man sagte uns, daß der Leiter des Bremer Sprengkommandos, Sprengmeister Ott, der allein seit Oktober achtzig Blindgänger entschärfte, der also achtzigmal neben dem Tod stand, etwa ein Drittel der Gefahrenzulage seiner Kollegen in anderen Bundesländern erhält. Sind denn die Gefahren für die Männer der Sprengkommandos nicht in allen Ländern gleich?

Nach gefahrvollen Wochen geborgen: eine der 3,20 m langen Spezialbomben

Bericht des Weser-Kuriers über amerikanische Bombenversuche am Bunker

mer einen Abriss durch das US-Militär: »Auch mit Rücksicht auf die Besatzungsmacht ist es unzweckmäßig, an das Problem ›Bunker Valentin‹ erneut zu rühren und damit wieder evtl. die Frage der Zerstörung aufzuwerfen.«[388] Die Baubehörde fügte sich letztlich dem Konsens. Agatz' Berechnung von den Kosten eines Ausbaues hielt die Baubehörde allerdings für realitätsfremd und sperrte sich gegen derartige Pläne aufgrund großer Kosten.[389] Damit war der weitere Umgang mit dem Bunker vorerst vertagt.

Bereits seit 1946 testeten die britische und die

amerikanische Luftwaffe die Durchschlagskraft neuer raketengetriebener Bomben am U-Boot-Bunker. Die Versuche stießen auf immer heftigere Beschwerden der Anwohner, die mehrfach Petitionen gegen die sich steigernde Wucht der Treffer einreichten. So heißt es in einem Brief von vier Anwohnern 1947: »Beim U-Boot-Bunker in Farge hat es in den letzten Monaten mehrere schwere Einschläge gegeben. Erheblicher Schaden wurde jedes Mal an den Gebäuden der Umgebung angerichtet, insbesondere an vier Bauernhöfen, die nur 100-150 Meter vom Bunker entfernt stehen. Neben zerstörten Fenstern und Türen gibt es auch zahlreiche Risse in den Wänden und an der Dachverkleidung, sowie Schäden an den Dächern usw. [...] Die Unterzeichner bitten den Senat dringend bei der Militärregierung vorzusprechen, um weitere Explosionen am Bunker zu stoppen.«[390]

Aber obwohl sich die Senatsvertreter häufiger beschwerten, sagte der amerikanische Hohe Kommissar für Deutschland, John J. McCloy, erst in einem Gespräch mit dem Senatspräsidenten im November 1950 die Einstellung der Bombardierungen zu.[391]

Fast parallel tauchte für Agatz noch einmal die Gefahr der Zerstörung des Bunkers auf: »In der Anlage übersende ich Abschrift eines Aktenvermerkes von Herrn Dr. Keller, aus dem hervorgeht, dass die Amerikaner die Absicht haben, den Bunker Valentin zu sprengen, falls nicht von unserer Seite aus bestimmte Vorschläge für die nutzbringende Verwendung des Bunkers gemacht werden.«

Deswegen bat Agatz das Hafenbauamt: »Nachdem Sie sich den ganzen Fragekomplex angesehen haben, bitte ich mit mir Rücksprache zu halten, um festzustellen, welche Möglichkeiten für die Verwendung des Bunkers bestehen, bevor in zeitraubende Einzelarbeit eingetreten wird.«[392]

Zerstörungen am Bunker nach Kriegsende im Jahr 1945

Der Architekt engagierte sich weiterhin: »Bei der Besprechung mit der Industriegruppe Bremen-Nord wegen des Vegesacker Hafens erhielt ich die Anregung, gegebenenfalls den Valentin-Bunker für die Lagerung von Salzheringen nutzbar zu machen. [...] Vielleicht lassen auch Sie sich diesen Gedanken einmal durch den Kopf gehen. [...] M.E. kommt es ja weniger darauf an, hier einen Vorschlag zu machen, der in irgendeiner Form bindet, sondern darum, dem Amerikaner einen einleuchtenden Vorschlag zu machen, der den Bunker vor der Zerstörung rettet.«[393]

Ähnlich wie der Bausenator sah auch der Hafenbaudirektor erhebliche Kosten für eine Herrichtung des Bunkers. Insgesamt kam er jedoch zu einem positiveren Urteil: »Von diesen Voraussetzungen ausgehend kann gesagt werden, dass der Bunker nur als Lagerraum genutzt werden kann, und zwar für Güter, die gegen Feuchtigkeit nicht empfindlich sind und außerdem durch Pilzanfall nicht gefährdet werden können. Aus diesem Grund scheint der Vorschlag der Bremen-Vegesakker Heringsfischerei aussichtsreich. [...] Im Bunker stehen zur Verfügung 30000 qm Lagerraum abzüglich 3300 qm Schleusenraum abzüglich 4200 qm Grundrissfläche unter den Decken des Werkstatteils. [...] Die Beschickung des Bunkers kann durch die Vegesack-Farger Kleinbahn erfolgen, die leicht Anschluss zum Bunker herstellen kann.«

Eine Nutzung als Waffenschmiede hielt er aber nicht mehr für möglich: »Ganz allgemein kann über den Bunker Valentin das Urteil abgegeben werden, dass eine Nutzbarmachung für seinen ursprünglichen Zweck nicht mehr möglich sein wird.«[394] Die Pläne, ihn als Lagerraum zu nutzen, reichten aus, um die US-Militärregierung vom Abriss des Bunkers abzuhalten. Die Realisierung solcher Pläne lag jedoch noch in weiter Ferne.

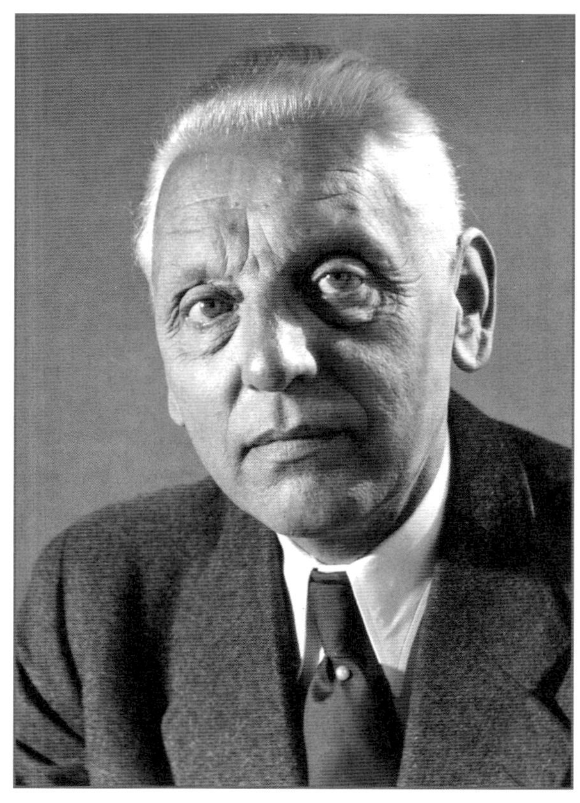

Biografie Prof. Arnold Agatz (1891-1980)

Prof. Dr.-Ing. Dr.-Ing. h.c Ernst Georg Eduard Arnold Agatz wurde am 23. August 1891 in Hannover geboren. Er studierte an der TH Hannover Bauingenieurswesen. Im Alter von 28 Jahren wurde er mit einer Arbeit über die deutschen Hochseefischereihäfen promoviert. Von 1927 bis 1931 leitete er die Planung und den Bau der Nordschleusenanlage in Bremerhaven. 1931 ernannte ihn die Stadt Bremerhaven zum Hafenbaudirektor. Im selben Jahr berief ihn die TH Berlin auf eine Professur, die er bis 1945 innehatte.

Das maßgeblich von ihm geleitete Ingenieurbüro Agatz & Bock war bei mehreren Großbauprojekten der deutschen Kriegsmarine eingesetzt, u.a. beim Bau von U-Boot-Bunkern an der französischen Atlantikküste. Von 1943 bis 1945 war Agatz & Bock das leitende Ingenieurbüro für den Bau des U-Boot-Bunkers »Valentin«. Nach Kriegsende hielt sich Agatz in Bremen auf und wurde von der US-Militärregierung als Berater eingesetzt. Von 1949 bis zu seiner Pensionierung im Jahr 1953 amtierte er als Präsident der Bremischen Hafenbauverwaltung. Es folgten zahlreiche Preisverleihungen und Ehrungen: 1951 Ehrendoktor der TH Hannover, 1959 Ehrensenator der TU Berlin, 1961 und 1964 Bundesverdienstkreuze in Gold.

Im Alter von 88 Jahren starb Arnold Agatz 1980 in Bremen. 1983 benannte die Stadt Bremerhaven eine Straße nach ihm. Proteste gegen die Benennung waren bis heute nicht erfolgreich.

Trümmerbeseitigung am U-Boot-Bunker

Bereits am 20. Mai 1945 wurde der U-Boot-Bunker von den Alliierten für Firmen, die dort Besitz hatten, freigegeben. Der Bremer Vulkan und die Deschimag AG Weser begannen daraufhin sofort, ihre wertvollsten Maschinen vom Gelände zu holen. Die Lieferfirmen rissen die Krananlagen und andere Einbauteile im Bunkerinneren ab und nahmen sie in ihren Besitz. Die Baufirmen brachten einen Großteil der Baumaschinen und -materialien in Sicherheit.[395] Denn gleichzeitig bemühte sich die Bevölkerung der Umgebung um die Baustoffe, die im Dritten Reich und in der frühen Nachkriegszeit kaum zu haben waren. Ein damals Jugendlicher erzählt: »Und dann aufn Mal hieß das, ihr könnt euch heute abend Abendbrot verdienen. Jeder, der Pferde leiten kann, ab nach Farge! Dann haben die uns da, immer zwei Jungs und drei Gespanne mit'n Ackerwagen, paar Säcke, damit die Ritzen von 'ne Ackerwagen zugemacht werden, Zement holen.« Über seinen Nachbarn berichtet er: »Der hat ein neues Haus gebaut. Mit Zement vom U-Boots-Bunker.«[396]

Ende 1945 waren fast alle großen und nicht mehr genutzten Teile von der Baustelle geräumt. Ab 1946 waren die Schrotthändler Carl Katz und Mayer auf dem Gelände tätig und fuhren alle Metalle ab, die sich irgendwie aus dem Beton lösen ließen. Die Firmen Möller und Kögel waren hauptsächlich mit dem Abtransport von Kies beschäftigt.[397]

Gleichzeitig waren auch einige der Baufirmen der beiden Argen tätig. So schrieb das Wasserwirtschaftsamt im Frühjahr 1946 an die alliierten Behörden: »Im Zuge der Baumaßnahmen beim Bauvorhaben ›Valentin‹ in Bremen-Farge wurde der Weserdeich weitgehend zerstört. […] Falls der Deich bis zum 31. September nicht fertig ge-

Abtransport von Sand per Pferdewagen 1950

stellt ist, kann eine Verantwortung für die Deichsicherheit nicht übernommen werden. [...] Für den Betrieb der Geräte sind monatlich 30 t Kohlen erforderlich. Wir bitten dringend, diese Menge der Arbeitsgemeinschaft ›Nord‹ in Bremen-Farge, als bauausführende Firma, zur Verfügung zu stellen.«[398]

Einige Schreiben aus dem Briefwechsel mit dem Wasserwirtschaftsamt verwendeten weiterhin den Briefkopf aus der Kriegszeit: »Arbeitsgemeinschaft-Nord Bremen-Farge«. Als Mitglieder werden genannt: Allg. Baugesellschaft Lenz & Co. Berlin, Hochtief AG Essen, Gottlieb Tesch GmbH Berlin und Rhein. Hochtief AG Mannheim. Im Februar 1946 waren für die Firmen eingesetzt: Lenz & Co.: 33 Mitarbeiter, Hochtief, 13, Tesch 14, Rheinbau 5.[399]

Grundstücksfragen

Die für die lokalen Grundbesitzer zentrale Frage nach der Bezahlung der bei den kriegswichtigen Bauvorhaben genutzten und z. T. quasi enteigneten Flächen war keineswegs bei Kriegsende abschließend geklärt. Die Betroffenen wandten sich darum schon 1945/46 an die alliierte Militärregierung, um eine Abwicklung zu erreichen. So schrieb etwa Johan Chantelau im März 1946 an die Militärregierung: »Die Marine hat in dem vorliegenden Fall meine gesamten Wiesen, die ich zur Heugewinnung und zum Weidegang für das Vieh dringend benötige mit Kies belegt und zum Teil mit Baracken bebaut. Durch den Ausfall dieser etwa 6 Morgen großen Fläche bin ich gezwungen worden, meinen Viehbestand zu verringern und das fehlende Heu zu hohen Preisen aber minderwertiger Qualität aufzukaufen. Da nun beides, die Heubeschaffung als auch die Unterbringung des Viehes für Weidezwecke von Tag zu Tag schwieriger geworden ist, bin ich sehr daran interessiert, dass der alte Zustand wieder hergestellt und die Entschädigungsfrage geregelt wird.«[400]

Im Oktober 1946 schrieben mehrere Landbesitzer einen Brief an die alliierte Militärregierung: »Im Jahre 1938/39, als man mit dem Bau der großen Treibstoffbunkeranlage in der Heide begonnen hatte, wurde uns von unseren Wirtschaftsbetrieben wertvollstes Grünland abgenommen, ohne dass wir dafür Ersatzland erhielten. – Im Jahre 1943 wurde dann mit dem U-Boot-Bunkerbau begonnen. Unverantwortlicherweise erstellte man das Bauwerk trotz unserer Beschwerden gegen unseren Willen direkt im Herzen des Dorfes, was man anhand von Karten sehen kann. (...) Alle landwirtschaftlichen Betriebe haben dadurch ihr bestes, alles in unmittelbarer Nähe der Hofstellen gelegenes Land – ein Teil sogar ihr Gartenland – verloren.«[401] Auch sie baten um ein schnelles Vorgehen.

Auf die Regelung der Entschädigung mussten die Landbesitzer jedoch noch warten. Erst ab 1948 wurden diese Fragen erneut verhandelt. Die Hannoveraner Siedlungsgesellschaft übernahm für die Ruges die Federführung in dem Verfahren. In einem Schreiben der Gesellschaft an den Oberfinanzpräsidenten vom September 1949 heißt es:

»1. Die Abwicklung der von der Ruges im Bauvorhaben Valentin eingeleiteten Grunderwerbs ist durch Vertrag vom 8./16.12.48 geregelt worden. 2. Mit dortigem Vorgang vom 25.2.49 an unsere Außenstelle Farge ist bestätigt worden, dass sich der Auftrag auch auf die von OKM im Vorhaben Valentin getroffenen Maßnahmen erstreckt. 3. Das Vorhaben Öllager im Gebiet Bremen-Farge (Landbedarf für Kiesbahn und Bahn nach Schwanewede) werden wir gemäß Besprechung mit Herrn Reg.Rat Richter vom 1.9.49 in Farge bzw. 15.9.49 in Bremen gleichfalls abwickeln.«[402]

In der Folge erhielt die Hannoveraner Siedlungsgesellschaft die Akten der Ruges und nahm danach die Verhandlungen mit den Grundstücksbesitzern wieder auf. Der Abschluss der Verfahren verzögerte sich aber durch die Währungsreform erneut. Erst Mitte 1950 war ein Ende in Sicht. In einem Bericht der Gesellschaft wird festgehalten, dass zwei Bauern umgesiedelt wurden. Die Verteilung des Restbesitzes dieser Bauern reichte jedoch nicht aus, um alle anderen Landbesitzer gerecht zu entschädigen. Einige von ihnen wurden schließlich mit Land schlechterer Qualität entschädigt, wofür dann zusätzlich Ausgleichszahlungen geleistet werden sollten. Entschädigungen für Nutzungsschäden, wie sie etwa Johann Chantelau einklagte, lehnte die Siedlungsgesellschaft jedoch ab. Das gesamte Bunkergelände hatte sie zum Abschluss des Verfahrens für den Bund erworben.[403]

Aufräumarbeiten an der Bunker-Nordseite, vermutlich 1948

Die Tanklager

Mit den beiden Tanklagern ging die amerikanische Militärverwaltung sehr unterschiedlich um. Das Marine-Tanklager war noch weit von der fertigstellung entfernt. Deswegen wurde entschieden, den Großteil der bereits errichteten Anlagen zu zerstören. Ende der 1940er Jahre sprengten alliierte Einheiten die meisten der Tanks und die Versorgungsleitung zur Weser. Auch das Gleis der Marinebahn nach Schwanewede wurde ab Neuenkirchen abgebaut. Ebenso wurde der Treibstoffbunker, in dem die KZ-Häftlinge untergebracht waren, bei einer Sprengung dem Erdboden gleichgemacht. Bei zwei benachbarten Tanks sind hingegen die Außenwände weitgehend erhalten geblieben. Sie werden heute bei Führungen dazu genutzt, einen Eindruck von der Unterbringung der KZ-Häftlinge zu vermitteln.

Die Reste des Marine-Tanklagers wurden nach Weisungen der US-Militärregierung vom Oberfinanzpräsidenten des Landes Bremen verwaltet. Da sich das Lager aber größtenteils auf niedersächsischem Gelände befand und Kosten verursachte, bemühte sich Bremen, das Grundstück an Niedersachsen zu übergeben, und war damit letztlich auch erfolgreich.[404]

Das Wifo-Tanklager hingegen war weitgehend fertiggestellt und einsatzbereit, als die US-

Gesprengter Ölbunker 1949

Truppen Bremen-Nord übernahmen. Nach kurzer Zeit nutzten die US-Streitkräfte das Lager als »Farge-Pol-Depot« weiter. Es wurde am 18. Oktober 1945 offiziell für die US-Streitkräfte requiriert und erhielt schnell große Bedeutung, weil es das größte Tanklager der US-Truppen in Norddeutschland war.[405]

Ein Teil der deutschen Facharbeiter wurde von der US-Army weiterbeschäftigt. Der Treibstofftransport innerhalb Deutschlands wurde weitgehend durch Kesselwagen der Wifo abgewickelt. Da die Wifo als bundeseigene Gesellschaft bis 1970 im Handelsregister stand, zahlten die US-Truppen hierfür Miete, die jedoch als Besatzungskosten wiederum den deutschen Behörden in Rechnung gestellt wurde. Da das Depot aber auch Sprit für die deutsche Industrie lieferte, verlangte die US-Armee 1948, dass sich diese an den Kosten beteiligte, um die Konten für die Besatzungskosten zu entlasten.[406]

Der Treibstoff wurde vor allem durch die Pieranlage an der Weser angeliefert. Die große Bedeutung des Tanklagers zeigte sich während der Berlin-Blockade vom 24. Juni 1948 bis zum 12. Mai 1949. In dieser Zeit sperrte die Sowjetunion die Straßen- und Schienenverbindungen sowie die Schifffahrtswege durch ihre Besatzungszone, um die westlichen Berliner Sektoren von jeder Güterzufuhr abzuschneiden. Die Westalliierten reagierten darauf mit der »Berliner Luftbrücke«, der

Eingang zum Evangelischen Hospital im vormaligen Marinegemeinschaftslager II 1949

Versorgung West-Berlins durch Flugzeuge. Das Farger Lager lieferte während dieser Zeit den Großteil des Kraftstoffbedarfes für die Stadt. Im Depot waren etwa 2.000 Personen dazu eingesetzt, Treibstoffe in Kanister und Fässer umzufüllen. Diese wurden über die Flughäfen Bremen und Hannover nach Berlin geflogen.[407]

Währenddessen stritt sich der Bremer Senat mit der Militärregierung, weil die US-Armee das Treiblager weiträumig abgeriegelt hatte und dadurch landwirtschaftliche Flächen in Farge nicht mehr genutzt werden konnten. Man einigte sich schließlich darauf, dass das Land Bremen einen zweiten Zaun um das Tanklager errichtete, der im Juli 1949 fertiggestellt wurde.[408]

Der Umgang mit den ehemaligen Zwangsarbeiterlagern

Auch die verschiedenen Zwangsarbeiterlager hatten unterschiedliche Schicksale. Die Baracken des KZ-Außenlagers wurden ebenso wie der Tank, in dem die Häftlinge untergebracht waren, noch 1945 gesprengt. Die Reste wurden von der Bevölkerung als Heizmaterial genutzt. Über den konkreten Umgang mit dem OT-Lager Heidkamp in der Nachkriegszeit ist wenig bekannt. Die Baracken dürften jedoch spätestens in den fünfziger Jahren abgebaut worden sein. Das letzte Gebäude des Lagers aus der Zeit des Dritten Reiches wurde Ende der 1990er Jahre abgerissen.[409]

Ehemalige Zwangsarbeiter, die nach Kriegsende Bremen verlassen, um in ihre Heimat zurückzukehren

Die Baracken des Arbeitserziehungslagers wurden hingegen vor Ort belassen und für die Unterbringung von Wohnungslosen und Flüchtlingen genutzt. Der Zustand des Lagers wurde von der Bremer Behörde 1945 als »mangelhaft« bezeichnet.[410] Eine Baracke des Lagers wurde abgebaut und fortan als provisorisches Schulgebäude in Bremen-Grambke benutzt.[411] Das Marinegemeinschaftslager II war schon kurz vor Kriegsende von der OT als Krankenhaus verwendet worden. Als britische Soldaten am 11. Mai 1945 dort eintrafen, entschieden sie, das Lager weiter als Hospital zu nutzen. Ab dem 17. Mai fungierte es als Krankenhaus für sogenannte Displaced Persons, bei denen es sich vor allem um vormalige ausländische Zwangsarbeiter handelte.

Auch einige ehemalige KZ-Häftlinge, die die letzten Kriegstage im Stalag X B Sandbostel überlebt hatten, wurden nach Farge gebracht. 1.250 Überlebende von Sandbostel kamen in ein »Detention Camp, Farge«, bei dem es sich vermutlich um die nicht als Hospital genutzten Baracken des Marinegemeinschaftslagers II handelte, wobei der Ausdruck »Detention« (= Arrest) darauf hindeutet, dass hier gleichzeitig oder zuvor auch deutsche Täter untergebracht waren. 300 weitere Überlebende aus Sandbostel transportierte man ins »205 Hospital Farge«.[412]

Am 23. Mai übergaben die Briten die Gebäude an US-Truppen. Mindestens 122 Menschen starben nach Kriegsende im Hospital.[413] Am 1. Februar 1946 übernahm es der Landkreis Osterholz vom US-Militär. 1947 ging die Trägerschaft an die Innere Mission über.

Bürgerwehr und Racheakte

Während die deutschen Flüchtlinge mitunter auf Hilfe der Bevölkerung rechnen durften, waren die vormaligen Zwangsarbeiter nach Kriegsende weitgehend sich selbst überlassen. Auch ihre Versorgung wurde anfangs durch die britischen Truppen nur teilweise gewährleistet. Von daher ist es wenig überraschend, dass sie sich selbst um Lebensmittel bemühten.[414] Zum Teil gaben Farger Bauern den Zwangsarbeitern freiwillig etwas ab, mehrheitlich war dies jedoch nicht der Fall. So kam es auch zu Plünderungen und Diebstählen.

In Nachkriegserinnerungen betonen Anwohner häufiger, dass die britische Armee den ausländischen Zwangsarbeitern drei Tage die Plünderung von Geschäften erlaubt hätte. Hierfür gibt es jedoch keine Belege, im Gegenteil: In der Regel ging die britische Armee mit Härte gegen etwaige Plünderungen vor. Allerdings ist nicht auszuschließen, dass sie in den Tagen nach Kriegsende mit dringenderen Aufgaben beschäftigt war. Ein Teil der Farger Bürger gründete deswegen in dieser Zeit eine Bürgerwehr. In einem Erinnerungsbericht heißt es: »Unsere Eltern, die Väter waren fast alle alte Soldaten, bildeten aufgrund dieses

Terrors eine Art Heimwehr und hatten ein ausgeklügeltes Benachrichtigungssystem. Wenn irgendwo auf einem Hof geplündert wurde, so setzte sich die Heimwehr mit Knüppeln und Mistforken bewaffnet in Bewegung, um diesen Bedrohten zu Hilfe zu eilen.«[415]

So blieben ehemalige Zwangsarbeiter auch nach Kriegsende, wenn sie ihren Hunger stillen wollten, der Gewalt der deutschen Bevölkerung ausgesetzt. Meistens handelten sie aus Hunger und hatten kein Interesse an Konflikten mit der deutschen Bevölkerung, solange sie nicht selbst mit Gewalt konfrontiert wurden.

Einzelne Zwangsarbeiter beschlossen jedoch auch explizit, sich an Farger Bürgern zu rächen, die sie in der Kriegszeit im Sinne der nationalsozialistischen Doktrin als Menschen zweiter Klasse behandelt hatten. So schlugen einige von ihnen etwa einen Kleinhändler zusammen, der im Krieg mehrfach die Ausgabe von Waren verweigert und dabei auch Beschimpfungen ausgestoßen hatte. Solch ein Fall der gezielten Rache scheint aber insgesamt eher eine Ausnahme zu sein.

Alliierte Prozesse und deutsche Entnazifizierung

Obwohl Bremen Teil der US-amerikanischen Besatzungszone und damit für den Großteil der Bremen betreffenden Fragen das US-Militär bzw. die Militärregierung zuständig war, wurde die Verfolgung von Kriegsverbrechen der britischen Rechtssprechung überantwortet, die Ermittlungsteams in Norddeutschland stationiert hatte. Von besonderem Interesse waren die Geschehnisse in Bremen-Farge, vor allem im Arbeitserziehungslager, weil dort auch britische Staatsbürger eingesperrt gewesen waren.

Das britische Ermittlungsteam konnte in diesem Fall auch recht schnell eine Anzahl an Beschuldigten ausfindig machen. Viele von ihnen kamen aus Bremen und befanden sich noch in der Stadt. Das Verfahren wurde schließlich vor dem britischen Militärgericht im Curio-Haus in Hamburg verhandelt. Zwölf Funktionsträger des Lagers waren angeklagt. Der Prozess dauerte vom Dezember 1947 bis zum Februar 1948. Die meisten Angeklagten wurden der Misshandlung von Angehörigen alliierter Nationen beschuldigt. Vier Angeklagte (Walhorn, Plothe, Heidbreder und Velke) klagte der Militärstaatsanwalt auch wegen Mordes an. Das Urteil des Gerichts fiel wie folgt aus:[416]

Das Curio-Haus in Hamburg, in dem auch der britische Militärgerichtsprozess gegen Verantwortliche des Bremer Arbeitserziehungslagers geführt wurde

Angeklagter	Funktion	Urteil
Hans Karl Hasse	Gestapo-Abteilungsleiter	5 Jahre Haft
Wilhelm Friedrich Plothe	SS-Wachmann	7 Jahre Haft
Dr. Walter Heidbreder	Lagerarzt	Freispruch
Franz Sauer	Wachmann	3 Jahre Haft
Karl Theodor Walhorn	Lagerleiter	4 Jahre Haft
Friedrich Gärtner	Schutzpolizist	Freispruch
Ludwig Zehnter	Kapo	3 Jahre Haft
Alfred Grauer-Carstensen	Gestapo-Abteilungsleiter	Freispruch
Günther Velke	Wachmann	2 ½ Jahre Haft
Erich Voss	Lagerleiter	Freispruch
Heinrich Breckner	SD-Wachmann	Freispruch
Daniel van der Veen	SS-Wachmann	Freispruch

Urteile im Prozess vor dem britischen Militärgericht 1947/1948

Auch zum KZ-Außenlager stellte das britische Ermittlungsteam Nachforschungen an. Da feststand, dass es hier ebenfalls viele Opfer gegeben hatte, bemühte man sich, Täter ausfindig zu machen. Dies erwies sich jedoch als wesentlich schwieriger als im Fall des Arbeitserziehungslagers. Der Großteil der Marinesoldaten, der die Häftlinge bewacht hatte, war bei der Versenkung der »Thielbek« ums Leben gekommen. Die Frage, ob z. B. der Bremer Stützpunktleiter Hugo Benedict und der Farger Lagerführer Wahl das Kriegsende erlebten, ist bis heute nicht geklärt. Möglicherweise starben beide ebenfalls in der Neustädter Bucht. Andere Verantwortliche, wie die SS-Männer Johann Reese und Otto Brinkmann, wurden in anderen alliierten Militärgerichtsprozessen zum Tode bzw. zu lebenslanger Haft verurteilt. Aus diesem Grund gelang es dem britischen Ermittlungsteam nicht, eine Anklage für die Geschehnisse im Außenlager Farge zu präsentieren, bevor die britische Regierung festlegte, dass 1949 keine neuen Militärgerichtsprozesse mehr zu eröffnen seien. Die offenen Fälle gaben die britischen Ermittler an die zuständige deutsche Staatsanwaltschaft ab. Die Bremer Staatsanwaltschaft entwickelte Anfang der 1950er Jahre aber kein Interesse daran, die Angelegenheit weiter zu verfolgen.

Im Rahmen der Entnazifizierung mussten sich auch mehrere Bürger aus Bremen-Nord wegen ihrer Beteiligung am Bunkerbau und wegen etwaiger Verstöße verantworten. Dem Lebensmittelhändler Wilhelm Sünkenberg wurden die außerordentlichen Gewinne zur Last gelegt. Zudem existierten Anschuldigungen, dass Sünkenberg ein aktiver Nazi und »Judenhasser« gewesen sei. Es fand sich jedoch nur ein Zeuge, der solche Aussagen bestätigte, während der Lebensmittelhändler eine große Zahl entlastender Ehrenerklärungen – im Volksmund »Persilscheine« (»Persil wäscht weißer«) – vorlegen konnte. Im April 1948 wurde er schließlich als Mitläufer eingestuft und mit einer Strafzahlung von 790 Reichsmark belegt.[417] Ähnlich wurde auch ein Werkschutzmann der Wifo als Mitläufer eingestuft und mit einer Zahlung von 126 Reichsmark bestraft. Der Wachmann war seit 1929 NSDAP-Mitglied und hatte laut eines Kollegen mehrfach Zwangsarbeiter misshandelt. Da aber keine Opfer mehr in Bremen waren, die gegen ihn hätten aussagen können, kam er mit der milden Strafe davon.[418] Die Mehrzahl anderer Beschuldigter ging ganz ohne Strafe aus dem Verfahren hervor.

Massengräber und Totengedenken

Die Existenz von Massengräbern im Bereich der ehemaligen Lager war den Bremer Behörden wie auch der US-Militärregierung schon kurz nach Kriegsende bekannt. In Verhandlungen zwischen dem Bremer Bausenator und der Militärregierung im Oktober 1945 wurde beschlossen, einen »KZ-Ehrenfriedhof Farge« zu errichten. Der Vertreter der US-Militärregierung bestand dabei darauf, die Arbeit von ehemaligen Nazis ausführen zu lassen: »In der Nachmittagssitzung betonte Capt. W., dass Privatfirmen grundsätzlich ausgeschlossen sein sollen. Es soll eine Strafarbeit für die Nazis sein, daher dürfen auf keinen Fall Maschinen angewandt werden. Es soll alles grundsätzlich körperliche Arbeit sein.«[419]

Der Friedhof in Farge wurde jedoch nie angelegt, vor allem, weil sich das entdeckte Massengrab auf niedersächsischem Hoheitsgebiet befand. Am 5. September 1947 stimmte die Bremer Bürgerschaft der Anlage eines KZ-Ehrenfriedhofs in Farge zwar erneut zu, aber auch dieser Beschluss wurde nicht realisiert, unter anderem, weil keine Arbeitskräfte vorhanden waren. Am selben Tag sagte der Präsident der Bremischen Bürgerschaft

Das Ehrenmal auf dem Osterholzer Friedhof für die auf Geheiß der Bremer Gestapo Ermordeten

aus Anlass der Gedenkwoche für die Opfer des Faschismus: »Aus dem Bremen benachbarten Lager Farge erhebt die Anzahl von 594 Toten, davon 12 Deutsche, erschütternde Anklage.«

Neun Tage später führte der Senat einen Staatsakt auf dem Osterholzer Friedhof durch »zu Ehren der 577 Menschen, die auf Geheiß der Bremer Gestapo im Verlaufe der nationalsozialistischen Zeit ermordet wurden«. Bei den so Geehrten handelte es sich um jene Opfer, die bereits während der NS-Zeit im Krematorium des Friedhofs verbrannt und beigesetzt worden waren. Die Bücher des Krematoriums enthielten die Namen der Opfer. Nur eine Minderheit der Opfer stammte aus den Lagern in Farge, die Mehrheit aus den anderen KZ-Außenlagern in Bremen, insbesondere dem Lager Bremen-Schützenhof.

Ein Jahr nach dem Staatsakt wandte sich der Senat wieder den Massengräbern in Farge zu. In einem Vermerk des Präsidenten des Senats vom Oktober 1948 wurden 1.000 bis 5.000 Opfern in den Massengräbern vermutet und deren Exhumierung gefordert. Zudem wurde mit weiteren 200 Toten in Gräbern auf dem Wifo-Gelände gerechnet.[420] Im Frühjahr 1949 fand dann eine Exhumierung in Farge statt. Dabei wurden 783 Leichen sowie weitere Leichenteile geborgen.[421] Die sterblichen Überreste wurden auf den Friedhof Osterholz überführt und dort beigesetzt. Zunächst wurde die Grabanlage als »Gedenkstätte für KZ-Opfer« bezeichnet. Zu Beginn der 1950er Jahre setzte sich jedoch die Bezeichnung »Ehrenmal für die deutschen und ausländischen Opfer des Nationalsozialismus und des Zweiten Weltkrieges« durch.

Der veränderte Sprachgebrauch war Ausdruck von Verschiebungen in der Vergangenheitspolitik. Auch der Bremer Senat wandte sich nun lieber der Zukunft zu. So weigerte er sich, an einem bundesweiten Arbeitskreis zur »Ausgestaltung der Gedächtnisstätten in ehemaligen KZ« teilzunehmen. Begründet wurde dies damit, dass Bremen dem Gedenken Genüge getan habe. Schließlich habe es hier keine Konzentrationslager gegeben.

Teil II
Die Zeit der frühen Bundesrepublik
Fantasien, Rationalisierungen und Unsichtbarkeiten

Während in der frühen Nachkriegszeit, auch durch die alliierten Bemühungen um eine Reeducation, wenigstens partiell Opfer des Nationalsozialismus anerkannt und die Bestrafung der Täter gefordert wurden, wandelte sich spätestens mit der Gründung der Bundesrepublik das Klima deutlich. Von einem Schweigen über die Vergangenheit konnte zwar nicht die Rede sein, aber nun wurde offen das Ende der Entnazifizierung und die Rehabilitierung eines Großteils der Täter gefordert. So lassen sich etwa die Forderungen der ehemaligen Wehrmachtsoffiziere, die für den Aufbau der Bundeswehr vorgesehen waren, in der Parole zusammenfassen: »Ohne Freilassung der wegen Kriegsverbrechen verurteilten Kameraden kein Wehrbeitrag!«[422]

Es folgte eine weitgehende Amnestierung der verurteilten Kriegsverbrecher. Zudem wurde die Verfolgung anderer NS-Täter durch Amnestiegesetze so erschwert, dass schließlich nur noch Mord einen Grund für die Eröffnung eines Prozesses wegen NS-Verbrechen in der Bundesrepublik bot.[423] In Bremen führte dies beispielsweise dazu, dass sich Anfang der 1950er Jahre der Großteil der Bremer Gestapobeamten auf freiem Fuß befand. Nicht wenige von ihnen wurden bei der Polizei wieder eingestellt.[424] Das einzige Zugeständnis der Bundesrepublik gegenüber alliierten Forderungen war eine Einigung über Wiedergutmachungszahlungen an den Staat Israel und die schärfere Abgrenzung gegenüber rechtsextremen Tendenzen, z. B. in der FDP.

Auch im Umgang mit dem U-Boot-Bunker zeigte sich die neu gewonnene Selbstverständlichkeit der jungen Bundesrepublik. Man näherte sich dem einstigen Ort des Schreckens nun noch ungezwungener. Der leer stehende U-Boot-Bunker wurde für kurze Zeit zur Projektionsfläche fast

Postkarte aus den 1960er Jahren

sämtlicher Träume, die die junge aufstrebende Bundesrepublik in den 50er Jahren antrieben. Die Rede vom Bunker als einem »Achten Weltwunder«[425] wurde populär. Im Zentrum der Fantasien stand die neue architektonisch-industrielle Ikone der 1950er Jahre, der Atomreaktor. Schon 1952 verkündete der Senator für Wirtschaft, dass man prüfen lasse, ob nicht gleich mehrere Atomreaktoren im Bunker untergebracht werden könnten.[426] Trotz eines negativen Gutachtens blieben die Pläne bis 1957 im Gespräch.[427]

Schließlich kursierte sogar die Vorstellung, im Bunker Atomwaffen zu lagern – dies blieb aber für die Bundesrepublik ein unerreichbares Objekt der Begierde.[428] Neben atomar-industriellen Fantasien, die neben der technischen Faszination oft auch von den Angstszenarien des Kalten Krieges geprägt waren, beflügelte der Ort aber auch die Ideen der entstehenden Freizeitgesellschaft: Der Bunker sollte zum Sportboothafen umgerüstet werden. Daneben bestanden noch immer die Pläne, ihn als Lagerraum für Getreide oder Kunstdünger zu nutzen.

Wenn auch festzuhalten ist, dass die befragten Politiker in öffentlichen Stellungnahmen insbesondere die atomaren Pläne immer dementierten, so ist doch zu konstatieren, dass die Presse etwaige Atompläne trotzdem gerne als Überschrift verwendete, um dann im Artikel der Bevölkerung entsprechende Gerüchte in den Mund zu legen und am Ende die Dementis der Politiker zu zitieren. Auch ansonsten beflügelte der Bunker die

Bremer Nachrichten

Achtes Weltwunder am Weserstrand

Was wird aus dem Farger U-Boot-Bunker? — Alle Pläne scheiterten bisher am Gelde

Seefahrer versammeln sich bei Farge stets an der Reling. Hier, am äußersten Nordzipfel unserer Stadt, bietet das Weserufer eine außergewöhnliche „Sehenswürdigkeit" — „Valentin", den seinerzeit größten Betonklotz der Welt. Der Volksmund nennt diesen ehemaligen U-Boot-Bunker nicht ganz zu Unrecht das „achte Weltwunder" und flüstert geheimnisvolle Dinge. Augenblicklich heißt es, „Valentin" sei eine Versuchsstätte der Atomforschung. Und morgen? „Valentin" hat, so verlautet offiziell, kaum eine Zukunft.

Als im vierten Kriegsjahr die Luftangriffe auf die deutschen U-Bootswerften immer heftiger wurden, entschloß sich die Marine zum Bau des Kolosses. Die Betonmischer liefen auf Hochtouren, und das Weserufer muß Ähnlichkeit mit den Pyramiden-Bauplätzen der alten Ägypter gehabt haben. Zeitweilig arbeiteten über 15 000 Menschen am Bunker. Ausgemergelte KZ-Insassen darunter, in Zementsäcke gehüllt.

Über 1,1 Mill. Tonnen Kies wurden mit 200000 Tonnen Zement vermischt, 26 000 Tonnen Stahl verschwanden im Bau, und das kostete alles in allem 120 Millionen Reichsmark. Zwei Jahre dauerte das Werk, ehe mit dem Einbau der Maschinen begonnen werden konnte. Nur noch fünfzehn Meter Durchstich vom neuen Wendebecken zur U-Boot-Einfahrt fehlten, da war der Krieg verloren. Eine 10-Tonnen-Bombe hatte die frische Bunkerdecke inzwischen durchschlagen . . .

120 Mill. Reichsmark verschlang dieser Koloß

Truman, Stalin, Eisenhower . . .

„Es war 1945 spät abends nach der Potsdamer Konferenz, da tauchten am Bunker plötzlich englische und amerikanische Militärpolizisten auf", erzählte ein ehemaliger Wachmann — eine unwahrscheinliche Episode — Farge spricht heute noch davon. „Sie untersuchten jedes Fleckchen. Eine große Anzahl Soldaten in schwarzen Uniformen, die ich unschwer als Russen erkannte, erschienen dann, außerdem drei amerikanische Admirale. Man sprach mich an und ich schilderte die Entstehungsgeschichte des Bunkers."

„Im Halbkreis standen die Männer um mich herum und lauschten interessiert. Auch Zivilisten waren unter ihnen. In der Mitte, direkt vor mir, befand sich der Präsident der USA, Harry S. Truman", behauptet der Mann. „Er machte den Eindruck eines Schulmeisters, der, mit Brille und weißen Haaren, die Hände übereinandergeschlagen, aufmerksam zuhörte. Er schien übermüdet und überarbeitet zu sein, blickte aber trotzdem interessiert in die Runde." Es geht noch weiter:

„Neben Truman stand in einer sehr eleganten Uniform mit Biesen an den Hosen, klein und untersetzt, Marschall Stalin. Er machte den Eindruck eines gewandten Weltmannes, der sich sicher und überlegen bewegen kann. Ihn schien die kalte Atmosphäre des Bunkers zu bedrücken, denn er schaute sich wiederholt nervös nach hinten um."

„In seiner zierlichen Hand hielt er vorgestreckt eine Zigarette, die er wegwarf, wenn sie halb aufgeraucht war. Sofort trat eine Ordonnanz hinter ihm hervor, reichte eine neue und gab Feuer", weiß der Mann weiter zu berichten. Auch General Eisenhower sei dabei gewesen, behauptet er. Nach dem Vortrag hätten sich die hohen Gäste noch kurz das Innere des Bunkers angesehen, dann sei der Spuk blitzschnell wieder verschwunden gewesen.

Fliegeralarm noch 1949

Noch bis vor drei Jahren fanden die Farger keine Ruhe. In der Gastwirtschaft Döhling quartierte sich ein Kommando Engländer ein, auf „Valentin" wurden vier Wimpel gehißt, und dann begannen unablässig Versuchsbombenabwürfe der „Royal Air Force". Bis 1949 heulten in Farge die Sirenen wie einst im Kriege „Alarm" und „Entwarnung". Die benachbarten Gehöfte mußten anfangs geräumt werden. In den Fenstern raschelte Drahtglas. Scheiben hielten nur wenige Stunden.

Das Eingeweide des Bunkers ist nach und nach ausgeschlachtet worden. Radio Bremen holte sich den eingebauten Marinesender und begründete damit seinen Betrieb. Die riesige Schleuseneinfahrt wurde gesprengt, die Laufkräne drinnen entfernt, die Schienen demontiert. Und dann wurde „Valentin" zum Paradies der Schrottsammler.

Mittlerweile ist Vater Staat Hausherr geworden, als Nachfolger ehemaligen Reichseigentums. Er ließ die Eingänge zumauern, um Gefahrenquellen auszuschalten, denn das 15 Meter tiefe Versuchstauchbecken im Innern droht mit einem grausamen Ertrinkungstod. Zur Zeit wird gerade die Nachbarschaft aufgeräumt, damit Mutter Natur wieder bis an die kahlen Betonwände sprießen kann. Das ist aber auch das einzige, was augenblicklich getan werden kann.

Denn jeder Plan, „Valentin" irgendwie zu kultivieren, ist zeitfremd. Es gibt die Möglichkeit, den Klotz als Lagerraum zu verwenden. Dann müßten aber mit enormem Kostenaufwand Zwischendecken eingezogen werden. Der Neubau einer Lagerhalle würde wahrscheinlich sehr viel billiger werden und den gleichen Zweck erfüllen. Welche Fabrik fände sich, „Valentin" als Sitz zu wählen?

Gebirge aus Trümmerschutt?

Ein Vorhaben gab es, das anfangs in seiner Idee bestach. „Wie denn, wenn der gesamte Trümmerschutt Bremens nach Farge gebracht und dazu verwendet würde, den Koloß einzudecken?" fragte man sich. „Das ergäbe einen herrlichen Berg, mit schöner Fernsicht, oben drauf ein Ausflugslokal." Viel zu große Kosten hätte auch dieser Plan verursacht, ganz besonders die weite Anlieferung der Trümmer war schier unmöglich. Bald sprach man nicht mehr davon.

Und abtragen? Keine Kleinigkeit. „Valentin" ist 450 Meter lang, 100 Meter breit, an einigen Stellen 46 Meter hoch. Seine Wände haben einen Durchmesser von drei Meter, seine Decke ist sieben Meter stark. Schier unmöglich. Kostenmäßig allein schon. Weitere Millionen würde das verschlingen. Mit einer Sprengladung auf einen Schlag beseitigen? Ganz Farge würde dann ruiniert . . .

Das „achte Weltwunder" vermoost jetzt allmählich, und wird immer unansehnlicher. Die Weserfahrer wird es wohl noch jahrzehntelang beschäftigen, „grüßen" ist nicht der richtige Ausdruck. „Valentin" gibt der Landschaft keine Reize. Vielleicht schafft der Fortschritt eines Tages die Mittel, so einen Betonklotz im Nu zu beseitigen — bis jetzt war nur sein Entstehen möglich . . . *mes.*

Artikel der Bremer Nachrichten vom 22. März 1952

Fantasie der Reporter. So heißt es in einem Artikel: »Experten behaupten, dass ›Valentins‹ Lebensdauer das Colosseum in Rom und möglicherweise auch die Pyramiden übersteigen wird, weil er praktisch unzerstörbar ist.«[429] Der Vergleich beförderte den U-Boot-Bunker zurück in ferne Zeiten und weckte möglicherweise Assoziationen von antiken Sklaven oder Gladiatorenkämpfen.

Eine weitere Meldung, die von der Presse häufig lanciert wurde, war, dass das alliierte Militär vom Bau so beeindruckt sei, dass es die höchsten Politiker der Alliierten zum Besuch überredete. Mehrfach wurde von Besuchen Churchills berichtet.[430] In einem Artikel aus dem Jahr 1952 behauptete der Reporter, dass Truman, Stalin und Eisenhower gemeinsam zur Besichtigung in Farge gewesen wären – alles Zeitungsenten.[431] Vom realen Besuch des Admirals Dönitz wurde hingegen nie gesprochen. Man wünschte sich wohl mehr, dass die als wertneutral betrachtete deutsche Ingenieurskunst, ohne Erwähnung ihrer Verbindung mit der Zwangsarbeit, auch von den alliierten Siegern anerkannt wurde.

Alle Nutzungspläne wurden im Oktober 1960 Makulatur, weil die Bundesmarine sich das Recht auf den Bunker sicherte. Die Verwaltung des Bunkers ging vom Bundesvermögensamt an die Bundeswehr über.[432] Ein halbes Jahr zuvor hatte die US-Armee das Tanklager an die Wifo zurückgegeben. Da diese eine Gesellschaft in Auflösung war – ihre Liquidation war 1951 eingetragen worden, wurde aber erst 1970 vollstreckt –, verpachtete sie das Lager an die Vereinigte Tanklager- und Transportmittel GmbH (VTG).[433] Die VTG war 1951 gegründet worden und hatte dabei den Großteil des Besitzes der Wifo übernommen.

Kurz nach der Übernahme des Farger Tanklagers wurde die VTG durch die Preussag geschluckt. Dabei wurde die Bewirtschaftung des Farger Lagers an die Industrieverwaltungsgesellschaft (IVG) übergeben, die ihrerseits 1951 als Nachfolgegesellschaft der Montan[434] gegründet worden war. Die VTG führt aber auch heute noch einen wesentlichen Teil der Öltransporte von und nach Farge durch und ist zu einem großen Logistikkonzern gewachsen, der gegenwärtig über die größte Güterwagenflotte Europas verfügt.

Die militärische Bedeutung des Lagers war auch in den folgenden Jahren relativ groß. Mitte der 1960er Jahre erfolgte der Anschluss des Lagers an die NATO-Pipeline. Ab 1971 wurde ein Teil der nationalen Heizölreserve eingelagert. Mit dem Ende der Blockkonfrontation verlor die Anlage zunehmend ihre militärische Bedeutung. 1993 wurde die IVG auch aus diesem Grund vollständig privatisiert. Bremen-Farge gilt noch heute als das von der Aufnahmekapazität größte künstlich angelegte unterirdische Tanklager der Welt.[435]

Hinsichtlich des U-Boot-Bunkers dauerte es einige Zeit, bis sich das Verteidigungsministerium über das weitere Verfahren im Klaren war. Im Sommer 1961 erklärte ein Vertreter des Ministeriums, dass noch keine Entscheidung getroffen sei, weil die eventuellen Kosten für eine Wiederherstellung doch gewaltig wären. Die Bundeswehr entschied sich schließlich für eine kostengünstige Lösung, die nur die Renovierung des vorderen Drittels des Bunkers vorsah, in dem keine größeren Deckenschäden zu beheben waren. Dieser Teil sollte dann als Materialdepot genutzt werden. Die ersten Pläne bezifferten Kosten von 500.000 DM,[436] aber die Summen stiegen schnell auf 1,5 Millionen DM an.[437] Die Umbauarbeiten begannen am 11. August 1964 und kosteten etwa 5 Millionen Mark.[438] Die Norddeutsche Volkszeitung berichtete im Juni 1967 von der Übernahme des

Kommandos im Marinematerialdepot durch Kapitänleutnant Heß. Die Bundeswehr zeigte sich offenherzig und gewährte der Zeitung den Abdruck eines Luftfotos vom Bunker und eines Bildes aus dem Innenraum der Lagerhalle.[439]

Zu dieser Zeit erschienen (1966 und 1968) auch zwei Artikel im Vereinsblatt des »Heimatverein Farge« über den U-Boot-Bunker und die ihn umgebenden Lager, die als erste kritische Beiträge zur Geschichte des U-Boot-Bunkers bezeichnet werden können, da hier erstmalig die Leiden der Häftlinge und Zwangsarbeiter geschildert werden. Dies ist überraschend, denn die Heimatvereine waren insgesamt eher konservativ eingestellt und wehrten häufig Erinnerungen an die Zeit des Nationalsozialismus ab.[440]

Auch in Farge wäre eine traditionelle Erinnerungsabwehr zu erwarten gewesen, weil der langjährige Vorsitzende des Farger Heimatvereins (1921-1945, von 1921-1934 allerdings noch unter dem Namen: Bürgerverein Farge), Johann Dietrich Trüper, seit 1932 NSDAP-Mitglied war und laut Entnazifizierungsverfahren später stellvertretender Ortsgruppenleiter in Farge. Trüper war zudem Baumeister und mit seinem Unternehmen auf den Baustellen beim Wifo-Tanklager und beim U-Boot-Bunker beschäftigt.[441]

Verbotsschild aus dem Jahr 1964, das vor allem Kinder vom Spielen am Bunker abhalten soll

Trotz dieser Tradition waren beide Artikel im Tonfall kritisch und um Aufklärung bemüht. Einleitend heißt es: »Eins der traurigsten und dunkelsten Kapitel unserer Vergangenheit sind die Konzentrationslager des NS-Staates.« Im Folgenden werden dann fälschlicherweise das Arbeitserziehungs- und das KZ-Außenlager in eins gesetzt und als »Durchgangslager« deklariert. Nichtsdestotrotz war der Ansatz mutig: »Über dieses Lager zu berichten ist keine angenehme Aufgabe. Wenn aber die Heimatgeschichte unseres Ortsteils einigermaßen vollständig in unserm Heimat- und Vereinsblatt erscheinen soll, so darf das Lager Farge nicht unerwähnt bleiben.«

Gegenüber dem bisherigen Verhalten der Ansässigen wird eine vorsichtig kritische Haltung eingenommen: »Unsere Einwohnerschaft hat bislang nur sehr wenig erfahren von dem ›Angst-vor-Terror‹-System, das mit dem hiesigen Lager aufs engste verbunden war. Nach der Errichtung des Erziehungslagers hatte ein Teil unserer Bevölkerung Kenntnis von der Existenz erhalten, sah die Sache aber ziemlich harmlos an, denn es sollten doch arbeitsunwillige und arbeitsscheue Menschen zur Arbeit erzogen und zu einem brauchbaren Glied der menschlichen Gesellschaft ausgebildet werden. Das konnte doch keine schlechte Sache sein.«[442] Auch wenn die Behauptung, dass nur ein Teil der Menschen vom Lager wusste, irreführend ist, so zeigte der Artikel im Folgenden doch deutlich, dass die Lager alles andere als harmlos waren. Explizit wurde ausgeführt, dass es in ihnen um die Schikanierung und Entmenschlichung der Häftlinge ging.

Luftaufnahme 1951, die auch zeigt, dass das Wasser fast bis zur geplanten Bunkerausfahrt heranreichte

Nachdem die Bundeswehr die Nutzung übernommen hatte, wurde es ruhig um den Bunker. Zwanzig Jahre nach Kriegsende wurde er wieder zum Rüstungsgeheimnis und aus Landkarten und Luftfotos wegretuschiert. Er verschwand auch zunehmend aus dem Gedächtnis einer breiteren Öffentlichkeit. In den folgenden zehn Jahren lässt sich bis jetzt nur ein kurzer Presseartikel mit dem Titel »Der Koloß von Farge« in der Norddeutschen Volkszeitung von 1970 nachweisen. Bezeichnenderweise wird darin auch nur die historische Entstehung des Bunkers im Krieg und über die Nutzungsideen nach Kriegsende berichtet. Von der aktuellen Verwendung durch die Bundeswehr war mit keinem Wort die Rede. Auch die Schilderung der historischen Umstände des Baues ist verharmlosend und enthistorisierend. Selbst auf den Begriff »Nationalsozialismus« verzichtet der Autor und spricht stattdessen allgemein vom Krieg oder manchmal vom Zweiten Weltkrieg. Von Zwangsarbeit und KZ-Häftlingen scheint der Autor nichts wissen zu wollen. Im Artikel heißt es: »8000 Menschen waren zeitweilig daran beschäftigt.« Kritisch am Bunker findet der Autor nicht seine Entstehung durch Krieg und Zwangsarbeit, sondern seine Hässlichkeit: »Der Zweite Weltkrieg brachte dieses Riesenmonstrum, dieses Superlativ an Hässlichkeit und Fremdheit in einer romantischen, geschichtsträchtigen und liebenswerten Landschaft zustande.«[443]

Der Bevölkerung vor Ort dürfte der Artikel aus dem Herzen gesprochen haben, denn auch hier war die Zerstörung der Landschaft und nicht die Zwangsarbeit mehrheitlich Anlass für Kritik. Auch ansonsten kam den Einwohnern die Entwicklung durchaus gelegen. Man hatte sich von dem Ziel, den Bunker entfernen zu lassen und aus der Erinnerung zu tilgen, nie verabschiedet. Er verschwand zwar nicht – wie erwünscht – unter einem Haufen Sand, aber die Bundeswehr bemühte sich immerhin, ihn so weit als möglich unsichtbar zu machen, hinter Bäumen zu verstecken und aus Landkarten zu tilgen. Und sie ermöglichte der Bevölkerung eine Umbenennung, die nur noch auf die gegenwärtige Benutzung Bezug nahm und die schreckliche Vergangenheit verblassen ließ: Der U-Boot-Bunker »Valentin« wurde zum Marinematerialdepot.

Die Geschichte des U-Boot-Bunkers »Hornisse« in Bremen-Gröpelingen verlief ähnlich. Auch hier planten die Alliierten die Zerstörung, doch es kam nicht dazu. Das Gebäude lag lange Jahre brach und nur die ehemaligen Baufirmen stritten sich noch mit dem Bausenator um das Ausschlachtungsrecht.[444]

Erst im Jahr 1968 konnte das Hafenbauamt einen Nutzer finden. Die Speditionsfirma Lexzau, Scharbau & Co. baute auf den Bunker ihr Verwaltungsgebäude, das im Juni 1969 feierlich eingeweiht wurde.[445] Die lokale Zeitung berichtete stolz über eine »hoch über den Wassern der Weser aufragende Burg«, ohne mit einem Wort die KZ-Häftlinge zu erwähnen, die das Fundament für die »Burg« gelegt hatten.[446] Und so tauchte das Gebäude ohne historische Einordnung nur kurz einmal in der bremischen öffentlichen Wahrnehmung auf, um sofort wieder aus ihr zu verschwinden.

Das endgültige Verschwinden der Lager

Die Weiternutzung vieler ehemaliger Barackenlager, die im Krieg als KZ-Außen- oder Zwangsarbeiterlager gedient hatten, war nach Kriegsende als Provisorium deklariert worden. Doch vielerorts entwickelten sich die Lager zu sehr dauerhaften Provisorien; so auch in Bremen-Nord. Unter den genutzten Baracken befanden sich auch jene des Arbeitserziehungslagers in Bremen-Farge und des KZ-Außenlagers in Bremen-Blumenthal. In Bremen-Nord waren hauptsächlich Flüchtlinge aus den ehemaligen deutschen Ostgebieten untergebracht, zum Teil aber auch vormalige Zwangsarbeiter, die nicht in ihre Heimat zurückkehren wollten.

Der Bremer Staat tat Anfang der 1950er Jahre wenig, um die Situation der Barackenbewohner zu verbessern. Vielfach wurden sie von der Sozialbehörde nur als Empfänger staatlicher Zuschüsse betrachtet.

In der Bevölkerung galten die dort Wohnenden häufig als »Asoziale« oder »Arbeitsscheue«. 1951 versuchte ein Artikel der Norddeutschen Volkszeitung diese Vorurteile zu entkräften. Der Verfasser schrieb: »Im Ortsbezirk Bremen-Nord befinden sich heute noch 14 Barackenlager, in denen mehr als 2500 Personen wohnen, davon etwa 1500 Flüchtlinge. Der bauliche Zustand eines Teiles der Baracken ist derart katastrophal, dass große Geldmittel aufgewandt werden müssen, um den völligen Verfall zu vermeiden. Die Menschen, die in diesen oft mehr als behelfsmäßigen Unterkünften zu hausen gezwungen sind, haben unter diesen schwierigen Zuständen sehr zu leiden. [...] Es ist deshalb an der Zeit, dass der aus diesem Problem erwachsenden Situation viel mehr Verständnis als bisher entgegengebracht wird.«[447]

Baracken des nun bewohnten vormaligen Arbeitserziehungslagers.
Links im Jahr 1949; rechts: 1965

Viele der Provisorien blieben aber noch weit länger als nur sechs Jahre nach Kriegsende bestehen. Eines der letzten geräumten Barackenlager in Bremen-Nord war jenes auf dem Gelände des ehemaligen Arbeitserziehungslagers. Erst als die Bundeswehr das Gebiet Ende der 1960er Jahre als Truppenübungsplatz nutzen wollte, sah sich die Politik zum Handeln genötigt. Für die Bewohner wurden 1968 neue Schlichtbauwohnungen in der Claus-von-Lübken-Straße errichtet. In einem Artikel der Norddeutschen Volkszeitung vom November 1968 wird berichtet, dass nach einigen an den Wohnungen vorgenommenen Verbesserungen dem Umzug nun nichts mehr im Wege stünde.[448]

Aber der Blick auf die Bewohner hatte sich seit 1951 erheblich gewandelt, wie ein weiterer Bericht in der »Norddeutschen Volkszeitung« belegt. Bereits die Überschrift verrät, dass der Journalist nicht sicher war, ob der Umzug die von ihm benannten Probleme lösen würde: »Zieht das Baracken-Elend mit um?« Der Autor, so wird im Artikel deutlich, schrieb den Bewohnern eine Mitschuld an ihrem Elend zu und erwartete von ihnen eine größere Anpassung an die Normgesellschaft der Bundesrepublik. So fasste er die Eindrücke von einem Besuch mit den Worten zusammen: »Wer mit ihnen spricht, spürt die Verzweifelung und Resignation der älteren und jüngeren Barakkenbewohner, die mit ihrem Schicksal hadern und der Meinung sind, dass die Umweltverhältnisse stets stärker als ihr eigener Wille waren, um aus diesem Milieu herauskommen zu können. [...] Die Kinder wachsen beklommen und verschüchtert in dieser Umgebung auf. [...] Sie scheinen in der Mehrzahl auch den Sinn für Ordnung und Behaglichkeit verloren zu haben.«

Das Fazit: »Einmal müssen die unliebsam gewordenen Kriegsreste aber verschwinden, vor allem dann, wenn sie Brutstätten der Not, des Elends und des allgemeinen Ungemachs geworden sind.«[449] Die Wörter »Milieu« und »Brutstätten« stammen aus dem Wortschatz der Polizei im Zusammenhang mit Kriminalität; sie zeigen, mit welchem Blick der Journalist auf die Bewohner schaute. Diese Vorstellung hat sich zum Teil bis heute gehalten. Bei Gesprächen über die Nachkriegs-

Die Lagerstraße, Datum unbekannt

bewohner der Lager fallen in Bremen-Nord nach wie vor häufig die Begriffe »Asoziale«, »Arbeitsscheue« oder »Kriminelle«, auch von den nach dem Krieg Geborenen.

Eine örtliche Entscheidung scheint erklärungsbedürftig: Die Straße, an der das Außenlager und auch das Arbeitserziehungslager lagen, hatte bis in die 1950er Jahre den Namen »Turnerstraße«. Da es in Blumenthal/Farge auch eine Turnerstraße gab, schlug das Ortsamt Blumenthal eine Umbenennung vor. 1952 entschied man sich, die Straße in »Lagerstraße« umzubenennen. Ich vermutete anfangs, dass dies eher wegen des existierenden Flüchtlingslagers geschah als wegen der Erinnerung an die Lager der Kriegszeit. Doch in der Senatsvorlage heißt es zur Begründung der Umbenennung: »Führt zum ehemaligen Arbeitserziehungslager«. Dies zeigt, dass es vor Ort auch Menschen gab, die bereit waren, sich mit der Vergangenheit auseinanderzusetzen und sie zumindest partiell offen anzusprechen.[450]

Teil III
Die 1980er Jahre – die Stadt beginnt sich zu erinnern

Ende der 1970er Jahre begann ein Paradigmenwechsel in der Geschichtsschreibung, mit dem sich Historiker von der strukturalistischen Sozialgeschichte absetzten und die Alltagsgeschichte mit Blick auf bisher vernachlässigte Akteure und Erfahrungen in den Mittelpunkt stellten. Begleitet und initiiert wurde dieser Wechsel von einer Geschichtsbewegung vor Ort, den Geschichtswerkstätten, die in den meisten Fällen eng verbunden waren mit den »Neuen Sozialen Bewegungen«. Auch in Bremen begann nun die Suche nach den Spuren des Nationalsozialismus, allerdings mit einer Besonderheit: Von Anfang an wurden die Geschichtswerkstätten von der Bremer Sozialdemokratie, die inzwischen auch die Verwaltung dominierte, gefördert. Vielleicht wurde deshalb zunächst, vielleicht noch stärker als in anderen Industrieregionen, z. B. im Ruhrgebiet, der Blick auf den Widerstand der Arbeiterbewegung fokussiert.

Entsprechend der damaligen sozialdemokratischen Politik, Bildung und Kunst für breite Schichten zugänglich zu machen, wurde unter Federführung von Hans-Joachim Manske ein Programm (»Wohnliche Stadt«) konzipiert und durchgeführt, das Kunst an öffentlichen Gebäuden und in der Stadt präsentierte. In diesem Rahmen wurden auch diverse Luftschutz-Bunker von Künstlern bemalt, die diese Relikte des Krieges mit ihren graubraunen Betonhäuten nutzten, um Krieg und Faschismus zu thematisieren.[452] Eins von insgesamt fünf Bunkerbildern wurde von Jürgen Waller gemalt (Bunker Admiralstraße, 1984) und war den »Gegnern und Opfern des Faschismus« gewidmet.

Auch der U-Boot-Bunker ›Valentin‹ rückte in dieser Zeit wieder in das Gedächtnis der Stadt. Eine wichtige Rolle hierbei spielte Rainer Habel. Sein Vater war im Krieg Mitglied einer U-Boot-Besatzung gewesen. Das führte nicht nur zu häufigem Streit, sondern auch dazu, dass der Sohn sich für die kritische Aufarbeitung des deutschen U-Boot-Krieges interessierte. Während des Studiums an der Universität Bremen arbeitete Habel als Praktikant bei Radio Bremen 1976 an einer Sendung über Bremen-Nord mit, in der auch der Bunker erwähnt wurde. Danach vereinbarte er mit dem Sender, ein längeres Feature über den U-Boot-Bunker zu produzieren. Doch dazu kam es erst, nachdem Habel sein Studium beendet hatte und persönlicher Referent beim Senator für Gesundheit geworden war.[451]

Am 20. Juni 1981 sendete Radio Bremen die Reportage »Keiner verlässt lebend das Lager«, die Habel gemeinsam mit Christian Siegel produziert hatte. Sie trug maßgeblich dazu bei, dass der U-Boot-Bunker nun wieder ins öffentliche Bewusstsein rückte,[452] rief jedoch nicht ausschließlich positive Rückmeldungen hervor. Ein Leserbrief bei der Wiederholung der Reportage 1983 lautete: »Beim Hören Ihrer Sendung eben, läuft mir die Galle über u. ich muß mir Luft machen. Wollen Sie mit den Hetzparolen unsere Jugend verdummen? Bei normal denkenden Menschen bewirken Sie nur das Gegenteil. Wie können Sie nur Verräter u. Saboteure zu Wort kommen lassen? Vor diesen Leuten kann jeder, der die Kriegsjahre erlebt hat, nur ausspucken. [...] Warum gehen Sie und Ihre verehrten Saboteure nicht mal für ein ½ Jahr in die DDR?«[453]

Reste eines gesprengten Ölbunkers 1983 mit Friedensbotschaft

Bedeutsam für die weitere Entwicklung war außerdem, dass Habel über den Kontakt zum Leiter der KZ-Gedenkstätte Neuengamme, Ludwig Eiber, darauf aufmerksam wurde, dass eine Gruppe ehemaliger französischer Häftlinge regelmäßig eine Wallfahrt (»Pèlerinage«) zu den Orten ihres Leidens unternahm und dabei auch den Friedhof in Osterholz und mehrere Standorte ehemaliger Außenlager in Bremen besuchte. Habel bemühte sich in seiner neuen Position, Kontakte zwischen den ehemaligen Häftlingen und der Bremer Politik herzustellen. Ziel war es, eine würdige Erinnerungsstätte vor Ort zu schaffen.

In der Folge wurden nun mehrere Kreise aktiv, um die Erinnerung zu befördern. Willy Dehnkamp, der vormalige SPD-Ortsamtsleiter von Bremen-Blumenthal, ehemaliger Bremer Bürgermeister und langjähriges Mitglied der Arbeitsgemeinschaft verfolgter Sozialdemokraten, plädierte für die An-

Die Einweihung des Mahnmals 1983

bringung einer zusätzlichen Erinnerungstafel für die Opfer des Nationalsozialismus am Ehrenmal für die Gefallenen beider Weltkriege in Farge. Hierfür fand er sowohl beim SPD-Ortsverein wie bei der Arbeitsgemeinschaft Zustimmung.[454]

Mitte 1982 wurde er dann von der Zeitungsankündigung überrascht, dass der Senator für Arbeit die Errichtung eines Denkmals am U-Boot-Bunker plane und der Ortsbeirat Blumenthal in einer Vorbesprechung Einverständnis signalisiert hätte. Dehnkamp schrieb daraufhin Briefe an seinen Nachfolger als Ortsamtsleiter und den Senator für Arbeit, in denen er sich darüber beschwerte, dass er diese Nachricht erst aus der Zeitung erfahren hätte. Zudem monierte er die Ausrichtung des geplanten Entwurfs: »Es geht nicht um ›Arbeitsopfer‹ oder ›Menschen, die vom Beton erdrückt‹ wurden (Die Norddeutsche) sondern um die Opfer eines verbrecherischen Systems.«[455] Ortsamtsleiter Karl Lüneberg antwortete, dass auch der Ortsbeirat erst kurz vor der Sitzung vom geplanten Denkmal erfahren habe.[456]

Wissenschaftssenator Horst-Werner Franke replizierte: »Der künstlerische Entwurf von Friedrich Stein lässt sich nicht auf die Presseformeln ›Arbeitsopfer‹ oder ›Menschen, die von Beton erdrückt‹ wurden, reduzieren. Vielmehr war für mich bestimmend, dass in dieser Formfindung die Zwangsmaßnahmen gegen Menschen, die Vernichtung von Menschenleben in einem blockhaf-

André Migdal (5. v. l.) und Rainer Habel (6. v. l.) bei einer Gedenkveranstaltung am Ort des ehemaligen KZ-Außenlagers Bremen-Blumenthal 1993

ten, brutalen System, die fast chancenlose Auslieferung des menschlichen Lebens und des Geistes an die Gewalt und Macht auf überzeugende Weise dargestellt wird.«[457] Dehnkamp ließ sich von diesen Argumenten überzeugen und befürwortete schließlich den Entwurf.

In der entscheidenden Ortsbeirats-Sitzung äußerte vor allem die CDU Zweifel. Dr. Pawlik (CDU) war sehr skeptisch, ob irgendein Mahnmal neben dem gewaltigen Bunker überhaupt seinen Platz finden könne, ohne von dessen Baukörper erdrückt zu werden. Für ihn sei der Bunker Mahnmal genug.[458] Jedoch stimmte die SPD mit ihrer absoluten Mehrheit im Ortsbeirat geschlossen für den Antrag.

Im Herbst 1983 war es dann soweit: Das Mahnmal von Friedrich Stein wurde direkt vor dem eingezäunten Bundeswehrgelände am U-Boot-Bunker errichtet. Finanziert wurde es u. a. durch einen Zuschuss aus dem Programm »Wohnliche Stadt«. Bei der Einweihung waren etwa 80 ehemalige französische Häftlinge des KZ-Außenlagers Bremen-Farge anwesend. Die Reden hielten der Präsident des Bremer Senats, Hans Koschnick, die Vorsitzende der Amicale Internationale de Neuengamme, Renée Aubry, und der ehemalige Häftling André Migdal. Koschnick betonte: »Wir sind zusammengekommen, um gemeinsam ein Mahnmal zu errichten. Ein Mahnmal für uns, unsere Mitbürger, unsere Zeitgenossen und Nachfahren. Ein

Mahnmal, das an Unmenschliches erinnert. Ein Mahnmal, das jedoch nicht allein an die schrecklichen Geschehnisse der Vergangenheit erinnern soll, sondern auch für die Zukunft nachdenklich machen soll.« Im Folgenden wiederholte er mehrmals eine Äußerung des Schweizers Jakob Burckhardt, der davon sprach, »aus dem Vergangenen lernen zu können, um so für ein anderes Mal klug zu werden«. Für Koschnick stand eine Lehre im Vordergrund: »Aktive Solidarität gegenüber dem Schwächeren.«[459] André Migdal beendete seine Rede mit den Worten: »Wir überlassen den Menschen von Morgen die einfache Botschaft, die notwendig ist für das Verständnis zwischen den Menschen, für die Toleranz, aber auch die Hoffnung, dass die Welt ein Bremen-Farge oder einen Bunker ›Valentin‹ nie mehr erleben möge.«[460]

Im Vorfeld der Mahnmal-Errichtung hatten sich die Bremer Zeitungen bemüht, ehemalige Häftlinge und andere Beteiligte zu interviewen. Dabei gelang es der Norddeutschen, auch den Ingenieur beim Bunkerbau, Prof. Lackner, vor das Mikrofon zu bekommen. Ein Abschnitt beginnt mit einer Aussage Lackners und fasst dann das Interview zusammen: »›Ingenieurmäßig stehe ich genauso wie früher dazu. Es ist eine hervorragende Ingenieurarbeit geleistet worden.‹ Über die Notwendigkeit des Bunkers könne man streiten: ›Da er zu spät fertig geworden ist, war er sowieso nicht notwendig.‹ Zu einer moralischen Wertung war Professor Lackner nicht bereit.«[461] Lackner gerierte sich in der Rolle des neutralen Ingenieurs, den alles andere als die Bauleistung nichts anging. Seine Weigerung, sich 38 Jahre nach dem Untergang des Nationalsozialismus vom Regime zu distanzieren, spricht allerdings für sich.

Man mag Lackner als Unbeirrbaren abtun, aber es ist doch dramatisch, dass wie im Fall Agatz die Bremer Politik auch bei Lackner noch 2003 das Lebenswerk lobte und die dunklen Seiten der Biografie ausblendete. So schrieb der Bremer Senator für Wirtschaft und Häfen, Jörn Kastendiek (CDU), im Grußwort für die Firmenchronik der Inros Lackner AG: »Die beeindruckende Liste der Projekte – von der Erweiterung der Kaiserschleuse in Bremerhaven, über Planungsarbeiten für die Warnowquerung in Rostock bis hin zur Erweiterung des Hafens Lüderitz in Namibia – macht deutlich, wie groß das Leistungsvermögen und das Ansehen ihres Unternehmens ist.«[462]

Weil Kastendiek in seiner Aufzählung gerade das Großprojekt in Bremen – den U-Boot-Bunker – vergaß, war es wohl möglich, ironiefrei vom Leistungsvermögen und Ansehen des Unternehmens zu sprechen. Auch die Firma verzichtete in der Broschüre gänzlich darauf, das Vorzeigeprojekt ihrer beiden Gründer Agatz und Lackner zu erwähnen, deren Schaffen ansonsten akribisch dokumentiert wird. Zumindest scheint man auf den U-Boot-Bunker in der Firma heute nicht mehr stolz zu sein.

Die Bundeswehr tat sich Anfang der 1980er Jahre schwer mit dem beginnenden Wandel in der Erinnerungskultur. An der Einweihung des Mahnmals 1983 nahm zwar ein Vertreter der Bundeswehr teil, aber man weigerte sich, den ehemaligen Häftlingen Zutritt zur militärischen Anlage zu gewähren. Drei Jahre später öffnete die Bundeswehr erstmalig seit den 1960er Jahren den Bunker wieder für nicht militärische Gruppen. Mitgliedern des antifaschistischen Arbeitskreises des Bürgerhauses Vegesack und lokalen Journalisten wurde Zutritt gewährt. Der Leiter des Marinematerialdepots, Kapitänleutnant Gerhard Krumbholz, betonte vor den Journalisten, »dass nur Bürger der jetzigen NATO-Staaten und nicht

Das Mahnmal nach der Jahrtausendwende

der Warschauer-Pakt-Staaten – also ehemalige Zwangsarbeiter oder Kriegsgefangene aus Russland oder Polen – Zugang zu dem Bunker in Farge haben könnten.« Ansonsten nahm Krumbholz, befragt nach etwaigen moralischen Erwägungen hinsichtlich des Arbeitsortes, ähnlich wie Lackner Stellung: »Wir beschäftigen uns rein fachlich mit dem Bunker als Depot. Wir wissen nicht, was früher hier gelaufen ist.«[463] Diese demonstrative Erinnerungsabwehr führte bei der Presse und den lokalen Initiativen natürlich zu Kritik.

Schließlich setzte auch in der Bundeswehr ein langsames Umdenken ein: Spätestens seit dem Mauerfall konnten auch Gruppen ehemaliger Zwangsarbeiter aus Osteuropa durch den Bunker geführt werden. Zudem engagierte sich ein Mitarbeiter der Bundeswehr, Rainer Christochowitz, vor Ort und bot mit Genehmigung des Dienststellenleiters Führungen an, die wachsende Besucherströme zum Bunker lenkten.

Auch medial blieb der U-Boot-Bunker ein Thema. 1989 wurde der zweiteilige Film »Der Bunker« von Thomas Mitscherlich in den dritten Programmen des deutschen Fernsehens ausgestrahlt. Im Zusammenhang damit entstand die von Barbara Johr und Hartmut Roder verfasste Broschüre »Der Bunker« als erste wissenschaftliche Auseinandersetzung mit dem Geschehen in Farge. Die zunehmende Offenheit der Bundeswehr führte auch dazu, dass der Bunker in den 1990er Jahren zum kulturellen Veranstaltungsort wurde. Mehrfach gab es Lesungen ehemaliger Häftlinge oder

BREMER
THEATER

Karl Kraus

DIE LETZTEN TAGE DER MENSCHHEIT

Collage aus Bunkerfunden von Johann Kresnik

**Inszenierung, Bühnenbild und Kostüme:
Johann Kresnik
U-Boot-Bunker-Valentin, Bremen-Farge
ab 3. Juni 1999**

Titelseite des Programmheftes der Inszenierung 1999

aus Erinnerungsberichten im nicht renovierten Teil des Bunkers. Dies brachte das Bremer Theater auf die Idee, den Raum zu nutzen: Seit 1999 wurde mehrere Spielzeiten lang im Bunker das Antikriegsstück »Die letzten Tage der Menschheit« von Karl Kraus aufgeführt.

Ebenfalls 1999 gründeten Bürger aus Bremen-Nord den Verein »Geschichtslehrpfad Lagerstraße/U-Boot-Bunker Valentin e.V.«, der es sich zur Aufgabe gemacht hat, das Wissen über den Bunker weiter zu verbreiten und die Geschichte vor Ort sichtbar werden zu lassen. Aus diesem Grund hat der Verein inzwischen eine Anzahl von Stelen an verschiedenen historischen Stätten – vor allem bei den ehemaligen Lagern – errichtet, die Informationen über das historische Geschehen geben.[464]

Seit dem Jahr 2000 setzte sich auch die Landeszentrale für politische Bildung unter Leitung von Herbert Wulfekuhl in Bremen verstärkt für die Erinnerungsarbeit am Bunker ein. 2001 fand eine erste Tagung von Historikern, Architekten und Pädagogen über den weiteren Umgang mit dem Gebäude und dem Gelände statt. Im selben Jahr hatte die Landeszentrale Erfolg mit einem Antrag beim Bundesgedenkstättenfonds, der eine Anschubfinanzierung für die weitere Arbeit vor Ort gewährte.[465] Am 20. Juni 2007 eröffneten der Parlamentarische Staatssekretär im Bundesministerium für Verteidigung, Thomas Kossendey, und der Bremer Bürgermeister a.D. Hans Koschnick im renovierten Teil eine wissenschaftliche Ausstellung, die dort bis Ende 2015 zu sehen war. 2008 fand schließlich das bundesweite Gedenkstättenseminar in Bremen statt, bei dem der Bremer Bürgermeister, Jens Böhrnsen (SPD), sich für die Nutzung des U-Boot-Bunkers als Gedächtnisort stark machte.

Im gleichen Jahr beschlossen der Senat und die Bürgerschaft der Freien Hansestadt Bremen die Einrichtung einer Gedenkstätte und beauftrage die Landeszentrale für politische Bildung mit einer entsprechenden Konzeption. Dies wurde möglich, weil die Bundeswehr inzwischen die Aufgabe des Materialdepots zum 31.12.2010 angekündigt hatte. Die Konzeption wurde schließlich im Herbst 2010 beim Beauftragten der Bundesregierung für Kultur und Medien eingereicht und für förderfähig befunden. Bund und Land gaben nun jeweils ca. zwei Millionen Euro für die

Haupteingang zur Gedenkstätte

Umgestaltung des Materialdepots zum „Denkort Bunker Valentin." Im Frühjahr 2011 begannen die Umbaumaßnahmen. Zunächst wurde das ehemalige Stabsgebäude der Bundesmarine zum Seminar- und Verwaltungsgebäude umgestaltet. In den folgenden Jahren entstanden ein dokumentierter Rundweg und eine neue Ausstellung. Am 15. November wurde der Denkort schließlich feierlich und in Anwesenheit von zwei Überlebenden sowie über 150 Angehörigen von ehemaligen Zwangsarbeitern aus ganz Europa eingeweiht. Allein im Jahr 2016 haben über 20 000 Menschen nun den Ort besucht, der über 70 Jahre abgeschlossen und von den Bremerinnen und Bremern fast vergessen am Ufer der Weser lag, während tausende ehemalige Häftlinge ihn nie vergessen haben.

Anmerkungen

1 Vgl. Dehnkamp, Von unten auf, S. 165 f.

2 Vgl. ebd., S. 166-174.

3 Vgl. ebd., S. 189-195.

4 Vgl. Bruss, Bremer Juden.

5 Die Geschichte der Wifo ist bisher kaum aufgearbeitet. Auch in den Darstellungen zur Geschichte der Erdölwirtschaft in Deutschland wird die Gesellschaft eher am Rande gestreift. Vgl. Birkenfeld, Synthetischer Treibstoff; Kockel, Deutsche Ölpolitik; Stokes/Karlsch, Faktor Öl; Stranges, Germany's synthetic fuel. Archivmaterial zur Aufarbeitung der Geschichte der Gesellschaft ist durchaus vorhanden. Neben dem Bestand Wifo (R 125) sind vor allem der Bestand des Reichswirtschaftsministeriums (R 3101) im Bundesarchiv Berlin und des Wehrwirtschafts- und Rüstungsamts des OKW (RW 19) im Bundesarchiv-Militärarchiv in Freiburg zentral.

6 Kockel, Deutsche Ölpolitik, S. 223; Birkenfeld, Synthetischer Treibstoff, S. 58 f. Antworten des Reichswirtschaftsministers auf Einflussnahmeversuche Görings bei der Wifo finden sich in: BA-MA Freiburg, RW 19/2932.

7 Schreiben von Blomberg an Schacht vom 3.6.1935, in: BA-MA Freiburg, RW 19/347, Anlage 6.

8 Vgl. Bericht der Wifo an den Reichswirtschaftsminister über den Stand der organisatorischen Umstellungen bei der Wifo vom 20.1.1943, in: BA-MA Freiburg, RW 19/3048.

9 Schreiben des OKM an das Wehrmachtsamt vom 26.5.1937, in: ebd., RW 19/2946, Bl. 31.

10 Die Akten über die Gebietsaufkäufe der Wifo für das Tanklager Farge finden sich in: R 125/30 bis 92. Vgl. auch: Hager, Wasserberg?, S. 16.

11 Antrag zur Aufnahme von Großtanklagern in das Verzeichnis kriegswichtiger Bauten vom 29.9.1941, in: BA-MA Freiburg, RW 19/3060, Bl. 7. Alle Dokumente sprechen dagegen, dass die Bauarbeiten schon 1935 begonnen wurden, wie häufiger in der Literatur vermutet wird: Hager, Wasserberg?, S. 7; Kania, Neue Erkenntnisse, S. 9; Christochowitz, U-Boot-Bunkerwerft, S. 41.

12 Zit. nach Wöbse, Bürgerliche Naturschutzarbeit, S. 92; vgl. auch: Hoffmann, Konturen.

13 Aktenvermerk über die TK-Sitzung vom 1.11.1938, in: BA-MA Freiburg, RW 19/2642, Bl. 30-33.

14 Schreiben der Wifo an das OKW und den Reichswirtschaftsminister vom 18.3.1940, in: BA-MA, RW 19, 3060, Bl. 13-14.

15 Antrag zur Aufnahme von Großtanklagern in das Verzeichnis kriegswichtiger Bauten vom 29.9.1941, in: BA-MA Freiburg, RW 19/3060, Bl. 7

16 Hager, Wasserberg?, S. 16.

17 Protokoll der TK-Sitzung vom 6.2.1941, in: BA-MA Freiburg, RW 19/2932, Bl. 15-17, hier Bl. 15. Anwesend waren bei der Sitzung Vertreter des Reichswirtschaftsministeriums, des OKW und der Wifo.

18 Vgl. Gefolgschaftsstärken in den Großtanklagern 1939-1941, in: BA-MA Freiburg, RW 19/3051, Bl. 14-16.

19 Siehe hierzu ausführlich: Kapitel III, Lager für sowjetische Kriegsgefangene.

20 Vgl. Hager, Wasserberg?, S. 15.

21 Vgl. die u.k.-Listen der Wifo, in: BA-MA Freiburg, RW 19/3049.

22 Vgl. Reisebescheinigungen für die Wifo, in: ebd., RW 19/2633.

23 Schreiben der Wifo an das OKW vom 8.4.1943, in: BA-MA, RW 19/1714, Bl. 35.

24 Vgl. die Tabelle: Leistungen der Wifo-Lager 1935-1940, in: BA-MA Freiburg, RW 19/3068, Bl. 6.

25 Vgl. Übersicht über den verfügbaren Tankraum und seine Befüllung am 30.6.1943, in: ebd., RW 19/3069, Bl. 10.

26 Vgl. Kriegstagebuch der Kriegsmarinewerft Wilhelmshaven vom 17.4.1945, in: BA-MA Freiburg, K79-1/2.

27 Vgl. Berichte von den TK-Sitzungen von Juli bis September 1938, in: ebd., RW 19/2642, Bl. 36 ff.

28 Schreiben von Blomberg an die drei Teilstreitkräfte vom 23.6.1936, in: BA-MA, RW 19/347, Anlage 7.

29 Vgl. zum Z-Plan: Dülffer, Weimar, S. 434-555.

30 Vgl. Meier-Dörnberg, Ölversorgung, S. 29 f. Dies bedeutete etwa eine Versiebenfachung der bestehenden Kapazitäten der Marine, die im November 1938 etwa 1,4 Millionen cbm umfassten. Vgl. Demmer, Planung, S. 57.

31 Vgl. Planungen für Marineeigene Tanklager (Stand: 1.1.1939), in: BA-MA, RW 19/2946, Bl. 5.

32 Vgl. Kostenvoranschlag über den vorläufigen Ausbau des Öllagers Farge von Marinebaurat Meiners vom 5.1.1939, in: ALZPBB, Marinebauakte, Bl. 127 (5 Blätter).

33 Vgl. Schreiben des OKM an die Kriegsmarinewerft Wilhelmshaven vom 14.10.1938, in: ALZPBB, Marinebauakte, Bl. 36-38.

34 Vgl. Arbeitsbericht der Marinebauabteilung in Farge für

die Zeit vom 1.9.39-31.12.42 über das Öllager in Farge, in: ebd., RM 104/525, Bl. 130ff.

35 Vgl. Schreiben der Rüstungsinspektion des Wehrkreises X an das Marinebauamt Öllager Achim vom 20.2.1941, in: ALZPBB, Marinebauakte, Bl. 202.

36 Schreiben des OKM an die Kriegsmarinewerft vom 18.9.1941, in: ALZPBB, Marinebauakte, Bl. 212.

37 Ebd.

38 Schreiben der Marinewerft Wilhelmshaven an das OKM vom 10.1.1939, in: ALZPBB, Marinebauakte, Bl. 63-66, hier Bl. 66.

39 Vgl. Kostenvoranschlag über den vorläufigen Ausbau des Öllagers Farge von Marinebaurat Meiners vom 5.1.1939, in: ALZPBB, Marinebauakte, Bl. 127 (5 Blätter).

40 Schreiben des Marinebauamt »Öllager« an das Arbeitsamt Bremen vom 16.3.1939, in: ebd., Bl. 98.

41 Vgl. Arbeitsbericht der Marinebauabteilung in Farge für die Zeit vom 1.9.39-31.12.42 über das Öllager in Farge, in: BA-MA Freiburg, RM 104/525, Bl. 130ff.

42 Schreiben der Kriegsmarinewerft Wilhelmshaven an die Betriebsdirektion Öllager des Hafenbauressorts vom 1.2.1941, in: ALZPBB, Marinebauakte, Bl. 199.

43 Brief von Karl Neumann vom 15.12.1982, abgedruckt in: Heinemann et al. U-Boot-Bunker, Bl. 7f.

44 Schreiben des Arbeitsamt Bremen an die IHK Bremen vom 18.4.1942, in: AHKB, Sz.I.15, 4, Bd. 3.

45 Schreiben der Kriegsmarinewerft Wilhelmshaven an das OKM vom 26.7.1941, in: ALZPBB, Marinebauakte, Bl. 218.

46 Schreiben der Kriegsmarinewerft Wilhelmshaven an das OKM vom 5.9.1941, in: ebd., Bl. 226-228, hier Bl. 228.

47 So fassten Schüler ein Interview mit Herrn Helm zusammen, abgedruckt in: Heinemann et.al., U-Boot-Bunker, Bl. 9f.

48 Vgl. Schreiben des OKM vom 21.12.1942, in: BA-MA Freiburg, W 04/18163 (unpaginiert).

49 Zur Zwangsarbeit von KZ-Häftlingen beim U-Bootsbunker für die Deschimag AG vgl. Hemmer/Milbradt, Bunker »Hornisse«; Kollegengruppe, Riespott; Buggeln, KZ-Häftlinge.

50 Vgl. Schreiben des OKM betr. U-Bootsbunkerprogramm in der Heimat vom 22.1.1943, in: BA-MA Freiburg, W 04/18163.

51 Das RMBuM entstand im Frühjahr 1942 auf Betreiben von Fritz Todt, der jedoch kurz nach der Durchsetzung dieser Entscheidung am 7. Februar 1942 bei einem Flugzeugabsturz starb. Sein Nachfolger wurde Albert Speer, der das Ministerium in enger Zusammenarbeit mit der deutschen Industrie zur Zentralinstanz der deutschen Rüstungsproduktion ausbaute. Am 2. September 1943 wurde das RMBuM angesichts der ausgeweiteten Kompetenz in Reichsministerium für Rüstung und Kriegsproduktion (RMRuK) umbenannt.

52 Vgl. Schreiben des OKM vom 21.12.1942, in: BA-MA Freiburg, W 04/18163.

53 Vgl. Christochowitz, U-Boot-Bunkerwerft, S. 19. Allerdings wurden diese Untersuchungen nicht, wie Christochowitz schreibt, von der OT-Einsatzgruppe »Hansa« in Auftrag gegeben, weil diese 1943 noch nicht existierte. Auch bei Johr/ Roder findet sich die Behauptung, die Planung wäre von Anfang an von der OT-Einsatzgruppe »Hansa« in Wilhelmshaven mitkoordiniert worden, vgl. Johr/Roder, Der Bunker, S. 13. Dies ist ebenfalls nicht zutreffend. Die erste OT-Einsatzgruppe im Reichsgebiet war die »Einsatzgruppe Rhein-Ruhr«, die im Anschluss an einen Speer-Vortrag bei Hitler am 25. Juni 1943 eingerichtet wurde. Beteiligt war bei den Vorplanungen des U-Boot-Bunkers in Farge stattdessen die OT-Einsatzgruppe West, die ihren Hauptsitz in Frankreich hatte. Grund hierfür war die Erfahrung dieser Gruppe beim Bau von U-Boot-Bunkern an der französischen Atlantikküste. Erst mit der frühestens im Sommer 1943 erfolgten Einrichtung der OT-Einsatzgruppe »Hansa« wurde die Oberbauleitung U-Weser zur OT-Oberbauleitung U-Weser.

54 Vgl. Staatsarchiv Nürnberg, KV-Anklage, Dokument NI-4696.

55 Eintrag im Kriegstagebuch des Rüstungskommando Bremen vom 23.5.1943 über die Sitzung vom 17.5.1943, in: BA-MA, RW 21/9-15, Bl. 45.

56 Vermerk über die Ansprache von Dönitz vom 2.2.1943, in: Kriegstagebuch der Seekriegsleitung, Bd. 42, S. 11f.

57 Vgl. Eichholtz, Geschichte, Band II, S. 134.

58 Vgl. Rössler, U-Boot-Typ XXI.

59 Zur Modernität des Baues und den Vorstellungen der Ingenieure, vgl. Buggeln/Marszolek, Der Bunker.

60 Allerdings standen Teile der Werftindustrie und der Kriegsmarine Merkers neuen Methoden ausgesprochen skeptisch gegenüber und förderten deren Umsetzung nicht gerade. Siehe z.B. Vermerk Speer für seinen Amtsleiter Saur: »Unser erster Plan, die Marinerüstung dadurch hochzubringen, dass wir aus allen Sparten tüchtige Fachleute Merker zur Verfügung stellen, um den reaktionären Geist der Marine im Schiffbau zu brechen, wurde leider nicht weiter verfolgt und damit Merker nicht genügend personell unterbaut. Wenn wir unsere Aufgabe, die wir von der Marine übernommen haben, tatsächlich durchführen wollen, ist es höchste Zeit, dass wir jetzt Merker helfen, indem wir ihm zahlreiche technische Hilfskräfte, die unbeeinflusst nur für ihn arbeiten, zur Verfügung stellen.« Vermerk Speer für Saur vom 17. Juli 1944, in: Bundesarchiv Berlin-Lichterfelde (BAB), R3/1634, Bl. 2.

61 Aktenvermerk von Fuchs (Hauptamt Kriegsschiffbau) vom 6.9.1943 über eine Sitzung bei Dönitz am 4.9.1943, in: BA-MA Freiburg, N 379 Nachlaß Ruge 146, Bl. 16.

62 Schreiben des OKM an die Arbeitsgemeinschaft Agatz & Bock vom 19.1.1943, in: BA-MA Freiburg, W 04/18163.

Das Büro war zuvor schon beim Bau von U-Boot-Bunkern an der französischen Atlantikküste eingesetzt gewesen und brachte so wichtiges Know-how mit, vgl. Christian Siegel, »Der U-Boot-Bunker ist eine Bestie«. Die Bunker-Werft in Bremen-Farge als Teil totaler Kriegführung, hg. von der Landeszentrale für politische Bildung Bremen, Bremen 2004, S. 12-14.

63 StAB, 4,29/1-338.

64 Ebd.

65 Vgl. BAB, R3/1576, Bl. 91.

66 Schreiben des OKM vom 28.11.1944, in: BA-MA Freiburg, RM 7/1257, Bl. 171 ff.

67 Vermerk der Kriegsmarinewerft Wilhelmshaven vom 9.3.1945, in: Bundesvermögensverwaltung Oldenburg, Akten der ehemaligen Bundesvermögensstelle Bremen, VV 2905.2, 0015/35, U-Bootbunker Valentin, Alte Unterlagen ab 1943.

68 Vermerk von Speer für Ministerialdirigent Dorsch (OT), abgesandt am 12.2.1945, in: BAB, R3/1576, Bl. 144.

69 Kolb, Bergen-Belsen, S. 68.

70 Vgl. Lageberichte, S. 630 f., 655, 673 u. 677.

71 Ebd., S. 689.

72 Für die Geschichtswissenschaft: Jäger, Photographie; Paul, Bilder des Krieges; ders., Visual History.

73 Didi-Hubermann, Bilder trotz allem.

74 Brink, Vor aller Augen.

75 Vgl. Sarasin, Bilder und Texte, S. 79.

76 So seine Aussage im Entnazifizierungsverfahren: StAB, 4,66-I, Seubert.

77 Für die Auswertung der Film- und Fotobestände über den Bau des U-Boot-Bunkers sind die Arbeiten der Oldenburger Filmtheoretikerin J. Seipel grundlegend: Seipel, Filmische Dokumentation; dies., Bericht. Wichtige zusätzliche Anregungen erhielt ich durch die Vorträge von Karin Theilen und Detlef Hoffmann beim Bundesweiten Gedenkstättenseminar im September 2008 in Bremen.

78 Vgl. Knoch, Tat als Bild, S. 92.

79 Vgl. ebd., S. 97.

80 Vgl. Wrocklage, Architektur.

81 Vgl. Brink, Ikonen.

82 Zur Baugeschichte des Bunkers vgl. vor allem: Agatz, Bericht; Agatz/Lackner, Erfahrungen; USSBS (Submarine Plant Report No. 7): Submarine Assembly Shelter at Farge; Christochowitz, U-Boot-Bunkerwerft; Schmidt/Becker, U-Boot-Bunker.

83 Vgl. Christochowitz, U-Bootbunkerwerft, S. 18.

84 Zum Dönitz-Besuch vgl. Eintrag im Kriegstagebuch des Rüstungskommando Bremen vom 22.4.1944, in: BA-MA, RW 21/9-19. Die Fotos wurden 2003 beim Heimatverein Farge-Rekum abgegeben. Vgl. Hoffmann, Konturen.

85 Zit. nach Fröhlich (Hg.), Tagebücher, Band 14, S. 276 f.; vgl. auch Hoffmann, Konturen.

86 Vortrag von Hans Kehrl vor der Industrie- und Handelskammer der Niederlausitz über »Großraumwirtschaft« am 9.9.1940, abgedruckt in: Opitz (Hg.), Europastrategien, S. 777-789, hier S. 786. Zu diesem Zeitpunkt rechnete Kehrl jedoch nicht damit, dass ausländische Zwangsarbeiter nach Deutschland geholt, sondern damit, dass minderwertigere Produktionen ins Ausland verlegt würden.

87 So der Weser-Kurier noch am 13.10.1955.

88 So auch Jens-Christian Wagner hinsichtlich der Vorstellungen der Planer beim Bau der unterirdischen Fabrik für die V2-Waffen in Mittelbau-Dora bei Nordhausen: Wagner, Produktion, S. 221.

89 Vgl. Rüger, Das U-Boot.

90 Portefaix, »Vernichtung durch Arbeit«, S. 32 f.

91 Ebd., S. 34.

92 Ebd., S. 49.

93 Die Arbeit am Bunker war aufgeteilt zwischen den Arbeitsgemeinschaften (Argen) Nord und Süd.

94 Ebd., S. 54.

95 Ebd., S. 55.

96 Vgl. Richtlinien vom 10.8.1944, in: BAB, R 13 VIII/ 244.

97 Ebd., S. 3.

98 Vertragsentwurf der Deutsche Bau AG für einen Vertrag zwischen der Arge Nord und Arge Süd einerseits und der Interessengemeinschaft Farge andererseits vom 8.8.1944, in: ebd.

99 Brief der Arge Nord an das Arbeitsamt Bremen vom 17.8.1944, in: ebd.

100 Ebd.

101 Schreiben der Firma Tesch an die Wirtschaftsgruppe Bau vom 1.9.1944, in: ebd., 244.

102 Schreiben der WG Bau an Firma Tesch vom 4.9.1944, in: ebd.

103 Schreiben der Deutsche Bau AG an den Paritätischen Ausschuss der Bauwirtschaft, z.H. Dr. Haufe (gleichzeitig Wirtschaftsgruppe Bau) vom 12.9.1944, in: ebd.

104 Schreiben Polensky & Zöllner an die WG Bau vom 11.11.1944, in: ebd., 246.

105 Besprechungsprotokoll der Arge Bremen vom 16.12.1944 über die Besprechung am 15.12.1944, in: ebd., 246.

106 Schreiben der Arge Bremen an die beteiligten Firmen und die Wirtschaftsgruppe Bau vom 9.1.1945, in: ebd., 245.

107 Ebd.

108 Vgl. Mason, Arbeiterklasse und Volksgemeinschaft.

109 So Heydrich bei der Amtschefbesprechung im RSHA am 21.9.1939, in: BAB, R 58/825.

110 Vgl. Herbert, Fremdarbeiter, S. 77-85.

111 Zu den »Polen-Erlassen« vgl. Herbert, Fremdarbeiter, S. 87-93.

112 Vgl. Herbert, Fremdarbeiter, S. 101.

113 Vgl. Otto/Keller/Nagel, Sowjetische Kriegsgefangene.

114 Vgl. Herbert, Fremdarbeiter, S. 173-177; DRZW 5/2, S. 779-782.

115 Vgl. Herbert, Fremdarbeiter, S. 182-192; DRZW 6, S. 800-810.

116 Zu den Zahlen vgl. Herbert, Fremdarbeiter, S. 209.
117 Vgl. Bories-Sawala, Franzosen; Herbert, Fremdarbeiter, S. 292-296.
118 Vgl. Herbert, Fremdarbeiter, S. 297-300.
119 Vgl. Schreiber, Die italienischen Militärinternierten; Herbert, Fremdarbeiter, S. 301-305.
120 Die Zahl der Anwerbungen war real noch höher, weil aus dieser Statistik die Abgänge bereits abgezogen waren. Zu den Zahlen vgl. Herbert, Fremdarbeiter, S. 503.
121 Sitzung bei Hitler am 4.1.1944, in: StAN, PS-1292, abgedruckt in: IMT, Bd. 27, S. 104-107.
122 Vgl. Herbert, Fremdarbeiter, S. 300 und 315.
123 Vgl. Protokoll der Chefbesprechung am 11.7.1944, in: BAB R 43 II/651, Bl. 158-169, abgedruckt in: IMT, Bd. 33, S. 186-195.
124 Tabelle nach: Roth, Unfreie Arbeit, S. 205. Da es sich bei den Zahlen um Jahresmittelwerte handelt, waren die Beschäftigungszahlen in einigen Monaten auch höher als die genannten Zahlen.
125 Vgl. Herbert, Fremdarbeiter, S. 332-333.
126 Vgl. ebd., S. 333-335.
127 Vgl. ebd., S. 344-364.
128 Vgl. ebd., S. 381.
129 Vgl. Rusinek, Gesellschaft in der Katastrophe, S. 341-391; Lotfi, KZ der Gestapo, S. 274.
130 Vgl. Herbert, Fremdarbeiter, S. 382-383.
131 Vgl. Lotfi, KZ der Gestapo, S. 310.
132 Vgl. Spoerer, Zwangsarbeit, S. 16 f. Neben den von Spoerer genannten Kriterien stellte auch die Frage der Bezahlung oder Nicht-Bezahlung für die geleistete Zwangsarbeit, ein wichtiges Unterscheidungsmoment dar.
133 Vgl. z. B. Brief von Adele Bämmerstede, Rekumerstr. 62, Bremen-Farge, an das Marineoberbauamt Hamburg, in: Bundesvermögensverwaltung Oldenburg.
134 Monatsbericht des Wehrwirtschaftsoffiziers bei der Rüstungsinspektion X, Stand 31.3.1944, in: BA-MA Freiburg, RW 46/454, Bl. 47.
135 Vgl. den Abschnitt zum OT-Lager.
136 Gutachten der Universitäts-Klinik Hamburg-Eppendorf vom 4.3.1944, in: AGN, Ng 5.4.14.5.
137 Kania, Neue Erkenntnisse, S. 25. Vgl. dort auch die ausführliche Problematisierung einiger Zahlen.
138 Die Spalte wurde als einzige gegenüber der Tabelle bei Heiko Kania neu eingefügt. Die Todesfälle sind nachgewiesen durch die Auswertung der Personalkarte I von sowjetischen Kriegsgefangenen. Die Quellen liegen im Original in: Zentralarchiv des Verteidigungsministeriums der Russischen Föderation (CAMO) Podolsk. Der Standort der eingesehenen Kopien ist: Dokumentationsstelle, Archiv der Stiftung Sächsische Gedenkstätten in Dresden.
139 Hierbei handelte es sich um vormalige Lagerinsassen, die nach langer Krankheit noch im Hospital in Neuenkirchen starben.
140 Vgl. Johr/Roder, Der Bunker, S. 5.
141 Vgl. Kania, Neue Erkenntnisse, S. 24.
142 Zur DESt vgl. Kaienburg, Wirtschaft, S. 603-770.
143 Zu den früheren Versuchen, ein zentrales KZ für Norddeutschland zu errichten, vgl. Tuchel, Konzentrationslager, S. 317-322.
144 Vgl. Kaienburg, Vernichtung, S. 149-154.
145 Vgl. Niederschrift über eine Besprechung im Büro von Karl-Otto Saur am 16.3.1942, in: StaN, KV-Anklage, NO-659; Vermerk für Schieber am 17.3.1942, in: ebd., NO-2548.
146 Beim Geilenberg-Programm handelt es sich um den Versuch, die deutschen Hydrierwerke nach alliierten Luftangriffen wieder arbeitsfähig zu machen. Vgl. Bindernagel/Bütow, Ingenieure als Täter. Die »Geilenberg-Lager« und die Delegation der Macht, in: Ralph Gabriel et al. (Hg.), Lagersystem und Repräsentation. Interdisziplinäre Studien zur Geschichte der Konzentrationslager, Tübingen 2004, S. 46-70.
147 Vierteljährlicher Bericht des SS-Standortarztes des KL Neuengamme, Dr. Trzebinski, vom 29.3.1945, in: Staatsarchiv Nürnberg, KV-Anklage, 2169-PS.
148 Vgl. dazu vor allem Portefaix, »Vernichtung durch Arbeit«; Buggeln, Außenlagersystem, S. 24-25.
149 Interview von Katharina Hertz-Eichenrode mit André Migdal (1999), in: AGN, Ng.2.8.1687.
150 Vgl. zu den Angaben Berichte der Häftlinge Josef Smejkal und Lucien Hirth, in: Archiv der Gedenkstätte Neuengamme (AGN), Ng.2.8./ 303 u. 1243.
151 Vgl. Portefaix, »Vernichtung durch Arbeit«, S. 53.
152 Vgl. ebd., S. 43 u. 46.
153 Interview mit Eugeniusz Sokolowski vom 30.5.2001, in: AGN.
154 Vgl. Bericht Hirth (s.o.) und Portefaix, »Vernichtung durch Arbeit«, S. 26.
155 Zum Kartoffelbrei vgl. Portefaix, »Vernichtung durch Arbeit«, S. 45. Von Salami, Leberpastete und Schweinefleisch in Farge berichtet der tschechische Häftling Josef Smejkal. Es muß hinzugefügt werden, dass Smejkal aufgrund von Kontakten eher zu den privilegierten Häftlingen gehörte, z. B. musste er sonntags nie arbeiten und konnte zudem ohne große Mühe eine Einteilung in ein nicht so schweres Arbeitskommando erreichen. Vgl. Interview Smejkal (s.o.). Da Portefaix, der ansonsten die Besonderheiten der Essenszuteilung sehr genau beschreibt, nichts von Fleisch oder Pastete berichtet, ist anzunehmen, dass nur bestimmte Häftlingsgruppen in den Genuss dieser Speisen kamen.
156 Interview von Katharina Hertz-Eichenrode mit André Migdal (1999), in: AGN, Ng.2.8.1687.
157 Interview mit Pierre Berault, in: ALPBB.
158 Interview von Katharina Hertz-Eichenrode mit André Migdal (1999), in: AGN, Ng.2.8.1687.
159 Ebd.

160 Portefaix, »Vernichtung durch Arbeit«, S. 35.
161 Interview mit Pierre Berault, in: ALPBB.
162 Interview mit Henry Denaiffe (1988), zit. Nach Johr/Roder, Der Bunker, S. 49.
163 Perz, Wehrmachtsangehörige, S. 168ff.; Wagner, Produktion, S. 333; Boberach, Überführung.
164 BAB/BDC Wahl.
165 Vgl. Schreiben von Staatsanwalt Dreßen (Ludwigsburg) ans Polizeiamt Bremen vom 23.6.1976, in: ZStL Ludwigsburg, 404 AR 608/67
166 Vgl. Wagner, Produktion, S. 314-316.
167 Vgl. KZ in Hannover, Band 1, S. 169ff.; Schreiben von Staatsanwalt Dreßen (Ludwigsburg) ans Polizeiamt Bremen vom 23.6.1976, in: ZStL Ludwigsburg, 404 AR 608/67.
168 Vgl. Verhör von Reese vor dem britischen Militärgericht, in: Freundeskreis e.V. (Hg.), Curiohaus-Prozeß, Bd III, S. 176ff.; sowie die Aussagen von Zeugen gegen Reese, in: ebd., Bd I.
169 Vermerk der Staatsanwaltschaft vom 22.10.1980, in: Staatsanwaltschaft beim LG Hamburg, 147 Js 45/67.
170 Die Liste ist datiert auf den 26.3.1945 und ist unterteilt in die Kommandos »Nordsee« und »Ostsee«. Die Liste wurde auf dem in der Neustädter Bucht versenkten Schiff Thielbek nach Kriegsende gehoben und wiederhergestellt. Sie findet sich in: AGN, Ng.6.4.14 und im Archiv der Gedenkstätte Yad Vashem, M-8 (Arolsen), Historische Sektion (HS), Box 294. Die Liste zeigt auch, dass die Angaben des Berichts des SS-Standortarztes vom 29.3.1945 weitgehend korrekt sind. Dort werden für das Außenlager Bremen-Farge als Wachmannschaft 6 SS-Männer und 245 Mann andere Bewacher aufgeführt.
171 Berichte der Kommission Schürmann vom Frühjahr 1945, in: StAB, 7/1006, Nr. 95.
172 Interview von Katharina Hertz-Eichenrode mit André Migdal (1999), in: AGN, Ng.2.8.1687.
173 Ebd.
174 Garbe, Editorial, S. 15.
175 Schreiben von Erich Meissner vom 15.5.1947, in: AGN, Ng.2.8.694, Bl. 2.
176 Ebd., Bl. 3f.
177 Ebd., Bl. 5.
178 Ebd., Bl. 5f.
179 Ähnliche Rechtfertigungsversuche gab es auch von Funktionshäftlingen der Außenlager des KZ Mittelbau-Dora: Wagner, Produktion, S. 432.
180 Sofsky, Ordnung, S. 167.
181 Portefaix, »Vernichtung durch Arbeit«, S. 29.
182 Ebd., S. 49.
183 Ebd., S. 71.
184 Sofsky, Ordnung, S. 161.
185 Portefaix, »Vernichtung durch Arbeit«, S. 69f.
186 Ebd., S. 60.
187 Thygesen, Arzt, S. 29.
188 Gildea, Resistance, reprisals and community. Der Aufsatz beschreibt auch den Umgang mit der Tat nach 1945 und nimmt auf Raymond Portefaix Bezug.
189 Gemmeke-Stenzel/Johr, Schreiben von Überlebenden, S. 12f.
190 Portefaix, »Vernichtung durch Arbeit«, S. 70.
191 Zur Bedeutung der Einlieferungszeit: Pawelczynska, Werte gegen Gewalt, S. 101.
192 Portefaix, »Vernichtung durch Arbeit«, S. 34f.
193 Ebd., S. 45.
194 Ebd., S. 48.
195 Ebd., S. 53.
196 Ebd., S. 57.
197 Ebd., S. 61f.
198 Ebd., S. 70.
199 Beide Zitate: ebd., S. 87.
200 Ebd., S. 91.
201 Ebd., S. 108.
202 Ebd., S. 110.
203 Tech, Arbeitserziehungslager, S. 9.
204 Vgl. Johr/Roder, Bunker, S. 36; Tech, Arbeitserziehungslager, S. 72.
205 Vgl. Schreiben des Senators für innere Verwaltung an den Befehlshaber der Ordnungspolizei Hamburg vom 29.6.1942, in: StaB 4,13-1, 104. Ich danke Katharina Hoffmann für den Hinweis auf das Dokument.
206 So wurden die ersten Arbeitserziehungslager zu Beginn genannt.
207 Vgl. Wysocki, Arbeit für den Krieg, S. 312-369. Sonderfälle sind das bereits zuvor errichtete SS-Sonderlager Hinzert und die am Westwall errichteten Gestapolager. Vgl. Lotfi, KZ der Gestapo, S. 58-69.
208 Ebd., S. 80; Tech, Arbeitserziehungslager, S. 260.
209 In Bremen klagten z.B. die Lloyd Dynamowerke und die Norddeutsche Hütte 1940 massiv über Arbeitsausfälle, vgl. Pfliegensdörfer, Handelszentrum, S. 374f.; Tech, Arbeitserziehungslager, S. 39.
210 Schreiben des Arbeitsamt Bremen an den Reichstreuhänder der Arbeit vom 18.4.1940, in: NHStAH, Nds. 300 Acc. 27/71, Nr. 147.
211 Schreiben Dr. von Maercken an das Reichsarbeitsministerium vom 21.2.1940 und an die Gauleitung Weser-Ems vom 22.5.1940, in: ebd., 146 und 147/1. Vgl. ausführlicher: Tech, Arbeitserziehungslager, S. 67.
212 Geheimerlass des RSHA vom 14.6.1940 und Erlass des Reichsarbeitsministeriums vom 15.6.1940, beide in: BAB, NS 6/456.
213 Dr. Kohl war in den 1930er Jahren Präsident des Bremer Arbeitsamtes, bis er Ende der Dekade zum Syndikus der Handelskammer aufstieg. Aus den Akten der Handelskammer lässt sich rekonstruieren, dass er eine der zentralen Personen, wenn nicht sogar der zentrale Mann beim gesamten Zwangsarbeitereinsatz in Bremen war. U.a. hielt er

auch mehrfach Reden vor Gremien der Reichswirtschaftskammer über den Zwangsarbeitereinsatz.

214 Das Protokoll befindet sich in einer mit dem Titel »Bummelantentum« verzeichneten Akte des Archivs der Handelskammer Bremen (AHKB) mit der Signatur: Sz.I.66(2).

215 Ebd.

216 Schreiben der Focke-Wulf Flugzeugbau GmbH an die IHK Bremen, in: AHKB, Sz.I.15,4, Bd. 2.

217 Entwurf einer Ansprache vom 6.5.1941, in: AHKB, Sz.I.66, 2. Kurz darauf formulierte Oberregierungsrat Wöhrl für den gesamten Gaubezirk eine ähnliche Ansprache, vgl. Schreiben Wöhrl an Dr. Kohl vom 17.6.1941, in: ebd.

218 Schreiben der Torfit-Werke an die IHK Bremen vom 14.8.1941, in: AHKB, Sz.I.15,4, Bd. 2.

219 Ebd.

220 Schreiben Dr. Kohl an die Reichswirtschaftskammer vom 24.7.1941, in: ebd.

221 Handschriftliche Anmerkung auf einem Brief der Reichswirtschaftskammer vom 13.12.1941, in: AHKB, Sz.I.66(2).

222 Erlass des Reichsführer-SS vom 28.5.1941, in: BAB, R 58/1027, Bl. 142 ff.

223 Ebd.

224 Vgl. Tech, Arbeitserziehungslager, S. 88-90.

225 Erlass des Chefs der Sicherheitspolizei und des SD zur Lagerordnung vom 12.12.1941, in: BAB, R 58/1027, Bl. 234-235.

226 In der bisherigen Literatur wird die Verlegung häufig auf das Jahr 1942, z.T. sogar auf 1943 datiert, zumeist allerdings ohne Quellenbeleg; vgl. Johr/Roder, Bunker, S. 35 f.; Tech, Arbeitserziehungslager, S. 260; Becker/Schmidt, Bunker, S. 80. Ein Bericht der Bremer Staatsanwaltschaft aus dem Jahr 1961 spricht aber von einer Verlegung im Herbst 1941, in: StaB 4,89/3-819. Diese Datierung wird auch dadurch unterstützt, dass der Lagerarzt Dr. Heidbreder bei seinem Dienstantritt am 1. Februar 1942 das Lager schon im Marinegemeinschaftslager verortet. Vgl. Bericht von Dr. Heidbreder vom 8.10.1945, in: TNA (PRO), WO 309/37.

227 Vermerk von Dr. Kohl vom 13.3.1942 über die Sitzung betr. Bummelantentum am 10.3., in: AHKB, Sz.I.66,2.

228 Sitzung des Ausschuß zur Bekämpfung des Bummelantentums vom 9.6.1942; Notiz für den Präses der Gauwirtschaftskammer Weser-Ems vom 27.1.1944 zur Beantwortung einer Anfrage der Gauwirtschaftskammer Schleswig-Holstein, beide in: ebd.

229 Lageberichte des Leiters der Staatspolizeistelle Bremen vom Juni 1941 bis Juli 1942, in: StaB, 3-M.2.h.3., Nr. 264.

230 Vgl. Zum Aufbau des Lagers: Bericht von Dr. Heidbreder vom 8.10.1945, in: TNA (PRO), WO 309/37; Nolting-Hauff, Imi's, S. 31 f.

231 Lotfi, KZ der Gestapo, S. 193 sowie S. 80.

232 Namensverzeichnis von Kriegsgefangenen und Zivilarbeitern des Gaswerks Bremen, die von der Gestapo verhaftet worden sind (undatiert), in: StaB, 4, 66/1-Bolenz, Walter. Vgl. auch Meyer, 100 Zivilausländer, S. 131.

233 Zit. nach: Hemmer/Milbradt, «Bummeln", S. 105.

234 Alle Angaben und Zitate: ebd., S. 104-106.

235 Bericht von Jan Engels vom September 1988, in: ALZPBB.

236 Vgl. Nolting-Hauff, Imi's, S. 74.

237 Vgl. Lotfi, KZ der Gestapo, S. 279-292.

238 Vgl. Nolting-Hauff, Imi's, S. 70.

239 Bericht über den Besuch des Beauftragten der britischen Schutzmacht im Arbeitserziehungslager Farge vom 9.12.1944, in: TNA(PRO), WO 224/101 (Übersetzung durch Heiko Kania). Eine Kopie des Berichts findet sich auch im: Schweizer Nationalarchiv, E 2001-02/15. Die folgenden Zitate beruhen ebenfalls auf dieser Quelle.

240 Notiz von Blumenow für Herrn Raville vom 20.12.1944, in: Schweizer Nationalarchiv, E 2200.56 (c)-/3, E 700.

241 Schreiben der Britischen Gesandschaft in Bern an das Schweizer Außenministerium vom 5.4.1945, in: ebd.

242 Vgl. Zum Schicksal der irischen Seeleute die Webseite der Irish Seamens Relatives Association (www.irishseamensrelativesassociation.org) und das Video-Interview mit Harry Callan, in: ALZPBB.

243 Vermerk der Bremer Gestapo über einen Anruf von Leutnant Schof (Marlag Westertimke) am 12.5.1943, in: TNA (PRO), WO 309/374.

244 Fernschreiben des RSHA (IV A 2) an die Gestapo Bremen vom 26.5.1943, in: ebd.

245 Schreiben des spanischen Konsuls in Bremen an den Leiter des Arbeitserziehungslagers Farge vom 3.5.1944; Schreiben des RSHA (IV B 3) an die Gestapo Bremen vom 16.10.1944; Schreiben SS-Unterscharführer Adolf (Arbeitserziehungslager Farge) an die Gestapo Bremen vom 7.11.1944, alle in: ebd.

246 Fernschreiben von Ernst Kaltenbrunner an die Gestapo Bremen vom 11.3.1945, in: ebd.

247 Vgl. Nolting-Hauff, Imi's, S. 73 f.

248 Vgl. dazu insgesamt: Meyer, Jüdische Mischlinge.

249 Interview mit Paul Sinasohn, in: Heinemann et al., U-Boot-Bunker, Bl. 40-44.

250 Fernschreiben des RSHA an alle Stapo(leit)stellen vom 17.8.1944, in: StAB, 5,4 – Aktion »Gewitter«.

251 Fernschreiben des RSHA an alle Stapo(leit)stellen vom 21.8.1944, in: ebd.

252 Fernschreiben des RSHA an alle Stapo(leit)stellen vom 28.8.1944, in: ebd.

253 Schreiben der Bremer Stapostelle an ihre Zweigstellen vom 28.8.1944, in: ebd.

254 Als kurzen Überblick zur »Aktion Gitter«: Johannes Tuchel, Die Rache des Regimes, in: DIE ZEIT vom 9.12.2004, Nr. 51.

255 Vgl. Nolting-Hauff, Imi's, S. 75.

256 Zu Harry Callan: Videointerview mit Harry Callan, in: ALZPBB; The Sunday Times 4.4.2004; Die Norddeutsche vom 10.5.2007; sowie die Homepage der Irish Seamens Relatives Association (www.irishseamensrelativesassociation.org).
257 Vgl. hierzu sehr detailliert: Nolting-Hauff, Imi's.
258 Bericht von Jan Schinkel vom 29.5.1984, in: ALZPBB.
259 Bajohr, Parvenüs und Profiteure, S. 90.
260 Nolting-Hauff, Imi's, S. 41.
261 Nolting-Hauff, Imi's, S. 37.
262 Ebd., S. 39.
263 Bericht von Jan Schinkel vom 29.5.1984, in: ALZPBB.
264 Ebd., S. 41.
265 Vgl. Hachtmann, Industriearbeit, S. 111.
266 Nolting-Hauff, Imi's, S. 67.
267 Bericht von Dr. Heidbreder vom 8.10.1945, in: PRO (TNA), WO 309/37.
268 Vertrag zwischen Dr. Heidbreder und der Stapoleitstelle Bremen vom 23.2.1942, in: ebd., WO 235/442.
269 Tech, Arbeitserziehungslager, S. 263; Videointerview mit Harry Callan, in: ALZPBB.
270 Zur Festnahme Schauwackers siehe unten. Schreiben Heidbreder an die Gestapo Bremen vom 23.5.1943, 26.1.1944 und 14.2.1944, in: TNA (PRO), WO 235/442 (Exhibit 22B-D).
271 Bericht von Jan Engels vom September 1988, in: ALZPBB.
272 Schreiben Dr. Heidbreder an die Gestapo Bremen vom 21.9.1942, in: TNA (PRO), WO 235/442 (Exhibit 22A); Bericht Dr. Heidbreder vom 8.10.1945, in: ebd., WO 309/37.
273 Vgl. ebd.; Tech, Arbeitserziehungslager, S. 265.
274 Gespräch von Barbara Johr mit Klaas Touber, in: ALZPBB.
275 Bericht von Jan Engels vom September 1988, in: ebd.
276 Aussage des Gestapobeamten Hasse vom 12.1.1948, in: TNA (PRO), WO 235/441.
277 Nolting-Hauff, Imi's, S. 35.
278 Ebd., S. 50.
279 Ebd., S. 51.
280 Ebd., S. 47.
281 Ebd., S. 33.
282 Die Tabelle wurde von Heiko Kania aus den Prozess- und Ermittlungsakten des britischen Prozesses zum Arbeitserziehungslager Farge zusammengestellt.
283 Vgl. die Einschätzung des britischen Verhörbeamten Poll über Velke vom 23.5.1945, in: PRO, WO 309/37.
284 Nolting-Hauff, Imi's, S. 78 f.
285 Ebd., S. 79.
286 Bericht von Jan Engels vom September 1988, in: ALZPBB.
287 Ebd.
288 Gespräch von Barbara Johr mit Klaas Touber, in: ebd.
289 Klaas Touber, Träumen als Therapie (undatiertes Manuskript), in: ebd.
290 Bericht von Jan Schinkel vom 29.5.1984, in: ALZPBB.
291 Nolting-Hauff, Imi's, S. 79.
292 Bericht von Jan Schinkel vom 29.5.1984, in: ALZPBB.
293 Nolting-Hauff, Imi's, S. 50 f.
294 Ebd., S. 51.
295 Ebd., S. 52.
296 Ebd.
297 Ebd., S. 69.
298 Sofsky, Ordnung, S. 269.
299 Reemtsma, Vertrauen, S. 411.
300 Vgl. Longerich, Himmler.
301 Schreiben von Heinrich Schauwacker an Reichsminister Goebbels vom 19.3.1945, in: PRO, WO 309/864. Alle weiteren nicht gekennzeichneten Zitate entstammen diesem Brief.
302 Kohl, Krieg, S. 118.
303 Schreiben der NSDAP-Gauleitung Ost-Hannover an Reichsleitung der NSDAP 6.7.1936, in: BAB/BDC Schauwacker.
304 Vgl. Beamtenkennkarte von Heinrich Schauwacker, in: StAB, 4,82/1-1/1322.
305 Schreiben der NSDAP-Gauleitung Ost-Hannover an Reichsleitung der NSDAP 6.7.1936, in: BAB/BDC Schauwacker.
306 Schreiben Reichsleitung an Gauleitung Ost-Hannover 14.7.1936, in: ebd.
307 Ebd.
308 Vgl. Reichardt, Faschistische Kampfbünde.
309 Neumann, Behemoth, S. 467.
310 Vernehmung von Dr. Alfred Schweder (1961), in: StAB, 4,89/3-819.
311 Vgl. Beamtenkennkarte von Heinrich Schauwacker, in: StAB, 4,82/1-1/1322.
312 Zu Walhorn siehe v. a. seine Aussagen vor Gericht sowie bei Ermittlungen in: TNA (PRO), WO 235/441 und 442 sowie: StAB, 4,89/3-819 und 827. Vgl. auch Tech, Arbeitserziehungslager, S. 118 f.
313 Zu verdanken ist dies den Nachforschungen von Heiko Kania. Kania hat eine Aufstellung der in Farge Verstorbenen aller unterschiedlichen Lager gemacht. Für das Arbeitserziehungslager beruhen die ermittelten Namen von Todesfällen zu über ¾ auf dem Sterberegister des Standesamtes Neuenkirchen. Vgl. Kania, Neue Erkenntnisse, S. 25.
314 Dies zeigen auch die Sterberegister des Standesamts Neuenkirchen, wo es bei den Angaben der sowjetischen Todesfälle die mit Abstand größten Lücken bei den Angaben zu den Verstorbenen gibt.
315 Vgl. Johr/Roder, Der Bunker, S. 40.
316 Über die SS-Bewachung: Kania, Neue Erkenntnisse, S. 11; Christochowitz, U-Boot-Bunkerwerft, S. 43; sowie Vermerk der Bremer Staatsanwaltschaft vom 9.10.1973, in: ZStL Ludwigsburg, 404 AR 608/67.

317 Bericht im Kriegstagebuch des Rüstungskommando Bremen vom 20. Juli 1942, in: BA-MA Freiburg, RW 21/9, Bl. 11.
318 Vgl. Johr/Roder, Der Bunker, S. 24; Christochowitz, U-Boot-Bunkerwerft, S. 63. Auch die Staatsanwaltschaft Bremen geht von einer Belegung mit 2.000 Mann aus: Vermerk der Bremer Staatsanwaltschaft vom 9.10.1973, in: ZStL Ludwigsburg, 404 AR 608/67.
319 StAB, 4,77/2: Fremdländische Arbeiter, »Nachforschungen nach ehemaligen Lägern und Gefängnissen« [1949/1950].
320 Vgl. Kania, Neue Erkenntnisse, S. 13 und S. 15. Kania geht von einer Belegung mit ca. 700 Kriegsgefangenen aus.
321 Die Personalkarten I stammen aus dem Zentralarchiv des Verteidigungsministeriums der Russischen Föderation (CAMO) Podolsk. Die Karten der Repatriierten aus mehreren FSB(KGB)-Archiven. Kopien der Karten befinden sich in der Dokumentationsstelle der Stiftung Sächsische Gedenkstätten in Dresden und in der Dokumentationsstelle der Stiftung niedersächsische Gedenkstätten in Celle. Ich danke Rolf Keller (Celle) für die bedeutsame Hilfe bei der Erstellung des Kapitels und Wolfgang Scheder (Dresden) für die Hilfe bei der Auswertung der Karten.
322 Vgl. Otto/Keller/Nagel, Sowjetische Kriegsgefangene, S. 572.
323 Vgl. Otto/Keller/Nagel, Sowjetische Kriegsgefangene, S. 576.
324 Schreiben des Arbeitsamt Bremen an die IHK Bremen vom 18.4.1942; in: AHKB, Sz.I.15, 4, Bd. 3.
325 Dazu die Akte mit dem Titel »Russen«, in: StAB, 4,29/1-1293.
326 Spoerer, Zwangsarbeit, S. 186; Streit, Keine Kameraden, S. 273-285.
327 Eintrag im Kriegstagebuch des Rüstungskommando Bremen vom 22.4.1942, in: BA-MA Freiburg, RW 21/9-10, Bl. 7-8.
328 Eintrag im Kriegstabebuch des Rüstungskommando Bremen vom 7.9.1942, in: BA-MA Freiburg, RW 21/9-11, Bl. 32.
329 Eintrag im Kriegstagebuch des Rüstungskommando Bremen vom 10.12.1942, in: BA-MA Freiburg, RW 21/9-13, Bl. 5.
330 Vgl. Streit, Keine Kameraden, S. 249-253.
331 Befehl OKW/Chef Kriegsgef. vom 26.10.1943, zit. nach Streit, Keine Kameraden, S. 263.
332 Eintrag im Kriegstagebuch des Rüstungskommando Bremen vom 11.7.1943, in: BA-MA, RW 21/9-16, Bl. 26.
333 Vgl. Kania, Neue Erkenntnisse, S. 18.
334 Vgl. Verhör von Dr. Weidemann durch die Bremer Staatsanwaltschaft (1961), in: StAB, 4,89/3-819, Bl. 161-165. Weidemann führte laut einem Plan der OT die Abteilung Sanitätswesen der Bauleitung »Valentin«, während Marineoberarzt Dr. Fölsch die Abteilung Sanitätswesen bei der OT-Oberbauleitung Unterweser leitete. Vgl. Geschäftsverteilungsplan der OT-Oberbauleitung Unterweser, in: BAB, R 50I/48, Bl. 18.
335 Schreiben Rolf Keller an den Verfasser vom Januar 2009.
336 Die drei Karteikarten finden sich in FSB (KGB)-Archiven. Schreiben von Rolf Keller an den Verfasser vom Januar 2009.
337 Vgl. Kania, Neue Erkenntnisse, S. 13.
338 Vgl. Christochowitz, U-Boot-Bunkerwerft, S. 47; Kania, Neue Erkenntnisse, S. 16.
339 Vgl. Verhör von Dr. Weidemann durch die Bremer Staatsanwaltschaft (1961), in: StAB, 4,89/3-819, Bl. 161-165.
340 Schreiben des Kommandos der Baubereitschaftsabteilung an den 2. Admiral Nordsee, das Marineoberbauamt »Unterweser« und die Kommandantur des Stalag X B vom 29.4.1944, in: Deutsche Dienststelle (WASt), Referat III, Sonderakte 11.
341 Vgl. Aufstellung über die Lager der OT-Oberbauleitung Unterweser, in: Bundesarchiv Berlin-Lichterfelde, R 50I/48, Bl. 6.
342 Vgl. Geschäftsverteilungsplan der OT-Oberbauleitung Unterweser, in: ebd., Bl. 13-17.
343 Eintrag im Kriegstagebuch des Rüstungskommando Bremen vom 30.11.1943, in: BA-MA Freiburg, RW 21/9-17, Bl. 25.
344 Vgl. Schreiber, Die italienischen Militärinternierten, S. 309; Kania, Neue Erkenntnisse, S. 17.
345 Vgl. Deutsche Dienststelle (WASt), Referat III. Ich danke Rolf Keller für den Hinweis.
346 Bericht von Angelo Di Done und Riccardo Nardantonio, in: Museo Storico Trento (Italien), Archivio della Resistenz aparte 1, Busta 4 – Fascicolo 14 (Übersetzung durch Marion Pfeifer). Der Bericht, wie auch der folgende, wurde mir durch Rolf Keller von der Stiftung niedersächsiche Gedenkstätten zugänglich gemacht.
347 Bericht von Vincenzo Torchi, in: ebd. (Übersetzung durch Marion Schreiber).
348 Brief von Pawel Saweljewitsch Orgijanow an Rainer Christochowitz vom 10.4.2000, in: ALPBB.
349 Brief von A.F. van Velzen an Barbara Johr vom 10.6.1988, in: ALPBB.
350 Möglicherweise handelte es sich bei mehreren weiteren Toten, die als Sowjetbürger geführt wurden, auch um Ukrainer, ohne dass dies vermerkt wurde.
351 Johr/Roder, Der Bunker, S. 44.
352 Siehe dazu auch den Abschnitt: Marine-Tanklager.
353 Vgl. Berichte der VVN über Erkundungsreisen in Bremen-Nord, in: Forschungsstelle für Zeitgeschichte Hamburg, Nachlass Hans-Schwarz, 13-7-5-1; Gespräch des Verfassers mit dem ehemaligen Ortsamtsleiter von Blumenthal.
354 Vgl. Marßolek/Ott, Bremen im 3. Reich, S. 429.
355 Brief des Marineoberbauamt Hamburg an die Reichsumsiedlungsgesellschaft vom 16.4.1943, in: Bundesvermögensverwaltung Oldenburg, Akten der ehemaligen

Bundesvermögensstelle Bremen, VV 2905.2, 0015/35, U-Bootbunker Valentin, Alte Unterlagen ab 1943.
356 Brief des Marineoberbauamt Hamburg an die Ruges vom 11.6.1943, in: ebd.
357 Ebd.
358 Vgl. hierzu: Betscher, Die Häftlingskolonnen im Ort, S. 115-122.
359 Vgl. ebd., S. 118-119; sowie die Entnazifizierungsakte von Sünkenberg, in: Staatsarchiv Bremen, 4,66-I Sünkenberg, Wilhelm.
360 Interview von Barbara Johr mit Henry Denaiffe 1988, zitiert nach Johr/Roder, Bunker, S. 49-50.
361 Sehr viel ausführlicher und mit einer Darlegung möglicher Funktionen dieser Andenken: Betscher, Häftlingskolonnen, S. 84-95.
362 Bremer Zeitung - Norddeutsche Volkszeitung vom 23./24.12.1944. Vgl. auch: Betscher, Häftlingskolonnen.
363 Interview mit Herrn Holm, zit. nach Heinemann, U-Boot-Bunker, S. 19 f.
364 Betscher, AusHandlungsRäume.
365 Ebd.
366 Jacobs, Räumung, S. 169; Schwarzwälder, Bremen und Nordwestdeutschland, S. 47.
367 Erlass Himmler vom 17.6.1944, in: StAN, 3638-PS.
368 Eidesstattliche Erklärung des Adjutanten des KZ Neuengamme, Karl Totzauer, vom 30.3.1946, in: PRO (TNA)/ WO 309/408.
369 Liste der Gestapo Bremen über gefährdete Objekte und Gefahrenschwerpunkte vom 1.9.1944, in: StAB, 5,4-ZB-Nr. 1970/4/10-61/9.
370 Schwarzwälder, Bremen und Nordwestdeutschland, S. 48 f.; ders., Bremen in der NS-Zeit, S. 611.
371 Eintrag im Kriegstagebuch der Kriegsmarinedienststelle Bremen vom 30.11.1944, in: BA-MA Freiburg, RM 108/92.
372 Brief von A.F. van Velzen an Barbara Johr vom 10.6.1988, in: ALPBB.
373 Vgl. Schwarzwälder, Bremen in der NS-Zeit, S. 610-619.
374 Eintrag im Kriegstagebuch der Muna Lübberstedt vom 2.4.1945, in: BA-MA, RL 25/168, S. 49. Ich danke Rüdiger Kahrs für den Hinweis auf das Dokument.
375 Vgl. Hertz-Eichenrode (Hg.), Ein Kz wird geräumt.
376 Vgl. Borgsen/Volland, Stalag XB.
377 Vgl. Lange, Cap Arcona; Schwarberg, Angriffsziel; Migdal, Les Plages; Garbe/Carmen (Hg.), Häftlinge, S. 20-23.
378 Vgl. die Aussagen zur Evakuierung in: TNA, WO 235/441 und 442; sowie Tech, Arbeitserziehungslager, S. 278 f.
379 Vgl. Frei, Vergangenheitspolitik, S. 8-13; Köcher, Aus der Vergangenheit, S. 12-17.
380 Vgl. Marszolek, Radio Bremen 1946-1952.
381 Vgl. Bericht zum Entwurf »Lagerhaus Valentin« der Ingenieurgemeinschaft Agatz & Bock vom 27. Juni 1945, in: BA-MA Freiburg, RM 104/510.
382 Vgl. Schreiben Headquarters, Bremerhaven Port of Embarkation, APO 69, US Army an Direktor OMGUS Bremen, Apo 751 vom 26.1.1949, in: StAB, 16,1/2-6/17-2/39.
383 Vermerk der Ruges in Bremen-Farge vom 14.1.1949, in: BA-MA, RW 52/2002, Hefter Farge Allg. I.
384 Schreiben Senator für Bauwesen an Ortsamt Blumenthal vom 22.6.1949, in: StAB, 4,29/1-963.
385 Schreiben des Ortsamtes Blumenthal an den Senator für Bauwesen vom 8.6.1949, in: StAB, 4,29/1-963.
386 Zu Agatz vgl. auch die unkritische biografische Skizze von Karl Löbe, Ein erfülltes Ingenieurleben. Arnold Agatz 85 Jahre, in: Jahrbuch der Wittheit zu Bremen 20 (1976), S. 87-131.
387 Aktennotiz über die Sitzung am 25.5.1949, in: StaB 4,29/1-963.
388 Ebd.
389 Notiz betr. U-Boot-Bunker in »Bremen-Farge« vom 31.5.1949, in: ebd.
390 Brief von Gerh. Töllner, Martha Bringmann, K. Morisse und Joh. Lübsen an den Bremer Senat vom 15.4.47, in: StAB, 16,1/2-6/13-1/4 (Original in Englisch. Übersetzung durch den Autor).
391 Auszug aus einem Protokoll über die Besprechung mit der Landeskommission vom 9.11.1950, in: StaB 4,29/1-963. Von April bis Oktober 1946 wurden 107 Bomben - fünf verschiedene Typen mit bis zu 10 t Gewicht - ohne Sprengstoff auf das Bunkerdach abgeworfen. Im Sommer 1949 24 Bomben mit je 11,4 t Gewicht.
392 Schreiben Präsident der bremischen Hafenbauverwaltung (Prof. Agatz) an das Hafenbauamt vom 16.9.1950, in: StAB, 4,25/1.
393 Schreiben Agatz an Hafenbaudirektor Lutz vom 26.10.1950, in: ebd.
394 Schreiben Hafenbaudirektor Lutz an Agatz vom 15.12.1950, in: ebd.
395 Vgl. Christochowitz, U-Boot-Bunkerwerft, S. 68 f.; Johr/Roder, Der Bunker, S. 61.
396 Interview mit H.B. (2002), in: ALPBB.
397 Vgl. Christochowitz, U-Boot-Bunkerwerft, S. 69.
398 Schreiben des Wasserwirtschaftsamt an das Enklave-Wirtschaftsamt, Abt. Kohlenbewirtschaftung vom 29.4.1946, in: StAB, 4,138/1-7.
399 Aufstellung der Arbeiter und Angestellten in Bremen-Farge vom 15.2.1946 für das Arbeitsamt Vegesack, in: ebd.
400 Schreiben Johann Chantelau vom 20.3.1946, in: ALPBB.
401 Schreiben mehrerer Landbesitzer an die US-Militärregierung in Bremen vom 26.10.1946, in: BA-MA Freiburg, RW 52/2171.
402 Hann. Siedlungsgesellschaft an Oberfinanzpräsidenten vom 16.9.49 betr. Landbeschaffung Bremen-Farge, in: ebd., RW 52/2002, Bl. 87.
403 Bericht über die Abwicklung des Verfahrens in Bremen-Farge vom 26.6.1950, in: ebd., RW 52/2171.
404 Schreiben des OFP Bremen an mehrere Senatoren vom

4.12.1949, in: StAB, 4,29/1-702.

405 Vgl. Schreiben OMGUS Bremen, Finance & Property Control Division an Capt. Dunham vom 16.2.1948, in: StaB, 17/160-1/16.

406 Vgl. Schreiben OMGUS Bremen, Finance Division an den Kommandierenden General in Bremerhaven vom 18.8.1949, in: ebd.

407 Vgl. Hager, Wasserberg?

408 Vgl. Schreiben Präsident des Senats an Direktor OMGUS Bremen vom 23.4.1949 und Notiz Leut. Col. Reuter vom 18.7.1949, beide in: StAB, 17/160-1/16.

409 Kania, Neue Erkenntnisse, S. 14.

410 Aufstellung über Barackenlager in Bremen-Nord (1945), in: StAB, 4,29/1-965.

411 Schreiben des Senators für Schulen und Erziehung an das Bauamt Bremen-Nord vom 23.8.1945, in: ebd.

412 Eintrag im Kriegstagebuch der 205 Mil. Gov. Det Rear HQ 30 Corps vom 16.5.1945, in: TNA (PRO)/WO 171/7931.

413 Kania, Neue Erkenntnisse, S. 12.

414 Dieser Abschnitt beruht im Wesentlichen auf der Darstellung in: Betscher, Häftlingskolonnen, S. 137-145.

415 Erinnerungsbericht von Herrn Wollnick (1984), in: Dokumentationszentrum Blumenthal, 25 a F-rech 15, zit. nach: Betscher, Häftlingskolonnen.

416 Vgl. PRO (TNA)/WO 235/441 und 442 (Jag No. 295); sowie Tech, Arbeitserziehungslager, S. 310.

417 StAB, 4,66-I Sünkenberg, Wilhelm.

418 StAB, 4,66-I Besser, Fritz.

419 Schreiben an den Senator für das Bauwesen vom 17.10.1945, in: StAB, 4,29/1-965.

420 Schreiben des Präsidenten des Senats an den Präsidenten der Bürgerschaft vom 6.10.1948, in: StAB, 3-R.1m, Nr. 33.

421 Schwarzwälder, Bremen in der NS-Zeit, S. 423.

422 So: Frei, Vergangenheitspolitik, S. 22.

423 Vgl. ebd., S. 234-265.

424 Vgl. Hesse, Konstruktionen.

425 Weser-Kurier vom 13.10.1955.

426 Vgl. Weser-Kurier vom 15.6.1952.

427 Vgl. Weser-Kurier vom 11.4.1957.

428 Vgl. Norddeutsche vom 15.6.1957.

429 Bremer Nachrichten vom 12.2.1964.

430 Vgl. z.B. Norddeutsche Volkszeitung vom 14.10.1970.

431 Vgl. Bremer Nachrichten vom 22.3.1952.

432 Vgl. Weser-Kurier vom 13.10.1960.

433 Vgl. Weser-Kurier vom 25.1.1960.

434 Die Verwertungsgesellschaft für Montan-Industrie mbH, ab 1944: Montan Industriewerke GmbH (kurz: Montan) war eine von der Wehrmacht geschaffene Gesellschaft, die Rüstungsanlagen verwaltete, die private Rüstungskonzerne auf Reichskosten bauten, um dort wichtige Rüstungsgüter für den Krieg zu produzieren.

435 Vgl. Hager, Wasserberg?

436 Vgl. Norddeutsche Volkszeitung vom 28.1.1964 und 8.8.1964.

437 Vgl. Nordsee-Zeitung vom 13.8.1964.

438 Vgl. Bremer Chronik 1957-1970, S. 177.

439 Vgl. Norddeutsche Volkszeitung vom 17.6.1967.

440 Vgl. Betscher, AusHandlungsRäume.

441 Vgl. StAB, 4,66-I, Trüper, Johann Dietrich.

442 Zitate aus dem Artikel »Arbeitserziehungs- und Konzentrationslager Farge«, in: Heimat- und Vereinsblatt Farge-Rekum, Nr. 18, Februar 1966.

443 Vgl. Norddeutsche Volkszeitung vom 14.10.1970.

444 Vgl. StaB, 4,29/1-962.

445 Vgl. Hemmer/Milbradt, Bunker »Hornisse«, S. 125.

446 Vgl. Bremer Nachrichten vom 24.6.1969.

447 Norddeutsche Volkszeitung vom 14.3.1951.

448 Norddeutsche Volkszeitung vom 30.11.1968.

449 Norddeutsche Volkszeitung, in der Kopie im Bremer Staatsarchiv undatiert, vermutlich vom Sommer 1968, in: StAB, 9, S 0-811.

450 Vgl. StAB 4,135/2-146 und ebd., 3-S.8a.Nr. 306. Siehe auch: Hoffmann, Konturen. Ich danke Katharina Hoffmann für den Hinweis auf die Dokumente.

451 Vgl. Buggeln/Marszolek, Concrete Memory.

452 Vgl. zur Vorgeschichte der Sendung: Brief Rainer Habel an Ludwig Eiber vom 10.4.1981, in: Archiv des Bürgerhaus Vegesack (ABV), NL Rainer Habel.

453 Vgl. Sendemanuskript vom 20.6.1981, in: ebd.

454 Christel Ballack aus Hagen an Radio Bremen vom 29.9.1983: ebd.

455 Vgl. Schreiben von Rolf-Dieter von Bargen an Willy Dehnkamp vom 5.5.1981 und Notiz Dehnkamp vom 3.7.1982, in: StAB, 7/88-48/4.

456 Schreiben Willy Dehnkamp an Wissenschaftssenator Horst-Werner Franke vom 25.8.1982, in: ebd.

457 Schreiben Karl Lüneburg an Willy Dehnkamp vom 27.8.1982, in: ebd.

458 Schreiben Horst-Werner Franke an Willy Dehnkamp vom 30.8.1982, in: ebd.

459 Bericht über die Ortsbeiratssitzung in der BLV vom 24.11.1982.

460 Redemanuskript von Hans Koschnick vom 17.9.1983, in: »Blumen für Farge«. Eine Pressechronik, Bremen 1983.

461 Redemanuskript von André Migdal vom 17.9.1983, in: Mitteilungen der Pressestelle des Senats der Freien Hansestadt Bremen, 8. Ausgabe 1983.

462 Die Norddeutsche vom 15.4.1983.

463 Grußwort Jörg Kastendiek, in: Inros Lackner AG Chronik, Bremen 2006, S. 3. Einsehbar im Internet: www.inros-lackner.de/pdf/Inros Lackner AG Chronik 1,8 MB.pdf

464 Die Norddeutsche vom 13.9.1986.

465 Vgl. www.geschichtslehrpfad.de.

Literatur

Archivverzeichnis

Staatsarchiv Bremen (StAB)
Archiv der Handelskammer Bremen (AHKB)
Archiv des Heimatvereins Bremen-Farge (AHBF)
Bundesarchiv Berlin-Lichterfelde (BAB)
Bundesarchiv Koblenz (BAK)
Bundesarchiv-Militärarchiv Freiburg (BA-MA)
Deutsche Dienststelle (WASt)
The National Archives – Public Record Office London (TNA (PRO))
Archiv der Gedenkstätte Yad Vashem Jerusalem
Schweizer Nationalarchiv Bern
Zentrale Stelle der Landesjustizverwaltungen Ludwigsburg (ZStL)
Niedersächsisches Hauptstadtsarchiv Hannover (NHStAH)
Staatsarchiv Nürnberg (StAN)
Archiv der KZ-Gedenkstätte Neuengamme (AGN)
Dokumentationsstelle der Stiftung Sächsische Gedenkstätten
Dokumentationsstelle der Stiftung Niedersächsische Gedenkstätten
Archiv der Landeszentrale für politische Bildung Bremen (ALZPBB)
Archiv des Bürgerhaus Vegesack (ABV)
Dokumentationszentrum Bremen-Blumenthal
Archiv der Bundesvermögensverwaltung Oldenburg

Literaturverzeichnis

Allen, Michael Thad, The Business of Genocide. The SS, Slave Labor, and Concentration Camps, Chapel Hill 2002.

Balz, Hanno, Die »Arisierung« von jüdischem Haus- und Grundbesitz in Bremen, Bremen 2004.

Betscher, Silke, Die Häftlingskolonnen im Ort: »Och, das war doch so gang und gäbe«. Bremen-Nord: die Nachbarschaft zwischen den Orten und den Lagern 1943-45, Bremen 2004 (Magisterarbeit Uni Bremen).

Betscher, Silke, Der Bunker und das Dorf, in: Marszolek/Buggeln (Hg.), Bunker, S. 121-136.

Betscher, Silke, AushandlungsRäume. Die Bunkerbaustelle und die Lager in der Erinnerung der Anwohner, in: Hagen/Hoffmann (Hg.), Landschaft, S. 101-114.

Birkenfeld, Wolfgang, Der synthetische Treibstoff 1933-1945, Göttingen 1964.

Boberach, Heinz, Die Überführung von Soldaten des Heeres und der Luftwaffe in die SS-Totenkopfverbände zur Bewachung von Konzentrationslagern 1944, in: Militärgeschichtliche Mitteilungen 34 (1983), S. 185-190.

Böcker, Wulf/Ullrich, Peter, Dokumentation zum Tanklager Farge. Konversion vor Ort, Bremen-Blumenthal 1991.

Borgsen, Werner/Volland, Klaus, Stalag X B Sandbostel. Zur Geschichte eines Kriegsgefangenen- und KZ-Auffanglagers in Norddeutschland 1939-1945, Bremen 1991.

Bories-Sawala, Helga, »Franzosen im Reichseinsatz«. Deportation, Zwangsarbeit, Alltag. Erfahrungen und Erinnerungen von Kriegsgefangenen und Zivilarbeitern, 3 Bände, Frankfurt am Main 1996.

Brink, Cornelia, Ikonen der Vernichtung. Öffentlicher Gebrauch von Fotografien aus nationalsozialistischen Konzentrationslagern nach 1945, Berlin 1998.

Brink, Cornelia, Vor aller Augen: Fotografien-wider-Willen in der Geschichtsschreibung, in: WerkstattGeschichte 16 (2007) 47, S. 61-74.

Buggeln, Marc, Das Außenlagersystem des Konzentrationslagers Neuengamme, in: Sabine Moller, Miriam Rürup, Christel Trouvé (Hg.), Abgeschlossene Kapitel? Zur Geschichte der Konzentrationslager und der NS-Prozesse, Tübingen 2002, S. 15-28.

Buggeln, Marc, KZ-Häftlinge als letzte Arbeitskraftreserve der Bremer Rüstungswirtschaft, in: Arbeiterbewegung und Sozialgeschichte (2003) 12, S. 19-36.

Buggeln, Marc/Bessmann, Alyn, Befehlsgeber und Direkttäter vor dem Militärgericht. Die britische Strafverfolgung der Verbrechen im KZ Neuengamme und seinen Außenlagern, in: Zeitschrift für Geschichtswissenschaft 53 (2005) 6, S. 522-542.

Buggeln, Marc/Marszolek, Inge, Der Bunker, in: Geisthövel/Knoch (Hg.), Orte der Moderne, S. 281-289.

Buggeln, Marc, Were Concentration Camp Prisoners Slaves? The Possibilities and Limits of Comparative History and Global Historical Perspectives, in: International Review of Social History 53 (2008), S. 101-129.

Buggeln, Marc, Der U-Boot-Bunker Valentin in Bremen: Baustelle, Lager und Nachkriegsnutzung, in: Marszolek/Ders. (Hg.), Bunker, S. 103-119.

Buggeln, Marc, Erinnerung am Ort der Tat. Außenlager des KZ Neuengamme, in: Dachauer Hefte (2008) 24, S. 138-152.

Christochowitz, Rainer, Die U-Boot-Bunkerwerft »Valentin«. Der U-Boot-Sektionsbau, die Betonbautechnik und der menschenunwürdige Einsatz von 1943 bis 1945, Bremen 2000.

Dämmer, Rudolf, Planung, Entwicklung und Durchführung der Ölbevorratung der Kriegsmarine am Beispiel des Marinetanklagers Farge 1938-1945, München 1992 (Diplomarbeit).

Dehnkamp, Willy, Von unten auf. Die sozialistische Arbeiterbewegung in Blumenthal-Vegesack (Bremen-Nord), Bonn 1986.

Das Deutsche Reich und der Zweite Weltkrieg (DRZW), hg. vom Militärgeschichtlichen Forschungsamt, 10 Bände, Stuttgart 1979-2005.

Didi-Hubermann, Georges, Bilder trotz allem, München 2007.

Eichholtz, Dietrich, Geschichte der deutschen Kriegswirtschaft, 3 Bände in 5 Teilen, München 2003 (Erstausgaben: Band I: 1969, Band II: 1985, Band III: 1996).

Fabrik für die Ewigkeit. Der U-Boot-Bunker in Bremen-Farge, hg. von Nils Aschenbeck, Rüdiger Lubricht und Hartmut Roder, Hamburg 1995.

Frei, Norbert, Vergangenheitspolitik. Die Anfänge der Bundesrepublik und die NS-Vergangenheit, München 1996.

Friedländer, Saul, Das Dritte Reich und die Juden. Band I: Die Jahre der Verfolgung 1933-1939, München 1998.

Friedländer, Saul, Das Dritte Reich und die Juden. Band II: Die Jahre der Vernichtung 1939-1945, München 2006.

Garbe, Detlef, Die Täter. Kommentierende Bemerkungen, in: Ulrich Herbert et.al. (Hg.), Die nationalsozialistischen Konzentrationslager, Band 2, S. 822-838.

Garbe, Detlef, Außenlager als Orte der Erinnerung. Das Beispiel Neuengamme, in: Dachauer Hefte 15 (1999), S. 240-253.

Garbe, Detlef/Lange, Carmen (Hg.), Häftlinge zwischen Vernichtung und Befreiung. Die Auflösung des KZ Neuengamme und seiner Außenlager durch die SS im Frühjahr 1945, Bremen 2005.

Geisthövel, Alexa/Knoch, Habbo (Hg.), Orte der Moderne. Erfahrungswelten des 19. und 20. Jahrhunderts, Frankfurt am Main 2005.

Güldenpfennig, Leonie, Die Lager-SS des KZ Neuengamme. Sozialstruktur und Alltag der SS-Mannschafts- und Unteroffiziersdienstgrade, Hamburg 2000 (Magisterarbeit Uni Hamburg).

Güldenpfennig, Leonie, Gewöhnliche Bewacher. Sozialstruktur und Alltag der Konzentrationslager-SS Neuengamme, in: Beiträge zur Geschichte der nationalsozialistischen Verfolgung in Norddeutschland (2003) 7, S. 66-79.

Habel, Rainer, »Blumen für Farge«. Erinnerungswege zum Bremer U-Boot-Bunker, in: Silke Wenk (Hg.), Erinnerungsorte aus Beton. Bunker in Städten und Landschaften, Berlin 2001, S. 167-179.

Hachtmann, Rüdiger, Industriearbeit im »Dritten Reich«. Untersuchungen zu den Lohn- und Arbeitsbedingungen in Deutschland 1933-1945, Göttingen 1989.

Hagen, Dietrich/Hoffmann, Katharina (Hg.): Landschaft-Natur-Geschichte: Wie kann Natur bewahrt und Erinnerung gestaltet werden?, Oldenburg 2008.

Hager, Rainer, Wasserberg? Geschichte und Bau eines Tanklagers in Bremen-Farge durch die Wifo (unveröff. Manuskr).

Heinemann, Jan-Friedrich/Hensing, Ingo/Puzicha, Karin/Schilder, Klaus, Der U-Boot-Bunker »Valentin«, Bremen 1983 (Manuskript für den Schülerwettbewerb Deutsche Geschichte um den Preis des Bundespräsidenten).

Hemmer, Eike/Milbradt, Robert, Bunker »Hornisse«. KZ-Häftlinge in Bremen und die U-Boot-Werft der »AG Weser« 1944/45, Bremen 2005.

Hemmer, Eike/Milbradt, Robert, Bei »Bummeln« drohte Gestapohaft. Zwangsarbeit auf der Norddeutschen Hütte während der NS-Herrschaft, Bremen 2007.

Herbert, Ulrich, Fremdarbeiter. Politik und Praxis des »Ausländer-Einsatzes« in der Kriegswirtschaft des Dritten Reiches, Bonn 1999 (Erstauflage 1985).

Herbert, Ulrich/Orth, Karin/Dieckmann, Christoph (Hg.), Die nationalsozialistischen Konzentrationslager. Entwicklung und Struktur, 2 Bände, Göttingen 1998.

Hertz-Eichenrode, Katharina (Hg.), Ein KZ wird geräumt. Häftlinge zwischen Vernichtung und Befreiung. Die Auflösung des KZ Neuengamme und seiner Außenlager durch die SS im Frühjahr 1945, 2 Bände, Bremen 2000.

Hesse, Hans, Konstruktionen der Unschuld. Die Entnazifizierung am Beispiel von Bremen und Bremerhaven 1945-1953, Bremen 2005.

Hoffmann, Katharina, Zwangsarbeit und ihre gesellschaftliche Akzeptanz in Oldenburg 1939-1945, Oldenburg 2001.

Hoffmann, Katharina, Konturen einer Erinnerungslandschaft: Das Relikt des U-Boot-Bunkers und das ehemalige Lagergelände, in: Hagen/dies. (Hg.), Landschaft, S. 43-62.

Hoffmann, Katharina/Mehring, Nicole, Aufklärung/Verklärung am historischen Ort? Zur Verschränkung von Natur- und Technikbildern mit Geschichtsdeutungen am U-Boot-Bunker Valentin, in: Hagen/Hoffmann (Hg.), Landschaft, S. 115-130.

Hortensien in Farge. Überleben im Bunker »Valentin«, von Raymond Portefaix, André Migdal und Klaas Touber, hg. und eingeleitet von Bärbel Gemmeke-Stenzel und Barbara Johr, Bremen 1995.

International Military Tribunal (IMT), Der Prozeß gegen die Hauptkriegsverbrecher vor dem Internationalen Militärgerichtshof. Amtlicher Text, deutsche Ausgabe, 42 Bände, Nürnberg 1947ff.

Jäger, Jens, Photographie: Bilder der Neuzeit. Einführung in die Historische Bildforschung, Tübingen 2000.

Johr, Barbara/Roder, Hartmut, Der Bunker. Ein Beispiel nationalsozialistischen Wahns. Bremen-Farge 1943-1945, Bremen 1989.

Jureit, Ulrike/Orth, Karin (1994), Überlebensgeschichten. Gespräche mit Überlebenden des KZ Neuengamme, Hamburg 1994.

Jureit, Ulrike, Erinnerungsmuster. Zur Methodik lebensgeschichtlicher Interviews mit Überlebenden der Konzentrations- und Vernichtungslager, Hamburg 1998.

Kaienburg, Hermann, »Vernichtung durch Arbeit« - Der Fall Neuengamme. Die Wirtschaftsbestrebungen der SS und ihre Auswirkungen auf die Existenzbedingungen der Gefangenen, Bonn 1990.

Kaienburg, Hermann, Das Konzentrationslager Neuengamme 1938-1945, Bonn 1997.

Kania, Heiko, Geschichte des – heutigen – Standortübungsplatzes Schwanewede 1938-1945, Schwanewede 1996.

Kania, Heiko, Neue Erkenntnisse zu Opferzahlen und Lagern im Zusammenhang mit dem Bau des Bunkers Valentin, in: Arbeiterbewegung und Sozialgeschichte (2002) 10, S. 7-31.

Keller, Rolf, »Die kamen in Scharen hier an, die Gefangenen«. Sowjetische Kriegsgefangene, Wehrmachtssoldaten und deutsche Bevölkerung in Norddeutschland, in: Beiträge zur Geschichte der nationalsozialistischen Verfolgung in Norddeutschland (1994), S. 35-60.

Keller, Rolf/Otto, Reinhard: Das Massensterben der sowjetischen Kriegsgefangenen und die Wehrmachtbürokratie. Unterlagen zur Registrierung der sowjetischen Kriegsgefangenen 1941-1945 in deutschen und russischen Institutionen. In: Militärgeschichtliche Mitteilungen 57 (1998) 1, S. 149-180.

Knoch, Habbo, Transitionen der Gewalt. Bunker und Baracken als Räume absoluter Verfügbarkeit, in: Marszolek/Buggeln (Hg.), Bunker, S. 309-324.

Knoch, Habbo, Die Tat als Bild. Fotografien des Holocaust in der deutschen Erinnerungskultur, Hamburg 2001.

Kockel, Titus, Deutsche Ölpolitik 1928-1938, Berlin 2005.

Köcher, Thomas, »Aus der Vergangenheit lernen – für die Zukunft arbeiten!«? Die Auseinandersetzung des DGB mit dem Nationalsozialismus in den 50er und 60er Jahren, Münster 2004.

Kohl, Paul, Der Krieg der Wehrmacht und der Polizei 1941-1944. Sowjetische Überlebende berichten, Frankfurt am Main 1995.

Kollegengruppe der Klöckner-Werke AG (Hg.), Riespott – KZ an der Norddeutschen Hütte. Berichte, Dokumente und Erinnerungen über Zwangsarbeit 1935-1945, Bremen 1984.

Konzentrationslager in Hannover. KZ-Arbeit und Rüstungsindustrie in der Spätphase des Zweiten Weltkriegs, von Rainer Fröbe, Claus Füllberg-Stolberg, Christoph Gutmann, Rolf Keller, Herbert Obenaus und Hans Hermann Schröder, 2 Bände, Hildesheim 1985.

Kuckuck, Peter/Pophanken, Hartmut, Die A.G. »Weser« 1933-1945. Handels- und Kriegsschiffbau im Dritten Reich, in: Beiträge zur Sozialgeschichte Bremens (1993) 15, S. 11-103.

Lagevorträge des Oberbefehlshabers der Kriegsmarine vor Hitler 1939-1945, hg. von Gerhard Wagner, München 1972.

Lange, Wilhelm, Cap Arcona. Das tragische Ende einiger Konzentrationslager-Evakuierungstransporte im Raum der Stadt Neustadt in Holstein am 3. Mai 1945, Eutin 1988.

Lindenberger, Thomas/Lüdtke, Alf, Einleitung: Physische Gewalt – eine Kontinuität der Moderne, in: Dies. (Hg.), Physische Gewalt. Studien zur Geschichte der Neuzeit, Frankfurt am Main 1995.

Lotfi, Gabriele, KZ der Gestapo. Arbeitserziehungslager im Dritten Reich, Stuttgart 2000.

Marszolek, Inge/Ott, Rene, Bremen im Dritten Reich. Anpassung – Widerstand – Verfolgung, Bremen 1986.

Marszolek, Inge, »[...] täglich zu Dir kommt das Radio« – Zur Repräsentation der NS-Vergangenheit in Sendungen von Radio Bremen 1946-1952, in: Tel Aviver Jahrbuch für deutsche Geschichte 31 (2003), S. 162-186.

Marszolek, Inge/Buggeln, Marc (Hg.), Bunker. Kriegsort, Zuflucht, Erinnerungsraum, Frankfurt am Main 2008.

Mason, Timothy W., Arbeiterklasse und Volksgemeinschaft. Dokumente und Materialien zur deutschen Arbeiterpolitik 1936-1939, Opladen 1975.

Meier-Dörnberg, Wilhelm, Die Ölversorgung der Kriegsmarine 1935 bis 1945, Freiburg 1973.

Meyer, Beate, »Jüdische Mischlinge«. Rassenpolitik und Verfolgungserfahrung 1933-1945, Hamburg 1999.

Meyer, Marcus, »... uns 100 Zivilausländer umgehend zu beschaffen.« Zwangsarbeit bei den Bremer Stadtwerken 1939-1945, Bremen 2002.

Migdal, André, Poésies d'un autre monde. Fresnes 1941–Neuengamme 1945, Paris 1975.

Migdal, André, Les Plages de Sable Rouge. Le tragédie de Lübeck 3 mai 1945, Paris 2001.

Migdal, André, Chronique de la Base: 1943-1945, Paris 2007.

Neitzel, Sönke, Die deutschen U-Boot-Bunker und Bunkerwerften. Bau, Verwendung und Bedeutung verbunkerter U-Boot-Stützpunkte in beiden Weltkriegen, Koblenz 1991.

Neumann, Franz, Behemoth. Struktur und Praxis des Nationalsozialismus 1933-1944, Frankfurt am Main 1984 (Amerikanische Erstausgabe 1942 und in erweiterter Form 1944).

Niethammer, Lutz (Hg.), Der »gesäuberte« Antifaschismus. Die SED und die roten Kapos von Buchenwald; Dokumente, Berlin 1994.

Niethammer, Lutz/Pätzold, Kurt, Streitgespräch über das Buch »Der ›gesäuberte‹ Antifaschismus«, in: Bulletin des Arbeitskreises 5, S. 84-112.

Nolting-Hauff, Wilhelm, Imi's. Chronik einer Verbannung, Bremen 1946.

Der Ort des Terrors. Geschichte der nationalsozialistischen Konzentrationslager, hg. von Wolfgang Benz/Barbara Distel, 7 Bände, München 2005-2008.

Orth, Karin, Das System der nationalsozialistischen Konzentrationslager. Eine politische Organisationsgeschichte, Hamburg 1999.

Orth, Karin, Die Konzentrationslager-SS. Sozialstrukturelle Analysen und biographische Studien, Göttingen 2000.

Otto, Reinhard/Keller, Rolf/Nagel, Jens, Sowjetische Kriegsgefangene in deutschem Gewahrsam 1941–1945. Zahlen und Dimensionen, in: Vierteljahreshefte für Zeitgeschichte (2008) 4, S. 567-602.

Paul, Gerhard, Visual History. Ein Studienbuch, Göttingen 2006.

Paul, Gerhard, Bilder des Krieges – Krieg der Bilder. Die Visualisierung des modernen Krieges, Paderborn 2004.

Paul, Gerhard/Mallmann, Klaus-Michael, Sozialisation, Milieu und Gewalt. Fortschritte und Probleme der neueren Täterforschung, in: Dies. (Hg.) Karrieren der Gewalt. Nationalsozialistische Täterbiographien, Darmstadt 2004, S. 1-32.

Pfliegensdörfer, Dieter, Vom Handelszentrum zur Rüstungsschmiede. Wirtschaft, Staat und Arbeiterklasse in Bremen 1929 bis 1945, Bremen 1986.

Pingel, Falk, Häftlinge unter SS-Herrschaft. Widerstand, Selbstbehauptung und Vernichtung im Konzentrationslager, Hamburg 1978.

Pollak, Michael, Die Grenze des Sagbaren. Lebensgeschichte von KZ-Überlebenden als Augenzeugenbericht und als Identitätsarbeit, Frankfurt am Main 1988.

Popitz, Heinrich, Phänomene der Macht: Autorität – Herrschaft – Gewalt – Technik, Tübingen 1986.

Portefaix, Raymond, L'enfer que Dante n'avait pas prévu, Aurillac 1947.

Portefaix, Vernichtung durch Arbeit, in: Portefaix, Raymond/Migdal, André/Touber, Klaas, Hortensien in Farge. Überleben im Bunker »Valentin«, Bremen 1995.

Rauh-Kühne, Cornelia, Hitlers Hehler? Unternehmerprofite und Zwangsarbeiterlöhne, in: Historische Zeitschrift 275 (2002), S. 3-55.

Reemtsma, Jan Phillip, Vertrauen und Gewalt. Versuch über eine besondere Konstellation der Moderne, Hamburg 2008.

Reichardt, Sven, Faschistische Kampfbünde. Gewalt und Gemeinschaft im italienischen Squadrismus und in der deutschen SA, Köln 2002.

Roder, Hartmut, Der Bremer Vulkan im Dritten Reich, in: Beiträge zur Sozialgeschichte Bremens (1993) 15, S. 129-153.

Rössler, Eberhard, Die deutschen U-Boote und ihre Werften, Bd. 2, München 1980.

Rössler, Eberhard, U-Boot-Typ XXI, Bonn 2002.

Roth, Karl Heinz, Unfreie Arbeit im deutschen Herrschaftsbereich 1930-1945: Historische Grundlinien und Methodenfragen, in: Inge Marßolek/Till Schelz-Brandenburg (Hg.), Soziale Demokratie und sozialistische Theorie, Bremen 1995, 197-210.

Rusinek, Bernd, Gesellschaft in der Katastrophe. Terror, Illegalität, Widerstand – Köln 1944/45, Essen 1989.

Rüger, Jan, Das U-Boot, in: Geisthövel/Knoch (Hg.), Orte der Moderne, S. 259-269.

Sarasin, Phillip, Bilder und Texte. Ein Kommentar, in: WerkstattGeschichte 16 (2007) 47, S. 75-80.

Schemmel, Mark, Zwischen Kooperation und Widerstand. Handlungsspielräume von Funktionshäftlingen im KZ Neuengamme, Hamburg 2003 (Magisterarbeit Uni Hamburg).

Schmidt, Dieter/Becker, Fabian, U-Boot-Bunker »Valentin«. Kriegswirtschaft und Zwangsarbeit: Bremen-Farge 1943-45, Bremen 1996.

Schreiber, Gerhard, Die italienischen Militärinternierten im deutschen Machtbereich 1943-1945. Verraten Verachtet Vergessen, München 1990.

Schulte, Jan-Erik, Zwangsarbeit und Vernichtung: Das Wirtschaftsimperium der SS. Oswald Pohl und das SS-Wirtschafts-Verwaltungshauptamt 1933-1945, Paderborn 2001.

Schwarberg, Günther, Angriffsziel Cap Arcona, Hamburg 1983.

Schwarzwälder, Herbert, Bremen und Nordwestdeutschland am Kriegsende. Band 1: Die Vorbereitung auf den »Endkampf«, Bremen 1972.

Schwarzwälder, Herbert, Geschichte der Freien Hansestadt Bremen. Band IV: Bremen in der NS-Zeit, Bremen 1995.

Seidler, Franz W., Die Organisation Todt. Bauen für Staat und Wehrmacht, Bonn 1998 (Erstauflage 1987).

Seipel, J., Filmische Dokumentation des Großbauprojekts. Die Amateuraufnahmen des Bauleiters Marinebaurat Steig, in: Hagen/Hoffmann (Hg.), Landschaft, S. 91-100.

Seipel, J., Bericht über Filme und Fotos vom U-Boot-Bunker »Valentin« (Interner Bericht für die Landeszentrale für politische Bildung Bremen).

Siegel, Christian, »Der U-Boot-Bunker ist eine Bestie«. Die Bunker-Werft in Bremen-Farge als Teil totaler Kriegsführung, Bremen 2004.

Sofsky, Wolfgang, Die Ordnung des Terrors: Das Konzentrationslager, Frankfurt am Main 1997 (Erstausgabe 1993).

Sofsky, Wolfgang, An der Grenze des Sozialen. Perspektiven der KZ-Forschung, in: Die nationalsozialistischen Konzentrationslager, S. 1141-1169.

Spoerer, Mark, Profitierten Unternehmen von KZ-Arbeit? Eine kritische Analyse der Literatur, in: Historische Zeitschrift, 268 (1999), S. 61-95.

Spoerer, Mark, Zwangsarbeit unterm Hakenkreuz. Ausländische Zivilarbeiter, Kriegsgefangene und Häftlinge im Deutschen Reich und im besetzten Europa 1939-1945, Stuttgart 2001.

Stokes, Raymond/Karlsch, Rainer, Faktor Öl. Die Mineralölwirtschaft in Deutschland 1859-1974, München 2003.

Stranges, Anthony N., Germany's synthetic fuel industry, 1930-1945, in: John E. Lesch (Hg.), The German Chemical Industry in the Twentieth Century, Dordrecht 2000, S. 147-214.

Streit, Christian, Keine Kameraden. Die Wehrmacht und die sowjetischen Kriegsgefangenen, Bonn 1997 (Erstauflage 1978).

Tech, Andrea, Arbeitserziehungslager in Nordwestdeutschland 1940-1945, Göttingen 2003.

Tooze, Adam, The Wages of Destruction. The Making and Breaking of the Nazi Economy, London 2006.

Traverso, Enzo, Moderne und Gewalt. Eine europäische Genealogie des Nazi-Terrors, Köln 2003.

Wagner, Jens-Christian, Das Außenlagersystem des KL Mittelbau-Dora, in: Die nationalsozialistischen Konzentrationslager, Band 2, S. 707-729.

Wagner, Jens-Christian, Noch einmal: Arbeit und Vernichtung. Häftlingseinsatz im KL Mittelbau-Dora 1943-1945, in: Ausbeutung, Vernichtung, Öffentlichkeit, S. 11-41.

Wagner, Jens-Christian, Produktion des Todes. Das KZ Mittel-

bau-Dora, Göttingen 2001.
Welzer, Harald, Täter. Wie aus ganz normalen Menschen Massenmörder wurden, Frankfurt am Main 2005.
Wildt, Michael, Generation des Unbedingten. Das Führungskorps des Reichssicherheitshauptamtes, Hamburg 2002.
Wöbse, Anna, Bürgerliche Naturschutzarbeit in Bremen in der ersten Hälfte des 20. Jahrhunderts, Bremen 1997 (Magisterarbeit Uni Bremen).
Wrocklage, Ute, Architektur zur »Vernichtung durch Arbeit«. Das Album der »Bauleitung d. Waffen-SS u. Polizei K.L. Auschwitz«, in: Fotogeschichte 14 (1994) 54, S. 31-43.
Wulfekuhl, Herbert, Projekt: Gedächtnisort ehem. U-Boot-Bunker »Valentin« in Bremen-Farge. Zum weiteren Verfahren, Bremen 2002 (Artikel in der gleichnamigen Broschüre).

Abbildungsnachweise

Archiv Bürgerhaus Vegesack: 91
Archiv der Irish Seamen's Relatives Association: 119, 125
Archiv der KZ-Gedenkstätte Neuengamme: 75, 77, 94, 142, 162, 163, 177
Archiv der Stadtwerke Bremen: 64, 66
Archiv der Stiftung niedersächsische Gedenkstätten: 141
Archiv der Stiftung Sächsische Gedenkstätten: 23
Archiv des Heimatvereins Farge-Rekum: 9, 10, 11, 12, 13, 14, 15, 16, 17, 18, 19, 47, 73, 114, 115, 143, 154, 155, 161, 166, 167, 169, 171, 173, 174, 175, 179, 181, 184, 185, 187, 188, 189, 190, 193, 194
Bundesarchiv Berlin (BAB): 26 (R 50 I/48), 56 (R XIII)
Bundesarchiv Koblenz (BAK), Fotoarchiv, Bestand 185: 25, 33, 35, 36, 37, 38, 39, 40, 48, 51, 62, 63, 80, 87, 88, 89, 95, 97, 105, 107, 108, 149, 151
Bundesarchiv-Militärarchiv Freiburg: 28
Claudia Böcker: 191
Frøslevlejrens Museum, Padborg: 83, 85, 93, 103
GfG / Gruppe für Gestaltung: 98, 195
Musée de l'Ordre de la Libération (MOL), Paris: 96
Niels Jørgensen, Paa de tyske Slavemarked. Dansk Journalists Oplevelser I tysk Koncentrationslejr, Busck 1945. Abdruck mit der Genehmigung der Tochter von Viktor Glysing Jensen, Mulle Eriksen: 84, 86, 106
Rainer Christochowitz: Vorsatz
Sammlung der Landeszentrale für politische Bildung Bremen: 99
Staatsarchiv Bremen, Bestand Schmidt: 2, 21, 29, 30, 41, 42, 43, 44, 45, 46, 52, 53, 54, 55, 57, 59, 60, 61, 79, 100, 101
Staatsarchiv Bremen, Diverse: 24, 50, 65, 113, 117 (4-66/1-Bolenz), 123, 158, 155, 165, 169, 170, 176, 182
Standesamt Neuenkirchen: 76, 148, 153
The National Archives: 137

Trotz umfrangreicher Recherche konnte in einigen Fällen die Abbildungsquelle nicht ermittelt werden. Der Verlag bittet gegebenenfalls um Mitteilung.

Dank

An erster Stelle möchte ich mich bei Silke Betscher und Katharina Hoffmann bedanken, mit denen ich gemeinsam die Texte und Dokumente für die Ausstellung »Denkort Bunker Valentin« zusammengetragen und verfasst habe. Die Dokumente, die beide beschafft haben, sowie viele ihrer konzeptionellen Gedanken sind mit in dieses Buch eingeflossen, ohne dass dies an allen Stellen explizit so benannt werden konnte.

Ich bedanke mich bei der Landeszentrale für politische Bildung, insbesondere bei Herbert Wulfekuhl, Karl-Ludwig Brühl und Michael Scherer, für jahrelange gute Zusammenarbeit und vielfältige Hilfe bei der Erstellung der Publikation. Ich danke der Edition Temmen, insbesondere Christoph Schottes und Daniel Tilgner, für wertvolle Hinweise und angenehme gemeinsame Arbeit.
Ferner danke ich:

- den ehemaligen KZ-Häftlingen und Zwangsarbeitern, die überlebten und bereit waren, über ihre Erlebnisse im nationalsozialistischen Deutschland zu berichten.
- Inge Marszolek für das Lesen des Manuskriptes und jahrelange freundschaftliche Zusammenarbeit.
- Rolf Keller für viele Hinweise zum Kapitel über die sowjetischen Kriegsgefangenen und eine sehr gründliche und kritische Kommentierung des Manuskriptes.
- der KZ-Gedenkstätte Neuengamme, insbesondere Detlef Garbe, Reimer Möller und Christian Römmer, für vielfältige und schnelle Hilfen.
- Rainer Habel (†), Barbara Johr und Wulf Böcker für Beratung und Hilfe beim Einstieg in das Thema.
- dem Verein Geschichtslehrpfad Lagerstraße/U-Boot-Bunker Valentin e. V., insbesondere Rolf-Dieter von Bargen, Rainer Christochowitz, Heiko Kania sowie Gerd und Rita Scharnhorst für viele Hinweise, Anregungen und Gespräche.
- den vielen Archivarinnen und Archivaren für ihre Geduld und Hilfsbereitschaft.
- Rainer Hager und Dieter Schmidt für die Hilfe bei einigen Fotos.

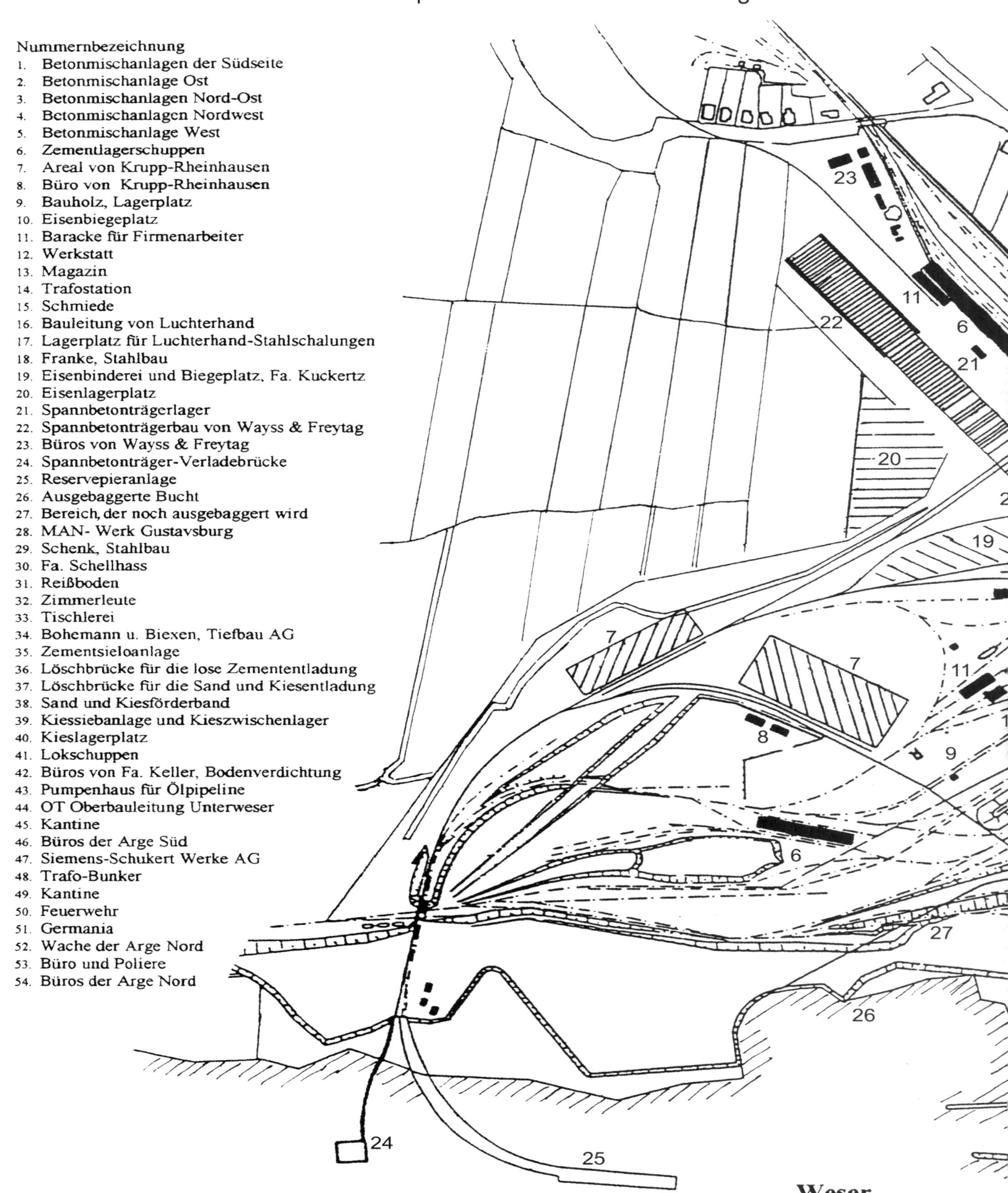

Übersichtsplan der Baustelleneinrichtung
Nummernbezeichnung
1. Betonmischanlagen der Südseite
2. Betonmischanlage Ost
3. Betonmischanlagen Nord-Ost
4. Betonmischanlagen Nordwest
5. Betonmischanlage West
6. Zementlagerschuppen
7. Areal von Krupp-Rheinhausen
8. Büro von Krupp-Rheinhausen
9. Bauholz, Lagerplatz
10. Eisenbiegeplatz
11. Baracke für Firmenarbeiter
12. Werkstatt
13. Magazin
14. Trafostation
15. Schmiede
16. Bauleitung von Luchterhand
17. Lagerplatz für Luchterhand-Stahlschalungen
18. Franke, Stahlbau
19. Eisenbinderei und Biegeplatz, Fa. Kuckertz
20. Eisenlagerplatz
21. Spannbetonträgerlager
22. Spannbetonträgerbau von Wayss & Freytag
23. Büros von Wayss & Freytag
24. Spannbetonträger-Verladebrücke
25. Reservepieranlage
26. Ausgebaggerte Bucht
27. Bereich, der noch ausgebaggert wird
28. MAN- Werk Gustavsburg
29. Schenk, Stahlbau
30. Fa. Schellhass
31. Reißboden
32. Zimmerleute
33. Tischlerei
34. Bohemann u. Biexen, Tiefbau AG
35. Zementsieloanlage
36. Löschbrücke für die lose Zemententladung
37. Löschbrücke für die Sand und Kiesentladung
38. Sand und Kiesförderband
39. Kiessiebanlage und Kieszwischenlager
40. Kieslagerplatz
41. Lokschuppen
42. Büros von Fa. Keller, Bodenverdichtung
43. Pumpenhaus für Ölpipeline
44. OT Oberbauleitung Unterweser
45. Kantine
46. Büros der Arge Süd
47. Siemens-Schukert Werke AG
48. Trafo-Bunker
49. Kantine
50. Feuerwehr
51. Germania
52. Wache der Arge Nord
53. Büro und Poliere
54. Büros der Arge Nord
23
11
22
6
21
20
19
7
7
11
8
9
6
27
26
24
25
Weser